Guia

**para avaliações
do condicionamento físico**

Guia
para avaliações do condicionamento físico

National Strength and Conditioning Association (NSCA)

Todd Miller
George Washington University
EDITOR

Manole

Título original em inglês: *NSCA's Guide to Tests and Assessments*
Copyright © 2012 by the National Strength and Conditioning Association
Publicado mediante acordo com a Human Kinetics. Todos os direitos reservados.

Este livro contempla as regras do Novo Acordo Ortográfico da Língua Portuguesa.

Editor gestor: Walter Luiz Coutinho
Editora de traduções: Denise Yumi Chinem
Produção editorial: Fernanda Satie Ohosaku, Priscila Pereira Mota Hidaka e Cláudia Lahr Tetzlaff

Tradução: Guilherme Henrique Miranda

Consultoria técnica: Orlando Laitano
        Professor de Fisiologia do Exercício da Universidade Federal do Vale do São Francisco (Univasf)
        Doutor em Ciências do Movimento Humano pela Universidade Federal do Rio Grande do Sul (UFRGS)
          e pela Brunel University, Inglaterra
        Mestre em Ciências do Movimento Humano pela UFRGS

Revisão de tradução e revisão de prova: Depto. editorial da Editora Manole
Projeto gráfico: Lira Editorial
Diagramação: TKD Editoração Ltda.
Capa: Ricardo Yoshiaki Nitta Rodrigues

Dados Internacionais de Catalogação na Publicação (CIP)
(Câmara Brasileira do Livro, SP, Brasil)

Guia para avaliações do condicionamento físico /
   NSCA - National Strength and Conditioning
   Association ; Todd Miller, editor ; [tradução
   Guilherme Henrique Miranda ; consultoria técnica
   Orlando Laitano]. -- Barueri, SP : Manole, 2015.

   Título original: NSCA's guide to tests and assessments.
   Bibliografia.
   ISBN 978-85-204-3919-7

   1. Aptidão física 2. Condicionamento físico
3. Educação física 4. Exercícios físicos I. NSCA -
National Strength and Conditioning Association.
II. Miller, Todd.

14-12186   CDD-613.7

Índices para catálogo sistemático:
1. Condicionamento físico: Educação física
613.7

Nenhuma parte deste livro poderá ser reproduzida, por qualquer processo, sem a permissão expressa dos editores.
É proibida a reprodução por xerox.
A Editora Manole é filiada à ABDR – Associação Brasileira de Direitos Reprográficos.

Edição brasileira – 2015

Direitos em língua portuguesa adquiridos pela:
Editora Manole Ltda.
Av. Ceci, 672 – Tamboré
06460–120 – Barueri – SP – Brasil
Fone: (11) 4196–6000
Fax: (11) 4196–6021
www.manole.com.br
info@manole.com.br

Impresso no Brasil
Printed in Brazil

Nota: Foram feitos todos os esforços para que as informações contidas neste livro fossem o mais precisas possível. Os autores e os editores não se responsabilizam por quaisquer lesões ou danos decorrentes da aplicação das informações aqui apresentadas.

Sumário

Prefácio **IX**

Sobre o editor **XI**

Colaboradores **XII**

Capítulo 1 **Testes, análise de dados e conclusões** **1**
Matthew Rhea, Ph.D., e Mark D. Peterson, Ph.D.
Desempenho esportivo e teste 2
Testes de triagem 2
Avaliação de dados e análise estatística 4
Normalização de dados de condicionamento 12
Acompanhamento de dados ao longo do tempo 13
Aplicações profissionais 14
Resumo 15

Capítulo 2 **Composição corporal** **17**
Nicholas A. Ratamess, Ph.D.
Desempenho esportivo e composição corporal 19
Medição de composição corporal 22
Medição de altura, peso corporal e índice de massa corporal 23
Padrões de gordura corporal 43
Comparação entre técnicas de composição corporal 44
Aplicações profissionais 46
Resumo 48

Capítulo 3 Frequência cardíaca e pressão arterial 51
Daniel G. Drury, DPE
Controle da frequência cardíaca 52
Intensidade do exercício e frequência cardíaca 54
Desempenho esportivo e frequência cardíaca 56
Medição da frequência cardíaca 58
Pressão arterial 63
Aplicações profissionais 74
Resumo 75

Capítulo 4 Taxa metabólica 77
Wayne C. Miller, Ph.D.
Componentes do gasto energético 78
Desempenho esportivo e taxa metabólica 84
Medição do gasto energético 85
Predição do gasto energético 88
Estimativa do gasto energético em 24 horas e na atividade física 90
Relevância e aplicação do teste metabólico 93
Comparação entre métodos de medição da taxa metabólica 99
Aplicações profissionais 101
Resumo 104

Capítulo 5 Potência aeróbia 105
Jonathan H. Anning, Ph.D.
Variáveis de equação de regressão 108
Métodos de teste de exercício máximo 108
Métodos de teste de exercício submáximo 131
Cálculos de equação de regressão 141
Aplicações profissionais 143
Resumo 146

Capítulo 6 Limiar de lactato 147
Dave Morris, Ph.D.
Vias energéticas e metabolismo de lactato 148
Desempenho esportivo e limiar de lactato 153
Realização do teste de limiar de lactato 153
Máximo estado estável de lactato 162

Uso dos dados do limiar de lactato 165
Aplicações profissionais 168
Resumo 170

Capítulo 7 **Força muscular** **171**
Gavin L. Moir, Ph.D.
Definição de força muscular 172
Fatores que afetam a produção de força muscular 174
Influências neuronais na força muscular 179
Desempenho esportivo e força muscular 183
Métodos de medição 184
Testes de campo de força muscular 189
Previsão de valores de 1 RM a partir de múltiplas repetições 201
Testes de laboratório de força muscular máxima 204
Teste de força isocinética 211
Comparação entre métodos de medição de força muscular 217
Aplicações profissionais 219
Resumo 221

Capítulo 8 **Resistência muscular** **223**
Gavin L. Moir, Ph.D.
Definição de resistência muscular 224
Testes de campo de resistência muscular 226
Testes de laboratório de resistência muscular 243
Comparação entre métodos de medição de resistência muscular 244
Aplicações profissionais 246
Resumo 248

Capítulo 9 **Potência** **251**
Mark D. Peterson, Ph.D.
Aplicação de potência 252
Mecanismos de produção e expressão de potência 253
Tipos e fatores de potência 258
Desempenho esportivo e potência 263
Testes de potência 265
Aquecimento e potencialização pós-ativação: uma reflexão específica para o teste de potência 286

Aplicações profissionais 287
Resumo 291

Capítulo 10 Velocidade e agilidade 293
N. Travis Triplett, Ph.D.
Velocidade 294
Agilidade 294
Desempenho esportivo, velocidade e agilidade 296
Seleção do teste 297
Métodos de medição 298
Aplicações profissionais 316
Resumo 317

Capítulo 11 Mobilidade 319
Sean P. Flanagan, Ph.D.
Conceitos fundamentais de mobilidade 321
Desempenho esportivo e mobilidade 327
Teste de mobilidade 330
Testes de amplitude de movimento 334
Interpretação de resultados 337
Comparação entre métodos de medição de mobilidade 340
Aplicações profissionais 340
Resumo 343

Capítulo 12 Equilíbrio e estabilidade 345
Sean P. Flanagan, Ph.D.
Mecânica corporal 346
Testes de equilíbrio e estabilidade 353
Desempenho esportivo, equilíbrio e estabilidade 357
Medição de equilíbrio e estabilidade 361
Interpretação dos resultados 365
Aplicações profissionais 367
Resumo 369

Bibliografia **371**

Índice remissivo **405**

Prefácio

Se você não pode medir, não tem como controlar. Um dos meus mentores repetia esse axioma "de primeira" para mim todos os dias da minha graduação, e essa mensagem básica se enraizou na minha visão de treinamento. Como profissionais de força e condicionamento, nosso principal objetivo é projetar e implantar programas que resultem em desempenho esportivo ideal. À primeira vista, parece uma tarefa simples. Seguindo os princípios de especificidade, sobrecarga e progressão, é possível conceber programas de condicionamento e resistência que melhorem o desempenho esportivo e de condicionamento.

Infelizmente, embora nossos programas possam gerar uma melhora no desempenho de atletas e pacientes, é impossível saber se essas adaptações são ideais sem incorporar determinados esquemas de teste e medição bem projetados em um regime. De fato, é comum os treinadores afirmarem que seus programas funcionam, mas a concepção de programas de força e condicionamento não é simplesmente uma questão de melhora de desempenho. É uma questão de melhora segura do desempenho *ao maior grau possível* para uma pessoa específica com uma série de objetivos específicos. Atingir esse nível ideal de melhora simplesmente não é possível sem uma estratégia para acompanhar as mudanças no desempenho ao longo do tempo.

Em termos históricos, os testes e a medição na ciência do exercício sempre se dedicaram mais a uma população clínica e se focaram, sobretudo, no ponto de vista das doenças e de sua prevenção. Deu-se muito menos atenção aos testes do desempenho esportivo, o que se reflete na escassez de literatura sobre o tópico. Testes de potência, velocidade, agilidade e mobilidade (todos tópicos tratados neste livro) referem-se, em grande parte, ao desempenho esportivo e quase nunca são usados em ambientes clínicos. Esta obra serve como fonte para treinadores, instrutores, estudantes e atletas de todos os níveis de habilidade, e trata da importância dos testes e da medição do desempenho esportivo.

O livro começa definindo os fundamentos do teste e da análise de dados, bem como dos métodos de como interpretar resultados e tirar conclusões. Os capítulos seguintes incluem testes desde os mais simples (como composição corporal e medição da pressão arterial) aos mais complexos, como testes de limiar de lactato e potência aeróbica. Embora todos eles variem em termos de complexidade, essa variação não é indicativa de seu grau de importância. A medição da composição corporal, por exemplo, é uma tarefa relativamente simples, mas suas implicações no desempenho esportivo são de um alcance incrível. Está claro que a gordura excessiva pode prejudicar o desempenho em esportes que dependem de velocidade, aceleração e mudanças rápidas de direção. Apesar disso, é comum os treinadores passarem longas horas no treinamento de velocidade, mas prestarem pouca atenção à medição ou ao aprimoramento da composição corporal. Nosso desejo é de que este livro não apenas sirva como uma ferramenta educacional sobre a prática da condução de testes específicos, mas também que ajude os treinadores a determinar quais testes são adequados a populações específicas. Por exemplo, um teste de potência aeróbica pode não ser apropriado a um arremessador, cujo desempenho depende, em grande medida, de força e potência. Por outro lado, o treinador de um corredor de distância teria poucas vantagens conduzindo testes de agilidade em seu atleta. Portanto, não se deve partir do princípio de que é preciso ler este livro página a página, tampouco que todos os testes são adequados a todos os atletas.

À medida que o campo de força e condicionamento se torna cada vez mais sofisticado, o mesmo deve ocorrer com a maneira como os programas de treinamento são projetados, implementados e testados. Um programa sem uma forma de acompanhamento de progresso é muito incompleto; no entanto, continua sendo surpreendentemente comum entre os atletas de hoje. Estamos confiantes de que este livro fornece uma fundamentação sólida a partir da qual o leitor possa desenvolver e implantar seus próprios programas de testes e medição, possibilitando o seu desenvolvimento como treinador e a maximização do desempenho de seus atletas.

Sobre o editor

Todd Miller, Ph.D., CSCS★D, é professor associado de ciência do exercício na Escola de Saúde Pública e Serviços de Saúde da Universidade George Washington em Washington, DC, nos Estados Unidos, onde é responsável pelo desenvolvimento e supervisão do programa de mestrado em força e condicionamento. Miller é graduado em fisiologia do exercício pela Universidade Estadual da Pensilvânia (Penn State) e pela Texas A&M, e atualmente estuda jogos eletrônicos interativos como meio de aumentar a atividade física em crianças.

Colaboradores

Jonathan H. Anning, Ph.D., CSCS*D
Slippery Rock University, Pennsylvania

Daniel G. Drury, DPE, FACSM
Gettysburg College, Pennsylvania

Sean P. Flanagan, Ph.D., ATC, CSCS
California State University, Northridge

Todd Miller, Ph.D.
George Washington University, District of Columbia

Wayne C. Miller, Ph.D., EMT
George Washington University, District of Columbia

Gavin L. Moir, Ph.D.
East Stroudsburg, University of Pennsylvania

Dave Morris, Ph.D.
Appalachian State University, Boone, North Carolina

Mark D. Peterson, Ph.D., CSCS*D
University of Michigan, Ann Arbor

Nicholas A. Ratamess, Ph.D., CSCS*D, FNSCA
The College of New Jersey, Ewing

Matthew R. Rhea, Ph.D., CSCS*D
Arizona State University, Mesa

N. Travis Triplett, Ph.D., CSCS*D, FNSCA
Appalachian State University, Boone, North Carolina

Testes, análise de dados e conclusões

Matthew R. Rhea, Ph.D., CSCS*D, e Mark D. Peterson, Ph.D., CSCS*D

A prescrição de exercício bem-sucedida começa com uma análise que indique as necessidades do cliente. Chamado de análise de necessidades (National Strenght and Conditioning Association 2000), esse processo envolve a determinação do estilo de vida do cliente e as demandas do esporte, bem como a identificação de lesões e de limitações atuais e prévias, a experiência geral de treinamento, o nível existente de condicionamento e a habilidade em uma variedade de componentes esportivos e de condicionamento. Sem esses dados, a partir dos quais se geram avaliações de base e de acompanhamento, os treinadores e os profissionais de força e de condicionamento tendem a projetar e a implantar programas de exercício comuns criados não para o indivíduo, mas para um grande grupo de potenciais praticantes.

A condução dos testes e a avaliação dos dados coletados geram informações objetivas sobre os pontos fortes e fracos das capacidades fisiológicas e funcionais do cliente. Quando realizado de maneira correta, esse processo possibilita que o profissional do exercício desenvolva o programa de treinamento mais eficaz e apropriado ao atleta. No entanto, o processo envolve muito mais do que a simples coleta de dados. Reunir os dados apropriados, analisá-los de maneira adequada e apresentar as informações em termos sucintos e precisos são parte importante do uso eficaz do teste em um ambiente esportivo ou de condicionamento.

DESEMPENHO ESPORTIVO E TESTE

Os testes são conduzidos por uma variedade de motivos, que dependem da situação. A seguir, estão alguns exemplos em um ambiente profissional:

- identificar aspectos fisiológicos fortes e fracos;
- classificar pessoas para fins de seleção;
- prever desempenhos futuros;
- avaliar a eficácia de um programa de treinamento ou prova;
- acompanhar o desempenho ao longo do tempo;
- determinar e manipular dosagens de treinamento (p. ex., intensidades, cargas e volumes).

Os profissionais do exercício podem avaliar os dados para examinar a eficácia total de uma rotina de exercício. Especificamente, os dados de testes de força coletados a cada mês podem ser usados para analisar as mudanças ao longo do tempo e para retratar objetivamente a eficácia total do plano de treinamento. Se os aumentos na força forem menores do que o desejado, podem-se fazer alterações para melhorar a adaptação de condicionamento no ciclo de treinamento seguinte.

Personal trainers podem usar os dados de testes para demonstrar e apresentar melhoras aos clientes e ajudá-los a compreender o quadro geral das alterações no condicionamento causadas pelo programa de exercícios. Além disso, fisioterapeutas podem consultar os dados de testes para determinar o tempo de progressão adequado para a reabilitação. Quando usados de maneira adequada, esses dados podem ajudar os profissionais do exercício a atingir e a manter um alto nível de prática.

TESTES DE TRIAGEM

O primeiro passo para a seleção dos componentes que irão constituir a bateria de testes é determinar os componentes fisiológicos a serem avaliados. Específica à análise de necessidades, uma avaliação preliminar deve incluir vários outros testes para determinar o grau de preparação do cliente para o exercício. Dependendo do cliente, esse passo requer um exame atento às possíveis fontes de complicações físicas, o que pode envolver uma triagem cardiovascular ou uma avaliação da mobilidade ou da integridade das articulações e da postura. Seja qual for a idade e o histórico de treinamento do cliente, essa triagem pré-atividade é um passo essencial na análise de necessidades e é necessária para identificar possíveis riscos à saúde resultantes da prática de exercícios, antes do início do programa. Naturalmente, os testes conduzidos para identificar riscos à saúde são um tanto diferentes dos usados apenas para medir e monitorar o condicionamento básico. No entanto, todos esses testes são necessários para a elaboração de uma programação eficaz e para a garantia da segurança do cliente.

Terminada a avaliação do risco à saúde, deve-se dar início aos testes de condicionamento atual. No caso dos *personal trainers*, esse processo é relativamente simples e envolve uma revisão geral do histórico de saúde e dos atuais riscos à saúde do cliente, assim como seus objetivos de exercício e de condicionamento. No caso de profissionais de força e de condicionamento, esse passo requer uma compreensão mais profunda não apenas dos testes necessários para se avaliar a preparação do atleta como também dos parâmetros que o atleta espera atingir para competir bem em determinado empenho esportivo.

Para finalizar o processo de teste sem perder tempo ou energia, os profissionais de condicionamento precisam garantir que os testes sejam válidos, isto é, que meçam o que devem medir. Um teste de força deve medir a produção de força, ao passo que um teste de resistência deve medir a capacidade de exercer força repetidas vezes. Dentre os muitos testes desenvolvidos e aprovados para medir componentes específicos de saúde e de condicionamento, os profissionais de condicionamento devem selecionar o mais adequado e válido para determinado cliente. É preciso ter em mente que certos testes foram validados apenas para populações específicas e que podem não ser adequados a todas as pessoas que não estejam nessa classificação. Portanto, deve-se tomar cuidado ao selecionar testes, pois é muito fácil gerar resultados inválidos.

Os testes não apenas devem medir o que se espera que meçam, mas devem fazê-lo de maneira consistente. Testes confiáveis resultam em medidas confiáveis, com baixa margem de erro. Ao usar avaliadores ou observadores externos para medidas de desempenho, os examinadores devem considerar a confiabilidade de cada observador. Para comparar testes futuros aos resultados iniciais, os profissionais de condicionamento devem garantir que o mesmo observador conduza ambos os testes ou que múltiplos observadores utilizem o mesmo critério para determinado desempenho. A fim de verificar a uniformidade entre os avaliadores, os examinadores podem fazer com que todos avaliem o mesmo desempenho, o que pode revelar diferenças nas avaliações ou o grau dessas diferenças.

Embora muitos testes se mostrem válidos e confiáveis em um ambiente clínico ou laboratorial, alguns não são realizáveis em muitos ambientes de trabalho. Os recursos financeiros, o tempo e o espaço, assim como o pessoal qualificado para supervisionar o teste, são fatores que podem determinar o caráter prático de um teste específico. Contudo, os examinadores devem considerar alternativas para o teste, pois há múltiplas opções para determinar características específicas de condicionamento e de desempenho.

A validade, a confiabilidade e o caráter prático devem ser as principais considerações na seleção dos testes. Os profissionais que levarem todas essas variáveis em consideração terão informações melhores e mais úteis ao longo da carreira.

AVALIAÇÃO DE DADOS E ANÁLISE ESTATÍSTICA

A coleta de dados representa apenas metade do processo total de teste e avaliação. Depois de completado o teste, devem-se conduzir a avaliação e a interpretação de dados. Muitos profissionais de condicionamento são ótimos na condução de testes e no acúmulo de informações. No entanto, costumam falhar na avaliação das informações que coletaram, assim como no uso subsequente desses achados para moldar suas prescrições de exercício. Sem um exame objetivo de dados, a importância total do teste de exercícios não pode ser posta em prática.

Estatística aplicada

Muitos profissionais do exercício veem a estatística como um monte de equações matemáticas complexas e inúteis. Embora existam muitos procedimentos estatísticos e equações complexos, e alguns deles não tenham aplicações profissionais, a estatística aplicada pode oferecer um meio objetivo de avaliar dados. A formação de um conhecimento funcional em estatística pode exigir um investimento em tempo e esforço; porém, a capacidade de realizar as análises estatísticas mais básicas será uma excelente adição ao conjunto de habilidades do profissional de condicionamento.

Em estatística, há muito pouca ênfase em um dado único (p. ex., a pontuação do pulo vertical de um cliente ou 1 RM de supino de um atleta). Em vez disso, as avaliações estatísticas se concentram na dinâmica do grupo. Por exemplo, se uma pessoa em um grupo de dez teve o desempenho reduzido após participar de um programa de treinamento organizado, mas os outros nove participantes tiveram uma melhora no desempenho, não se deve julgar que o programa não é eficaz simplesmente porque uma pessoa no grupo não teve uma resposta positiva. Contudo, no mundo da prescrição e da programação de exercício, devem ser consideradas as respostas individuais. Embora um tratamento possa funcionar para uma população mais ampla, ele pode não ser eficiente para determinada pessoa. Todavia, se apenas um cliente sofrer melhora ou se um cliente melhorar muito mais do que os outros, não convém dizer que o programa de treinamento é eficaz com base nessa única pessoa (embora muitos profissionais de condicionamento façam isso). É preciso cuidado ao se aplicar avaliações estatísticas no mundo real.

Probabilidade *vs.* magnitude

Devem-se considerar e entender duas características dos dados coletados ao se realizar avaliações estatísticas. A primeira é a probabilidade dos resultados. A probabilidade representa a reprodutibilidade dos achados e é apresentada como um valor de probabilidade (valor-*p* ou α). Esse valor pode variar de 0,0 a 1,0 na literatura de pesquisa e costuma ser relatado como $p \geq 0,05$ ou $p \leq 0,05$. Além disso, esse valor representa a chance de os achados da análise serem obtidos de maneira errônea. Se o valor-*p* for igual a 0,05, então há apenas um risco de 5% de erro e 95% de chance de se obterem os mesmos achados nas mesmas condições.

O nível de probabilidade necessário para se atingir o nível de significância predeterminada é definido com base na margem de erro aceitável. Em estudos médicos, em que decisões sobre medicamentos ou protocolos de tratamento têm consequências à vida, uma margem menor de erro é adotada; costumam-se usar níveis α de 0,01. Na ciência do exercício, em que diferenças em programas ou rotinas de treinamento não trazem ameaças à vida, é comum aceitar margem de erro de 0,05. Em todo caso, é importante lembrar que o nível α representa quantas vezes se esperariam resultados diferentes se o estudo fosse repetido 100 vezes.

A probabilidade se baseia em potência estatística (mais influenciada pelo número de pessoas no grupo estudado) e na variação de desempenho no grupo. Embora seja importante avaliar a reprodutibilidade de uma análise estatística, ela não fornece medida da magnitude real da(s) mudança(s) em dados. Por exemplo, se mil pessoas forem testadas com 1 RM de supino e, depois, treinadas durante três meses para melhorar especificamente a força de supino, os examinadores precisam levar em consideração o tamanho da amostra e sua influência nos valores de probabilidade para prever a diferença estatística, assim como a interpretação dos resultados. Se essas pessoas voltarem a ser testadas e, como grupo, demonstrarem uma melhora de 1 kg na força, a probabilidade de gerar os mesmos resultados se as condições forem repetidas seria alta por causa do grande número de participantes no grupo, talvez até com p <0,01. Supondo-se que esse grupo seja composto de membros da população geral, por mais que uma melhora de 1 kg seja esperada em 99% das vezes e, portanto, gerasse um resultado significativo do ponto de vista estatístico, essa melhora, na verdade, representa um aumento de força muito pequeno. Portanto, como não é raro que praticantes medianos tenham um aumento de até 15 kg em um período de três meses, esses achados seriam insignificantes do ponto de vista clínico.

No fim das contas, para descrever e avaliar a magnitude da melhora, devemos nos basear em outro cálculo, em geral o tamanho do efeito (descrito posteriormente). As diferenças nesses resultados devem ser entendidas, pois muitos erros são cometidos em consequência da suposição incorreta de que a probabilidade equivale à magnitude.

Análise descritiva

O primeiro passo na avaliação de um conjunto de dados proporciona uma visão geral desses dados. Isso se faz pelo cálculo dos valores descritivos como a média, a mediana, a moda, a amplitude e a variação. O valor médio (média) é calculado pelo resultado da soma de todos os valores dividido pela quantidade de valores. A mediana representa a posição central da série de pontuações em ordem crescente. Ela representa a pontuação do percentil 50, o que significa que metade das pontuações está acima dessa pontuação e a outra metade está abaixo. A moda é a pontuação que aparece com maior frequência. Essas três medidas de tendência central dão amplas informações para interpretar como a pontuação de determinada pessoa se compara às do grupo.

Medidas de tendência central costumam ser usadas para criar dados normativos, calculados a partir de testes conduzidos em um grupo muito maior. Por exemplo, se testarmos um grupo de 10 mil bombeiros para ver quantas flexões e abdominais eles conseguem realizar e, depois, calcularmos a média do grupo (p. ex., 50 em 1 min), poderíamos afirmar que a norma de um bombeiro é 50. Poderíamos, então, testar outros bombeiros para ver como eles se comparam à pontuação normativa medida em um grupo maior de bombeiros. Embora os dados normativos ofereçam uma boa comparação entre pares, eles não dão nenhuma informação sobre a capacidade individual de realizar determinada tarefa. Os bombeiros precisam ser capazes de fazer 50 flexões em 1 min para realizar seu trabalho de maneira segura e eficaz? Precisam conseguir fazer 100 flexões em 1 min? Medidas de tendência central indicam apenas o desempenho típico de um grupo; não necessariamente representam o nível ideal de desempenho.

Outra consideração importante ao se comparar a pontuação de um indivíduo com a do grupo é a avaliação da variabilidade nas pontuações. Como exemplo, pode-se usar uma amplitude de dados (i. e., a pontuação mais alta menos a mais baixa) para ver a diferença que existe entre todas as pontuações. Outra medida comum de variabilidade é o desvio padrão, que é o cálculo de quão próximo o conjunto de dados está da média. Em uma distribuição normal, na qual as pontuações são distribuídas uniformemente acima e abaixo da média, 68,26% de todas as pontuações estarão a ±1 desvio padrão da média, 95,44% estarão a ±2 desvios padrões e 99,74% estarão a ±3 desvios padrões. Examinar uma única pontuação e, depois, determinar a quantos desvios padrões ela está da média oferece uma excelente perspectiva da qualidade dessa pontuação.

Relações entre variáveis de desempenho

A capacidade de examinar a relação entre variáveis costuma ser interessante para profissionais do exercício. A maneira como uma variável muda em relação a outra pode dar informações importantes. Por exemplo, com o aumento do condicionamento cardiorrespiratório, o risco de doença cardíaca diminui. Essa relação trouxe maior atenção à promoção do condicionamento cardiorrespiratório e ao desenvolvimento de programas de exercício eficazes.

Embora a relação entre variáveis possa fornecer informações úteis, é importante saber que essas relações não representam uma relação de causa e efeito. Por exemplo, existe uma forte correlação entre QI e tamanho do pé: pessoas com pés maiores costumam ter QI mais alto. No entanto, ter pés grandes não gera inteligência. Essa relação reflete simplesmente o fato de que, conforme as pessoas crescem e amadurecem, elas adquirem conhecimento.

O coeficiente de correlação pode ser usado para determinar uma relação linear entre variáveis. Considere a relação hipotética entre peso corporal e salto vertical entre dez pessoas apresentada na Tabela 1.1 e na Figura 1.1.

Conforme o peso corporal aumenta, a força gravitacional também aumenta, tornando mais difícil a propulsão vertical do corpo. Portanto, pessoas mais pesadas estão em desvantagem. Nos dados fornecidos, a correlação é $r = -0,85$. Esse cálculo é feito da seguinte forma:

$$r = \frac{n(\sum XY)-(\sum X)(\sum Y)}{\sqrt{\left[n(\sum X^2)-(\sum X)^2\right]\left[n(\sum Y^2)-(\sum Y)^2\right]}}$$

em que:
n = número de pessoas
X = variável 1
Y = variável 2

Tabela 1.1 Dados de peso e de salto vertical.

Indivíduo	Peso (kg)	Salto vertical (cm)
1	102	79
2	131	46
3	84	107
4	86	63
5	111	76
6	120	53
7	136	46
8	79	91
9	81	84
10	132	53

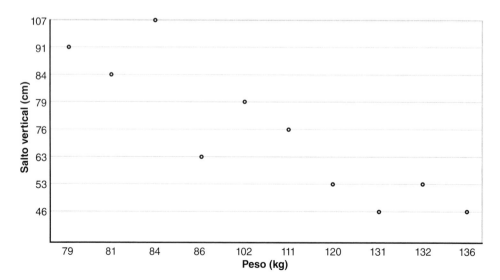

Figura 1.1 Gráfico dos pontos de dados de peso e salto vertical.

A força e a direção da relação são considerações importantes ao se avaliar os dados. A força da correlação é determinada comparando-se o valor a uma escala que varia de 0 a 1,0 (ver Tab. 1.2; Morrow et al., 2000). A estatística mais usada para se avaliar a relação entre duas variáveis em escalas de razão ou intervalo (p. ex., a relação entre peso corporal em quilogramas e altura do salto vertical em centímetros) é o coeficiente de correlação de Pearson. O cálculo do coeficiente de correlação se baseia no que diz respeito à variação nos dois conjuntos de dados em que se analisa a covariação (i. e., a magnitude de relação entre as duas variáveis). Quando duas variáveis covariam, elas podem se correlacionar uma à outra de maneira positiva ou negativa, o que é indicado por uma designação de + ou −. Para fins de interpretação de dados, um valor de correlação maior (i. e., próximo de 1,0 ou de −1,0) representa uma associação subjacente mais forte. Magnitudes maiores de uma variável que ocorrem com magnitudes maiores de outra, assim como magnitudes menores em ambas as variáveis, são uma demonstração de correlação positiva. Por outro lado, duas variáveis podem covariar oposta ou inversamente, como em uma correlação negativa (i. e., as magnitudes maiores de uma variação correspondem às menores da outra, e vice-versa). Portanto, a relação entre peso e salto vertical do exemplo de dados representa uma forte correlação negativa.

Tabela 1.2 Escala de força de correlação.

Zero	0,0
Baixa	0,0 a 0,3
Alta	0,3 a 0,7
Perfeita	1,0

Diferenças entre variáveis de desempenho

Determinar diferenças entre variáveis de desempenho costuma ser parte importante da coleta e da análise de dados. Existem diversas maneiras de determinar objetivamente se existem diferenças e de examinar a sua magnitude. A técnica a ser usada depende das circunstâncias do teste. Exemplos de vezes em que pode ser desejável determinar diferenças entre medidas incluem quando um treinador quer saber se os níveis de força dos atletas estão aumentando, quando um fisioterapeuta compara duas estratégias de tratamento para ver qual é mais eficaz, quando um instrutor compara mudanças no desempenho de salto após um programa de treinamento pliométrico e quando um pesquisador quer saber a diferença no nível de desempenho entre jogadores de beisebol de ligas diferentes.

Quando se compara um mesmo grupo, com medidas tiradas antes e depois de uma intervenção, pode-se usar um teste t de duas amostras ou uma análise de medidas repetidas de variação para examinar as alterações. Quando grupos diferentes passam por intervenções distintas, pode-se usar um teste t de amostras independentes ou a análise de variação. A análise estatística avalia a diferença em pontuações e a variabilidade entre pessoas ou grupos, além de fornecer um valor de probabilidade para ajudar a determinar a confiabilidade com que se pode esperar a diferença medida. É importante examinar a variabilidade total das pontuações porque, em termos gerais, haverá diferenças individuais entre os grupos e dentro deles. Contudo, é importante determinar se essas diferenças podem ser pressupostas em uma população maior.

Também é importante determinar a magnitude da diferença em medidas de desempenho. Se calcularmos simplesmente a mudança na pontuação de desempenho (pós-teste menos pré-teste) e, em seguida, calcularmos o aumento médio do grupo, obteremos uma medida bruta dessa magnitude. No entanto, se um ou mais membros do grupo aumentar ou diminuir em um nível muito diferente do restante do grupo, o aumento médio pode induzir a erro. Por exemplo, se medirmos 1 RM de supino antes e depois de um programa de treinamento de doze semanas em um grupo de dez pessoas e, depois, calcularmos o aumento médio de peso erguido, teríamos uma medida da magnitude da mudança. Todavia, e se um cliente tiver aumentado 23 kg enquanto todos os outros membros aumentaram apenas 2,3? O aumento médio para o grupo todo seria de 4,5 kg. O aumento maior de um cliente quase dobrou o aumento uniforme de 2,3 kg de todos os outros membros do grupo. É provável que a magnitude correta de mudança seja em torno de 2,3 kg e que os dados de um cliente gerarem um resultado distorcido.

O aumento inconsistente de um cliente pode resultar de uma diferença no ponto de partida. Se nove membros do grupo começaram o programa com um supino máximo de cerca de 136 kg e um longo histórico de treinamento, enquanto um outro membro começou com 45 kg e um histórico de treinamento mínimo, o potencial de melhora deste cliente é muito maior. Uma maneira de lidar com essa variável sem gerar confusão é calcular os aumentos porcentuais dividindo-se a diferença entre o pré-teste e pós-teste pelo pré-teste e, na sequência, multiplicando-se o resultado por 100. Um aumento de 23 kg em um cliente que parta de 45 kg equivaleria a um aumento de 50%. Um aumento de 2,3 kg em alguém que partiu de 136 kg representa um aumento de 2%. Embora tenhamos considerado agora os diferentes pontos de partidas dos clientes, o cálculo do percentual, na verdade, agrava o problema nesse caso. Sem considerar a variação nas melhoras, corremos o risco de distorcer os resultados e tomar decisões erradas em relação aos dados do teste.

Uma forma de calcular a melhora no grupo de maneira a considerar a variação na melhora é usar o tamanho do efeito, um valor padronizado que representa as melhoras no desempenho em um grupo. Cohen (1988) sugeriu um método que pode ser especialmente importante para profissionais de condicionamento: calcular o aumento absoluto médio no desempenho e dividi-lo pelo desvio padrão do pré-teste. Voltando à discussão da análise descritiva, podemos calcular as médias do pré-teste e do pós-teste, bem como o desvio padrão, e usar o cálculo a seguir para determinar a magnitude da mudança:

(Média pós-teste − média pré-teste) / desvio padrão pré-teste

Os dados resultantes, gerados em unidades de desvio padrão, podem ser comparados entre grupos. Foram sugeridas diversas escalas para se comparar o tamanho do efeito calculado, determinando-se o tamanho relativo do efeito. Cohen (1988) desenvolveu uma escala (Tab. 1.3) baseada na pesquisa em fisiologia com amplitudes que representam efeitos pequenos, moderados e significativos. Outra escala (Tab. 1.4), criada especificamente para avaliar o desenvolvimento de força (Rhea, 2004), pode ser útil para examinar a magnitude de melhora de força entre populações.

Tabela 1.3 Escala de Cohen.

<0,41	Efeito pequeno
0,41 a 0,70	Efeito moderado
>0,70	Efeito significativo

Baseada em Cohen, 1988.

Tabela 1.4 Escala de Rhea de efeitos na força.

Magnitude	Não treinado	Treinado recreativamente	Altamente treinado
Trivial	<0,50	<0,35	<0,25
Pequena	0,50 a 1,25	0,35 a 0,80	0,25 a 0,50
Moderada	1,25 a 1,90	0,80 a 1,50	0,50 a 1,0
Grande	>2,0	>1,5	>1,0

Baseada em Rhea, 2004.

NORMALIZAÇÃO DE DADOS DE CONDICIONAMENTO

Testes de campo se tornaram populares na ciência do exercício aplicada e em programas de desempenho esportivo graças à sua simplicidade e à capacidade de generalizar resultados. Contudo, diversos fatores geram confusão e podem influenciar a validade dos dados de teste nessas avaliações. Além do gênero, da idade, do nível de condicionamento físico e da habilidade, o tamanho corporal também é reconhecido como um fator que influencia tanto o condicionamento muscular quanto o resultado em diversos testes de desempenho (p. ex., teste de força, salto vertical, velocidade em corrida de velocidade). Portanto, o ajuste à massa corporal parece ser necessário ao se avaliar essas características funcionais, especialmente quando comparadas a um padrão relativo à norma (p. ex., grupo de iguais).

No caso da capacidade de força muscular, a maneira mais simples de normalizar os dados é dividir a força pela massa corporal. Esse método de razão fornece um índice direto de capacidades de força muscular e, muitas vezes, é considerado melhor do que medir a força absoluta, especialmente quando se determina(m) a(s) contribuição(ões) ao desempenho de movimento explosivo (Peterson, Alvar e Rhea, 2006). É importante notar que esse método é baseado na suposição de que a relação entre força e massa muscular é linear.

Todavia, pesquisas demonstraram que a relação entre testes de força e massa muscular pode não ser linear, mas sim curvilínea. Outras maneiras de normalizar a força são usadas no levantamento de potência (Fórmula Wilks) e no levantamento de peso olímpico (Fórmula Sinclair), e permitem a identificação de um índice de força composto relativo à massa muscular. Essas fórmulas minimizam o risco de impor desvantagem ou de recompensar atletas maiores e menores, respectivamente, e possibilitam um ambiente competitivo equitativo. Contudo, assim como no caso de força e de condicionamento de esportes em equipes maiores, é necessário, em geral, comparar diversas pessoas de diferentes massas musculares. Pesquisas relativas a escalas dimensionais sugerem que essas comparações de atributos de força muscular entre pessoas de tamanhos corporais diferentes devem ser expressas em relação à massa corporal elevada à potência de 0,67 – por exemplo, (kg levantados) / (kg de massa corporal)^{0,67} (Jaric, Mirkov e Markovic, 2005). Conhecida como escalonamento alométrico, essa transformação estatística dos dados brutos é usada para fornecer a relação adequada entre massa corporal e o resultado de força de interesse.

O escalonamento alométrico deriva da teoria de semelhança geométrica e parte do princípio de que os humanos têm a mesma forma básica, mas que podem ter diferenças no tamanho. Outras investigações demonstraram diferentes expoentes necessários para escalonar o desempenho em atividades não relacionadas à produção de força máxima (p. ex., potência aeróbia). Seja qual for o resultado de desempenho avaliado, o escalonamento alométrico se baseia em diversas suposições, incluindo as seguintes:

- A relação entre dimensão corporal (normalmente massa corporal, massa corporal magra ou área muscular transversal) e desempenho é curvilínea.
- A relação entre desempenho (D) e tamanho do corpo (T) pode ser avaliada pela equação: $D = aT^b$, em que *a* e *b* são os multiplicadores e o exponente de escalonamento, respectivamente (Nevill, Ramsbottom e Williams, 1992).
- A relação curvilínea deve passar pela origem de ambas as variáveis (p. ex., um atleta sem massa muscular magra teria uma pontuação de força igual a 0).

Encontrar o exponente de escalonamento (*b*) permite remover as diferenças individuais no fator de escalonamento (T) (i. e., tamanho corporal) no resultado de desempenho (D) (p. ex., força).

O escalonamento alométrico é necessário para qualquer resultado em que a dimensão do corpo e o desempenho respectivo não têm uma relação linear. Se a força e a massa corporal tiverem uma relação linear, o exponente de escalonamento será igual a 1 (b = 1) e o método de razão mencionado anteriormente bastará para caracterizar a força relativa, isto é, (kg levantados) / (kg de peso corporal)[1]. Contudo, como esse não é o caso, deve-se aplicar um fator corretivo para encontrar ou examinar com precisão a força corporal de acordo com a massa. Em última análise, usar a equação de escalonamento correta para uma população específica em determinado teste com base no desempenho minimiza a influência da dimensão corporal, que poderia gerar confusões.

ACOMPANHAMENTO DE DADOS AO LONGO DO TEMPO

O acompanhamento de dados ao longo do tempo pode oferecer informações valiosas aos profissionais de condicionamento e a seus clientes. A capacidade de avaliar mudanças no desempenho em um grupo de colegas ou em relação aos desempenhos anteriores de um indivíduo permite ao profissional alterar o treinamento de acordo com as necessidades ou fornece evidências de que determinado programa de treinamento está gerando resultados. Em suma, o acompanhamento do desempenho ao longo do tempo pode assegurar que os clientes atinjam seus objetivos ou que recebam o *feedback* necessário para fazer alterações a fim de alcançar a concretização do objetivo.

Uma série de fatores deve ser levada em conta ao se comparar mudanças no desempenho ao longo do tempo. O primeiro é um efeito de aprendizado, que ocorre quando as pessoas se acostumam a fazer determinado teste. Em geral, os testes devem ser realizados em várias ocasiões antes de se coletar a série de dados inicial a fim de familiarizar os clientes com os procedimentos do teste. Por exemplo, os clientes devem ter a chance de realizar o teste depois de aprender a técnica adequada com um instrutor qualificado. Se o teste de 1 RM de supino for usado para acompanhar o desempenho na capacidade de força da parte superior do corpo, um instrutor qualificado deve ensinar a técnica e a progressão em resistência corretas. O instrutor também deve dar um *feedback* durante as tentativas de prática a fim de garantir que o cliente use a técnica adequada. Devem ser conduzidas várias sessões de teste para garantir que o cliente conheça os procedimentos e consiga completá-los como solicitado. Feita essa familiarização, deve-se completar uma sessão de teste para gerar os dados que servirão como desempenho inicial para comparações futuras.

Outro fator que influencia as mudanças no desempenho ao longo do tempo é a maturação. Esse é um fator especialmente importante entre crianças e jovens, cujos corpos mudam rapidamente, pois os fatores de crescimento podem alterar o desempenho. Essas variáveis devem ser consideradas ao se avaliar o desempenho, especialmente se forem feitas comparações ao longo do tempo (p. ex., vários anos).

Aplicações profissionais

Testes, medições e análises de dados às vezes podem parecer um acréscimo desnecessário para a já pesada carga dos profissionais de condicionamento. Além disso, a compreensão e a interpretação de estatísticas podem parecer fora do alcance prático ou compreensível para profissionais dessa área. Contudo, a capacidade de reunir informações adequadas dos clientes, avaliar os dados do grupo e do indivíduo, bem como interpretar os achados com precisão, é um aspecto importante e valioso da prática de qualidade. *Prática com base em evidências* é um termo usado com frequência para ganhar a confiança de possíveis clientes. Contudo, só os profissionais que usam teste e análise de dados para examinar seus programas, avaliar novas ideias e conceitos ou comparar modalidades de treinamento podem declarar com razão que baseiam sua prática em evidências científicas.

Capítulo 1 ■ Testes, análise de dados e conclusões

> Além de facilitar a coleta de dados, o cálculo numérico e a avaliação de estatísticas, o conhecimento profundo de testes e de medições pode possibilitar aos profissionais de condicionamento a análise e a interpretação da pesquisa publicada com mais precisão e confiança. Muitos profissionais passam o olho (quando não deixam de ler) pelas seções de métodos e estatísticas de relatórios de pesquisa em função da falta de conhecimento da terminologia e da metodologia de pesquisa. Quando os profissionais de condicionamento passam a conhecer mais esses procedimentos e essa linguagem um tanto estranha, ficam mais familiarizados, a ponto de conseguir apreender informações valiosas da pesquisa publicada e de implantar métodos de alta qualidade em sua prática cotidiana.

RESUMO

- Testes de desempenho e avaliação de dados podem servir para uma variedade de propósitos úteis nas profissões de saúde e de exercício.
- Embora o processo deva ser conduzido adequadamente e a avaliação exija familiaridade com os diversos procedimentos estatísticos, o uso de testes de desempenho de qualidade e a avaliação objetiva dos dados coletados resultarão em benefícios que valem o esforço.
- Os profissionais de condicionamento que se tornam adeptos do processo de teste e de avaliação melhoram suas habilidades e se tornam cada vez mais eficientes.

2

Composição corporal

Nicholas A. Ratamess, Ph.D., CSCS*D, FNSCA

Composição corporal é um termo que descreve as proporções relativas de gordura, osso e massa muscular no corpo humano. *Antropometria* é um termo que descreve a medição do corpo humano em termos de dimensões como altura, peso, circunferências, cintura e pregas cutâneas. Testes antropométricos e de composição corporal se tornaram prática comum entre os treinadores, atletas e profissionais de condicionamento. Com o teste da composição corporal, podem-se obter informações valiosas sobre percentual de gordura corporal (i. e., estimativa da proporção de tecido adiposo no corpo humano), distribuição de gordura, massa de tecido magro (i. e., a massa de todo o tecido não adiposo, incluindo ossos, músculos e água) e comprimento e circunferência de membros.

Os testes de composição corporal podem ser úteis para avaliar o treinamento, a dieta ou o desempenho esportivo ou ainda para reduzir os fatores de risco relativos a lesões musculoesqueléticas. Por exemplo, um teste de composição corporal pode determinar que um atleta está cerca de 2 kg acima de seu peso ideal e que seu percentual de gordura corporal é ligeiramente maior (~1 a 2%) do que o normal.

Essa informação pode ajudar o treinador e o atleta a determinar estratégias de treinamento e de dieta. O treinador pode recomendar uma pequena redução na ingestão calórica diária (ou apenas limitações de açúcares simples e gorduras alimentares) e/ou uma intensificação da atividade para aumentar o gasto calórico diário a fim de reduzir a gordura corporal. O atleta pode adicionar 15 min de exercício cardiorrespiratório de intensidade baixa a moderada ao fim de uma sessão em 2 ou 3 dias por semana até atingir sua massa corporal e seu percentual de gordura ideais. Realizar frequentemente o teste irá ajudá-lo a monitorar seu progresso e a avaliar a eficácia das estratégias usadas para atingir seu nível de composição corporal ideal.

A composição corporal é um dos cinco principais componentes do condicionamento relacionados à saúde (junto com força e resistência musculares, flexibilidade e resistência cardiorrespiratória), e sua avaliação traz muitas vantagens para crianças, adolescentes, adultos e idosos, além de possibilitar vantagens de desempenho aos atletas (American College of Sports Medicine, 2008). Além disso, a composição corporal afeta os outros componentes de saúde do condicionamento, ou seja, a massa corporal, a massa corporal magra e a matéria adiposa afetam a força e a resistência musculares, a flexibilidade e a resistência cardiorrespiratória. Em geral, saber o percentual de gordura corporal serve como ponto de partida para comparações; as pessoas não sabem como se comparam em relação às outras de seu gênero e idade (por meio de classificações tradicionais) se não tiverem sua composição corporal avaliada. Elas podem usar essa informação como medida de acompanhamento para perda ou ganho de peso ou para programas de treinamento com exercício futuros.

Por exemplo, as medidas de composição corporal são úteis para atletas em determinados esportes controlados por peso, em que os níveis de gordura corporal e de hidratação (teor de água) podem cair muito. Esportes como ginástica, luta e halterofilismo exigem que os atletas compitam com peso ou nível de gordura corporal baixos. Os atletas, nesses esportes, podem obter grandes vantagens com avaliações de composição corporal de rotina.

A análise de composição corporal também pode beneficiar o atleta que treina para aumentar a massa corporal; as medidas de massa de tecido magro podem ser usadas para avaliar programas de treinamento e medir o progresso da resposta corporal. Além disso, os testes de composição corporal são muito úteis para determinar saúde e bem-estar. Uma quantidade excessiva de gordura corporal ou obesidade (especialmente na área abdominal) é um fator de risco para muitas doenças, incluindo diabetes melito tipo 2, hipertensão, hiperlipidemia, doença cardiovascular (DCV), certos tipos de câncer, dor lombar e artrite degenerativa (Despres e Lemieux, 2006; Liuke et al., 2005; Wearing et al., 2006).

Historicamente, algumas pessoas tentaram avaliar a obesidade por meio de tabelas de altura e peso. Um método famoso envolvia o uso da tabela de seguro de vida da Metropolitan de 1983. Essa tabela estabelecia uma amplitude de peso ideal para homens e mulheres com estruturas corporais pequena, média e grande. Por exemplo, um homem de 1,83 m com uma estrutura grande seria considerado acima do peso se pesasse mais de 85 kg. Sobrepeso é um peso acima da faixa recomendada. Contudo, sobrepeso nem sempre reflete obesidade, visto que, sozinho, o peso nem sempre significa que uma pessoa tem um alto percentual de gordura corporal. Portanto, *sobrepeso* é um termo mais adequado a populações sedentárias, e não a atletas ou a pessoas que se exercitam regularmente. Um atleta com massa de tecido magro maior também terá um peso maior; por isso, tabelas de altura e peso têm pouca importância no mundo esportivo. O peso corporal não é um fator de risco em si. Entretanto, uma quantidade excessiva de gordura corporal impõe grandes riscos à saúde. Determinar o percentual de gordura corporal fornece uma visão maior dos níveis de saúde e de condicionamento do que determinar o peso corporal.

DESEMPENHO ESPORTIVO E COMPOSIÇÃO CORPORAL

O desempenho esportivo depende muito dos componentes do condicionamento ligados à saúde e à habilidade (potência, velocidade, agilidade, tempo de reação, equilíbrio e coordenação), além da técnica e do nível de competência do atleta nas habilidades motoras específicas do esporte. Todos os componentes de condicionamento dependem da composição corporal em certa medida. Um aumento na massa corporal magra contribui para o desenvolvimento de força e potência. Força e potência estão relacionadas ao tamanho do músculo. Por isso, um aumento na massa corporal magra possibilita que o atleta gere mais força em um período específico. Um nível suficiente de massa corporal magra também contribui para o desempenho em velocidade, rapidez e agilidade (no desenvolvimento de força aplicada ao chão para aceleração e desaceleração máximas). Gordura corporal não essencial reduzida contribui para o desenvolvimento de resistência cardiorrespiratória, de velocidade e de agilidade. Peso extra (na forma de gordura não essencial) gera maior resistência ao movimento esportivo, forçando, assim, o aumento da força muscular de contração por carga. A gordura corporal extra pode limitar a resistência, o equilíbrio, a coordenação e a capacidade de movimento. A amplitude de movimento articular também pode ser afetada negativamente pela massa corporal e pela gordura, e a massa pode formar uma barreira física ao movimento articular em uma amplitude de movimento completa. Portanto, os atletas que competem em esportes que exigem altos níveis de flexibilidade se beneficiam de baixos níveis de gordura corporal.

As demandas do esporte exigem que os atletas mantenham níveis de composição corporal dentro do padrão. Alguns esportes exigem dos atletas uma estatura e/ou massa mais elevadas, enquanto outros atletas se beneficiam quando têm estaturas menores. Por exemplo, os atacantes do futebol americano e os lutadores de peso-pesado precisam de níveis altos de massa corporal. Embora o ideal seja massa magra, esses atletas podem obter vantagens com aumentos de massa em qualquer forma (incluindo gordura). Uma massa maior dá mais inércia a esses atletas, possibilitando que mantenham suas posições com maior estabilidade, desde que a velocidade e a agilidade não sejam comprometidas. Atletas de força e potência, como jogadores de futebol americano, lutadores de luta livre e outros esportes de combate, levantadores de potência, halterofilistas, levantadores de peso e arremessadores do atletismo, têm mais vantagens com níveis altos de massa corporal magra. Atletas de resistência, como corredores de distância, ciclistas e triatletas se beneficiam muito do baixo percentual de gordura corporal. Atletas como ginastas, lutadores, saltadores em altura, saltadores com vara, boxistas, praticantes de artes marciais mistas e levantadores de peso obtêm grandes vantagens com uma razão alta de força por massa (e potência por massa). O treino para maximizar a força e a potência minimizando-se as mudanças na massa corporal (e mantendo a gordura corporal baixa) é muito importante nesses esportes. Ginastas, saltadores com vara e saltadores em altura precisam superar seu peso corporal para alcançar o sucesso esportivo. Por isso, minimizar as mudanças na massa possibilita melhor altura de salto, tempo e agilidade aérea.

Praticantes de luta livre, boxe, artes marciais mistas, levantamento de potência e de peso competem em categorias de peso. Como as categorias de peso maior representam uma competição mais difícil, esses atletas obtêm vantagens aumentando a força e a potência, mas mantendo-se na sua categoria de peso normal. Atletas como jogadores de beisebol e softbol obtêm vantagens com massa corporal magra e gordura corporal reduzida. A massa corporal magra a mais pode auxiliar na potência, na velocidade e na agilidade, e manter a gordura corporal em baixos níveis ajuda com a resistência, a rapidez, a velocidade e a agilidade (para desempenhar habilidades como lançar, rebater, apanhar a bola e correr até a base).

Basquetebol e futebol também são dois dos vários esportes com combinação anaeróbia e aeróbia em que os atletas precisam de potência, velocidade, rapidez, agilidade e força, mas também de níveis moderados a altos de condicionamento aeróbio. Atletas desses dois esportes obtêm vantagens com baixos níveis de gordura corporal, mantendo ou aumentando a massa corporal magra. Embora certos atletas possam tolerar níveis mais altos de massa corporal e talvez de percentual de gordura corporal, costuma-se recomendar que os dados obtidos das medições frequentes da composição corporal sejam usados para desenvolver planos de treinamento com o objetivo de reduzir a gordura corporal mantendo-se ou aumentando a massa corporal magra.

Aplicações práticas

A medição e a qualificação do percentual de gordura corporal é de grande importância para profissionais de condicionamento, treinadores, instrutores e atletas por uma série de motivos. A medição do percentual de gordura corporal permite que os atletas identifiquem como estão em relação aos padrões (p. ex., magros, medianos, em sobrepeso, obesos) e pode ser usada para identificar atletas em um dos extremos (p. ex., em risco de obesidade ou distúrbios alimentares, preocupação especial quando se trata de mulheres em esportes controlados pelo peso).

Os atletas podem usar os dados de gordura corporal para modificar o treinamento e/ou a dieta a fim de atingir o nível de gordura corporal desejado para seu esporte. Por exemplo, um atleta com nível excessivamente alto de gordura corporal pode aumentar a duração e o volume do exercício aeróbio e diminuir a duração do intervalo de repouso no exercício de resistência (a fim de aumentar a demanda metabólica e o gasto energético) ou reduzir a ingestão calórica (principalmente pela redução da ingestão de gordura saturada e carboidrato simples) para favorecer um déficit energético líquido que possa reduzir a gordura corporal. Caso se identifique um distúrbio alimentar (p. ex., bulimia ou anorexia nervosa) em um atleta cuja massa corporal e cujos níveis de gordura estão abaixo do esperado, pode-se tentar ajudar o atleta com aconselhamento nutricional e psicológico.

Os testes de composição corporal geram dados descritivos de atletas de vários esportes e posições. Isso é particularmente útil do ponto de vista da pesquisa, mas pode ajudar um treinador em momentos em que as normas estão sendo desenvolvidas. Os treinadores podem usar esses dados para comparar seus atletas a outros atletas na competição e pode comparar seus atuais atletas a ex-atletas no programa. Essa prática pode ser adotada para identificar tendências na composição corporal do jogador ao longo do tempo.

Os testes de composição corporal também servem de ponto de partida para a avaliação do programa. Por exemplo, se um atleta tem 20,8% de gordura corporal no começo do programa e, depois de 12 semanas de treinamento, tiver 18,6%, o treinador e o atleta podem concluir que o programa resultou em uma redução de 2,2% da gordura corporal.

Os atletas em esportes controlados por peso ou que fazem parte de categorias de peso podem usar o teste de composição corporal para identificar um ponto baixo do percentual de gordura corporal seguro ou um peso mínimo. O percentual de gordura não deve ser inferior a 4% em homens ou 10% em mulheres durante períodos extensos. Se o percentual de gordura se aproximar desses valores, podem-se fazer modificações (i. e., fim da perda de peso ou mudança na categoria de peso).

Alguns testes de composição corporal (p. ex., DXA) podem oferecer informações importantíssimas, como a densidade mineral óssea, a água total do corpo e a massa de tecido magro. A massa de tecido magro pode ser calculada com a análise de dobra cutânea ou qualquer método usado para avaliar adaptações ao treinamento, particularmente a um programa de treinamento de força com o objetivo de hipertrofia muscular.

A medição da gordura corporal permite o cálculo do peso corporal ou massa de gordura ideal. Por exemplo, um atleta que pesa 98 kg com um percentual de gordura de 15% deseja um percentual de gordura de até 13% (ou menos) e um peso de 95 kg. Inicialmente, esse atleta tem 14,7 kg de gordura corporal (98 kg × 0,15 = 14,7 kg). Ele sabe que pode atingir esse valor com segurança porque tem 14,7 kg de gordura, mas deseja perder somente 2,3 kg. Por outro lado, seu peso corporal ideal pode ser calculado quando determina um nível de gordura corporal alvo (nesse caso, passar de 15% para 13%). O peso corporal ideal (PCI) pode ser calculado da seguinte forma:

PCI = (peso corporal − peso adiposo) / (1,00 − % desejado / 100)
PCI = (98 kg − 14,7 kg) / (1,00 − 13% / 100)
PCI = 83,3 kg / (1,00 − 0,13)
PCI = 83,3 kg / 0,87
PCI = 95,7 kg

MEDIÇÃO DE COMPOSIÇÃO CORPORAL

Não existem métodos verdadeiramente diretos de se medir a composição corporal. Em vez disso, a maioria das medições de composição corporal envolve avaliação indireta ou estimativa. Cada método tem vantagens e desvantagens, como observado nos muitos estudos que fizeram comparações diretas. A decisão de que método usar depende de diversos fatores, incluindo as necessidades do cliente, o objetivo da avaliação, o custo das medições ou o equipamento necessário, a disponibilidade de cada ferramenta de medição, o treinamento do técnico e a consideração das vantagens e desvantagens de cada um. No próximo capítulo são discutidas várias técnicas comuns e práticas de se medir a composição corporal.

MEDIÇÃO DE ALTURA, PESO CORPORAL E ÍNDICE DE MASSA CORPORAL

As medidas de altura, peso corporal e índice de massa corporal são fáceis de realizar. Elas oferecem dados úteis sobre a composição corporal. A altura pode mudar ao longo do dia (dependendo da carga espinal e do volume do disco vertebral) e ainda mais com o envelhecimento. Por sua magnitude de flutuação diária relativamente baixa, a altura de adultos não precisa ser medida com frequência. A medição do peso corporal pode ser realizada com frequência, especialmente durante programas de perda ou ganho de peso ou quando atletas estão reduzindo o peso para competir em uma categoria de peso.

ALTURA

Equipamento

A altura deve ser medida com um estadiômetro (uma régua vertical montada em uma parede com uma ampla cabeceira horizontal). Embora muitas escalas comerciais já venham na régua vertical, esses equipamentos são menos confiáveis. O não cumprimento dos padrões recomendados reduz a confiabilidade e a precisão.

Procedimento

1. Tirar os sapatos.
2. Ficar em pé o mais ereto possível com os calcanhares unidos rente à parede.
3. Respirar fundo, segurar a respiração e ficar parado com a cabeça alinhada, olhando para a frente.
4. A altura é registrada em polegadas ou centímetros (1 polegada = 2,54 cm).

PESO E MASSA CORPORAL

O peso e a massa corporal representam variáveis cinéticas distintas. Na biomecânica, a massa corporal é a quantidade de matéria de que consiste um objeto ou pessoa, enquanto o peso é uma medida de força, isto é, o produto da massa pela aceleração devida à gravidade (9,81 m.s^{-1}), dependendo dos efeitos da gravidade. Ambos são medidos da mesma forma. Contudo, a massa corporal é espressa em quilogramas, enquanto o peso corporal é expresso em Newtons (N). A roupa também é uma questão importante; o tipo e a quantidade de roupas devem ser padronizados. O peso corporal muda entre as várias horas do dia como resultado de consumo de alimentos e bebidas, urinação, defecação e desidratação ou perda de água. Portanto, recomenda-se um horário-padrão (p. ex., de manhãzinha) para a medição.

Equipamento

O peso e a massa corporal são mensurados com mais precisão em uma balança médica calibrada com um raio e pesos móveis.

Procedimento

1. A roupa deve ser padronizada e devem-se tirar os sapatos. Quanto menos roupa, mais precisa será a medição. Esvaziar os bolsos, quando estiver vestido, e remover joias.
2. Subir na balança e registrar o peso quando o raio estabilizar. O peso corporal é registrado em Newtons ou a massa corporal é registrada em quilogramas.

ÍNDICE DE MASSA CORPORAL

O índice de massa corporal (IMC) é usado para avaliar a massa corporal em relação à altura:

$$\text{IMC (kg.m}^{-2}\text{)} = \text{massa corporal (kg) / altura ao quadrado (m}^2\text{)}$$

O IMC é usado para determinar o risco de doenças em desenvolvimento, como diabetes 2, hipertensão e DCV, e é muito fácil de calcular.

Procedimento

O índice de massa corporal também pode ser calculado usando-se a seguinte equação: IMC = peso corporal (kg) / altura^2 (m^2). Por exemplo, um homem que pese 88,6 kg e tenha 1,90 m teria um IMC de 24,54 kg.m^{-2} e seria considerado normal para os padrões do IMC. Os padrões atuais de IMC (kg.m^{-2}) para homens e mulheres são os seguintes (American College of Sports Medicine, 2007):

IMC <18,5 indica peso inferior ao normal
IMC de 18,5 a 24,9 é normal
IMC de 25 a 29,9 indica sobrepeso
IMC de 30 a 39,9 indica obesidade
IMC >40 indica obesidade mórbida

Embora de cálculo simples, o IMC tem grande relevância prática em populações sedentárias e clínicas. Ele tem uma forte correlação com doenças e é fácil de usar em grandes populações. Críticas ao uso do IMC são de que ele é um preditor relativamente ruim do percentual de gordura corporal, não é indicativo de distribuição de peso e pode resultar em classificações imprecisas (normal, sobrepeso, obeso) para pessoas musculosas, atletas e praticantes de esportes acadêmicos e profissionais. Por exemplo, um estudo que examinou a composição corporal em jogadores da National Football League dos Estados Unidos mostrou que, com base no IMC, todos os jogadores foram classificados com sobrepeso, obesidade e muita obesidade, embora tivessem percentuais de gordura corporal de 6,3% a 18,5% (com os atacantes apresentando 25,1%) (Kraemer et al., 2005). Um estudo recente realizado com jogadores de futebol americano da primeira divisão da NCSS mostrou uma média em todas as posições de 29,8 kg.m^{-2}, apesar de haver um percentual de gordura de ~15 ± 7% (Kaiser et al., 2008). Outro estudo com jogadores de futebol americano demonstrou que o IMC é uma medida inválida porque superestima o sobrepeso e a obesidade em mais de 50% dos atletas (Mathews e Wagner, 2008). Essas constatações também parecem ser válidas para atletas de força e de potência de outros esportes. Portanto, o IMC não é uma ferramenta de medição de composição corporal particularmente útil em populações que treinam resistência.

RELAÇÃO CINTURA-QUADRIL

A relação cintura-quadril (RCQ) compara a circunferência da cintura à do quadril e é usada como indicador de distribuição de gordura corporal (i. e., forma de maçã ou pera) ou como medida de saúde geral. Reconhece-se uma RCQ elevada como fator de risco para doenças. Uma vantagem dessa técnica é que ela é simples de administrar e requer apenas uma fita métrica. Em certos casos, a RCQ pode ser um preditor melhor de mortalidade do que o IMC. Contudo, por ser um índice de circunferência, ele não serve de indicação de percentual de gordura corporal. A medição de dobra cutânea (ou outra técnica de medição de gordura corporal) fornece uma estimativa mais precisa do percentual de gordura corporal. Fundamental para a precisão e a confiabilidade da medição da RCQ é a padronização da técnica de circunferência. Os valores-padrão da RCQ são mostrados na Tabela 2.1.

Tabela 2.1 Medidas-padrão de cintura e quadril para homens e mulheres.

| População | Idade | Risco ||||
		Baixo	Moderado	Alto	Muito alto
Homens	20 a 29	<0,83	0,83 a 0,88	0,89 a 0,94	>0,94
	30 a 39	<0,84	0,84 a 0,91	0,92 a 0,96	>0,96
	40 a 49	<0,88	0,88 a 0,95	0,96 a 1,00	>1,00
	50 a 59	<0,90	0,90 a 0,96	0,97 a 1,02	>1,02
	60 a 69	<0,91	0,91 a 0,98	0,99 a 1,03	>1,03
Mulheres	20 a 29	<0,71	0,71 a 0,77	0,78 a 0,82	>0,82
	30 a 39	<0,72	0,72 a 0,78	0,79 a 0,84	>0,84
	40 a 49	<0,73	0,73 a 0,79	0,80 a 0,87	>0,87
	50 a 59	<0,74	0,74 a 0,81	0,82 a 0,88	>0,88
	60 a 69	<0,76	0,76 a 0,83	0,84 a 0,90	>0,90

Reproduzida com a autorização de V. H. Heyward, 2010, *Applied body composition assessment*, 6th ed. (Champaign, IL: Human Kinetics), 222.

Equipamento

Fita métrica flexível.

Procedimento

1. Basta uma fita métrica flexível para realizar esse procedimento. O ideal é uma que aplique uma quantidade de tensão constante à fita, como a americana Gulick II, eliminando assim a variabilidade entre os examinadores.
2. A circunferência da cintura deve ser medida em torno da menor área da cintura, normalmente ~2,5 cm acima do umbigo.
3. A circunferência do quadril deve ser medida na maior área das nádegas (com o mínimo de roupa).
4. A RCQ é calculada como a circunferência da cintura (cm) / circunferência do quadril (cm) e expressa sem unidades porque elas se cancelam durante o processo de divisão.
5. Devem ser realizadas várias medições até que uma medida esteja no máximo a 0,6 cm uma da outra.

MEDIDA DE DOBRA CUTÂNEA

A medida de dobra cutânea é um dos métodos mais conhecidos e praticados para se estimar o percentual de gordura corporal e pode ser relativamente precisa se a medição for realizada por um técnico treinado com compassos de calibre de alta qualidade (p. ex., um compasso Lange ou Harpender que gera uma pressão constante de ~10 g.mm^{-2}). A análise de dobra cutânea se apoia no princípio de que a quantidade de gordura subcutânea (gordura imediatamente abaixo da pele) é diretamente proporcional à quantidade total de gordura do corpo.

Após a compilação das medições de dobra cutânea, a análise de regressão (um procedimento estatístico usado para prever uma variável dependente com base em uma ou mais variáveis independentes ou preditoras) é usada para estimar o percentual da gordura corporal total. A soma das dobras cutâneas, junto ao gênero e à idade (conhecidos preditores importantes de gordura corporal), é usada em uma análise de regressão que, no fim, calcula uma equação de predição para estimar a densidade corporal e o percentual de gordura corporal. A variabilidade na previsão do percentual de gordura corporal com a análise de dobra cutânea é de cerca de ± 3 a 5%, desde que sejam usadas as técnicas e equações adequadas (American College of Sports Medicine, 2008). A gordura corporal varia com o gênero, a idade, a raça ou etnia, o estado de treinamento e outros fatores. Por isso, foram criadas várias equações de regressão pela combinação de lugares de dobra cutânea para prever densidade corporal e gordura com as medições de dobra cutânea.

A medição de dobra cutânea é mais precisa quando as equações de predição são usadas para se aproximar mais à população testada. O número de lugares precisa ser predeterminado com base na equação ou nos métodos de regressão usados (i. e., três, quatro ou sete lugares). As equações de sete e de três lugares mostraram erros padrões parecidos de estimativa em homens (±3,4 a 3,6%) e em mulheres (±3,8 a 3,9%) (American College of Sports Medicine, 2007).

Equipamento

Compassos de calibre de alta qualidade (p. ex., Lange ou Harpender).

Procedimento

1. O número de lugares e de equações deve ser selecionado antes com base na população testada. Os lugares das pregas cutâneas são mostrados na Figura 2.1.

2. Deve-se pegar uma dobra cutânea com firmeza entre os dedos polegar e indicador da mão esquerda (a cerca de 8 cm da linha perpendicular do eixo longitudinal da lateral) e segurá-la enquanto a pessoa se mantém relaxada. A seguir, estão os lugares de dobra cutânea mais usados:
   — abdome: prega horizontal, 2 cm à direita do umbigo;
   — bíceps: prega vertical no aspecto anterior do membro superior sobre o ventre do músculo bíceps;
   — peito ou peitoral: prega diagonal, no meio do trajeto entre a linha axilar anterior e o mamilo (no homem) ou um terço da distância entre a linha axilar anterior e o mamilo (na mulher);
   — axilar média: prega horizontal na linha axilar média na altura do processo xifoide do esterno;
   — subescapular: prega diagonal em um ângulo de 45°, 1 a 2 cm abaixo do ângulo inferior da escápula;
   — suprailíaco: prega diagonal alinhada ao ângulo natural da crista ilíaca pega na linha axilar anterior;
   — coxa: prega vertical na linha média anterior da coxa no meio do caminho entre a borda proximal da patela e a dobra inguinal;
   — tríceps: prega vertical na linha média posterior do braço no meio do caminho entre o processo acromial da escápula e a parte inferior do processo do olécrano do cotovelo.
3. Uma leve contração muscular da pessoa ou o encurvamento dos dedos garante que se meça o tecido subcutâneo e não o músculo esquelético. No caso de pessoas obesas, pode ser necessário segurar uma área maior (i. e., >8 cm) capaz de exceder a capacidade de medição do compasso.
4. Com o compasso voltado para cima, os braços do instrumento são posicionados sobre a dobra cutânea 1 cm abaixo dos dedos do examinador.
5. Ao soltar o compasso, a medição é dada após 3 s.
6. Todas as medições são feitas no lado direito do corpo em duplicata ou triplicata para garantir a consistência entre as medições de até 0,5 mm. Se houver uma diferença de mais de 3 mm entre as leituras, pode ser necessária uma quarta medição.
7. É importante medir diversos lugares em vez de fazer 2 ou 3 medições no mesmo lugar em sequência.
8. Realiza-se a média de cada lugar e soma-se para estimar a densidade corporal e o percentual de gordura corporal por meio de uma equação de regressão ou da

Capítulo 2 ▪ Composição corporal

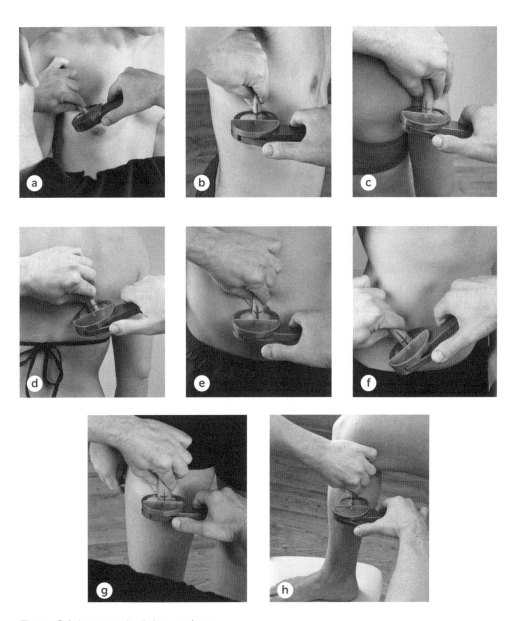

Figura 2.1 Lugares de dobra cutânea.
Reproduzida com a autorização de National Strength and Conditioning Association, 2008, Administration, scoring, and interpretation of selected tests, de E. Harman e J. Garhammer. Em *Essentials of strenght training and conditioning*, 3rd ed., editado por T. R. Baechle e R. W. Earle (Champaign, IL: Human Kinetics), 268-269.

tabela de predição. O total é visto em uma tabela relativa ao gênero e à idade, e obtém-se o percentual de gordura corporal.

Fundamental para a análise de pregas cutâneas é a seleção de uma equação de predição adequada. É importante observar que várias equações são usadas para estimar a densidade corporal e, em sequência, é feito um cálculo de densidade corporal para estimar o percentual de gordura corporal. A densidade corporal é descrita como a razão da massa corporal pelo volume corporal. A Tabela 2.2 apresenta várias equações usadas para estimar o percentual de gordura corporal a partir de estimativas de densidade corporal. Desde o início da década de 1950, mais de 100 equações de regressão foram desenvolvidas para predizer a densidade corporal e o percentual de gordura. As equações que passaram por validação cruzada em outros estudos para dar suporte a sua eficácia devem ser escolhidas com base no gênero, na idade, na etnia e no nível de atividade do indivíduo. Contudo, demonstrou-se que equações gerais apresentam estimativas precisas em todos os segmentos da população (i. e., com níveis de gordura corporal altos, baixos e próximos da média) e podem ser mais fáceis de usar porque só se usam uma ou duas equações em vez de muitas (Graves et al., 2006). Como a relação entre densidade corporal e gordura subcutânea é curvilínea, termos quadráticos e logarítmicos foram acrescentados à maioria das equações de regressão para aumentar sua precisão. Determinada a densidade corporal, pode-se calcular o percentual de gordura corporal. Na maioria das vezes, usam-se as equações de Siri (1956) ou de Brozek (Brozek et al., 1963):

Equação de Siri: $(4{,}95 / D_c - 4{,}50) \times 100$
Equação de Brozek: $(4{,}57 / D_c - 4{,}142) \times 100$
* em que D_c = densidade corporal

Contudo, foram desenvolvidas outras equações específicas a populações (ver Tab. 2.3 na p. 32) para estimar o percentual de gordura a partir da densidade corporal com base em etnia, gênero e idade (Harman e Garhammer, 2008). Ver Tabela 2.5 na página 45 para informações sobre quando é benéfico realizar a medição do IMC. A Tabela 2.4 nas páginas 44 e 45 apresenta classificações de gordura corporal.

Tabela 2.2 Equações de predição de densidade corporal a partir de medições de dobra cutânea.

Lugares	População	Gênero	Equação	Referência
2: coxa, subescapular	Atletas	Homens	$D_c = 1{,}1043 - (0{,}00133 \times \text{coxa}) - (0{,}00131 - \text{subescapular})$	Sloan e Weir (1970)
2: suprailíaco, tríceps	Atletas	Mulheres	$D_c = 1{,}0764 - (0{,}00081 \times \text{suprailíaco}) - (0{,}00088 \times \text{tríceps})$	Sloan e Weir (1970)
3: peito, abdome, coxa	Geral	Homens	$D_c = 1{,}10938 - 0{,}0008267$ (soma dos 3 lugares) $+ 0{,}0000016$ (soma dos 3 lugares)$^2 - 0{,}0002574$ (idade)	Jackson e Pollock (1978)
3: tríceps, suprailíaco, coxa	Geral	Mulheres	$D_c = 1{,}099421 - 0{,}0009929$ (soma dos 3 lugares) $+ 0{,}0000023$ (soma dos 3 lugares)$^2 - 0{,}0001392$ (idade)	Jackson e Pollock (1980)
3: peito, tríceps, subescapular	Geral	Homens	$D_c = 1{,}1125025 - 0{,}0013125$ (soma dos 3 lugares) $+ 0{,}000005$ (soma dos 3 lugares)$^2 - 0{,}000244$ (idade)	Pollock et al. (1980)
3: tríceps, suprailíaco, abdome	Geral	Mulheres	$D_c = 1{,}089733 - 0{,}0009245$ (soma dos 3 lugares) $+ 0{,}0000025$ (soma dos 3 lugares)$^2 - 0{,}0000979$ (idade)	Jackson e Pollock (1985)
4: bíceps, tríceps, subescapular, suprailíaco	Geral	Homens Mulheres 20 a 29 anos	$D_c = 1{,}1631 - 0{,}0632$ (soma de log de 4 lugares)	Durnin e Womersley (1974)
4: bíceps, tríceps, subescapular, suprailíaco	Geral	Homens Mulheres 30 a 39 anos	$D_c = 1{,}1422 - 0{,}0544$ (soma de log de 4 lugares)	Durnin e Womersley (1974)
7: coxa, subescapular, suprailíaco, tríceps, peito, abdome, axilar	Geral	Mulheres	$D_c = 1{,}0970 - 0{,}00046971$ (soma dos 7 lugares) $+ 0{,}00000056$ (soma dos 7 lugares)$^2 - 0{,}00012828$ (idade)	Jackson et al. (1980)
7: coxa, subescapular, suprailíaco, tríceps, peito, abdome, axilar	Geral	Homens	$D_c = 1{,}112 - 0{,}00043499$ (soma dos 7 lugares) $+ 0{,}00000055$ (soma dos 7 lugares)$^2 - 0{,}00028826$ (idade)	Jackson e Pollock (1978)

MEDIÇÕES DE CIRCUNFERÊNCIA

Medições de circunferência consistem em medir a circunferência de um membro ou de uma região do corpo. Além de fornecer informações úteis sobre as mudanças no tamanho muscular resultantes do treinamento, as medições de circunferência, sozinhas ou combinadas a medições de dobra cutânea, dão informações sobre a composição corporal. A vantagem de realizar medições de circunferência é que é um processo fácil, rápido e barato, e não exige equipamento especializado. Com medições de circunferência, podem-se fazer estimativas precisas de percentual de gordura corporal

(i. e., ±2,5 a 4,0%). Normalmente, os lugares tomados para medida incluem braço direito, abdome e antebraço direito em homens jovens; nádegas (quadril), abdome e antebraço direito em homens idosos; abdome, coxa direita e antebraço direito em mulheres jovens; e abdome, coxa direita e panturrilha direita em mulheres idosas.

Equipamento

Fita métrica (de preferência uma fita métrica Gulick II)

Tabela 2.3 Equações específicas a populações para calcular percentual de gordura corporal a partir da densidade corporal.

População	Idade	Gênero	Equação
Caucasiana	7 a 12	Homem	$(5{,}30 / D_c - 4{,}89) \times 100$
		Mulher	$(5{,}35 / D_c - 4{,}95) \times 100$
	13 a 16	Homem	$(5{,}07 / D_c - 4{,}64) \times 100$
		Mulher	$(5{,}10 / D_c - 4{,}66) \times 100$
	17 a 19	Homem	$(4{,}99 / D_c - 4{,}55) \times 100$
		Mulher	$(5{,}05 / D_c - 4{,}62) \times 100$
	20 a 80	Homem	$(4{,}95 / D_c - 4{,}50) \times 100$
		Mulher	$(5{,}01 / D_c - 4{,}57) \times 100$
Afro-americana	18 a 32	Homem	$(4{,}37 / D_c - 3{,}93) \times 100$
	24 a 79	Mulher	$(4{,}85 / D_c - 4{,}39) \times 100$
Nativo-americana	18 a 60	Mulher	$(4{,}81 / D_c - 4{,}34) \times 100$
Hispânica	20 a 40	Mulher	$(4{,}87 / D_c - 4{,}41) \times 100$
Japonesa	18 a 48	Homem	$(4{,}97 / D_c - 4{,}52) \times 100$
		Mulher	$(4{,}76 / D_c - 4{,}28) \times 100$
	61 a 78	Homem	$(4{,}87 / D_c - 4{,}41) \times 100$
		Mulher	$(4{,}95 / D_c - 4{,}50) \times 100$

Dados de NSCA, 2008; Heyward e Stolarczyk, 1996.

Procedimento

1. A fita métrica (de preferência uma fita métrica Gulick II) é colocada em um plano horizontal ao local de maneira que fique firme e se leia a circunferência no 0,5 cm mais próximo. Devem-se utilizar roupas mínimas.
2. Devem-se fazer medidas duplicadas em cada local e usar a média. Se as leituras diferirem em mais de 5 mm, realiza-se mais uma medição.
3. A pessoa deve se manter relaxada durante as medições.
4. Um grande gerador de erro é a falta de padronização do local de medição. O posicionamento correto da fita de medição, por local, é o seguinte:

- Peito: a fita é posicionada ao redor do peito na altura das quartas costelas depois de a pessoa abduzir os membros superiores. A medida é feita quando ela aduz os membros superiores de volta à posição inicial, ao fim da respiração.
- Ombro: a fita é posicionada horizontalmente na circunferência máxima dos ombros com a pessoa em pé e relaxada.
- Abdome: a fita é posicionada sobre o abdome na altura da maior circunferência (em geral, perto do umbigo) com a pessoa em pé e relaxada.
- Coxa direita: a fita é posicionada horizontalmente sobre a coxa abaixo da altura do glúteo na maior circunferência (i. e., parte superior da coxa) com a pessoa em pé.
- Panturrilha direita: a fita é posicionada horizontalmente sobre a maior circunferência da panturrilha no meio do caminho entre o joelho e o tornozelo com a pessoa em pé e relaxada.
- Cintura e quadril: a fita é posicionada em torno da menor área da cintura, em geral ~2,5 cm acima do umbigo. A circunferência do quadril é medida ao redor da maior área das nádegas (com o mínimo de roupas).
- Braço direito: a fita é posicionada horizontalmente sobre o ponto médio do braço entre o ombro e o cotovelo com a pessoa em pé e relaxada, e o cotovelo estendido.
- Antebraço direito: a fita é posicionada horizontalmente sobre a área proximal do antebraço, onde a circunferência é maior, com a pessoa em pé e relaxada.

Obtidos os valores, podem-se fazer estimativas de percentual de gordura corporal a partir das circunferências. Foram desenvolvidas equações específicas à idade e ao gênero para estimar o percentual de gordura. Equações para homens e mulheres jovens e idosos se baseiam em um cálculo de constantes. Depois de se obterem as constantes, esses valores podem ser usados nas equações a seguir para estimar o percentual de gordura corporal. A estimativa de circunferência do percentual de gordura tem uma precisão de ±2,5 a 4,0%. A Tabela 2.4 nas páginas 44 e 45 apresenta classificações de percentual de gordura corporal.

Equações de estimativa de percentual de gordura corporal pela circunferência (American College of Sports Medicine, 2007; McArdle, Katch e Katch, 2007)

Homens jovens: constante A + B − C − 10,2 = percentual de gordura corporal
Mulheres jovens: constante A + B − C − 19,6 = percentual de gordura corporal

Homens idosos: constante A + B – C – 15,0 = percentual de gordura corporal
Mulheres idosas: constante A + B – C – 18,4 = percentual de gordura corporal

HIDRODENSITOMETRIA

Historicamente, a hidrodensitometria (pesagem subaquática ou hidrostática) é considerada o melhor método, ou padrão ouro, de análise de composição corporal, ainda que seja um método indireto. A hidrodensitometria se apoia no princípio de Arquimedes de determinação da densidade corporal, segundo o qual um corpo imerso em água enfrenta uma força de impulsão que resulta em perda de peso igual ao peso da água deslocada durante a imersão. Subtraindo-se o peso do corpo da pessoa na água do peso corporal em terra, obtém-se o peso da água deslocada. A gordura corporal contribui para a impulsão porque a densidade da gordura (0,9007 $g.cm^{-3}$) é menor do que a da água (1 $g.cm^{-3}$), ao passo que a massa de tecido magro (1,100 $g.cm^{-3}$) excede a densidade da água.

É importante notar que a densidade do tecido magro varia segundo a etnia e a maturação. Demonstrou-se que afro-americanos têm uma densidade média de 1,113 $g.cm^{-3}$, enquanto hispânicos demonstraram um valor médio de 1,105 $g.cm^{-3}$ em comparação a caucasianos (1,100 $g.cm^{-3}$) (McArdle, Katch e Katch, 2007). Crianças e idosos têm densidades de tecido magro menores do que jovens adultos. Além disso, aumentos desproporcionalmente grandes na massa muscular (em razão do treinamento de força) em comparação a mudanças na densidade mineral óssea podem diminuir a densidade corporal e resultar em superestimação do percentual de gordura corporal (McArdle, Katch e Katch, 2007). A densidade corporal (massa/volume) é calculada e, na sequência, convertida para o percentual de gordura corporal usando-se uma equação como a de Siri (1956) ou a de Brozek (1963). Foram desenvolvidas equações específicas à população (p. ex., para afro-americanos, nativos americanos, hispânicos, japoneses e caucasianos), a fim de converter os dados de densidade corporal em percentual de gordura corporal com mais precisão (American College of Sports Medicine, 2007).

Como a hidrodensitometria é considerada o padrão ouro, outras ferramentas de medição de composição corporal (p. ex., pregas cutâneas, impedância bioelétrica) são validadas em relação a ela. A confiabilidade teste-reteste é alta quando os procedimentos são seguidos da maneira correta. Contudo, as limitações práticas podem dificultar a hidrodensitometria em certas situações. O custo e o uso especializado do equipamento necessário são altos, e podem ser impraticáveis em certos locais. O tempo envolvido em cada medição é longo, o que pode tornar outras medições de composição corporal mais interessantes. Por fim, muitas pessoas expressam medo e desconforto diante da necessidade de ficarem inteiramente submersas na água.

Durante a realização da densitometria, deve-se estar ciente das seguintes variáveis:

- *Volume residual*: a quantidade de ar remanescente nos pulmões após uma expiração total. O volume residual pode ser medido ou predito usando-se uma combinação de idade, gênero e altura. Uma quantidade significativa de ar restante nos pulmões aumenta a impulsão, que pode ser entendida erroneamente como gordura corporal extra.
- *Densidade da água*: a densidade da água varia de acordo com a sua temperatura, pois a impulsão diminui com temperaturas mais quentes.
- *Quantidade de ar preso no sistema gastrintestinal*: em geral, utiliza-se uma constante predita em 100 mL.
- *Peso corporal seco.*
- *Peso corporal na água.*

Equipamento

Um tanque feito de aço inoxidável, fibra de vidro, revestimento cerâmico, Plexiglas ou outro material (ou ainda uma piscina), que meça pelo menos 1,2 × 1,2 × 1,5 m. É necessário um assento suspenso em uma escala ou um transdutor de força para permitir que as pessoas sejam pesadas completamente submersas na água.

Procedimento

1. Devem-se usar roupas mínimas. Recomenda-se um traje de banho justo que prenda o mínimo de ar possível.
2. É preciso remover todas as joias e ter urinado e defecado antes do procedimento.
3. Deve-se estar de 2 a 12 h no estado pós-absortivo e ter evitado alimentos que aumentem os gases no trato gastrintestinal. A menstruação pode gerar um problema para mulheres por causa do ganho de água associado a ela; portanto, elas devem evitar o teste durante os sete dias de menstruação.
4. É necessário um assento suspenso de uma balança ou um transdutor de força para permitir que as pessoas sejam pesadas completamente submersas na água. A temperatura da água deve estar entre 33 e 36 °C.

5. A pessoa é pesada em terra para se determinar seu peso seco, e a massa é convertida em gramas.
6. A pessoa entra no tanque, remove o ar que pode estar preso na pele, no cabelo, na roupa, etc. e assume uma posição sentada mantida por um cinto para minimizar as flutuações.
7. Com a pessoa sentada e a altura da cadeira ajustada, ela expira o máximo de ar possível antes de se inclinar para a frente a fim de ser pesada.
8. Ela é pesada de 5 a 10 vezes enquanto fica submersa na água durante 5 a 10 s. O peso maior ou a média dos três pesos maiores são usados para a análise. O peso da cadeira e do cinto precisa ser considerado no cálculo.
9. O volume residual (VR) pode ser medido diretamente (o que aumenta a precisão) em certos sistemas ou estimado com base na altura e na idade:

Homens: VR (L) = [0,019 × h (cm)] + [0,0155 × idade (anos)] − 2,24
Mulheres: VR (L) = [0,032 × h (cm)] + [0,009 × idade (anos)] − 3,90

A densidade corporal é calculada usando-se a seguinte equação:

$$DC = \frac{\text{Massa no ar (g)}}{[\text{Massa no ar (g)} - \text{massa na água (g)}] - [\text{VR (mL)}]}$$
$$\text{Densidade da água}$$

10. A gordura corporal pode ser calculada usando-se as equações de Siri, de Brozek ou as específicas a populações mencionadas anteriormente. A Tabela 2.4 nas páginas 44 e 45 apresenta classificações de percentual de gordura corporal.

ANÁLISE DE IMPEDÂNCIA BIOELÉTRICA

A análise de impedância bioelétrica (BIA, do inglês *bioelectical impedance analysis*) é uma ferramenta não invasiva e de fácil administração para determinar a composição corporal. O princípio subjacente da BIA é que a condutividade bioelétrica no corpo é proporcional ao tecido sem gordura do corpo (American College of Sports Medicine, 2007; McArdle, Katch e Katch, 2007). Envia-se uma pequena corrente elétrica pelo corpo (do tornozelo ao punho) e mede-se a impedância dessa corrente. O tecido magro (em sua maior parte, água e eletrólitos) é um bom condutor elétrico (i. e., baixa impedância), ao passo que a gordura é um mau condutor e impede a corrente elétrica. Portanto, a BIA pode ser usada para medir o percentual de gordura corporal e a água total do corpo. Podem-se utilizar correntes de frequência única ou múltipla para determinar a composição corporal; correntes de frequência múltipla são mais sensíveis aos compartimentos de fluido do corpo (McArdle, Katch e Katch, 2007). A maioria dos estudos que examinaram a BIA usaram a equação $V = pL^2 - R^{-1}$, em que V é o volume do condutor, p é a resistência específica do tecido, L é o comprimento do condutor e R é a resistência observada (Graves et al., 2006).

Equipamento

Vários analisadores de BIA estão disponíveis no mercado com preços muito variados.

Procedimento

1. O equipamento de BIA deve ser calibrado de acordo com as instruções do fabricante.
2. A pessoa deve ficar em decúbito dorsal em uma superfície não condutora, com os membros ao lado do corpo, sem encostar no restante do corpo.
3. A mão, o punho e o pé direitos, assim como as áreas dos tornozelos, devem ser preparados com compressas embebidas em álcool e deve-se deixar secar.
4. Os eletrodos da BIA são posicionados no metacarpo do dedo indicador direito, no metatarso do hálux direito (que bissecciona os processos estiloides ulnar e radial) e no tornozelo direito (ponto médio da linha que bissecciona os maléolos medial e lateral).
5. Aplica-se a corrente, e o analisador de BIA computa a impedância e o percentual de gordura corporal.
6. Novos equipamentos de BIA são mais simples do que os mais antigos e pedem apenas que a pessoa fique em pé sobre a máquina (i. e., uma balança digital eletrônica com eletrodos no pé feitos de aço inoxidável) com os pés descalços ou que segure o analisador de BIA com ambas as mãos. O equipamento fornece as instruções à pessoa (i. e., onde pisar na unidade).
7. Em determinados casos, o equipamento de BIA gera erro se os pés da pessoa estiverem secos. Umedecer os pés pode solucionar o problema.

A precisão entre equipamentos de BIA varia muito. A maioria das máquinas de BIA usam suas próprias equações para diferenças no teor de água e densidade corporal com base no gênero, na idade e na raça ou etnia das pessoas, assim como nos níveis de atividade física. A variação de BIA é de ±2,7 a 6,3% (Graves et al., 2006), mas esse método pode gerar um resultado preciso quando são utilizados os procedimentos corretos. A pessoa não pode ter consumido alimentos ou bebidas em até 4 h antes do teste, se exercitado em até 12 h antes dele ou consumido álcool ou diuréticos antes; além disso, precisa ter esvaziado a bexiga por completo nos últimos 30 min antes do teste e ter consumo mínimo de agentes diuréticos como chocolate ou cafeína (American College of Sports Medicine, 2007). A desidratação pode gerar superestimações de percentual de gordura corporal. Reservas de glicogênio podem afetar a impedância e ser um fator durante os momentos de perda de peso. Se possível, as medições de BIA não devem ser feitas antes da menstruação, para evitar os possíveis efeitos de retenção de líquido.

Embora a BIA seja uma medida válida da composição corporal, o percentual de gordura corporal sempre é superestimado em pessoas magras e subestimado em pessoas obesas. Em atletas, demonstrou-se que a BIA subestima muito o percentual de gordura corporal quando comparada à hidrodensitometria (Dixon et al., 2005). Os fatores individuais, a habilidade técnica, a equação de predição empregada e os instrumentos usados afetam a precisão da BIA. Para melhores resultados, deve-se utilizar a mesma unidade BIA para múltiplos pontos de teste. A Tabela 2.4 nas páginas 44 e 45 apresenta as classificações do percentual de gordura corporal.

PLETISMOGRAFIA POR DESLOCAMENTO DE AR

O volume corporal pode ser medido por deslocamento de ar em vez do deslocamento de água. A pletismografia por deslocamento de ar (PDA) oferece várias vantagens em relação aos outros métodos, incluindo segurança. É rápida, confortável e não invasiva e se adapta a todas as pessoas. Todavia, uma grande desvantagem é o custo de se comprar uma unidade de PDA.

O BOD POD (um sistema comercial de PDA) utiliza pletismografia de dupla câmara (p. ex., câmara de teste de 450 L, câmara de referência de 300 L) que mede o volume corporal por meio de mudanças na pressão do ar dentro da câmara fechada de dois compartimentos. Ela inclui uma balança de pesagem eletrônica, um computador e um sistema de *software*. O volume de ar deslocado é igual ao volume corporal e é calculado indiretamente subtraindo-se o volume de ar restante na câmara quando a pessoa está dentro dela do volume de ar na câmara quando ela está vazia.

Geradores de erro no teste de PDA incluem variações nas condições de teste, a falta de jejum da pessoa, a não contabilização do ar nos pulmões ou do ar preso nas roupas e nos pelos do corpo, a umidade do corpo e o aumento da temperatura corporal. A confiabilidade da PDA em adultos é boa e demonstrou-se válida em comparação à hidrodensitometria à absorciometria radiológica de dupla energia (DXA), que será discutida a seguir.

Demonstrou-se que a PDA gera medições de percentual de gordura semelhantes (em comparação com a DXA e a hidrodensitometria) em atletas universitárias (Ballard, Fafara e Vukovich, 2004) e lutadores universitários (Dixon et al., 2005), e é uma técnica de avaliação eficaz para monitorar mudanças no percentual de gordura durante a perda de peso. Contudo, alguns estudos mostraram que a PDA superestima o percentual de gordura corporal em atletas universitárias (Vescovi et al., 2002) e subestima o percentual de gordura (em 2%) em jogadores universitários de futebol americano (Collins et al., 1999).

Equipamento

Uma unidade de PDA como o BOD POD.

Procedimento

1. Inserir as informações da pessoa no computador do BOD POD.
2. Calibrar o BOD POD de acordo com as instruções do fabricante.
3. Preparar a pessoa adequadamente. Assim como na hidrodensitometria, deve-se usar o mínimo possível de roupa. Recomendam-se maiôs, calções, sutiãs esportivos e toucas de banho. Remover acessórios, como joias e óculos. O percentual de gordura pode ser subestimado em cerca de 3% se não for utilizada uma touca de banho e o cabelo cobrir grande parte da face (Higgins et al., 2001).
4. Medir a massa da pessoa pela balança digital.
5. A pessoa entra na câmara e senta-se quieta durante o teste, em que se realiza um mínimo de duas medições (com, no máximo, 150 mL entre si) para determinar o volume corporal.
6. Medir o volume de gás torácico durante a respiração normal (i. e., por meio do método de arquejamento, em que a pessoa respira normalmente em um tubo ligado à câmara e, depois, sopra rapidamente três vezes depois que o tubo aéreo é ocluído por um momento no meio da exalação) ou predizê-lo por equações.
7. Calcular o volume corporal corrigido (volume corporal bruto – volume de gás torácico), determinar a densidade corporal e calcular o percentual de gordura

corporal usando equações de predição semelhantes às da hidrodensitometria por meio do computador do sistema.

ABSORCIOMETRIA RADIOLÓGICA DE DUPLA ENERGIA

A absorciometria radiológica de dupla energia (DXA, do inglês *dual-energy X-ray absorptiometry*) é uma ferramenta de medição de composição corporal que está se tornando cada vez mais comum. Além do percentual de gordura corporal, obtêm-se medidas de densidade mineral óssea, teor de gordura e massa de tecido magro em partes ou em todo o corpo. O princípio da absorciometria é apoiado na atenuação exponencial de raios x em duas energias quando eles passam pelo corpo. Os raios x são gerados em duas energias por meio de um tubo de raios x de baixa corrente localizado sob a máquina de DXA. A atenuação diferencial é usada para estimar o teor mineral ósseo e a composição de tecido mole. São necessários um detector posicionado acima da cabeça no suporte de escaneamento e uma interface de computador para escanear a imagem.

Equipamento

Máquina de DXA.

Procedimento

1. A máquina de DXA deve ser calibrada antes (garantia de qualidade) com um bloco de calibração; ela estará pronta para o uso depois que todas checagens forem aprovadas.
2. Inserir as informações da pessoa no programa.
3. Preparar o cliente. Ele pode vestir roupas normais, mas deve remover todos os objetos metálicos. Bermuda e camiseta bastam.
4. A pessoa se deita em decúbito dorsal na mesa de varredura e se posiciona corretamente. O corpo deve estar centralizado dentro das linhas de perímetro e alinhado com a linha de demarcação central. A cabeça deve ficar a, pelo menos, 5 cm da linha de perímetro superior para proporcionar alguns ciclos em branco para o braço de varredura. As mãos devem ficar estendidas sobre o leito; talvez seja necessário colocá-las sob os quadris para que fiquem dentro do perímetro. Os membros inferiores devem ser alinhados com a linha de demarcação central (a linha deve ficar entre os membros inferiores) e fixados em dois pontos com fitas de velcro, próximo dos joelhos e nos pés, a fim de

minimizar o movimento e de permitir que a pessoa relaxe confortavelmente sem se mexer. Pessoas grandes (altas e pesadas) podem ter dificuldades para posicionar todo o corpo dentro das linhas do perímetro, visto que o leito de varredura é projetado para pessoas com menos de 1,93 m e 136 kg. Pessoas musculosas também podem ter dificuldade para ficar dentro do perímetro. Nesses casos, o técnico deve posicionar a pessoa da melhor maneira possível. A DXA pode ser desconfortável para pessoas que precisem contrair os músculos a fim de apertar o corpo. Apesar da perda de dados, uma outra ferramenta de composição corporal pode ser mais adequada (p. ex., hidrodensitometria, BIA) para pessoas grandes.

5. A pessoa fica imóvel na cama após o início do teste. Movimentos podem causar irregularidades na varredura.
6. A pessoa é escaneada de maneira retilínea da cabeça aos pés durante 5 a 25 min, dependendo do tipo de varredura e do tamanho da pessoa. Unidades de DXA mais recentes reduziram muito o tempo de varredura, tornando esse procedimento muito mais rápido e fácil de administrar.
7. Ao fim da varredura, o técnico precisa indicar as regiões de interesse (com base nas orientações padronizadas ou do fabricante) no arquivo do cliente a fim de obter informações regionais de composição corporal antes da análise.
8. Os relatórios de DXA apresentam massa óssea, massa de tecido magro e massa adiposa regionais (cabeça, tronco, membros) e totais do corpo.

A DXA tem muitas vantagens. É fácil de administrar, rápida, precisa e confortável para a maioria das pessoas; as medições regionais são interessantes para muitas populações. Além disso, uma medição de todo o corpo gera menos de 5 µSv de radiação, muito menos do que as tomografias computadorizadas, raios x de peito e raios x da coluna lombar.

Contudo, a DXA tem suas limitações. O leito de varredura não é projetado para pessoas maiores, e as máquinas (p. ex., General Electric Lunar, Hologic e Norland) são caras e de grande porte. Em certos lugares, pode ser necessária a prescrição de um médico para a varredura de DXA. A DXA pressupõe um estado de hidratação e um teor de eletrólitos constantes no tecido magro, e o estado de hidratação pode afetar os resultados. Problemas de espessura do corpo podem ser uma fonte de erro, e também podem haver erros do usuário na descrição de medições regionais, o que demonstra a importância de um único técnico em teste sequencial. Por fim, a falta de padronização entre os fabricantes de equipamentos DXA gera um problema. Existem diferenças de *hardware*, calibração, metodologia, geometria de imagem (feixe em forma de lápis ou leque) e *software*, o que resulta em diferentes resultados de composição entre máquinas. Demonstrou-se que as medições de gordura corporal variam em cerca de 1,7% quando se fazem medições repetidas em diferentes máquinas de DXA do mesmo fabricante (Tataranni, Pettitt e Ravussin, 1996); por isso, é importante usar a mesma máquina em teste repetido.

Demonstrou-se que a DXA tem uma alta correlação com a hidrodensitometria e outras medições de composição corporal. No entanto, varreduras de DXA costumam registrar percentuais de gordura corporal mais elevados (i. e., 2 a 5%) em medições de todo o corpo do que outros procedimentos (Clasey et al., 1999; Kohrt, 1998; Norcross e Van Loan, 2004). Embora os resultados da maioria dos estudos de validação mostrem que a DXA é uma ferramenta precisa para medição de composição corporal, suas limitações a impedem de se tornar um padrão ouro no momento presente.

TOMOGRAFIA COMPUTADORIZADA E IMAGEM DE RESSONÂNCIA MAGNÉTICA

Com a tomografia computadorizada (TC) e a imagem de ressonância magnética (IRM), pode-se visualizar uma imagem transversal de todo o corpo. Essas técnicas produzem imagens que podem quantificar, de maneira não invasiva, o volume de tecido, como a distribuição de gordura corporal. A análise de composição de todo o corpo é possível com o "fatiamento" do corpo e suposições de densidades de tecido. Na TC, raios x (radiação ionizante) atravessam a pessoa e criam fatias transversais de cerca de 10 mm de espessura. A imagem representa um mapa 2-D de *pixels*; cada *pixel* tem um valor numérico (coeficiente de atenuação) que ajuda a diferenciar os tecidos com base na densidade e nos elétrons por unidade de massa.

No caso de IRM, a radiação eletromagnética estimula e alinha os átomos de hidrogênio na água e nas moléculas de gordura (por meio de um imã). Em seguida, os prótons de hidrogênio absorvem energia e geram uma imagem. Os tecidos gordo e magro podem ser quantificados selecionando-se regiões de interesse na imagem.

Tanto a IRM como a TC foram validadas e são vantajosas, uma vez que oferecem a oportunidade de realizar análise relativa de músculo, osso, densidade e gordura intra-abdominal. No entanto, considerando-se que o uso da radiação é preocupante, esses métodos podem somente ser viáveis para fins médicos e de pesquisa. Além disso, eles são caros (especialmente a IRM), tornando-os impraticáveis para a maioria das pessoas.

INTERACTÂNCIA QUASE INFRAVERMELHA

A interactância quase infravermelha (NIR, do inglês *near-infrared interactance*) se baseia em princípios de absorção e de reflexão de luz com o uso de espectroscopia quase infravermelha. Um bastão de luz ou sonda de fibra ótica é posicionado perpendicularmente a uma parte do corpo (em geral sobre a superfície da linha média anterior do bíceps braquial) e emite luz infravermelha em comprimentos de onda específicos. A absorção do feixe infravermelho é medida com um detector de silicone que a expressa como duas densidades óticas. Equações de predição estimam o percentual de gordura corporal por meio de densidade ótica, gênero, altura, nível de atividade física e peso corporal. Algumas versões comerciais de NIR (p. ex., Futrex -5000, -5500, -6000, -6100) são portáteis e exigem mínimo treinamento técnico, o que as torna interessantes para a indústria da saúde e do condicionamento. Contudo, uma grande limitação é a pequena área de amostra do corpo.

A NIR se mostrou válida e confiável para determinar a composição corporal de atletas mulheres (Fornetti et al., 1999), mas gera uma taxa de erro mais alta do que outros procedimentos de composição corporal. Demonstrou-se que a NIR superestima o percentual de gordura em até 14,7% em jovens lutadores (Housh et al., 2004; Housh et al, 1996) e é menos eficaz para monitorar mudanças de composição corporal após treinamento aeróbio e de resistência (Broeder et al., 1997). Portanto, a NIR não é recomendada para uso rotineiro em populações atléticas e saudáveis.

PADRÕES DE GORDURA CORPORAL

A interpretação de estimativas de percentual de gordura corporal é complicada porque todos os métodos são indiretos (é preciso considerar a margem de erro) e porque não existem padrões universalmente aceitos para gordura corporal. Embora tenham sido desenvolvidos e aceitos padrões nacionais de IMC e de RCQ nos Estados Unidos, não existe nenhum para estimativas de percentual de gordura. Os profissionais devem escolher dentre as muitas classificações de diversos autores. A Tabela 2.4 apresenta algumas classificações gerais, embora muitas outras tabelas sejam utilizadas.

É preciso enfatizar alguns pontos. A gordura do corpo humano pode ser categorizada como essencial e não essencial. A gordura corporal essencial cumpre várias funções pertinentes no corpo e é necessária para a boa saúde. Ela é encontrada em todo o corpo, mas especialmente no coração, nos pulmões, no fígado, no baço, nos rins, nos intestinos, nos músculos, no osso e no sistema nervoso central (McArdle, Katch e Katch, 2007). A gordura corporal essencial responde por cerca de 5% do peso corporal em homens e de 12% em mulheres (essa diferença se refere à gordura essencial por gênero em razão principalmente de diferenças hormonais e fatores gestacionais). Se o percentual de gordura cai abaixo desses níveis, graves efeitos adversos à saúde podem sobrevir. Esse pode ser um problema para atletas como lutadores ou fisiculturistas, que chegam a manter seus níveis de gordura corporal baixos perto do momento da competição. A gordura corporal não essencial, ou de armazenamento, inclui o tecido adiposo subcutâneo e o tecido adiposo visceral. Esse tipo deve ser mantido baixo para fins esportivos e de saúde, uma vez que contribui para o resto do percentual de gordura corporal.

COMPARAÇÃO ENTRE TÉCNICAS DE COMPOSIÇÃO CORPORAL

Cada técnica de composição corporal descrita tem vantagens e desvantagens, apresentadas na Tabela 2.5. O treinador, o profissional ou o atleta deve considerar os prós e os contras ao determinar o emprego da técnica. No fim das contas, o aspecto prático pode ser o fator determinante. Custo, tempo, conforto e acessibilidade são considerações muito importantes ao se tomar essa decisão, ainda mais quando se testam diversos atletas em múltiplas ocasiões.

Tabela 2.4 Classificações de percentual de gordura corporal.

Classificação (homens)	Idade (anos)						
	<17	18–25	26–35	36–45	46–55	56–65	>66
Muito magro	5	4–7	8–12	10–14	12–16	15–18	15–18
Magro	5–10	8–10	13–15	16–18	18–20	19–21	19–21
Mais magro do que a média	–	11–13	16–18	19–21	21–23	22–24	22–23
Mediano	11–25	14–16	19–21	22–24	24–25	24–26	24–25
Ligeiramente alto	–	18–20	22–24	25–26	26–28	26–28	25–27
Alto	26–31	22–26	25–28	27–29	29–31	29–31	28–30
Obeso	>31	>28	>30	>30	>32	>32	>31

(continua)

Tabela 2.4 Classificações de percentual de gordura corporal (*continuação*).

Classificação (mulheres)	Idade (anos)						
	<17	18-25	26-35	36-45	46-55	56-64	>66
Muito magra	12	13-17	13-18	15-19	18-22	18-23	16-18
Magra	12-15	18-20	19-21	20-23	23-25	24-26	22-25
Mais magra do que a média	–	21-23	22-23	24-26	26-28	28-30	27-29
Mediana	16-30	24-25	24-26	27-29	29-31	31-33	30-32
Ligeiramente alto	–	26-28	27-30	30-32	32-34	34-36	33-35
Alto	31-36	29-31	31-35	33-36	36-38	36-38	36-38
Obesa	>36	>33	>36	>39	>39	>39	>39

Reproduzida com a autorização de National Strenght and Conditioning Association, 2008, Administration, scoring, and intepretation of selected tests, de E. Harman e J. Garhammer. Em *Essentials of strength training and conditioning*, 3rd ed., editado por T.R. Baechle e R.W Eagle (Champaign, IL: Human Kinetics), 291.

Tabela 2.5 Vantagens e desvantagens de técnicas de avaliação de composição corporal.

Avaliação	Vantagens	Desvantagens
IMC	Fácil de avaliar Não exige treinamento especial Ferramenta clínica não invasiva	Não é válido para atletas Não considera grande massa muscular
Circunferência	Fácil de administrar Mínimo treinamento necessário Mínimo equipamento (fita métrica) Realização do teste rápida Muitas fórmulas para selecionar Bom indicador de tamanho corporal	Circunferência nem sempre está relacionada a teor de gordura Menos preciso do que outros métodos
Dobra cutânea	Fácil de usar após treinamento Eficiente em termos de tempo Não invasivo Relativamente barato (custo dos compassos) Muitas equações para selecionar Pode testar muitos atletas em menos tempo	Suscetível a erro do técnico Menos preciso em pessoas muito magras ou obesas Considera principalmente gordura subcutânea Possível desconforto para o cliente (pinçamento ou vergonha)
Hidrodensitometria	Padrão ouro Muito preciso, válido e confiável	Demorado Exige muito equipamento e espaço Alto custo de equipamento Exige conhecimento profundo do examinador Submersão na água pode ser desconfortável Exige medição do volume pulmonar

(continua)

Tabela 2.5 Vantagens e desvantagens de técnicas de avaliação de composição corporal (*continuação*).

Avaliação	Vantagens	Desvantagens
BIA	Exige pouco conhecimento técnico Realização do teste muito rápida Muito fácil, especialmente quando se usam modelos manuais ou com balança Unidade de teste é de fácil transporte Não exige roupa mínima ou muita exposição corporal	Devem-se evitar muitas variáveis que causam confusão Alto grau de erro se os procedimentos não forem seguidos rigorosamente
PDA	Atmosfera relaxada para o cliente Fácil de operar Curto tempo de medição Boa para todas as populações Precisa	Muito cara Equipamento pouco acessível Devem-se usar roupas mínimas e justas
DXA	Muito precisa Baixa exposição à radiação Medições abrangentes Podem-se usar roupas normais Tempo de medição relativamente rápido Cliente relaxado durante o teste Oferece medições regionais	Muito cara Menos precisa quando se muda de uma unidade DXA para outra Pode exigir prescrição médica
NIR	Segura e não invasiva Rápida e conveniente Portátil Pouco treinamento necessário	A ferramenta de medição menos precisa
TC/IRM	Muito precisa Diversas aplicações	Muito cara Acesso limitado Demorada

Aplicações profissionais

Profissionais de força e de condicionamento devem incluir medições de composição corporal frequentes nos macrociclos de treinamento geral dos atletas. As medições de composição corporal são de fácil realização e não são cansativas para o atleta como os testes de desempenho podem ser. No entanto, podem-se enfrentar dois grandes problemas. O primeiro é o custo do equipamento. Algumas ferramentas de medição são baratas, ao passo que certas tecnologias podem tornar seu custo proibitivo. Por exemplo, equipamentos de DXA, IRM, TC e pletismografia por deslocamento de ar são caros e podem estar além do orçamento de muitos programas esportivos. Além disso, lugares com essas tecnologias normalmente têm apenas um equipamento. Assim, o teste de um grupo maior de atletas poderia consumir muito tempo. Unidades de impedância bioelétrica são baratas e podem ser vantajosas para realizar os testes em atletas porque são rápidas e portáteis; além disso, é possível comprar múltiplas unidades para permitir o teste de grandes grupos de atleta em um curto período. Contudo, o estado de hidratação e o nível de atividade física dos atletas devem ser monitorados com atenção antes da realização do teste. A pesagem subaquática pode ser uma opção (ainda que seu custo seja proibitivo para alguns programas), mas, em geral, é necessário um número maior de sessões mais longas, porque apenas um atleta pode ser testado por vez. É preciso um período de familiarização para que os atletas entendam a importância de expirar o máximo de ar possível, e algumas pessoas podem achar desconfortável prender a respiração embaixo da água.

A solução mais prática para o profissional de força e de condicionamento é desenvolver um programa de medição de composição corporal baseado em medições de peso corporal, de dobra cutânea e de circunferências. As medições de peso corporal exigem apenas uma balança, o que não é caro. Elas podem ser realizadas com frequência, inclusive várias vezes ao dia. Isso é especialmente importante ao se monitorar atletas que estejam ganhando peso (i. e., lutadores e outros atletas em esportes de combate) ou ao monitorar o estado de hidratação, como quando se pesam jogadores de futebol americano antes, durante e depois da prática em condições quentes e úmidas para quantificar a perda de peso líquido. Compassos de prega corporal são relativamente baratos, e é possível comprar vários compassos, o que facilita a testagem de grandes grupos de atletas em um curto período. Equações (ou tabelas) específicas a populações podem ser utilizadas para cálculos rápidos de percentual de gordura corporal. O uso de uma planilha para calcular os dados acelera a realização do teste; um assistente pode inserir os dados instantaneamente, obter um percentual de gordura e dar ao atleta um *feedback* rápido. Fitas métricas podem ser compradas a preços baixos e são muito úteis para medições de circunferência. As medições de circunferência também podem ser úteis para avaliar indiretamente a hipertrofia muscular com um programa de treinamento de força. Assim, o profissional de força e de condicionamento pode estar bem equipado, gastando pouco, para testes de composição corporal em grande escala, tendo uma ou mais balanças precisas, compassos de prega corporal (de preferência Lange) e fitas métricas (de preferência Gulick, porque a tensão pode ser padronizada) em seus locais de trabalho.

A segunda questão que os profissionais de força e de condicionamento enfrentam é a homogeneidade da equipe e dos procedimentos de teste. Como pode ser necessário testar um grande número de atletas, diversos membros da equipe podem estar realizando os testes. É muito importante que a técnica seja padronizada entre os membros. Na realidade, deve-se designar um técnico ou assistente para cada atleta a fim de se obter dados precisos e confiáveis. Por exemplo, com a análise de dobra cutânea, as técnicas de dois profissionais podem ser ligeiramente diferentes, gerando assim dois valores diferentes para o atleta. Nesse caso, a diferença de gordura corporal se deve ao erro do examinador, e não a mudanças fisiológicas.

Sessões de calibração para atletas específicos podem ser úteis. Nessas sessões, vários examinadores realizam a análise de dobra cutânea no mesmo atleta, e os resultados são comparados. Resultados uniformes entre os membros da equipe confirmam a confiabilidade dos dados. No entanto, como atletas com mais gordura corporal têm mais variação, as sessões de calibração são mais produtivas quando se examinam atletas de pequeno, médio e grande porte. Isso dá uma boa prática para quem está aprendendo a técnica correta. Assim, vários atletas podem ser testados, mas os resultados devem ser comparados entre os do mesmo atleta individual. Ou seja, os atletas A, B e C são testados, mas os examinadores comparam os resultados de A para calibrar a técnica, depois os de B e, por último, os de C. Se os dados variarem de maneira gritante, a equipe deve alterar a técnica para produzir maior conformidade.

Com medições de circunferência, uma leve variação no local da fita métrica ou uma diferença na tensão aplicada à fita métrica pode gerar resultados variáveis. As medições de peso corporal, por outro lado, são padronizadas, desde que a balança esteja funcionando corretamente.

O treinador-chefe de força e de condicionamento deve garantir que a equipe use técnicas uniformes. O sistema mais preciso é designar determinados membros da equipe a determinados atletas. Isso padroniza os procedimentos por atleta e garante predições mais seguras de composição corporal ao longo do tempo.

RESUMO

- O excesso de gordura corporal é prejudicial à saúde e ao desempenho, por isso as medições de composição corporal são muito importantes para profissionais de saúde e de condicionamento, atletas e treinadores.
- Existem diversos métodos para medir a composição corporal indiretamente. Métodos simples, como medições de circunferência, IMC e pregas cutâneas, podem ser realizados com pouco equipamento e baixo custo, e são rápidos e fáceis de realizar, o que apresenta vantagens ao se testar grande número de pessoas ao longo do tempo.
- A BIA é outra ferramenta de composição corporal simples que pode ser interessante para o uso em populações esportivas. Contudo, o equipamento é mais

caro do que aqueles para medições de dobra cutânea e de circunferência, e a BIA é suscetível a erros.

- Estimativas avançadas de composição corporal (hidrodensitometria, PDA, DXA, TC e IRM) podem ser feitas quando são necessárias informações específicas, quando o equipamento está disponível e quando técnicos treinados realizam os procedimentos. Esses métodos são menos práticos para muitos atletas, mas apresentam mais precisão, confiabilidade e validade do que métodos mais simples.

3

Frequência cardíaca e pressão arterial

Daniel G. Drury, DPE, FACSM

A frequência cardíaca (FC) e a pressão arterial (PA) são dois fatores circulatórios que garantem a distribuição apropriada de sangue em todo o corpo. Com a mudança das demandas fisiológicas, cada fator ajusta-se para ajudar a fazer com que a quantidade certa de sangue passe pelos tecidos. Mudanças de posição, intensidade de exercício, modo de exercício e estado de excitação podem resultar em ajuste da frequência cardíaca e da PA. Embora esses dois fatores possam ser alterados de maneira independente, eles apresentam uma inter-relação sistêmica, de modo que o ajuste em um deles costuma ser acompanhado por ajuste no outro.

Como a FC ativa é um indicador indireto de intensidade de exercício, ela costuma ser usada para monitorar, ajustar e individualizar programas de treinamento. Nos últimos anos, os monitores de FC se tornaram mais precisos e acessíveis. Em consequência, treinadores e instrutores conseguem ajudar os atletas a aperfeiçoar seus treinamentos fazendo com que a intensidade dos treinos seja relativa a suas capacidades fisiológicas. Além disso, as adaptações crônicas ao treinamento também podem ser monitoradas pela observação das mudanças na frequência cardíaca em repouso ($FC_{repouso}$) assim como durante o exercício em qualquer intensidade.

A pressão nas artérias é um estado constante de fluxo e é ajustada e reajustada continuamente. O sistema circulatório provê a quantidade exata de PA para atender as demandas de uma grande variedade de atividades. Embora a PA não costume ser utilizada como um indicador de condicionamento, é importante que os treinadores entendam as normas de PA e as circunstâncias que podem levar a aumentos ou reduções rápidos na PA. Flutuações na pressão possibilitam aos atletas maior circulação de sangue para mais tecidos quando necessário. Como cada atividade exige uma resposta específica de PA, os treinadores precisam entender os mecanismos desse sistema dinâmico.

CONTROLE DA FREQUÊNCIA CARDÍACA

A FC é um indicador simples, mas importante, da função cardiorrespiratória. Em repouso, o coração costuma bater entre 60 e 80 vezes por minuto. Entretanto, em atletas altamente condicionados, as adaptações fisiológicas do treinamento de resistência podem resultar em uma baixa FC em repouso de até 28 batimentos por minuto (Wilmore, Costill e Kenney, 2008). Essa redução é vista como resultado do aumento no volume sistólico do coração em combinação com aumento na influência parassimpática do sistema nervoso. Por outro lado, uma $FC_{repouso}$ elevada pode ser sinal de má função cardiorrespiratória, sobretreinamento, aumento no estresse e uma série de outros fatores que podem ser contraproducentes para os atletas.

As medições de FC devem ser feitas sob certas condições fisiológicas. Primeiro, os especialistas recomendam que a $FC_{repouso}$ seja medida no início da manhã com o estômago vazio. Durante o sono e em momentos de relaxamento, o sistema nervoso simpático tem menos força, o que permite que a FC reflita melhor a influência parassimpática. A pessoa deve estar sentada ou deitada em um ambiente sem distrações. Se a $FC_{repouso}$ for acompanhada ao longo do tempo, a medição deve sempre ser realizada sob circunstâncias similares.

Durante o exercício, a FC é um bom indicador de intensidade relativa de exercício e é muito usada para monitorar a função cardiorrespiratória em condições de saúde e doença (Ehrman et al., 2009). O músculo cardíaco é um dos poucos tecidos capazes de gerar seu próprio impulso, o que ele faz no nodo sinoatrial (SA), localizado no ventrículo direito (Marieb e Hoehn, 2010). O nodo SA é visto como o marca-passo do coração. Ele é inervado pelas fibras nervosas simpáticas e parassimpáticas, que emanam do bulbo raquiano e dos centros de controle cardiorrespiratório dentro do sistema nervoso central (ver Fig. 3.1). Esses dois conjuntos de fibras nervosas inervam o nodo SA; o nodo atrioventricular provê uma influência tônica que pode ser aumentada ou diminuída. As fibras nervosas simpáticas aumentam a FC, ao passo que as parassimpáticas a diminuem. Em repouso, a influência parassimpática normalmente domina o controle da FC reduzindo a frequência natural, ou inerente, do coração de cerca de 100 batimentos por minuto (bpm) para algo entre 60 a 80 bpm (Wilmore, Costill e Kenney, 2008). Com o princípio do exercício, a interrupção da influência parassimpática permite

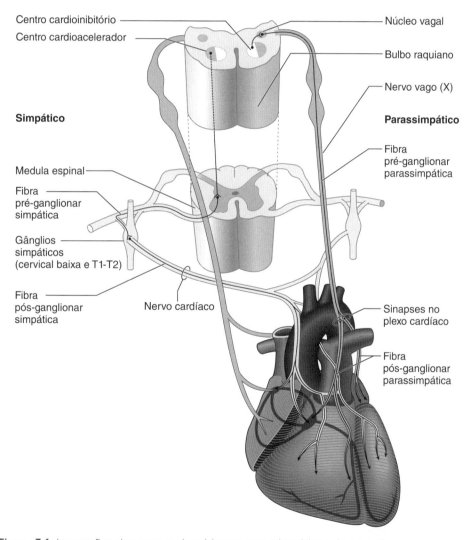

Figura 3.1 Inervações dos nervos simpáticos e parassimpáticos do coração.

inicialmente que a FC aumente para cerca de 100 bpm, o que é seguido por um aumento da atividade simpática, que a acelera ainda mais com base nas demandas circulatórias (Wilmore, Costill e Kenney, 2008).

INTENSIDADE DO EXERCÍCIO E FREQUÊNCIA CARDÍACA

A FC pode ser usada como uma medida indireta e não invasiva da intensidade do exercício por causa de sua forte correlação com a intensidade do exercício e o consumo de oxigênio (Adams e Beam, 2008). Vários testes de condicionamento cardiorrespiratório usam a FC de exercício para estimar ou predizer o consumo de oxigênio por meio da avaliação de um estado estável da frequência cardíaca (EEFC) em determinada carga de trabalho (Franklin, 2000). O EEFC é indicado quando as demandas circulatórias da atual atividade foram atendidas pelo sistema circulatório e não são necessários mais aumentos na FC (Wilmore, Costill e Kenney, 2008). Nesse ponto, como a FC não sofre nem aumentos nem reduções substanciais, ela pode ser usada para indicar as demandas da carga de trabalho específica.

O EEFC que ocorre em determinada carga de trabalho absoluta pode variar muito dependendo do nível de condicionamento da pessoa. Por exemplo, se uma pessoa sedentária e uma pessoa altamente treinada de mesmo tamanho e estatura estiverem caminhando juntas a 6,5 km/h, é provável que a pessoa sedentária tenha uma FC muito mais elevada do que a pessoa treinada, apesar dos níveis semelhantes de consumo de oxigênio. Essa disparidade em eficiência também se reflete na forma como a FC se ajusta entre cargas de trabalho. Em resumo, um sistema cardiorrespiratório ineficiente depende de aumentos na FC muito mais acentuados para atender às demandas de uma carga de trabalho maior. Com o tempo e o aumento da intensidade do exercício, a pessoa sedentária irá se aproximar da frequência cardíaca máxima (FCM) em uma carga de trabalho muito menor do que a treinada. Além disso, após o fim do exercício, a FC da pessoa treinada voltará ao normal muito mais rapidamente do que a da sedentária, o que oferece outra forma de usar a FC para predizer a eficiência cardiorrespiratória (Adams e Beam, 2008). Considerando-se a relativa facilidade de se medir a FC, combinada com as muitas maneiras como a FC pode ser usada para predizer a eficiência cardiorrespiratória, fica claro por que a FC é tão usada na indústria de saúde e condicionamento.

Frequência cardíaca máxima

A FCM é o número máximo de batimentos cardíacos por unidade de tempo que pode ser atingido durante um esforço máximo até a exaustão. Ao que tudo indica, esse número não é alterado de maneira substancial com melhoras na eficiência cardiorrespiratória ou no treinamento cardiorrespiratório. Por outro lado, a FCM parece decair com a idade e costuma ser prevista subtraindo-se a idade da pessoa de 220 (Karvonen e Vuorimaa, 1988). Esse valor é chamado, de maneira apropriada, de frequência cardíaca máxima prevista pela idade (FCMPI). Por exemplo, um homem de 40 anos estimaria sua FCMPI da seguinte maneira: 220 − 40 (idade) = 180. Embora esse método para estimar a FCM varie de maneira considerável entre as pessoas e seja apenas uma estimativa, ele é muito usado como método prático para definir os limites máximos de FC sem expor as pessoas ao esforço máximo necessário para se medir uma FC máxima real (Franklin, 2000).

Frequência cardíaca de reserva

Depois de calculada a FCMPI, essa informação pode ser usada para definir orientações de intensidade de exercício com base na frequência cardíaca de reserva ($FC_{reserva}$) (Franklin, 2000). Essa fórmula de predição inclui uma variável afetada pela idade (FCMPI ou FC máxima) e um fator afetado pelo estado de condicionamento ($FC_{repouso}$). A determinação da $FC_{repouso}$ e da FCMPI permite o cálculo do número de batimentos que a pessoa pode conseguir usar para atender as demandas do exercício (i. e., batimentos em reserva). A frequência cardíaca de reserva é encontrada subtraindo-se a $FC_{repouso}$ da FCMPI.

Determinado o número de batimentos em reserva, pode-se calcular uma porcentagem a partir dessa reserva com a simples multiplicação desse número pela intensidade de exercício desejada expressa em porcentagem. Ao acrescentar uma porcentagem dos batimentos em reserva à $FC_{repouso}$, pode-se determinar uma FC alvo, a fim de fornecer critérios objetivos para a monitoração da intensidade do treinamento. É possível determinar uma FC de treinamento mínima e máxima para que se possa definir uma zona desejada de adaptação ao treinamento. Os atletas podem treinar em uma porcentagem muito mais elevada (70 a 85%) de sua $FC_{reserva}$ do que pessoas sedentárias ou atletas recreativos (55 a 70%). Normalmente chamada de fórmula de Karvonen, essa técnica se baseia na pesquisa do dr. M. Karvonen, conduzida nos anos 1950 (Karvonen e Vuorimaa, 1988). Essa fórmula costuma ser usada para fazer com que os atletas mantenham uma determinada intensidade de FC ao longo de seu treinamento cardiorrespiratório.

Vejamos um exemplo de como calcular a intensidade de treinamento pelo método de $FC_{reserva}$. Comece determinando a FCM prevista pela idade subtraindo a idade da pessoa de 220 (FCMPI = 220 − 22 [idade] = 198 bpm). Em seguida, subtraia a $FC_{repouso}$ desse número para determinar o número de batimentos em reserva (198 [FCMPI] − 72 [$FC_{repouso}$] = 126 bpm [$FC_{reserva}$]). Nesse exemplo, o atleta literalmente precisa de 72 batimentos por minuto para atender às demandas do corpo em repouso e 198 batimentos para se exercitar em intensidade máxima. Logo, 126 batimentos são mantidos em reserva. Esses batimentos podem ser somados à $FC_{repouso}$ para aumentar a circulação sanguínea conforme o necessário. Para uma pessoa que deseja treinar a cerca de 70% da $FC_{reserva}$, o cálculo será da seguinte forma:

$$126 \ (FC_{reserva}) \times 0{,}70 \ (\%) = 88{,}2 \text{ batimentos por minuto}$$
$$FC \text{ de treinamento alvo} = 72 \ (FC_{repouso}) + 88{,}2 = 160 \text{ bpm } (70\% \text{ da } FC_{reserva})$$

O que realmente torna essa fórmula especial é o fato de que um atleta treinado com baixa $FC_{repouso}$ aumentará essa reserva ao atender às demandas de repouso com menos batimentos. Com o tempo, isso aumentará a $FC_{reserva}$. Ao mesmo tempo, a redução natural na FCM também é considerada na fórmula. Basicamente, pode-se usar a seguinte fórmula:

$$\text{Frequência cardíaca alvo} =$$
$$[\text{intensidade fracionária (FC máxima} - \text{FC repouso)}] + FC_{repouso}$$

DESEMPENHO ESPORTIVO E FREQUÊNCIA CARDÍACA

A intensidade do treinamento pode ser monitorada de perto para controlar e, talvez, otimizar o regime de treinamento e as adaptações a ele (Franklin, 2000). Por exemplo, se uma atleta tiver um baixo nível de condicionamento cardiorrespiratório, pode ser conveniente fazer com que ela mantenha um nível elevado o suficiente para desafiar sua eficiência cardiorrespiratória atual, mas não alto demais a ponto de que ela não consiga realizar o exercício. Com a melhora do seu condicionamento ao longo do tempo, a intensidade relativa do exercício, que se reflete na FC, pode ser aumentada para que ela sempre se obrigue a melhorar. O método de Karvonen de manutenção de intensidade do exercício provê limites máximos e mínimos personalizados de FC, que podem ser empregados para ajudar o atleta a continuar motivado e focado na manutenção de uma intensidade relativa específica. Se usada religiosamente, a monitoração da FC pode ser uma excelente forma de quantificar a dificuldade dos treinos ao longo do tempo, dando ao treinador ou instrutor mais informações objetivas sobre como o atleta está se sentindo.

Muitos profissionais definem a FC alvo com o simples cálculo de uma porcentagem da FCM prevista pela idade, embora esse método não seja tão sólido quanto o método de Karvonen. À primeira vista, esse método parece rudimentar e genérico, pois a fórmula não considera nada além da idade. Todavia, a intensidade do exercício definida com ele é verdadeiramente específica à pessoa, pois cada uma precisa de uma quantidade de trabalho específica para atingir determinada FC alvo. Assim, uma pessoa sedentária de 20 anos e um esportista da mesma idade podem ter os mesmos valores previstos, mas a intensidade de exercício necessária para atingirem esses valores será muito diferente.

A Figura 3.2 demonstra a variação da FC de exercício de uma pessoa de 35 anos que quer melhorar seu condicionamento. Como essa pessoa não está condicionada o bastante para suportar a intensidade necessária a fim de melhorar o desempenho, ela deve reduzir a intensidade e escolher um nível mais adequado a seu estado atual de condicionamento. Com o tempo, pode-se ajustar o nível, mas é melhor ser conservador ao se prescrever a intensidade a fim de que o cliente continue motivado e desenvolva uma base de condicionamento a partir da qual avançará.

Um atleta pode usar essas frequências cardíacas alvos para fazer um ciclo de intensidade de treinamento em determinado treino ou ao longo de toda a temporada de treinamento. Considere um meio-campista de futebol, que tem o desafio fisiológico de executar explosões aeróbias de velocidade ao longo de um jogo que dura bem mais de uma hora. É mais indicado que o programa de treinamento para esse atleta envolva dias focados em resistência, assim como dias que incluam treinamento intervalado de alta intensidade.

A FC pode ser usada nessas duas situações. No caso do treinamento de resistência de longa duração, o atleta pode manter uma certa intensidade moderada com a monitoração de sua FC em todo o percurso de uma corrida longa. Com o ganho de melhoras cardiorrespiratórias ao longo do tempo, sua FC diminuirá em qualquer velocidade dada, evidenciando que pode ser preciso um ritmo mais acelerado para desencadear outras melhorias no condicionamento. Por outro lado, quando o atleta se dedica ao treinamento intervalado anaeróbio, a FC também pode ser uma ferramenta importante. Embora não seja um indicador de desempenho durante atividades de corrida de velocidade, ela pode ser um indicador de recuperação entre essas corridas. Com a aproximação da temporada, o treinador pode ajustar o intervalo de recuperação a fim de proporcionar um desafio personalizado ao atleta ou, aos poucos, introduzir um desafio fisiológico lúdico que resulte em melhora no desempenho.

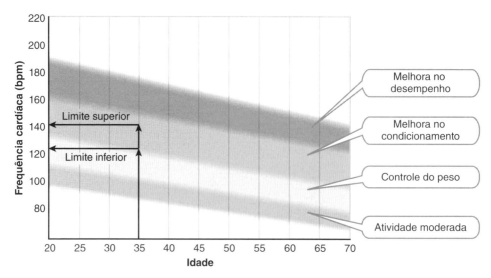

Figura 3.2 Zonas de FC alvo baseadas na FCM prevista pela idade em homens e mulheres.

MEDIÇÃO DA FREQUÊNCIA CARDÍACA

Há várias maneiras de medir a FC, incluindo palpação, auscultação, monitoramento ultrassônico com Doppler e monitoramento elétrico. Embora a eletrocardiografia (ECG) seja considerada o padrão ouro para medir a FC, podem-se utilizar outros métodos com graus variados de precisão. As seções a seguir apresentam descrições breves das técnicas mais utilizadas em ambientes não clínicos.

PALPAÇÃO

A palpação é o processo para se determinar a FC sentindo-se a distensão das artérias quando um *bolus* de sangue passa pelo vaso. Diversas artérias grandes passam perto da superfície da pele, o que as torna ideais para a palpação. Dois dos locais usados com mais frequência para a palpação da FC são a artéria radial no lado palmar do punho (Fig. 3.3a) e as artérias carótidas (Fig. 3.3b).

Artérias mais profundas e artérias cercadas por tecido adiposo podem dificultar a palpação do pulso. Exercícios como caminhada e corrida durante a medição podem confundir a capacidade de contar o pulso, pois os movimentos rítmicos do corpo dificultam a distinção das ondas de pulso. Além disso, é importante não ocluir (pinçar) a artéria com a pressão dos dedos. Isso é especialmente importante quando se tira o pulso usando a artéria carótida; a oclusão da artéria pode impedir o fluxo de sangue para o cérebro, causando síncope (tontura) e até lesão. A técnica consiste em localizar uma artéria relativamente grande, colocar a ponta dos dedos sobre ela e contar o número de batimentos que ocorrem em determinado período.

Procedimento

1. O procedimento começa com a contagem da primeira pulsação detectada como zero e, em seguida, com a contagem do número de batimentos completados no período predeterminado.
2. Como a FC costuma ser expressa em batimentos por minuto, a quantidade de tempo em que um pulso é monitorado é convenientemente divisível em 60 s. Por exemplo, um pulso tirado durante 10 s pode ser multiplicado por 6 para se estimar os bpm. Períodos de 15 s (×4) e 30 (×2) também costumam ser usados. É importante observar que períodos menores de monitoração podem amplificar batimentos parciais não contados, o que resulta em erros de contagem (Adams e Beam, 2008).
3. Outro método de palpação usado para medir a FC envolve determinar a quantidade de tempo necessária para que o coração complete 30 batimentos e, em seguida, dividir a constante 1.800 por esse período. Essa técnica se baseia no

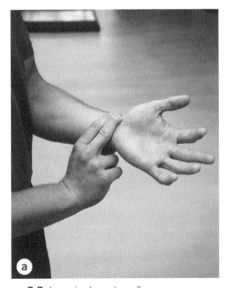 

Figura 3.3 Locais de palpação comuns.

fato de que 30 batimentos, ou qualquer dado número de batimentos, ocorrerão em um período menor quando a FC é maior. A constante 1.800 é usada para que incrementos de um décimo de segundo possam ser usados para um período de 30 batimentos a fim de determinar a FC (Adams e Beam, 2008). Esse teste é ainda mais simplificado quando se utiliza uma tabela com os cálculos já realizados. Essa técnica costuma ser considerada mais precisa do que as de intervalo de tempo, pois só são contados os intervalos cardíacos completos. Com as técnicas de intervalo de tempo, um pequeno erro na contagem ou na estimativa de batimentos parciais pode resultar em um erro maior depois da multiplicação.

Exemplo 1: 30 batimentos em 15 s
1.800 / 15 s = 120 bpm

Exemplo 2: 30 batimentos em 10 s
1.800 / 10 = 180 bpm

AUSCULTAÇÃO

As técnicas de contagem usadas para monitorar a FC são muito parecidas na auscultação e na palpação. Contudo, no caso da auscultação, em vez de sentir as ondas de pulso, ouvem-se os sons do miocárdio, das grandes artérias ou de ambos. Um estetoscópio facilita ouvir e contar os sons das contrações cardíacas.

Procedimento

1. O diafragma do estetoscópio deve ser posicionado diretamente na pessoa; todo o diafragma deve estar nivelado à superfície da pele. O diafragma deve ser posicionado sobre a região apical (ápice) do coração ou na base do coração entre a segunda e a terceira costela, logo abaixo da extremidade proximal da clavícula (Adams e Beam, 2008). Uma leve pressão no diafragma pode melhorar a qualidade dos sons cardíacos.
2. Depois de posicionar o estetoscópio, podem-se utilizar procedimentos semelhantes aos da palpação para contar ou cronometrar os batimentos do coração. Tanto o método de palpação como o de auscultação são mais fáceis de conduzir durante o exercício do que em repouso. Embora os batimentos ocorram em um ritmo mais acelerado durante o exercício, a força das ondas de pulso e da contração do coração tornam mais fácil sentir e ouvir o pulso.

ELETROCARDIOGRAFIA

Embora a ECG seja normalmente reservada a ambientes clínicos e de pesquisa, o cálculo da FC com essa ferramenta não é difícil e não exige muito treinamento. A forma da onda de ECG é criada por uma onda de íons unificada em movimento que flui pelo coração conforme o sinal para contrair é passado do nodo SA para o nodo AV e, mais abaixo, para os ramos AV (Guyton, 1991). O eletrocardiograma normal é composto por uma onda P (despolarização atrial), um complexo QRS (despolarização ventricular) e uma onda T (repolarização ventricular). O sistema eletrogêneo específico encontrado no coração conduz o impulso elétrico rítmico. Como o tecido transmite sinais elétricos rapidamente, o coração pode contrair de forma coordenada e unificada, o que cria um impulso elétrico detectável. Uma representação básica da forma de onda relativa a um ciclo cardíaco é apresentada na Figura 3.4. Observe que a onda com maior amplitude (onda R) está relacionada à contração dos ventrículos. Essa onda é mais usada para calcular a FC em pessoas saudáveis.

Faixas de ECG são úteis em ambientes clínicos, pois anormalidades no tempo (segundos) e na amplitude (milivolts) da forma de onda básica podem ser indicadoras de diversas formas de patologia miocárdica. Entretanto, a análise de ECG também pode ser usada para definir uma FC exata sob condições de repouso e exercício (Goldberg e Goldberg, 1994).

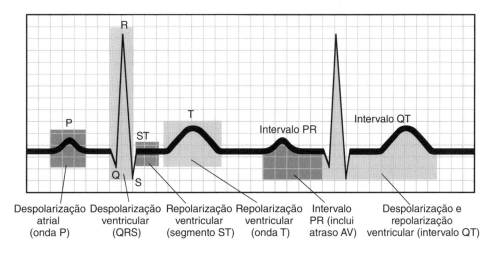

Figura 3.4 Fases do eletrocardiograma em repouso.
Reimpressa, com permissão, de W. L. Kenney, J. Wilmore e D. Costill, 2011, *Physiology of sport and exercise*, 5th ed. (Champaign, IL: Human Kinetics), 147.

O cálculos da FC usando uma faixa de ECG é possível porque o papel de ECG padrão é impresso com linhas gráficas que representam intervalos de tempo específicos. À medida que o papel é gerado com a eletrocardiografia, vão sendo impressas no papel as formas de ondas relativas a cada batimento. Como o papel é gerado com a eletrocardiografia em um ritmo constante (25 mm/seg), o tempo entre os batimentos cardíacos pode ser usado para se determinar a FC calculando-se a quantidade de tempo entre duas ondas R consecutivas a partir do papel quadriculado de ECG padrão (Goldberg e Goldberg, 1994).

Procedimento para calcular a frequência cardíaca com uma faixa de ECG

1. Identificar duas ondas R consecutivas.
2. Contar o número de quadrados pequenos (mm) no papel quadriculado entre as ondas R.
3. Efetuar a divisão de 1.500 pelo número de quadrados pequenos (mm) para obter a FC.
   — Exemplo: 1.500 / 20 (quadrados de ECG) = 75 (ver Fig. 3.5).

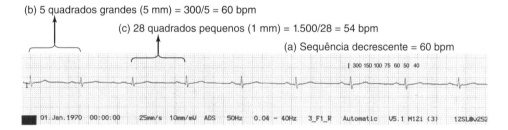

Figura 3.5 Procedimento para determinar a FC usando um ECG.
Reimpressa, com permissão, de G. Whyte e S. Sharma, 2010, *Practical ECG for exercise science and sports medicine* (Champaign, IL: Human Kinetics), 44.

MONITORES DE FREQUÊNCIA CARDÍACA

Nos últimos anos, a tecnologia de equipamentos de monitoração de FC pessoais avançou muito (Boudet e Chaumoux, 2001). Esses equipamentos funcionam pelos mesmos princípios das máquinas de ECG, mas são feitos para detectar apenas a FC por meio de pequenos eletrodos inseridos em cintas peitorais reutilizáveis. O impulso elétrico gerado pelo coração é monitorado por esses eletrodos e enviado, em seguida, por telemetria, a uma tela digital usada no punho. Uma FC média é redefinida e atualizada a cada 5 s, aproximadamente, proporcionando uma maneira valiosa e objetiva de determinar a intensidade de exercício relativa. Monitores de FC mais avançados fazem interface com programas de computador de acompanhamento capazes de exibir a FC de treinamento ao longo do tempo. Os monitores de FC são um acréscimo útil a um método abrangente de monitoramento em um regime de exercício.

Monitorar a FC pode ser valioso para adquirir conhecimento sobre essa importante variável cardiorrespiratória, tanto em repouso como durante o exercício. O desenvolvimento de habilidades para monitorar a FC deve ser uma prioridade para todos os profissionais de exercício, e essas habilidades devem ser praticadas com frequência.

PRESSÃO ARTERIAL

A PA é a força que o sangue exerce nas paredes de todos os vasos dentro do sistema cardiovascular (Venes, 2009). Ainda que o termo *pressão arterial* pareça se referir a um fator único, ela é, na realidade, instaurada e mantida pela ação simultânea de diversas variáveis, a fim de garantir a pressão necessária para a circulação sanguínea em uma variedade de condições (Guyton, 1991). Entre outros, esses fatores incluem a elasticidade dos vasos, a resistência para fluir antes e depois dos capilares e a contração obrigatória do ventrículo esquerdo, assim como o volume e a viscosidade do sangue (Smith e Kampine, 1984). A PA flutua ao longo do dia, dependendo das demandas metabólicas, da posição do corpo, do estado de alerta, da dieta e de muitos outros fatores (Wilmore, Costill e Kenney, 2008). Além disso, vários fatores hormonais, hemodinâmicos e anatômicos em ação simultânea garantem, no fim, a pressão necessária para a circulação adequada de sangue (Perloff et al., 1993).

Compreender a fisiologia básica do controle e da avaliação da PA é de importância fundamental para as pessoas envolvidas na promoção e no tratamento de saúde. Como um dos sinais vitais básicos usados para avaliar a saúde, a PA precisa ser mantida dentro de determinada amplitude. Em repouso, a pressão arterial sistólica (PAS) é mantida entre 100 e 120 mmHg, ao passo que a pressão arterial diastólica (PAD) é mantida entre 75 e 85 mmHg. A PA cronicamente elevada (i. e., hipertensão) pode contribuir para o desenvolvimento de doença cardiovascular. Se a PA cair demais (i. e., hipotensão), a entrega de sangue pode ficar comprometida, o que, por sua vez, pode acabar levando a choque circulatório. Durante o exercício e outras atividades vigorosas, a PA precisa ser alterada para entregar quantidades cada vez maiores de sangue e oxigênio aos tecidos. Esta seção oferece um resumo básico dos fatores relacionados ao controle e à medição fisiológicos da PA.

Hipertensão

A hipertensão é um dos fatores de risco cardiovascular mais predominantes entre os norte-americanos (Pickering et al., 2005b). Essa doença traiçoeira é relativamente fácil de diagnosticar, mas passa sem ser detectada sobretudo porque os sintomas não são facilmente aparentes à pessoa comum. A causa da hipertensão primária continua sendo de difícil compreensão, mas seu diagnóstico e seu tratamento são relativamente baratos. Assim, a monitoração regular da PA pode ser uma ferramenta de triagem eficaz para ajudar as pessoas a reconhecer essa doença capaz de ameaçar a vida antes de um incidente coronário de grande porte. Embora a etiologia e a fisiologia estejam fora do alcance deste capítulo, a Tabela 3.1, da American Medical Association, que indica as diversas classificações de hipertensão para adultos, foi aqui incluída. Por mais que o diagnóstico deva caber a um profissional médico, a monitoração diária da PA pode ser realizada pela própria pessoa em casa ou por um profissional de saúde e bem-estar de confiança; os procedimentos adequados devem ser seguidos (Pickering et al., 2005a).

Tabela 3.1 Classificação de hipertensão.

Classificação	JNC 7 PAS*	JNC 7 PAD*	OMS/ISH PAS*	OMS/ISH PAD*	ESH/ESC PAS*	ESH/ESC PAD*
Ideal	–	–	–	–	<120	<80
Normal	<120	<80	–	–	120–129	80–84
Pré-hipertensão/normal alta	120–139	80–89	–	–	130–139	85–89
Estágio 1/grau 1	140–159	90–99	140–159	90–99	140–159	90–99
Estágio 2/grau 2	≤160	≤100	160–179	100–109	160–179	100–109
Grau 3	–	–	≤180	≤110	≤180	≤110
Hipertensão sistólica isolada	–	–	–	–	≤140	≤90

*Pressão medida em mmHg.
JNC 7 = *Seventh Report of the Joint National Committee on Prevention, Detection, Evaluation, and Treatment of High Blood Pressure*; OMS/ISH = Organização Mundial da Saúde/International Society of Hypertension; ESH/ESC = European Society of Hypertension/European Society fo Cardiology.
Adaptada de Chobanian et al., 2003; Mancia et al., 2007; e Whitworth et al., 2003.

Como a PA tende a flutuar ao longo do dia, a hipertensão pode ser diagnosticada erroneamente ou passar sem ser detectada, dependendo da hora e das circunstâncias em que a medição for realizada. Para garantir um diagnóstico preciso, as pessoas precisam monitorar a PA em diferentes momentos do dia, de preferência sob as circunstâncias da vida cotidiana. Isso pode ser realizado com um monitor de PA 24 h (Clement et al., 2003), que pode ser usado sob as roupas de trabalho, de ficar em casa e até mesmo de fazer exercício. A principal vantagem dessas máquinas é o monitoramento da PA em circunstâncias da vida real, em vez de apenas no consultório médico ou em outro ambiente clínico. Isso pode ser útil na prevenção da chamada síndrome do jaleco branco, isto é, uma PA artificialmente elevada em função do nervosismo causado pela visita a um consultório médico.

Hipotensão

Sofre-se de hipotensão quando a pressão no sistema está comprometida ou é insuficiente para manter a demanda circulatória. Uma pressão sistólica de menos de 90 mmHg, uma diastólica de menos de 60 mmHg, ou ambas, costumam indicar hipotensão. Essa falta de pressão pode deixar o coração, o cérebro e os músculos com um fluxo sanguíneo insuficiente. A hipotensão pode ocorrer em virtude de desidratação relacionada a doença por calor ou outras condições patológicas. Embora seja muito menos comum do que a hipertensão, ela pode ser uma condição médica muito grave. O diagnóstico de hipotensão é muito individualizado, mas é caracterizado por uma queda significativa na pressão em relação ao normal. No entanto, o que pode ser baixo demais para uma pessoa pode ser normal para outra (www.ncbi.nlm.nih.gov/pubmedhealth/PMH0004536/ [em inglês]).

Os sinais típicos de hipotensão são tontura, desorientação ou confusão. Outros sinais são visão turva, desmaio e fraqueza. A hipotensão pode ocorrer de maneira aguda com alteração ortostática (mudança de posição) e pode ser causada por álcool, determinados medicamentos e uma grande variedade de condições médicas. As pessoas que regularmente sofrem de hipotensão devem tentar identificar a causa específica e procurar cuidado médico se necessário. Medidas preventivas incluem garantir a hidratação adequada, evitar o consumo de álcool e evitar longos períodos em pé em um único lugar (www.ncbi.nlm.nih.gov/pubmedhealth/PMH0004536/ [em inglês]).

Gradientes de pressão e pressão arterial

O movimento de sangue pelo sistema circulatório depende do desenvolvimento de gradientes de pressão (GP) (Venes, 2009; Wilmore, Costill e Kenney, 2008).

Quando o sangue é colocado sobre pressão, ele automaticamente busca uma área de pressão mais baixa em todas as direções. Quando se introduz uma área de pressão mais baixa, o sangue flui na direção dela considerando o grau de diferença entre a pressão do compartimento atual, a pressão do novo ambiente e a resistência para correr dentro do vaso. Nas artérias, nos capilares e nas veias, devem ser criados GP para facilitar o movimento do sangue (Smith e Kampine, 1984). O sangue vai do coração para a circulação com base no GP criado pela contração vigorosa do coração em relação à pressão da aorta. A princípio, o sangue que deixa o ventrículo esquerdo do coração e entra na circulação está sob pressão relativamente alta conforme o coração contrai e relaxa de maneira rítmica (Marieb e Hoehn, 2010). De acordo com os batimentos do coração, cada ciclo cardíaco é composto por uma fase de enchimento de pressão baixa (diástole), seguida por uma fase de ejeção de pressão mais elevada (sístole) (Smith e Kampine, 1984). Portanto, o volume de sangue e a pressão do sangue que entra na aorta estão em mudança constante segundo o ciclo cardíaco e a criação rítmica de GP (Powers e Howley, 2007).

Conforme a aorta e outras artérias grandes recebem esse sangue, elas expandem e armazenam uma quantidade de energia potencial nas fibras elásticas nas paredes das artérias e arteríolas (Tanaka, DeSouza e Seals, 1998). Com a conclusão da sístole e o fechamento da válvula aórtica, esses vasos recuam e comprimem o sangue, criando mais um GP que move o sangue pelos vasos. Em cada caso, o sangue diminui seu GP em busca de uma área com menos pressão enquanto se aproxima dos capilares, onde pode ocorrer a troca de gases e nutrientes (Fig. 3.6).

Depois que o sangue entra nos capilares, a maior parte da pressão criada pelo próprio coração se dissipa e o sangue que entra no lado venoso do circuito circulatório está sob pressão muito baixa no caminho de volta para o coração (Smith e Kampina, 1984; Wilmore, Costill e Kenney, 2008). Para facilitar esse fluxo em um ambiente de pressão muito baixa, a cir-

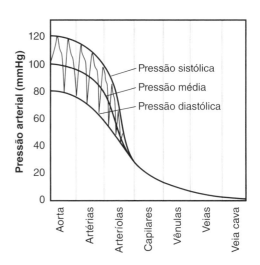

Figura 3.6 PA em todo o sistema vascular.
Adaptada, com permissão, de D. L. Smith e B. Fernhall, 2010, *Advanced cardiovascular exercise physiology* (Champaign, IL: Human Kinetics), 8.

culação venosa é auxiliada por três mecanismos, que também criam GP. O primeiro consiste na configuração anatômica de válvulas de via única localizadas dentro das veias. Essas válvulas são dispostas de maneira a promover o fluxo unidirecional, a fim de combater a tração da gravidade no sangue em seu trajeto de volta ao coração. Essas estruturas permitem que o sangue se mova em uma única direção, impedindo o refluxo e a estase venosa.

Os músculos esqueléticos atuam em conjunto com as válvulas de via única aumentando a pressão intramuscular dentro dos músculos ativos. Essas contrações ajudam a criar um GP, comprimindo o sangue dentro das veias dos músculos. Por fim, o sistema respiratório facilita o movimento do sangue venoso por criar uma diferença de pressão cíclica dentro do tórax, que corresponde ao movimento de subida e descida do diafragma. Os bombeamentos do músculo esquelético e do sistema circulatório ajudam a impulsionar o sangue pelas veias para que ele retorne ao coração sob a influência de uma pressão quase nula. Os GP são essenciais para o movimento do sangue pelo sistema circulatório. Do ponto de vista anatômico, o corpo humano é projetado para fazer o sangue circular criando GP para facilitar o movimento sanguíneo (Marieb e Hoehn, 2010).

Pressão arterial

A PS varia muito em diferentes partes do circuito circulatório. O termo *pressão sanguínea* costuma ser usado genericamente para se referir à PA, que é expressa em milímetros de mercúrio (mmHg) (Adams e Beam, 2008). A porção arterial do circuito cardiovascular começa na aorta e termina nas arteríolas, imediatamente antes dos capilares. Em razão da natureza elástica, esses vasos podem acomodar as mudanças de pressão dinâmica durante a sístole e a diástole. A PA não é uma pressão estática no sistema, mas uma relação dinâmica entre os valores superiores e inferiores atingidos entre os batimentos e com o tempo. Também é importante observar que a PA não representa a pressão em todas as artérias, mas é um reflexo da pressão nas grandes artérias, sujeitas ao maior grau de flutuação de pressão. Portanto, a PA é expressa em duas pressões. A pressão mais elevada criada nos vasos durante a contração do ventrículo esquerdo é chamada de PAS (Pickering et al., 2005b), ao passo que a pressão mais baixa, que ocorre durante a fase de relaxamento do ciclo cardíaco, é chamada de PAD (Pickering et al., 2005c). É importante observar que essas pressões representam apenas os extremos de pressão em qualquer momento determinado e que a PA é, na verdade, um fluxo constante entre essas duas medições de pressão.

A diferença matemática entre a PAS e a PAD é chamada de pressão de pulso (PP). Em repouso, uma PP elevada pode ser usada como indicador de complacência arterial (Adams e Beam, 2008). Durante o exercício e outras atividades vigorosas, espera-se que a PP aumente de acordo com o aumento da necessidade de fluxo adicional. Em tese, a PAS é um indicador de pressão do sangue que entra na circulação arterial, ao passo que a PAD representa a resistência do sangue a sair. Portanto, se a diferença entre essas pressões aumenta durante o exercício, mais sangue deve estar entrando e saindo da circulação arterial, o que indica maior fluxo entre os tecidos.

A pressão arterial média (PAM) pode ser calculada usando-se a PAS e a PAD. Embora a PA esteja sempre em transição no sistema arterial, a PAM representa a pressão média nas artérias em determinado período. Em repouso, a pressão gerada durante a sístole representa cerca de um terço de todo o ciclo cardíaco, ao passo que a fase diastólica dura cerca de duas vezes mais (Adams e Beam, 2008). Portanto, a fórmula para calcular a PAM em repouso deve levar em consideração o fato de que o coração está na fase de relaxamento diastólico por um período maior do que na fase de contração. A fórmula para calcular a PAM em repouso é a seguinte:

$$\text{PAM de repouso} = 2/3\ \text{PAD} + 1/3\ \text{PAS}$$
Exemplo: 120/80 (120 sistólica e 80 diastólica)
$$80\ \text{PAD} \times 0{,}666 = 53\ \text{mmHg}$$
$$120\ \text{PAS} \times 0{,}333 = 40\ \text{mmHg}$$
$$\text{PAM} = 53{,}28 + 39{,}96 = 93\ \text{mmHg}$$

Durante o exercício, a fase diastólica do ciclo cardíaco é reduzida, ao passo que a FC aumenta, o que torna as fases sistólica e diastólica mais ou menos iguais. Em consequência, a fórmula da PAM muda um pouco para dar conta dessa mudança.

$$\text{PAM de exercício} = 1/2\ \text{PAD} + 1/2\ \text{PAS}$$
Exemplo: 140/80 (140 sistólica e 80 diastólica)
$$80\ \text{PAD} \times 0{,}50 = 40\ \text{mmHg}$$
$$140\ \text{PAS} \times 0{,}50 = 70\ \text{mmHg}$$
$$\text{PAM} = 40 + 70 = 110\ \text{mmHg}$$

Regulação da pressão arterial

Em condições de repouso, o volume de sangue no lado arterial do circuito circulatório é relativamente pequeno (13%) em comparação com o volume contido nos vasos de capacidade da circulação venosa (64%) (Wilmore, Costill e Kenney, 2008). Em repouso, essa distribuição é suficiente para atender às demandas circulatórias e de pressão do corpo. No entanto, quando é necessário um aumento na PA, ele pode ser conseguido com a mobilização do sangue do lado venoso do circuito e a sua redistribuição pelo lado arterial (Powers e Howley, 2007). A PA é alterada de maneira dinâmica com a manipulação dos fatores que controlam o volume de sangue dentro do sistema. O volume de sangue arterial pode ser mudado com o aumento ou a diminuição do débito cardíaco ($\dot{Q}$), da resistência periférica total (RPT) ou com a alteração simultânea desses dois fatores.

O débito cardíaco é a quantidade total de sangue que sai do ventrículo esquerdo por minuto. Ele é calculado considerando-se o volume sistólico multiplicado pelo número de ciclos cardíacos (FC) completos em 1 min. A resistência periférica total representa a resistência que o sangue encontra ao fluir do lado arterial do circuito cardiovascular para o lado venoso. A interação entre a quantidade de sangue que entra na circulação arterial e a quantidade que pode sair dele é o que acaba determinando se a PA aumenta, diminui ou se mantém igual (Smith e Kampine, 1984).

Regulação da pressão arterial aguda

O sistema cardiovascular é equipado com um sistema de *feedback* negativo que detecta as mudanças na PA e as comunica ao sistema nervoso central por receptores de estiramento ou pressão específica chamados de barorreceptores (Smith e Kampine 1984; Marieb e Hoehn, 2010). Localizados estrategicamente no arco aórtico e nas artérias carótidas, os barorreceptores fornecem um fluxo tônico de informações aos centros cardiovasculares na medula (Marieb e Hoehn, 2010). Em circunstâncias de pressão baixa, a entrada aferente para o cérebro diminui, e o cérebro responde aumentando o impulso simpático e diminuindo o parassimpático (Marieb e Hoehn, 2010; Wilmore, Costill e Kenney, 2008). Em consequência, a FC e o volume sistólico (VS) aumentam, gerando aumentos no volume de sangue na circulação arterial. Um aumento simultâneo na RPT evita que sangue demais saia do circuito arterial, o que, em última instância, expande o volume e a pressão de sangue arterial. Em situações de pressão elevada sem esforço, são feitos ajustes de maneira exatamente oposta (Marieb e Hoehn, 2010).

Exercício e regulação da pressão arterial

Como resultado de um treino agudo de exercício aeróbio, a PAS costuma aumentar para atender às demandas metabólicas dos tecidos. A PAD tende a se manter igual, o que gera expansão da PAM e da PP (Wilmore, Costill e Kenney, 2008). A liberação dos neurotransmissores simpáticos adrenalina (ADR) e noradrenalina (N--ADR) causa aumento na FC e no VS, contribuindo para uma expansão do volume de sangue arterial e, depois, da PA. Ao mesmo tempo, essa resposta simpática causa uma vasoconstrição dos vasos periféricos, permitindo a saída de uma quantidade relativamente menor de sangue da circulação do que a que entra com o aumento no Q̇. Juntas, essas variáveis expandem temporariamente o volume de sangue arterial, aumentam a PA e promovem maior distribuição de sangue para os tecidos ativos.

Considere as demandas da PA para andar de bicicleta em um terreno plano e subir uma colina de 8 km de bicicleta. Enquanto o ciclista anda em terreno plano, um leve aumento na PA fornecerá a pressão extra de que os músculos dos membros inferiores precisam para fornecer mais sangue aos tecidos ativos. Todavia, quando a intensidade do exercício aumenta, ao subir a colina, será necessário maior fluxo sanguíneo para atender às demandas de oxigênio dos músculos da perna. Mais músculos dos membros inferiores estarão ativos, e mais sangue será entregue. No entanto, isso não pode ser realizado sem um aumento na PA.

A atividade prolongada e vigorosa que resulta em suor excessivo gera diminuição no volume plasmático, que resulta em desidratação, aumento na hemoconcentração e redução na pressão sanguínea. Nessas condições, o hormônio antidiurético (ADH) é produzido e, em seguida, secretado pelo hipotálamo. Também conhecido como vasopressina, o ADH atua nos rins para ajudar a reter água a fim de diluir a hemoconcentração (Wilmore, Costill e Kenney, 2008).

Durante sessões de atividade anaeróbia intensa (p. ex., musculação), a PAS tende a subir muito, acompanhada por um aumento concomitante na PAD. Foram registradas pressões altas de até 480/350 mmHg durante levantamentos máximos (MacDougall et al., 1985). Por esse motivo, a musculação foi contraindicada para muitas pessoas com doença cardiovascular. No entanto, a American Heart Association admitiu, recentemente, a segurança e o valor em potencial da musculação como forma de exercício terapêutico, desde que sejam seguidas as recomendações contemporâneas (Thompson et al., 2007).

Há indícios de que o grau em que a PAS e a PAD se elevam esteja relacionado à intensidade relativa do exercício. Nesse contexto, *intensidade relativa* refere-se à quantidade de peso levantado em comparação com as capacidades máximas da pessoa (MacDougall et al., 1992). Durante tentativas de levantamento máximo ou quase máximo, as pessoas costumam prender a respiração, iniciando a manobra de Valsava (MV) (Venes, 2009). Embora a musculação costume estabilizar o centro do corpo, também pode causar elevações na PAS e na PAD (Sale et al., 1994); Sjøgaard e Saltin, 1982). Portanto, pessoas com risco de doença cardiovascular devem evitá-la.

Regulação da pressão arterial a longo prazo

A PA é, em termos gerais, regulada pelos rins e por vários hormônios importantes. Lembre-se de que os rins filtram o sangue continuamente e ajudam a equilibrar os líquidos extracelulares no corpo (Robergs e Roberts, 1987). Quando o corpo fica desidratado, eles conservam água para manter o equilíbrio de líquidos. Por outro lado, quando o corpo tem quantidade excessiva de água, os rins determinam quanto excretar (Kapit, Macey e Meisami, 1987). O processo de equilíbrio de líquidos é muito importante para entender a PA porque o excesso de líquido mantido no sangue pode contribuir para a hipertensão (Robergs e Roberts, 1987). Além disso, a perda excessiva de líquido do sangue pode ser extremamente perigosa. Como o volume de sangue arterial é o que, em última instância, dita a PA, o equilíbrio de líquido no líquido extracelular e no sangue pode ser de vital importância para a regulação da pressão sanguínea.

Quando o sangue perde quantidades excessivas de líquido, os rins secretam a enzima renina, que ativa a proteína plasmática angiotensinogênio. Depois de várias conversões enzimáticas, a angiotensinogênio é convertida em angiotensina I, que, por sua vez, é convertida em angiotensina II nos pulmões; esse produto tem dois efeitos principais que podem elevar a pressão sanguínea. Primeiro, ele é um vasoconstritor extremamente poderoso que aumenta a RPT. Segundo, reduz a excreção de Na^+, o que acaba aumentando o líquido extracelular. Além disso, esse processo deflagra o mineralocorticoide aldosterona, que promove a reabsorção de sódio, possibilitando ao corpo reter líquidos quando passam pelos rins. Assim, o mecanismo renina-angiotensina-aldosterona ajuda a manter a PA pelo aumento da RPT, ao mesmo tempo que busca equilibrar o líquido extracelular, que, por sua vez, afeta o volume sanguíneo.

MEDIÇÃO DA PRESSÃO ARTERIAL

Os primeiros métodos de medição da PA usavam colunas de água para medir a pressão, mas esses sistemas eram muito grandes e sujeitos a significantes flutuações em um nível de batimento por batimento (Adams e Beam, 2008). Mais tarde, foram criadas colunas de mercúrio, que resultaram em colunas líquidas muito mais compactas e manejáveis. Hoje, a PAS é relatada universalmente em milímetros de mercúrio (mmHg), seja qual for o aparato usado para medição (Pickering et al., 2005a). Apesar de sua precisão, os esfigmomanômetros que usam mercúrio podem quebrar e expor mercúrio, que é uma substância tóxica muito perigosa para os seres humanos. Por esse motivo, muitos profissionais de saúde passaram a usar medidores de PA automáticos ou equipamentos aneroides. Esses equipamentos podem ser muito precisos se calibrados regularmente (Canzanello, Jensen e Schwartz, 2001; Clement et al., 2003; Pickering et al., 2005a).

Embora a PA possa ser medida com catéteres inseridos em vasos arteriais, essa é uma forma muito invasiva de se medir a PA e reservada ao ambiente clínico (Pickering et al., 2002). Uma técnica muito mais comum usando um esfigmomanômetro pode medir a PA em repouso e durante o exercício vigoroso (O'Brien, Beevers e Lip, 2001). Essa técnica usa um torniquete inflável para ocluir o fluxo sanguíneo temporariamente da artéria braquial. Com a pressão drenada pelo torniquete, o técnico ouve a artéria sob o torniquete com um estetoscópio e ausculta os vários sons de Korotkoff.

A PA pode ser medida usando-se os sons de Korotkoff com base em como o sangue flui pela artéria braquial. A princípio, o torniquete é inflado a uma pressão que impeça, literalmente, o sangue de correr pela artéria. Como não está passando sangue pela artéria, não são detectados nenhum som ou vibração além do torniquete com o estetoscópio. Com a liberação gradual da pressão do ar do torniquete, o técnico ouve o primeiro *bolus* de sangue passar pela artéria antes ocluída. Esse primeiro som de Korotkoff é indicativo de pressão arterial sistólica PAS, pois a pressão na artéria deve ser mais alta do que a pressão no torniquete para que o sangue na artéria tenha o GP necessário para passar pelo torniquete na artéria semicomprimida (Franklin, 2000).

À medida que o torniquete continua a ser desinflado, quantidades maiores de sangue passam pela artéria e pelo torniquete durante a fase sistólica de cada batimento cardíaco. Quando se ausculta o coração diretamente, ouve-se o clássico som "tum-tum". Contudo, os sons ouvidos durante a medição da PA são criados pelo sangue que passa pelo torniquete quando a pressão no sistema excede a pressão no balão do torniquete. Como o torniquete continua impedindo *parte* do fluxo que passaria naturalmente pela artéria braquial, as vibrações ainda podem ser auscultadas durante essa fase. Com o tempo e a redução da pressão no torniquete, o fluxo sanguíneo normal é restaurado. A pressão em que ocorrem a restauração do fluxo sanguíneo normal e o desaparecimento simultâneo do som ouvido pelo estetoscópio é a PAD.

Procedimento

1. Ter papel e caneta à mão para registrar a PAS e a PAD.
2. A pessoa deve ficar sentada em um ambiente calmo com o braço apoiado em uma mesa mais ou menos na altura coração.
3. Colocar o torniquete de tamanho apropriado mais ou menos no ponto médio do braço, equilibrando a bexiga sobre a artéria braquial cerca de 2 cm acima da fossa antecubital. O manômetro aneroide deve estar na altura do olho para inspeção visual.
4. Posicionar os auscultadores do estetoscópio nos canais auditivos de modo que fiquem angulados para a frente. Certificar-se de que a campânula do estetoscópio esteja em posição de baixa frequência, tocando o diafragma levemente.
5. Pressionar a ponta do estetoscópio sobre a artéria braquial embaixo do torniquete, medialmente à fossa antecubital. Pressionar a ponta do estetoscópio de maneira que toda a circunferência do diafragma fique em contato com a pele.
6. Inflar a bexiga rapidamente apertando o bulbo até uma pressão de cerca de 30 mmHg acima da pressão sistólica imaginada ou registrada anteriormente.
7. Abrir a válvula de liberação no bulbo e, lentamente (3 a 5 mm/s), desinflar o ar da bexiga até ouvir a primeira aparição dos sons de Korotkoff (ver Tab. 3.2 para informações sobre os sons de Korotkoff).
8. Continuar a reduzir a pressão até o som ficar abafado (quarta fase da PAD) e, finalmente, desaparecer (quinta fase da PAD). A quinta fase costuma ser registrada como PAD.
9. Quando os sons desaparecerem, continuar a desinflar o torniquete lentamente por mais 10 mmHg para garantir que não há mais sons audíveis; em seguida, liberar todo o ar da bexiga e esperar pelo menos 30 s para repetir esses procedimentos.
10. Calcular a média de duas medições e registrar esses valores para referência futura.

Modificado de Perloff et al., 1993.

Tabela 3.2 Sons de Korotkoff.

Fase I	Primeira aparição de sons de batimentos claros e repetitivos. Coincide aproximadamente com a reaparição do pulso palpável.
Fase II	Os sons são mais baixos e longos, com uma qualidade de murmúrio intermitente.
Fase III	Os sons voltam a ser mais agudos e altos.
Fase IV	Os sons são abafados, menos distintos e mais baixos.
Fase V	Os sons desaparecem por completo.

Reproduzida com a autorização de D. Perloff et al., 1993, "Human blood pressure determination by sphygmomanometry", *Circulation* 88(5): 2460-2470.

A medição da PA é um procedimento relativamente fácil, que pode ser realizado com precisão sem grande treinamento médico desde que os procedimentos padronizados sejam seguidos atentamente. Embora as etapas do procedimento sejam de compreensão relativamente fácil, costuma levar anos de experiência para aprender a tirar a pressão sanguínea de maneira precisa e confiável (Canzanello, Jensen e Schwartz, 2001). Métodos e procedimentos para tirar a pressão sanguínea foram publicados pela American Heart Association (Pickering et al., 2005a).

Aplicações profissionais

Como descrito no início deste capítulo, a FC em repouso pode ser usada como medida de condicionamento. Normalmente, uma $FC_{repouso}$ baixa indica melhor saúde cardiovascular. Embora essa adaptação seja comum entre pessoas que atingiram um alto nível de eficiência cardiorrespiratória, é possível que um atleta muito treinado tenha uma $FC_{repouso}$ normal (60 a 80 bpm). Além disso, pessoas não treinadas também podem ter frequências cardíacas relativamente baixas não resultantes de treinamento cardiorrespiratório. O importante é que o profissional de condicionamento tenha uma medição basal que possa ser usada para comparações futuras. Tanto aumentos como diminuições na $FC_{repouso}$ podem ser importantes.

É importante observar que vários fatores externos podem afetar a $FC_{repouso}$. Estresse, bebidas cafeinadas, diversos medicamentos e sobretreinamento são fatores que podem elevar a $FC_{repouso}$. Os profissionais de condicionamento devem descobrir por que uma pessoa pode ter uma $FC_{repouso}$ elevada e considerar formas de ajudá-la a reduzir esse valor. Uma $FC_{repouso}$ cronicamente elevada (mais de 100 batimentos por minuto) pode exigir cuidados médicos. Ensinar o atleta a monitorar sua própria FC durante períodos de treinamento intenso pode ser útil na determinação do possível problema.

O uso da FC como ferramenta é uma habilidade que todos os profissionais de condicionamento devem dominar. Por mais que seja relativamente simples e de fácil execução, ela pode ser de grande valor tanto para o cliente como para o treinador. O principal motivo por que essa técnica é tão usada é que a FC é um reflexo de como o corpo está respondendo ao desafio fisiológico atual. As pessoas podem relatar como se sentem verbalmente, mas isso tem pouca importância quando são influenciadas por fatores não fisiológicos. Por exemplo, um ex-atleta pode querer parecer forte e resistente durante treinos vigorosos que, na verdade, ultrapassam sua condição física atual. Sua resposta verbal pode ser de que está se sentindo bem quando, na realidade, está à beira da exaustão. Isso também pode ocorrer em uma aula de exercício quando um cliente não quer ser identificado ou considerado como o mais fraco. A pressão social para acompanhar o grupo pode fazer com que as pessoas ultrapassem seus limites. Uma medição simples da FC pode oferecer um *feedback* objetivo capaz de mostrar para o treinador e o cliente o que realmente está acontecendo. Desse modo, a intensidade do treino pode ser alterada para que o cliente continue se exercitando em vez de ter de parar depois que a fadiga inegável tenha se estabelecido. Esse é um método mais seguro para todos os envolvidos.

Por fim, é importante conhecer a tecnologia relativamente nova para monitores de FC. Não bastasse o preço desses equipamentos terem baixado, sua usabilidade e programação técnica melhoraram. Uma característica específica que pode ser muito útil é o dispositivo de marca-passo, em que um som de bipe audível é disparado quando a pessoa atinge uma zona de FC predeterminada. Os monitores de FC podem dar *feedback* audível quando a intensidade do exercício está alta ou baixa demais. Essa é uma ótima novidade para atletas de distância e também para pessoas que querem monitorar seu ritmo de perto. Quando o treino é completado, muitos sistemas novos permitem que o usuário faça o *download* dos resultados para fins de acompanhamento. Essa é uma maneira acessível e precisa para fornecer dados e análises objetivas a um processo que tradicionalmente era subjetivo.

RESUMO

- A $FC_{repouso}$ pode ser usada como medida de saúde cardiovascular.
- A FCM pode ser estimada subtraindo-se a idade da pessoa de 220.
- A intensidade do treinamento pode ser monitorada pela FC por causa das correlações entre consumo de oxigênio, carga de exercício e FC.
- A intensidade de treinamento pode ser definida usando-se a FC. O método de Karvonen é uma fórmula valiosa para determinar as frequências cardíacas máxima e mínima que devem ser atingidas durante o treino.
- A PA é a pressão que o sangue exerce contra as paredes arteriais.
- Embora a PA esteja em fluxo constante, ela costuma ser informada escrevendo-se a pressão sistólica sobre a diastólica.
- A pressão sistólica é a pressão no sistema enquanto o coração bombeia, ao passo que a pressão diastólica é a pressão no sistema arterial entre as batidas do coração.
- A PA pode ser alta demais (hipertensão) ou baixa demais (hipotensão). Os profissionais de condicionamento devem estar familiarizados com esses dois extremos.

4

Taxa metabólica

Wayne C. Miller, Ph.D., EMT

A capacidade do corpo de se exercitar ou realizar trabalho físico depende de sua capacidade de produzir, usar e regular energia. *Metabolismo* é o termo usado para descrever esse uso generalizado de energia no corpo. Embora o metabolismo inclua tanto a síntese como a degradação de compostos biológicos ou o total do equilíbrio entre ingestão de alimento e gasto energético, costumamos nos referir à taxa metabólica como a taxa de gasto energético. A taxa de gasto energético (ou metabolismo) necessária pelo corpo ou por qualquer uma das suas células pode variar de rendimentos de alta potência a rendimentos de baixa potência. Os cientistas de exercício classificam os processos bioquímicos usados para gastar energia durante o exercício em categorias, dependendo da demanda de rendimento de potência. Termos como *glicólise rápida*, *glicólise lenta*, *metabolismo aeróbico*, *anaeróbico*, entre outros, são usados para descrever taxas de metabolismo.

Outros capítulos neste livro descrevem de que maneira a capacidade para gasto energético em diversas vias bioquímicas afeta o desempenho do exercício. O foco deste capítulo, porém, é na taxa metabólica total do corpo em repouso, durante o exercício e ao longo do dia. Este capítulo aborda o que constitui o gasto energético em 24 h, como o gasto energético é medido, como a atividade física é monitorada e como o gasto energético pode ser previsto.

Conhecer o gasto energético e como ele é medido pode ser útil tanto para o profissional como para o cliente. Por exemplo, conhecer o gasto energético de 24 h de um cliente pode ajudar o profissional a estruturar um plano de dieta capaz de ajudar o cliente a perder, ganhar ou manter peso. Esse conhecimento da taxa metabólica é especialmente importante para o cliente com sobrepeso que está tentando perder peso ou para o atleta de super-resistência que tenta manter o peso durante uma temporada competitiva. O conhecimento da taxa metabólica também pode ser útil como ferramenta diagnóstica para identificar possíveis razões de pioras ou melhoras no desempenho do exercício. A estagnação ou a piora no desempenho esportivo pode, muitas vezes, levar à identificação de um desequilíbrio energético crônico, especialmente em esportes como ginástica, luta e ciclismo.

COMPONENTES DO GASTO ENERGÉTICO

O gasto energético do corpo em 24 h pode ser dividido em três componentes: o efeito térmico do alimento (ETA), a taxa metabólica basal (TMB) e o custo energético da atividade física.

Efeito térmico do alimento

O ETA é definido como a quantidade de energia necessária para digerir, absorver e processar os nutrientes energéticos dos alimentos (i. e., gordura, proteína, carboidrato). Esses processos de gasto de energia para preparar a comida em vistas do seu uso no corpo são chamados, coletivamente, de ETA ou, então, termogênese induzida pela dieta. A contribuição do ETA para o gasto energético em 24 h é de 5 a 10% (Miller, 2006). De um ponto de vista prático ou intervencionista, o ETA é relativamente insignificante, pois a variação individual no ETA não parece fazer diferença na composição corporal entre as pessoas; além disso, as mudanças na composição da dieta não alteram o ETA de maneira significativa (Miller, 2006).

Taxa metabólica basal

A quantidade de energia gasta para manter as funções corporais básicas é chamada de TMB e costuma ser expressa em quilocalorias (kcal). A TMB equivale a cerca de 1 kcal.kg^{-1} de peso corporal por hora ou aproximadamente 1.800 kcal por dia para um homem com o peso médio de 75 kg. A TMB equivale a cerca de 60 a 75% do gasto energético diário total e, portanto, todos os fatores que alteram a TMB têm o potencial de afetar o equilíbrio energético do corpo de maneira significativa. Os fatores implicados na variação encontrada na TMB em uma mesma pessoa e entre pessoas diferentes são composição corporal, gênero, raça, alimentação restritiva e exercício. Alguns desses fatores são inter-relacionados, outros são sujeitos à mudança no comportamento e outros, ainda, não são modificáveis (p. ex., raça).

Diferenças individuais na composição corporal, especialmente na massa corporal magra, respondem pela maior parte da variação (de 25 a 30%) da TMB entre pessoas diferentes. Músculos, órgãos, ossos e líquidos compõem a maior parte da massa magra. Os tecidos e órgãos que mais contribuem para a TMB são o fígado, os músculos esqueléticos, o cérebro, o coração e os rins. O tamanho de cada um deles está diretamente relacionado ao tamanho do corpo. O tamanho da massa musculoesquelética também está relacionado ao tipo corporal, ao desenvolvimento muscular e à idade. Pessoas com maior quantidade de massa corporal magra costumam ter TMB mais elevadas do que aquelas com menos massa corporal magra (Cunningham, 1982). Embora a taxa metabólica de massa gorda contribua em apenas 2% da TMB total, pessoas obesas costumam ter uma TMB absoluta mais alta do que pessoas magras. O tamanho dos tecidos e dos órgãos proporcionalmente maiores lhes dá uma massa corporal magra total maior do que a de pessoas magras. Da mesma forma, o tamanho corporal normalmente maior e a musculatura maior em homens lhes dá uma massa corporal magra total maior do que a das mulheres. O ponto importante a se lembrar, portanto, é que a TMB de pessoas de todos os tamanhos e formas tem uma forte relação com sua massa corporal magra, pois ela está diretamente relacionada ao tamanho do corpo ou à área de superfície do corpo.

A variação da TMB em uma pessoa é atribuída, sobretudo, à flutuação na massa corporal magra. Quando uma pessoa obesa ou em sobrepeso perde peso, a TMB diminui proporcionalmente à quantidade de massa corporal magra perdida, e não à quantidade de gordura perdida. Pessoas que ganham massa muscular (e outros tecidos magros) por meio do treinamento esportivo passam por um aumento na TMB, proporcional à massa magra ganha.

O fato de que a TMB é, em grande parte, determinada pela massa corporal magra levou muitos profissionais (e, infelizmente, alguns charlatões) a promover fortemente produtos, programas, suplementos e complementos não testados que, supostamente, impulsionariam o metabolismo, aumentando a massa corporal magra. Até mesmo profissionais bem-intencionados caem na crença errônea de que o exercício fará uma diferença monumental na TMB com o aumento drástico da massa corporal magra. É verdade que o exercício aumentará a massa magra, que, por sua vez, acabará elevando a TMB. No entanto, as mudanças resultantes na TMB são modestas e não superarão os efeitos de comportamentos de saúde negativos.

Por exemplo, a taxa metabólica de 1 kg de massa corporal magra gira em torno de 20 kcal/dia (McArdle, Katch e Katch, 2001). Portanto, o exercício teria que induzir um aumento na massa corporal magra de 5 kg para elevar a TMB para 100 kcal/dia. Embora uma elevação na TMB para 100 kcal/dia possa ter um efeito significativo na composição corporal ao longo de um grande período, a pessoa pode supercompensar facilmente com o consumo das 100 kcal de um *cookie* de chocolate ou 240 mL de refrigerante.

Os fisiologistas do exercício afirmaram durante anos que o treinamento de exercício aeróbico, ou de resistência, aumenta a TMB. Pesquisas, porém, sugerem que o treinamento de exercício aeróbico nem sempre aumenta a TMB de maneira significativa. Wilmore et al. (1998), por exemplo, mostraram que a TMB permanece a mesma depois de 20 semanas de treinamento de exercício aeróbico em homens e mulheres de todas as idade, apesar de um aumento de 18% na capacidade aeróbica máxima. Como é consenso que o treinamento de força pode aumentar a massa muscular e que a massa muscular é muito ativa do ponto de vista metabólico, Byrne e Wilmore (2001) investigaram como o treinamento de força pode afetar a TMB de maneira diferencial em comparação com o treinamento de exercício aeróbico ou de resistência. Esse estudo de corte transversal não revelou diferença significativa na TMB entre mulheres com treinamento de força, de resistência ou não treinadas. Portanto, parece que nem o treinamento aeróbico nem o treinamento de força aumentam a TMB de forma significativa.

Apesar das pesquisas, muitos profissionais insistem e continuam a difundir a noção de que o treinamento de exercício, especialmente o treinamento de força, causa aumentos consideráveis na massa corporal magra e, por conseguinte, na TMB. Essa opinião costuma ser endossada por profissionais que atuam com clientes com sobrepeso em busca de perder peso. A fragilidade dessa linha de pensamento está no fato de que sempre ocorre uma diminuição na massa corporal magra quando há queda significativa no peso corporal (Stiegler e Cunliff, 2006). Todavia, a perda de massa corporal magra pode ser minimizada com a inclusão de exercícios em um programa de perda de peso (Hunter et al., 2008).

Mesmo que uma pessoa consiga ganhar massa corporal magra por meio de um programa de exercício, quanto isso afetaria a TMB? A quantidade média de massa corporal magra adquirida durante várias semanas de treinamento de resistência varia. Contudo, a pesquisa sobre obesidade sugere que o aumento na massa corporal magra durante o treinamento com exercícios para pessoas obesas equivale a apenas cerca de 2 a 3 kg. Do mesmo modo, a TMB do tecido muscular também é variável, mas diversos relatos sugerem que o valor está entre 20 e 30 $kcal.kg^{-1}.dia^{-1}$. Pegando a média dessas estimativas, o gasto energético de mais 2,5 kg de músculo, a 25 $kcal.kg^{-1}.dia^{-1}$, seria de 63 $kcal.dia^{-1}$. Isso equivaleria a cerca de 3 kg de gordura corporal em um ano. Uma pessoa obesa que precise perder 10 vezes essa quantia de gordura para atingir o peso normal precisará de outras motivações para treinar com exercício de resistência além da promessa de que o treinamento com exercício de resistência aumenta a massa corporal magra e a TMB suficientemente para alterar o conteúdo de gordura corporal de maneira significativa. Por outro lado, o treinamento de resistência da pessoa obesa ajudará a manter a redução observada na massa corporal magra e na TMB vista com a dieta restritiva.

Bray (1983) foi o primeiro a demonstrar que uma redução na ingestão de energia resulta em queda na TMB. Ele verificou que essa redução na TMB era de cerca de 15% quando as pessoas saíam da dieta de manutenção de 3.500 $kcal.dia^{-1}$ e eram colocadas em uma dieta de baixíssimas calorias de 450 $kcal.dia^{-1}$. Embora a TMB caia em uma dieta de baixíssimas calorias, a maior parte dos cientistas concorda que, quando a ingestão de energia é restaurada a níveis pré-dieta, a TMB também retorna a níveis pré-dieta, a menos que haja uma redução na massa corporal magra. Nesse caso, a razão TMB por massa corporal magra (TMB:MCM) pós-dieta seria equivalente aos níveis pré-dieta. No entanto, um estudo antigo revelou que a restrição energética severa diminui a TMB:MCM de maneira significativa (Fricker et al., 1991). Durante esse estudo, mulheres obesas foram colocadas em uma dieta de baixíssima caloria durante 3 semanas. A TMB:MCM caiu para 94, 91 e 82% do valor original nos dias 3, 5 e 21 da dieta, respectivamente.

Em um estudo clínico controlado e randomizado, homens e mulheres moderadamente obesos foram divididos em três grupos: dieta mais treinamento de força, dieta mais treinamento de resistência e apenas dieta (Geliebter et al., 1997). Os protocolos de exercício foram projetados para serem isoenergéticos, o que significa que os gastos energéticos dos dois tipos de treinamento com exercícios eram equivalentes. Não houve diferença significativa na perda de peso média entre os três grupos, mas aqueles do grupo com treinamento de força perderam menos massa corporal magra do que aqueles dos outros dois grupos. A TMB caiu de maneira significativa em todos os grupos, sem diferenciação. Esses dados indicam que nem o treinamento de força nem o de resistência impedem a queda na TMB causada pela dieta restritiva.

Esses estudos sobre TMB e os efeitos da dieta restritiva sugerem que a atividade metabólica nos tecidos magros pode ser reduzida com a dieta restritiva. A consequência dessa adaptação seria um maior ganho de peso quando o consumo de energia volta a níveis pré-dieta, maior dificuldade de manter o peso reduzido após a dieta ou ambos. É preciso conduzir mais pesquisas para determinar se essa redução na taxa metabólica causada pela dieta severa é permanente. Por agora, recomenda-se manter o treinamento de exercício ao tentar perder peso e evitar períodos extensos de dietas extremas.

Afro-americanos têm TMB mais baixas do que caucasianos, e a magnitude da diferença entre as raças é semelhante em homens e mulheres. Os pesquisadores determinaram que a TMB de afro-americanos está em algum lugar entre 5 e 20% abaixo daquela dos caucasianos (Forman et al., 1998; Sharp et al., 2002). A amplitude da diferença na TMB em um período de 24 h equivale a 80 a 200 kcal. Essa discrepância metabólica não pode ser atribuída a diferenças em idade, índice de massa corporal (IMC), composição corporal, níveis de atividade diária, fase do ciclo menstrual ou nível de condicionamento. O mecanismo por trás dessa discrepância metabólica ainda não foi identificado, e ainda é controverso se essa diferença na TMB entre as raças é a causa da maior prevalência de obesidade em afro-americanos. Entretanto, pesquisas demonstraram que os afro-americanos respondem à perda de peso da mesma maneira fisiológica que os caucasianos (Glass et al., 2002).

Um achado promissor é que o exercício aeróbico talvez impeça a comum redução na TMB relativa à idade. Mulheres a partir da meia-idade com treinamento de resistência apresentaram uma TMB 10% mais elevada do que mulheres sedentárias quando a TMB foi ajustada por composição corporal (Van Pelt et al., 1997). Embora de caráter descritivo, esses dados sugerem que o exercício pode ajudar a impedir o ganho de peso relativo à idade visto em mulheres sedentárias e que o mecanismo protetor pode ser uma alteração da TMB.

O ETA e a TMB não são sujeitos a perturbações voluntárias que causem mudanças suficientemente consideráveis no gasto energético em 24 h a ponto de afetar o equilíbrio energético do corpo a curto prazo (semanas a meses). Portanto, deve-se concluir que esses dois componentes do metabolismo são relativamente fixos e que não há muito o que se possa fazer de maneira voluntária para alterá-los. Na melhor das hipóteses, uma dieta saudável e um regime de exercícios podem manter uma TMB normal e, quiçá, impedir a lenta redução na TMB vista no envelhecimento. Por outro lado, o gasto energético associado à atividade física, seja na forma de exercício estruturado ou não, é bastante variável e controlável.

Energia da atividade física

Por mais que o músculo esquelético contribua em menos de 20% para a TMB, ele pode causar um aumento acentuado na taxa metabólica. Durante o exercício vigoroso, o gasto energético total do corpo pode aumentar até 20 vezes em relação aos níveis em repouso. Essa enorme elevação na taxa metabólica do corpo resulta de um aumento de 200 vezes na demanda energética dos músculos ativos. Em termos de comparação, a TMB de uma pessoa de 70 kg gira em torno de 1,2 kcal por minuto, ao passo que o custo energético durante o exercício intenso pode chegar a 25 kcal por minuto.

Uma sessão de exercício de 30 min em intensidade moderada pode equivaler a 10% ou mais do gasto energético diário. Essa quantia de energia gasta durante o exercício pode compensar facilmente o equilíbrio energético do corpo. Um aumento de 10% ou mais no gasto energético diário pode ser desejável para alguém com sobrepeso, mas pode ser prejudicial ao desempenho de um atleta que não esteja ingerindo uma dieta adequada. Além disso, o exercício pode ter um efeito metabólico além do contabilizado durante a sessão de exercício em si.

Está comprovado que a taxa metabólica permanece elevada durante algum tempo após o exercício. Esse fenômeno foi chamado de consumo excessivo de oxigênio pós-exercício (EPOC, do inglês *excess postexercise oxygen consumption*). Estudos demonstraram que a magnitude do EPOC tem uma relação linear com a duração e a intensidade do exercício e que o EPOC, após uma sessão de exercício de intensidade moderada, é responsável por cerca de 15% do custo energético total do exercício (Gaesser e Brooks, 1984). O tempo para que o metabolismo retorne ao normal após uma sessão aguda de exercício pode variar de 20 min a mais de 10 h, dependendo da duração e da intensidade do exercício. Aumentos do EPOC podem representar um papel significativo no equilíbrio energético do corpo. Infelizmente, o EPOC não é previsível o suficiente para que seja usado como variável mensurável na prescrição de exercício.

Assim, o gasto energético em 24 h consiste no ETA, na TMB e na energia da atividade física. O ETA não pode ser manipulado facilmente e, por isso, não é considerado um mecanismo viável para afetar, voluntariamente, mudanças na composição corporal. A TMB tem uma forte relação com massa corporal magra e é reduzida durante dietas restritivas, ao passo que é elevada em resposta ao treinamento com exercícios que aumente a massa corporal magra. As mudanças na TMB com dieta ou treinamento com exercícios são relativamente pequenas, mas podem afetar a composição corporal em um período extenso. As mudanças na TMB causadas pela dieta e pelo exercício podem aumentar ou impedir tentativas de perda de peso de pessoas obesas. Uma sessão de exercício aguda pode aumentar o metabolismo em até 20 vezes e contribuir em até 20% ou mais para o gasto energético em 24 h. O exercício é o único comportamento voluntário que afeta a taxa metabólica de maneira positiva.

DESEMPENHO ESPORTIVO E TAXA METABÓLICA

Saber sobre a taxa metabólica pode ajudar os atletas, assim como pessoas preocupadas com a saúde, a melhorar seu desempenho de exercício ou a obter a razão de massa gorda por massa magra ideal para suas situações particulares. O conhecimento metabólico pode ser usado para criar um plano de treinamento pessoal, projetar uma dieta para uma competição de ultrarresistência, monitorar a composição corporal fora da temporada e perder peso para melhorar a condição de saúde; ele também pode ser aplicado para outras necessidades. A seguir, apresentam-se dois exemplos de como isso funciona.

Um *personal trainer*, que também é nutricionista, está trabalhando com um atleta que deseja aumentar sua massa corporal magra fora da temporada. O profissional obviamente sabe como estruturar o regime de treinamento fora da temporada e como projetar uma dieta que atenda às necessidades nutricionais específicas. O que o profissional precisa saber para tornar esse programa mais eficaz é a taxa metabólica do cliente, mais especificamente o gasto energético do cliente em 24 h. Como esse cliente é um atleta que gasta uma quantidade significativa de energia no treino, o profissional precisará determinar o gasto energético do exercício do atleta e o gasto energético em repouso para calcular o gasto energético do atleta em 24 h. Se a TMB do atleta for de 2.300 kcal por dia e o atleta gastar mais 700 kcal por dia em exercício, o gasto energético do atleta em 24 h será de 3.000 kcal por dia. O *personal trainer*, então, deveria estruturar um plano nutricional para o atleta que exceda 3.000 kcal por dia para que o atleta aumente sua massa corporal magra.

Um segundo exemplo é o de um ciclista de competição que planeja competir em uma prova de ultrarresistência que dura vários dias (p. ex., Tour de France). O objetivo para a prescrição alimentar durante a prova é garantir a ingestão de energia adequada para atender às demandas metabólicas da competição. Caso contrário, o atleta ficará fatigado cedo demais. Mais uma vez, descobrir o gasto energético do atleta em 24 h é fundamental para a estruturação do plano alimentar. Se a TMB dele for de 2.000 kcal por dia e ele gastar mais 6.000 kcal por dia em atividade, o objetivo seria consumir 8.000 kcal por dia durante a prova. Sabendo disso, o profissional pode, então, estruturar a composição da dieta e os horários da ingestão alimentar para corresponder às necessidades do exercício e atender à demanda de 8.000 kcal por dia.

Nos dois exemplos precedentes, foram necessárias medidas precisas da TMB e do gasto energético do exercício antes da estruturação e da implantação de uma dieta e de um regime de exercício. Existem várias maneiras de se medir o gasto energético. O método escolhido dependerá da disponibilidade de equipamento, do custo e da precisão desejada.

MEDIÇÃO DO GASTO ENERGÉTICO

O calor é liberado como subproduto no metabolismo celular. Como a taxa de liberação de calor é diretamente proporcional à taxa metabólica, esta pode ser determinada medindo-se a liberação de calor. Esse processo é chamado de calorimetria direta.

Calorimetria direta

A calorimetria direta pode ser usada para medir a emissão de calor de uma pessoa fechada em uma câmara isolada. A mudança na temperatura da câmara como resultado do calor liberado do corpo é medida em unidades com as quais estamos todos familiarizados, as quilocalorias (ou kcal). As máquinas para medir a perda de calor do corpo são chamadas de calorímetros.

Vários tipos de calorímetros diretos são usados no estudo do metabolismo humano: calorímetros do tamanho de um quarto, de uma cabine ou de um cubículo e calorímetros de vestimenta. Os calorímetros diretos do tamanho de um quarto permitem o estudo do gasto de energia em indivíduos "vivendo livremente". Todavia, as medidas do quarto são pequenas (3 m^2), e há dúvida de que uma pessoa possa, de fato, "viver livremente" em um quarto tão limitado. Calorímetros do tamanho de um cubículo ou de vestimenta limitam ainda mais o movimento de uma pessoa e, portanto, só podem ser usados para estimar o gasto energético em repouso da pessoa em 24 h.

Os calorímetros diretos não costumam estar disponíveis em academias ou ambientes esportivos em virtude de seu alto custo. Uma vestimenta pode custar vários milhares de dólares, e um calorímetro de quarto pode custar algumas centenas de milhares. Todavia, profissionais que trabalham em conjunto com hospitais, clínicas ou laboratórios de pesquisa universitários podem ter acesso a calorímetros diretos.

Calorimetria indireta

O calor liberado pelo corpo é resultado do metabolismo do alimento. O metabolismo do alimento pode ser simplificado na seguinte equação bioquímica:

$$\text{alimento} + O_2 \rightarrow \text{energia usável} + \text{calor} + CO_2 + H_2O$$

Essa equação indica que o uso de oxigênio e a liberação de calor estão diretamente relacionados. Isto é, quanto mais alimento for metabolizado e mais calor for liberado, maior será o uso de oxigênio. A maioria das clínicas e laboratórios não mede o gasto energético (produção de calor) diretamente, pois o equipamento de calorimetria direta não está disponível em todos os lugares e é muito caro. Assim, uma técnica chamada calorimetria respiratória indireta é muito empregada em clínicas e laboratórios para medir a taxa metabólica. Essa forma de calorimetria mede diretamente o consumo de oxigênio ($\dot{V}O_2$) no metabolismo com a medição de gases respiratórios. Os dados de $\dot{V}O_2$ são, então, convertidos para um custo energético equivalente em kcal.

A taxa metabólica é derivada indiretamente da calorimetria respiratória medindo-se primeiro o $\dot{V}O_2$ e convertendo-se esse valor em um valor de caloria. Isso é possível porque o $\dot{V}O_2$ pode ser convertido a equivalentes de calor quando se sabe o tipo de nutrientes metabolizados. A energia liberada quando apenas gordura é metabolizada é 4,7 kcal.L^{-1} de oxigênio consumido e, quando apenas carboidrato é metabolizado, é 5,05 kcal.L^{-1} de oxigênio. Como a fonte de energia para o metabolismo no corpo costuma ser uma combinação de gordura e carboidrato, um gasto calórico médio costuma ser estimado em 5 kcal.L^{-1} de oxigênio consumido. Por exemplo, se uma pessoa se exercita a um custo de $\dot{V}O_2$ de 1,0 L.min^{-1} de oxigênio, o gasto energético aproximado equivale a 5 kcal.min^{-1}.

A calorimetria respiratória indireta pode ser realizada por espirometria de circuito fechado ou aberto. Com os sistemas de espirometria de circuito fechado, a pessoa respira 100% de oxigênio de um cilindro cheio ligado a um aparato de gravação para indicar a quantidade de oxigênio removido do cilindro, e de dióxido de carbono produzido e coletado por um material absorvente. Calculando-se a razão do volume de oxigênio consumido pelo dióxido de carbono produzido, pode-se determinar um valor em caloria mais exato para o $\dot{V}O_2$, em vez de se usar o valor médio de 5 kcal.L^{-1} de oxigênio.

A razão de oxigênio consumido por dióxido de carbono é chamada de taxa de troca respiratória (RER). A RER será de 0,70 quando o alimento metabolizado for unicamente gordura e 1,00 quando o alimento metabolizado for unicamente carboidrato. Uma mistura de metade gordura e metade carboidrato gera uma RER de 0,85. A fórmula bioquímica do metabolismo de proteína não é tão simples quanto a de carboidrato e gordura, por isso os métodos de calorimetria respiratória indireta ignoram a contribuição da proteína para a taxa metabólica. Ignorar a contribuição metabólica da proteína gera uma imprecisão na medição, mas é consenso que a proteína contribui em quase nada para o metabolismo em repouso e muito pouco para o metabolismo de exercício (Brown, Miller e Eason, 2006).

O método de circuito fechado de calorimetria respiratória indireta é muito usado para medir o gasto energético em laboratórios clínicos. Sua utilidade em condições de exercício é limitada em virtude da resistência à respiração causada pelo circuito fechado e dos grandes volumes de oxigênio consumidos durante o exercício.

Para atender àqueles que se exercitam, usa-se mais a técnica de circuito aberto. Nesse método, o paciente inspira ar diretamente da atmosfera, e fazem-se medições das quantidades fracionárias de oxigênio inspirado e expirado. Também se mede o volume respiratório. Ao calcular a diferença entre a porcentagem de oxigênio que compreende tanto ao ar inspirado como ao expirado, assim como o volume respiratório, pode-se determinar o $\dot{V}O_2$. Por exemplo, em um volume respiratório de 80 L.min^{-1}, uma concentração de oxigênio inspiratório de 20,93% (0,2093) e uma concentração de oxigênio expiratório de 18,73% (0,1873), a diferença na concentração de oxigênio para o gás respiratório é de 2,2%, ou 0,022. O $\dot{V}O_2$ correspondente é de 1,76 L.min^{-1} ($\dot{V}O_2$ = 80 L.min^{-1} × 0,022, ou 1,76 L.min^{-1}). A um valor em caloria médio de 5 kcal.L^{-1} de oxigênio, o gasto energético do exercício seria de 8,8 kcal.min^{-1} (1,76 × 5 = 8,8).

Os custos da espirometria de circuito aberto e fechado são mais ou menos os mesmos; variam de 15 a 40 mil dólares, dependendo dos itens periféricos e complementares que acompanham o sistema. O fato de que a RER pode ser determinada com calorimetria indireta torna esse tipo de medição metabólica particularmente útil para testes e prescrições de exercício. Por exemplo, sabe-se que a depleção de glicogênio muscular (carboidrato) é uma causa importante da fadiga durante provas de resistência. A calorimetria indireta pode ser empregada para determinar quanta gordura e quanto carboidrato estão sendo queimados durante o exercício (prova). Assim, depois que uma intervenção alimentar ou mudança na rotina de treinamento for implantada, a calorimetria indireta pode ser usada para determinar se a manipulação reduziu a taxa de uso de carboidrato para energia, o que, em tese, adiaria o princípio da fadiga.

Água duplamente marcada

Outro método de medição da taxa metabólica por meio da troca gasosa é o uso de água duplamente marcada. Esse método de calorimetria indireta funciona com base em um princípio parecido com o de calorimetria indireta: a troca gasosa. Entretanto, com a água duplamente marcada, a produção de dióxido de carbono (CO_2) é calculada no lugar do consumo de oxigênio. É ingerida uma dose oral de isótopos estáveis de ^2H e ^{18}O. O ^2H marca o estoque de água no corpo, ao passo que o ^{18}O marca tanto o estoque de água no corpo quanto o de bicarbonato. As taxas de desaparecimento dos dois isótopos medem a rotação de água e de água mais CO_2. A produção de CO_2 é calculada pela diferença. Como a produção de CO_2 e o consumo de oxigênio estão diretamente relacionados (comida + O_2 → energia usável + calor + CO_2 + H_2O), o consumo de oxigênio é conhecido quando se determina o CO_2. Descobertos o CO_2 e o consumo de oxigênio correspondente, pode-se calcular o gasto energético com as mesmas equações calorimétricas usadas para calorimetria respiratória indireta.

A técnica de água duplamente marcada é um método clínico para se determinar o gasto energético em períodos prolongados. A vantagem desse método é que o cliente pode viver livremente durante dias e semanas sem nem sentir que está sendo feita uma medição metabólica. No entanto, o resultado calculado é o gasto energético médio em todo o período de medição (de dias a semanas). Portanto, esse método não é adequado para medir o gasto energético durante uma única sessão de exercício. A água duplamente marcada é usada quase exclusivamente para avaliar o metabolismo em ambientes clínicos e hospitalares, em que o foco é a pesquisa e o tratamento da obesidade.

PREDIÇÃO DO GASTO ENERGÉTICO

Os métodos de calorimetria indireta para medir o gasto energético são muito complexos, demorados e caros para a maioria dos ambientes. Por isso, foram feitas diversas tentativas de derivar equações para prever o gasto energético. As equações de previsão mais comuns para TMB são a de Kleiber (1932) e a de Harris e Benedict

(1919). Esses dois modelos de previsão se apoiam na relação entre massa corporal e taxa metabólica. Kleiber (1932) demonstrou que a TMB, relativa à massa corporal elevada ao expoente 0,74, era previsível em todos os mamíferos maduros, variando de acordo com o tamanho, de ratos a bois (ver Tab. 4.1). Harris e Benedict (1919) incluíram outras variáveis além da massa corporal em sua equação, a saber, altura e idade (Tab. 4.1). Essas duas equações são menos funcionais para pessoas obesas, pois elas não foram incluídas nos conjuntos de dados originais.

Mifflin et al. (1990) incluíram homens e mulheres de diversos tamanhos e composições corporais em seus conjuntos de dados e derivaram equações de previsão de TMB válidas com base no peso, na altura e na idade. Mais recentemente, Livinston e Kohlstadt (2005) derivaram equações de previsão de TMB a partir de um amplo conjunto de dados contemplando pessoas obesas e de peso normal (Tab. 4.1). Essas duas novas equações de previsão são mais adequadas a clientes com sobrepeso, ao passo que qualquer uma das equações apresentadas são viáveis para pessoas de peso normal.

Em meados do século XX, foram realizadas muitas pesquisas para determinar o custo energético de diversas atividades físicas. Foram publicados tabelas e gráficos que davam os valores de gasto energético (kcal) de atividades cotidianas, profissionais, recreativas e esportivas. A precisão desses preditores do gasto energético da atividade física é parecida com os de TMB. O American College of Sports Medicine (2010) publicou equações metabólicas para prever o gasto energético em ambientes clínicos (Tab. 4.2). Essas equações foram derivadas de medições metabólicas feitas durante o exercício ergométrico enquanto as pessoas caminhavam, corriam, exercitavam-se no ergômetro de membros inferiores, no de membros superiores e praticavam estepe; e, por isso, seriam os cálculos preferíveis para pessoas que se exercitam em qualquer um desses ergômetros.

Tabela 4.1 Equações de previsão comuns da TMB.

Nome	Equação
Equações de Harris e Benedict	TMB (homens) = 13,75 × MC + 500,3 × H − 6,78 × idade + 66,5
	TMB (mulheres) = 9,56 × MC + 185,0 × H − 4,68 × idade + 655,1
Equação de Kleiber	TMB = 73,3 × MC^{0,74}
Equações de Livingston e Kohlstadt	TMB (homens) = 293 × MC^{0,4330} − 5,92 × idade
	TMB (mulheres) = 248 × MC^{0,4356} − 5,09 × idade
Equações de Mifflin	TMB (homens) = (10 × MC) + (625 × H) − (5 × idade) + 5
	TMB (mulheres) = (10 × MC) + (625 × H) − (5 × idade) −161

TMB = kcal.dia^{-1}; MC = massa corporal em kg; H = altura em metros; idade = anos.
Harris e Benedict, 1919; Kleiber, 1932; Livingston e Kohlstadt, 2005; Mifflin et al., 1990.

Tabela 4.2 Equações de previsão comuns para o gasto energético de exercícios.

Atividade	Equação
Caminhada	kcal.min^{-1} = [(0,1 × V) + (1,8 × V × G) + 3,5] × MC × 0,005
Corrida	kcal.dia^{-1} = [(0,2 × V) + (0,9 × V × G) + 3,5] × MC × 0,005
Ergômetro de membros inferiores	kcal.dia^{-1} = [(10,8 × P × MC^{-1}) + 3,5] × MC × 0,005
Ergômetro de membros superiores	kcal.dia^{-1} = [(18 × P × MC^{-1}) + 3,5] × MC × 0,005
Estepe	kcal.dia^{-1} = [(0,2 × F) + (1,33 × 1,8 × H × F) + 3,5] × MC × 0,005

Velocidade = m.min^{-1}; G = grau porcentual expresso em decimal; MC = massa corporal (em kg); p = potência (em watts); F = frequência de passada por minuto; H = altura do estepe (em metros).
Dados de ACSM, 2010.

ESTIMATIVA DO GASTO ENERGÉTICO EM 24 HORAS E NA ATIVIDADE FÍSICA

É muito caro e, em muitos casos, pouco prático medir o gasto energético em 24 h ou monitorar o gasto energético na atividade física por calorimetria direta ou indireta. Esses dois métodos de medição são usados apenas para aplicações clínicas e de pesquisa. Portanto, a maioria dos profissionais usa equações de previsão de gasto energético, equipamentos de análise de movimento ou ambos para estimar o custo energético da atividade física e o gasto energético em 24 h de seus clientes. As ferramentas usadas para monitorar a atividade física e estimar o gasto energético variam de máquinas caras e sofisticadas, encontradas apenas em centros de saúde, a aparelhos baratos e diários de atividade, que podem ser encontrados em quase todos os ambientes.

Monitores de atividade

As ferramentas mais plausíveis para se medir o gasto energético em 24 h ou o gasto energético da atividade física durante a ação são os pedômetros, acelerômetros e monitores de frequência cardíaca. Os pedômetros são mais indicados para monitorar o gasto energético da atividade física do que o gasto energético em 24 h, ao passo que os acelerômetros e os monitores de frequência cardíaca são adequados para ambos.

Pedômetros

Os pedômetros existem há muitas décadas. O pedômetro em si mede o número de passos dados ao longo do dia. A soma desses passos é convertida em distância, e o gasto energético é estimado com base na distância percorrida. As estimativas do pedômetro de custo energético da atividade física têm uma correlação relativamente boa com as medidas de calorimetria indireta (Brown, Miller e Eason, 2006). Todavia, apenas a distância total percorrida é registrada no pedômetro, e não há indício da intensidade da atividade física. Portanto, os pedômetros são úteis para se ter uma noção do gasto energético em 24 h, mas não oferecem nenhuma referência sobre a intensidade do exercício ou sobre os padrões de atividade ao longo do dia. Uma vantagem dos pedômetros é que eles são relativamente baratos; até mesmo crianças podem aprender a usá-los.

Acelerômetros

Os acelerômetros trabalham com base em um princípio diferente dos pedômetros. Os acelerômetros contêm transdutores de força minúsculos que medem a intensidade, a frequência e a duração do movimento continuamente por longos períodos. As forças medidas pelo acelerômetro são somadas e registradas como contagens por unidade de tempo. Não existe consenso em relação aos limites de contagem do acelerômetro para definir intensidades baixas, moderadas e elevadas de exercício. No entanto, os acelerômetros são válidos e confiáveis para monitorar contagens de atividade física em crianças e adultos. Coeficientes de correlação entre resultados de acelerômetro e medidas de calorimetria indireta variam de 0,60 a 0,85, o que representa correlações relativamente altas (Brown, Miller e Eason, 2006).

A vantagem dos acelerômetros em relação aos pedômetros é que eles podem medir a intensidade do gasto energético ao longo do dia, e pode-se fazer o *download* dessa informação em um computador. Na sequência, o computador gera os dados e aponta as flutuações no gasto energético de qualquer hora do dia. O computador também usa equações de regressão para calcular o gasto energético real dos resultados de atividade física registrados.

Monitores de frequência cardíaca

A frequência cardíaca tem uma forte relação com a frequência respiratória e o gasto energético em uma ampla variedade de valores. Os monitores de frequência cardíaca são parecidos com os acelerômetros no sentido de que acumulam dados de sessões curtas e longas de atividade ao longo do dia. Os dados de frequência cardíaca também podem ser baixados no computador, e pode-se apontar a magnitude das flutuações na frequência cardíaca durante o dia. São usadas equações de regressão para converter as medidas de frequência cardíaca em gasto energético.

Levantamentos e diários de atividade

Os diários de atividade exigem que o participante (ou um observador adulto, no caso de crianças pequenas) faça um registro de toda atividade realizada ao longo do dia. A pessoa descreve a natureza da atividade e o tempo gasto na participação. Esse registro inclui atividades sedentárias, bem como aquelas que exigem esforço físico. Atribuem-se valores predeterminados para o gasto energético de cada atividade anotada no diário, e o gasto energético é somado ao longo do tempo e do dia.

Os levantamentos de atividade são parecidos com os diários de atividade, mas, em vez de registrar as atividades reais no momento em que ocorrem (ou logo depois), os examinadores estimam a atividade em um dia, semana ou mês médio. Em outras palavras, as pessoas descrevem suas rotinas usuais em um período de muitos dias, em vez de registrar as atividades propriamente em um período de alguns dias. Os cálculos do gasto energético são realizados da mesma forma que os são nos diários de atividade para se obter o gasto energético estimado.

A precisão dos levantamentos e dos diários de atividade física varia; eles podem ser péssimos indicadores da atividade física real, mas também podem ser medidas relativamente boas de atividade. Os levantamentos e os diários de atividade para crianças tendem a ser menos precisos do que os voltados para adultos. No entanto, levantamentos e diários de atividade são muito usados para determinar os níveis de atividade física tanto em crianças como em adultos, pois são baratos, pouco inoportunos e fáceis de administrar.

Foram projetados muitos levantamentos de atividade física para adultos. Alguns foram tencionados para populações específicas ou elaborados especificamente para estudos de pesquisas independentes. A confiabilidade e a validade desses levantamentos variam. Os levantamentos mais conhecidos foram coletados e publicados pelo American College of Sports Medicine (1997) há alguns anos.

Um dos levantamentos de atividade física mais conhecidos é o Questionário Internacional de Atividade Física (Craig et al., 2002; IPAQ, 2011). O IPAQ (do inglês, International Physical Activity Questionnaire) vem em versões longa e resumida e em diversas línguas e pode ser baixado *on-line* (IPAQ, 2011). As duas versões pedem às pessoas que registrem sua atividade física relativa à saúde nos últimos sete dias. Ambas podem ser administradas por um profissional (pessoalmente) ou pela própria pessoa. A versão longa consiste em 27 perguntas que se focam em atividades físicas relativas à profissão, ao transporte, aos cuidados com a casa, à recreação, ao esporte e ao tempo sedentário ou sentado. A versão curta do formulário inclui apenas sete questões sobre o tempo gasto em atividade física vigorosa e moderada, caminhada e tempo sentado.

Um diário de atividade física para crianças mais velhas e adolescentes é o Previous Day Physical Activity Recall (PDPAR; Children's Physical Activity Research Group, 2011). O PDPAR foi projetado para gerar dados precisos sobre o tipo, a frequência, a intensidade e a duração de atividades físicas; em seguida, esses dados são utilizados para se estimar o gasto energético da atividade física (Weston, Petosa e Pate, 1997). O PDPAR é um diário de atividade segmentado em dezessete intervalos de 30 min. Os participantes recebem uma lista de 35 atividades numeradas de que os jovens costumam participar. Eles registram o número de atividade de que participaram durante intervalos de 30 min do dia anterior. Para cada atividade selecionada, também registram a intensidade como muito leve (respiração lenta e pouco ou nenhum movimento), leve (respiração normal e movimento), média (respiração mais acelerada e movimento moderado) e forte (respiração acelerada e movimento rápido). Em seguida, calcula-se um valor de gasto energético estimado para cada atividade dentro do período de tempo dado.

RELEVÂNCIA E APLICAÇÃO DO TESTE METABÓLICO

Com os dados metabólicos do cliente em mãos, o profissional de condicionamento pode usá-los para prescrever uma intervenção na dieta, no exercício ou em ambos, ou então monitorar o equilíbrio energético. Também podem ser utilizados os dados metabólicos das medições de calorimetria indireta feitas durante um teste de exercício graduado para se determinar uma intensidade de exercício segura e apropriada.

Teste da taxa metabólica basal

A medição da TMB é importantíssima na prática clínica, mas também tem suas aplicações no desempenho esportivo. A aplicação clínica de teste da TMB normalmente está em dois extremos do espectro: obesidade e desnutrição ou anorexia. O uso óbvio da TMB no tratamento da obesidade é determinar a taxa metabólica do paciente para que as intervenções na dieta, no exercício ou em ambos sejam aplicadas, a fim de se criar um déficit energético que favoreça a perda de peso. O contrário também é válido para desnutrição ou anorexia. Nesse caso, a TMB ajuda na elaboração de práticas alimentares que criem um equilíbrio energético positivo a favor do ganho de peso.

O teste de TMB também pode ser usado como ferramenta diagnóstica. Como a TMB média de adultos é 3,5 mL de oxigênio consumido por kg de peso corporal por minuto (American College of Sports Medicine, 2010; 3,5 $mL.kg^{-1}.min^{-1}$), uma medida de TMB que varie muito dessa média pode ser considerada anormal. Quando se descobre uma TMB anormal, outros testes médicos e/ou psicológicos podem ser realizados para determinar se a TMB aberrante resulta de uma patologia física, como hipotireoidismo, ou de um distúrbio alimentar. Um cliente com TMB anormal deve ser encaminhado ao profissional médico apropriado para teste e diagnóstico de acompanhamento. O principal uso do teste de TMB não clínica em esportes é garantir a manutenção das demandas energéticas da competição esportiva.

Os procedimentos para medir a TMB são relativamente padronizados e uniformes entre diferentes lugares, embora os centros de testes não usem os mesmos períodos para fazer as medições metabólicas. Independentemente de o período de medição metabólica ser de alguns minutos ou de muitas horas, a TMB estimada é dada pelo cálculo da média das medições da taxa metabólica minuto a minuto ao longo do tempo de medição.

O teste de TMB é realizado quase exclusivamente por calorimetria indireta. O procedimento geral consiste em o cliente chegar ao laboratório de manhã o mais rapidamente possível depois de acordar e jejuar por 8 a 12 h. A pessoa não deve ter tomado nenhum estimulante, como café, tampouco estar emocionalmente agitada. O teste começa com um período de inserção de 30 a 60 min de repouso em decúbito dorsal em uma sala pouco iluminada; nenhuma medição metabólica é registrada. Esse período de inserção possibilita que a pessoa se acostume com o ambiente de teste e que o metabolismo volte ao nível de repouso depois de qualquer efeito estimulante ocorrido no caminho para o laboratório. Depois do período de inserção, mede-se a taxa metabólica usando-se calorimetria indireta. Os gases respiratórios são coletados usando-se uma máscara ou capacete de gás respiratório amarrado na cabeça do cliente (ver Fig. 4.1). Para derivar a TMB, realizam-se a soma e a média das medidas minuto a minuto.

Em tese, se a TMB de uma pessoa obesa for medida em 1.700 $kcal.dia^{-1}$ e ela quiser perder peso em uma velocidade de 0,5 kg por semana, deve-se prescrever uma ingestão energética de 1.200 $kcal.dia^{-1}$ (0,5 kg = 3.500 kcal). Se o cliente for se exercitar, a velocidade da perda de peso aumentará com o custo energético do exercício. Além disso, a ingestão energética poderia ser aumentada acima de 1.200 $kcal.dia^{-1}$ com o custo energético do exercício para manter a perda de peso prevista compatível com 0,5 kg por semana.

Equações de previsão metabólica

Com muita frequência, os profissionais de condicionamento não têm acesso ao equipamento necessário para medir a taxa metabólica por calorimetria respira-

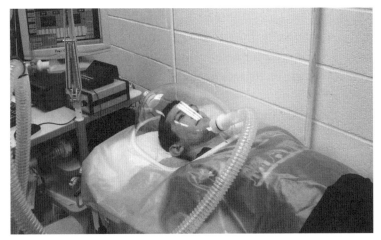

Figura 4.1 Teste de TMB por calorimetria respiratória indireta.

tória indireta. Nesses casos, são usadas equações de previsão para estimar a TMB ou o custo energético do exercício. Depois de encontrada a taxa metabólica, a aplicação é a mesma descrita. A seguir, apresenta-se um exemplo de como isso é feito.

A cliente é uma mulher obesa de 50 anos que pesa 100 kg e tem 1,69 m de altura. Ela deseja perder peso a uma taxa de 0,5 kg por semana. Usando-se a equação de Harris e Benedict (ver Tab. 4.1), estima-se sua TMB em 1.700 kcal.dia^{-1} [TMB (kcal.dia^{-1}) = 9,56 × 100 + 185 × 1,69 − 4,68 × 50 + 665,1]. A título de comparação, sua TMB prevista usando-se a equação de Livingston e Kohlstadt (Tab. 4.1) é estimada em 1.588 kcal.dia^{-1} [TMB (kcal.dia^{-1}) − 248 × 100^{0,4356} − (5,09 × 50)]. A leve discrepância entre os valores derivados a partir das duas equações demonstra que as equações de previsão são menos precisas do que as medições metabólicas em si. Entretanto, para que essa mulher perca peso a uma velocidade de 0,5 kg por semana, ela deve consumir apenas 1.088 a 1.200 kcal.dia^{-1}. Uma ingestão energética tão baixa pode parece restritiva demais para essa mulher. Uma alternativa é consumir entre 1.338 e 1.450 kcal.dia^{-1} e gastar 250 kcal.dia^{-1} em exercício para atender seu objetivo.

Se a mulher decidir se exercitar, a questão passa a ser: quanto exercício ela deve realizar diariamente para atender seu objetivo de gasto energético em exercício? A resposta é encontrada usando-se os cálculos metabólicos de exercício apresentados na Tabela 4.2. Se a mulher escolher caminhada como atividade física, em uma velocidade de 5 km/h (80,5 m.min^{-1}), ela deve caminhar durante 43 min.dia^{-1} para atingir seu objetivo de 250 kcal.dia^{-1} gastos em exercício [(kcal.min^{-1}) =

$(0,1 \times 80,5) + (1,8 \times 80,5 \times 0) + 3,5) \times 100$ kg de peso corporal $\times$ 0,005 kcal. mL^{-1}, gera 5,77 kcal.min^{-1}]. Se a mulher preferir usar o ergômetro de bicicleta como exercício, em uma frequência de 50 watts, ela precisará se exercitar durante 56 min.dia^{-1} para atingir seu objetivo de 250 kcal.dia^{-1} gastos em exercício [(kcal. min^{-1} = 10,8 $\times$ 50 $\times$ 100^{-1} + 3,5 $\times$ 100 kg de peso corporal $\times$ 0,005 kcal.mL^{-1} de oxigênio, gera 4,45 kcal.min^{-1}].

Pedômetros

Os pedômetros estimam o gasto energético de maneira parecida com as equações de previsão metabólica. Contudo, as equações de previsão metabólica em pedômetros apoiam-se na distância percorrida, e não na velocidade ou inclinação do percurso. Portanto, o resultado do pedômetro costuma ser expresso em kcal por quilômetro, em vez de kcal por minuto. Os cálculos metabólicos usados em pedômetros têm por base o custo energético de se caminhar 1 km. Pedômetros sofisticados permitem que o usuário digite o peso e o comprimento da passada no dispositivo, enquanto pedômetros mais baratos usam um valor médio predeterminado para essas variáveis. Os pedômetros são mais precisos ao estimar o gasto energético quando a pessoa caminha em terreno plano com um comprimento de passada uniforme do que quando ela caminha em terreno inclinado e/ou com um comprimento de passada intermitente. Por isso, os pedômetros são mais precisos ao estimar o gasto energético durante uma sessão de exercício formal do que em um período de 24 h. Embora os pedômetros possam não ser precisos na determinação do gasto energético real, eles são muito úteis para comparações na mesma pessoa (p. ex., contagens de passos dia a dia; Harris et al., 2009).

Acelerômetros

Os acelerômetros são sensores de movimento eletrônicos que quantificam o volume e a intensidade de movimento ao longo do tempo. O sinal de aceleração bruta de um acelerômetro é específico à marca ou ao modelo do equipamento, o que significa que não se podem comparar diretamente as contagens de uma marca com as de outra. Por isso, o sinal de aceleração bruta de um acelerômetro costuma ser convertido em uma variável com certo sentido comum (p. ex., kcal). Como a tecnologia do acelerômetro se baseia em princípios biomecânicos e a taxa metabólica se baseia em medidas biológicas, é difícil converter com precisão os sinais do acelerômetro em taxas metabólicas. O processo é complicado, ainda mais quando se consideram as diferenças individuais de massa corporal e eficiência biomecânica.

A calorimetria indireta é usada para calibrar cada marca ou modelo de acelerômetro, a fim de determinar as taxas metabólicas de crianças, adolescentes e adultos. Os fabricantes oferecem programas de computador que padronizam os cálculos metabólicos em adultos; porém, como o custo metabólico do movimento em crianças se altera à medida que elas crescem, ainda não há um parâmetro metabólico consensual para elas. Portanto, os usuários de acelerômetros podem utilizar os cálculos padronizados do programa para crianças e adolescentes ou criar seus próprios programas de conversão usando os dados que encontram sobre crianças na literatura científica.

O acelerômetro pode ser usado no quadril, punho ou tornozelo. No entanto, a maioria dos usuários acredita que as medições variam menos quando o equipamento é utilizado no quadril (Heil, 2006; Respironics, 2008). Antes de usar o acelerômetro, o usuário ou o médico programa o equipamento para fazer medições em períodos que variam de alguns segundos a vários minutos. Nesse momento, também são programados, no acelerômetro, o gênero, a idade, a altura e o peso da pessoa medida. A maioria dos acelerômetros é à prova d'água e pode registrar dados ao longo de 24 h por dia durante algumas semanas de uma vez. Ao fim do período de teste, os dados são baixados em um computador e analisados com o *software* fornecido pelo fabricante. Como mencionado, a vantagem dos acelerômetros é que eles conseguem registrar a intensidade do exercício em determinado período. Além disso, podem ser usados para estimar o gasto em 24 h, assim como o gasto energético da atividade física.

Monitores de frequência cardíaca

Os monitores de frequência cardíaca (Fig. 4.2) coletam dados ao

Figura 4.2 Treinar com um monitor de frequência cardíaca pode ser útil para comparações relativas de gasto energético de um dia para o outro.

longo de períodos, assim como os acelerômetros. No entanto, em vez de registrar acelerações, os monitores de frequência cardíaca registram batimentos cardíacos. Em termos gerais, quanto mais batimentos cardíacos em um período, maior é a taxa metabólica. As frequências cardíacas são convertidas em medidas metabólicas da mesma forma como seriam correlacionadas ao gasto energético durante um teste de exercício graduado usando calorimetria respiratória indireta (ver Cap. 5). Em outras palavras, a taxa metabólica é determinada pela relação entre frequência cardíaca e metabolismo aeróbico. Os dados de monitores de frequência cardíaca sofisticados podem ser baixados em computadores, assim como no caso dos acelerômetros.

Monitores de frequência cardíaca menos caros não têm interface com computadores e não podem ser programados. A utilidade desses monitores, portanto, se limita à observação imediata ou ao registro manual da frequência cardíaca em diferentes momentos. Muitas pessoas usam monitores de frequência cardíaca de baixo custo para ajudar a manter sua frequência cardíaca em uma amplitude predeterminada durante uma sessão de exercício. As observações e os registros das frequências cardíacas pessoais durante o exercício podem ser usados depois para calcular se a intensidade do exercício desejada foi atingida para se chegar à taxa metabólica prescrita. Por outro lado, a pessoa pode determinar antecipadamente a frequência cardíaca alvo necessária para atender qualquer taxa metabólica alvo durante o exercício e, em seguida, durante a sessão de exercício, levar a frequência cardíaca ao nível predeterminado para o período desejado. Qualquer que seja a forma como os monitores de frequência cardíaca forem usados para estimar a taxa metabólica, deve-se lembrar que eles não são precisos na estimação do custo energético de exercício anaeróbico.

Questionário Internacional de Atividade Física

Como mencionado, o Questionário Internacional de Atividade Física (IPAQ) está disponível em uma versão curta e em uma longa (IPA, 2011). Ambas as versões pedem aos entrevistados que registrem sua atividade relativa à saúde nos últimos sete dias. Ambas perguntam sobre a atividade física realizada em quatro domínios:

- atividade física no tempo livre;
- atividade física doméstica;
- atividade física relacionada à profissão;
- atividade física relacionada ao transporte.

A versão curta do IPAQ pergunta sobre três tipos específicos de atividade dentro desses quatro domínios: caminhada, atividade de intensidade moderada e atividade vigorosa. A versão longa do IPAQ pede detalhes das atividades nos quatro domínios. Ambas as versões do IPAQ podem ser registradas como medidas contínuas da atividade física. Os cálculos são feitos multiplicando-se o custo energético de cada atividade em MET (equivalentes metabólicos ou múltiplos da TMB) por minutos em que a atividade é realizada. Por exemplo, uma atividade com custo energético de 3,0 MET realizada durante 25 min tem um valor de MET-minuto de 75. Por outro lado, o custo energético da atividade (MET) pode ser multiplicado pelo quociente do peso corporal (kg) dividido por 60 para gerar um custo energético em kcal por minuto.

A utilidade do IPAQ é determinar o custo energético da atividade física em vários ambientes, e não determinar a TMB ou o gasto energético em 24 h. Contudo, combinando-se os valores do custo energético de atividade física obtidos pelo IPAQ com um valor de TMB obtido por uma das equações de previsão detalhadas anteriormente, pode-se derivar uma estimativa do gasto energético em 24 h. As diretrizes para pontuar e comparar as pontuações de IPAQ entre indivíduos e populações são fornecidas junto com os questionários (IPAQ, 2011).

Previous Day Physical Activity Recall

O Previous Day Physical Activity Recall (PDPAR) registra a atividade física habitual de crianças mais velhas e adolescentes. O PDPAR usa um método de rememoração baseado no tempo para registrar e medir os níveis de atividade física. Cada dia é dividido em 34 blocos temporais de 30 min, partindo das 7h até a meia-noite. Pede-se aos adolescentes que registrem sua atividade específica (selecionando-as a partir das 35 atividades comuns listadas, cada uma com um código numérico) junto à intensidade da atividade em cada bloco temporal. Em seguida, determina-se o custo energético da atividade física usando-se os valores de MET de cada atividade. Os valores em MET podem ser convertidos em kcal usando-se fatores de conversão padronizados.

COMPARAÇÃO ENTRE MÉTODOS DE MEDIÇÃO DA TAXA METABÓLICA

Embora acelerômetros, pedômetros, monitores de frequência cardíaca e questionários não sejam tão precisos quanto a calorimetria direta e indireta para se determinar a taxa metabólica, essas ferramentas mais baratas podem ser usadas para elaborar planos de exercício, ainda mais quando focados na promoção de saúde e condicionamento. Por exemplo, se uma pessoa quiser aumentar seu nível de condicionamento fazendo exercício aeróbico quatro vezes por semana em uma intensidade predeterminada, um monitor de frequência cardíaca seria uma ótima ferramenta para monitorar a intensidade. O profissional de condicionamento pode ajudar o cliente a determinar a frequência cardíaca alvo adequada e, em seguida, mostrar como utilizar o monitor de frequência com segurança para atingir a intensidade objetivada. A Tabela 4.3 apresenta um resumo dos métodos de medição da taxa metabólica.

Tabela 4.3 Comparação de testes e medidas da taxa metabólica.

Teste ou medida	Aplicação metabólica	Dificuldade de acesso e administração	Validade	Confiabilidade	Custo	Incômodo ao cliente
Calorimetria direta	TMB, GEAF, GE em 24 h	Alta	Alta	Alta	Alto	Alto
Calorimetria indireta de circuito fechado	TMB, GE em 24 h	Moderada	Alta	Alta	Moderado	Moderado
Calorimetria indireta de circuito aberto	TMB, GEAF, GE em 24 h	Moderada	Alta	Alta	Moderado	Moderado
Água duplamente marcada	TMB, GE em 24 h	Alta	Alta	Alta	Alto	Baixo
Equações de previsão	TMB, GEAF, GE em 24 h	Baixa	Baixa a moderada	Alta	Baixo	Baixo
Pedômetros	GE em 24 h	Baixa	Baixa a moderada	Baixa a moderada	Baixo	Baixo
Acelerômetros	TMB, GEAF, GE em 24 h	Moderada a alta	Alta	Alta	Alto	Baixo
Monitores de frequência cardíaca	TMB, GEAF, GE em 24 h	Baixa	Moderada	Moderada	Baixo	Baixo
Levantamentos e diários	GEAF, GE em 24 h	Baixa	Baixa a moderada	Baixa a moderada	Baixo	Baixo

TMB = taxa metabólica basal; GEAF = gasto energético de atividade física; GE em 24 h = gasto energético em 24 h.

Um pedômetro pode ser a ferramenta escolhida para uma pessoa anteriormente sedentária que deseja aumentar seus níveis de atividade física para perder peso ou reduzir o risco de doença. Nesse caso, o profissional de condicionamento pode usar o pedômetro como medida básica dos passos por dia do cliente e, em seguida, ajudá-lo a determinar um objetivo para aumentar o número de passos por dia em uma progressão segura.

Os acelerômetros e questionários podem ser utilizados para dar *feedback* aos clientes sobre como seus níveis de atividade flutuam durante o dia ou de um dia para o outro. Essas ferramentas servem de diário ou histórico da atividade do cliente, que podem ser revisados por ele. É possível determinar metas para aumentar a atividade física geral, a atividade física em períodos específicos ou a intensidade da atividade em certos momentos. Todas essas informações podem ser mapeadas, dependendo das necessidades e dos objetivos do cliente.

Aplicações profissionais

Como mostrado ao longo deste capítulo, os profissionais de condicionamento podem usar informações sobre as taxas metabólicas dos clientes para ajudá-los a atingir suas metas de desempenho e saúde. Surgem problemas, porém, quando os dados metabólicos gerados parecem não coincidir com o que seria esperado da demografia, do comportamento ou dos padrões de treinamento do cliente ou, ainda, dos resultados fisiológicos previstos. Nessas condições, o profissional precisa saber como interpretar os dados metabólicos e como determinar se esses dados e previsões são válidos para aquele cliente específico. Os dois estudos de caso a seguir demonstram como o profissional pode superar o que, a princípio, parecem incompatibilidades sem solução.

Estudo de caso 1. A incapacidade de John de perder peso

John é um cliente que pediu um programa de exercício para ajudá-lo a perder peso. Ele é um contador de 40 anos de idade e não se exercita desde os tempos de faculdade. Mede 183 cm e pesa 100 kg. Você calcula o IMC de John como 29,9, o que beira à obesidade. Também realiza uma avaliação da composição corporal de John e descobre que ele tem 31,0% de gordura corporal. John não tem nenhum fator de risco de saúde, exceto seu peso. Ele escolhe caminhada como forma de exercício e aceita se exercitar durante 30 min por dia. Você completa a prescrição de exercício para John ensinando-o a se monitorar com segurança enquanto caminha.

Seu consultório não tem equipamento para medir a taxa metabólica, então você decide usar as equações de previsão para estimar o gasto energético em 24 h de John. Em seguida, usa esses dados previstos para elaborar uma modesta restrição na ingestão energética de John que lhe permita se sentir saciado ao comer, mas que ainda assim o faça perder peso (porque ele não está muito interessado em fazer dieta). Você decide usar a equação de Mifflin (ver Tab. 4.1) para prever o metabolismo basal em 24 h de John, pois ele tem sobrepeso. Os resultados apresentam 1.984 kcal por dia. Na sequência, você usa a equação de previsão na Tabela 4.2 para calcular o gasto energético da caminhada de John. Na velocidade escolhida por ele (4,8 km/h), ele deveria gastar 5,98 kcal por minuto ou 179 kcal por sessão de exercício. O gasto energético total de John é previsto em 2.127 kcal por dia.

Você e John se reúnem com seu colega, um nutricionista, para elaborar o plano alimentar. Como John não quer uma dieta restritiva, o nutricionista prescreve uma dieta saudável de 1.800 kcal por dia. Isso significa que o déficit energético de John deveria ser de 327 kcal por dia, gerando uma perda de peso prevista em 0,45 kg a cada 11 dias.

Você acompanha o progresso de John e, ao fim de dois meses, John está se sentindo desestimulado porque perdeu apenas 1,4 kg. Sua perda prevista era de 2,5 kg. O seu instinto inicial é que John perdeu, sim, 2,5 kg de gordura, mas ganhou 1,1 kg de massa magra com o exercício. Você repete a avaliação de composição corporal e verifica que ele ainda tem 31,0% de gordura corporal. Em seguida, especula que John não manteve a dieta. No entanto, John é um contador e muito peculiar com números. Ele não só aderiu à dieta, como também pesou sua comida e calculou o teor de energia de tudo que ingeria. Ele mostra os diários alimentares que provam que ele comeu, em média, 1.800 kcal por dia nos últimos 60 dias. O nutricionista confirma que os registros de John estão corretos. A única conclusão que lhe resta tirar é que as equações de previsão da taxa metabólica não foram precisas para John.

Felizmente, você tem acesso a um acelerômetro. John aceita usar o acelerômetro durante 24 h por dia na semana seguinte. Os resultados do acelerômetro revelam que o gasto energético médio de John em 24 h é de 1.981 kcal. Isso significa que as equações de previsão subestimaram o gasto energético diário dele em 146 kcal por dia (discrepância de 7%). Multiplicado por 60 dias, esse erro equivale ao valor calórico de 0,9 kg de gordura. A discrepância, ou incompatibilidade aparente, foi solucionada. Agora, você pode ajustar o regime de John para atingir sua meta de perda de peso.

Estudo de caso 2. A piora no desempenho de Jill na ginástica

Jill é uma ginasta de competição. Seu treinador faz questão de manter um programa de treinamento rígido. O fim da temporada está se aproximando e o desempenho de Jill piorou ao longo da temporada. Além disso, Jill sofreu pequenas lesões e apresentou dores constantes em toda a temporada. O treinador de Jill a encaminhou para você, o treinador de força e condicionamento da equipe. Seu trabalho é descobrir por que o desempenho de Jill piorou e corrigir esse problema.

Sua entrevista inicial com Jill revela que ela havia interpretado que o programa de treinamento rigoroso de seu treinador significava que ela estava muito gorda e precisava perder peso. A reação de Jill a essa suposta mensagem foi fazer uma dieta ao longo de toda a temporada. Ela está frequentando um psicólogo clínico nesse ano em virtude de problemas emocionais. Ela permite que você converse com o psicólogo dela. O psicólogo garante que Jill não tem nenhum distúrbio alimentar, mas que tem, sim, um longo histórico de dietas. O psicólogo vem trabalhando a questão da imagem corporal com Jill e pergunta se você tem alguma informação objetiva que possa ajudar.

Seu plano é realizar uma análise de dieta, medir a TMB e determinar o percentual de gordura da atleta. O psicólogo clínico encaminha Jill a um nutricionista, ao passo que você realiza os testes de teor de gordura e metabolismo. O teor de gordura corporal de Jill é de 15,2%, baixo para uma atleta. A TMB medida em Jill se revela em 1.600 kcal por dia. Usando a equação de Harris e Benedict (Tab. 4.1), você obtém uma previsão semelhante. Então, supõe que a medida de TMB é uma medida metabólica válida para o tamanho corporal pequeno de Jill.

A análise alimentar de Jill revela que ela está consumindo apenas 1.250 kcal por dia. Portanto, existe um déficit energético de 350 kcal por dia entre a ingestão de Jill e sua TMB em 24 h, e você ainda nem considerou o gasto energético diário do exercício. Também é esclarecedor ver que, ao calcular a taxa metabólica de Jill em relação a sua massa corporal magra, você encontra o valor de 18 kcal.kgMCM^{-1}.dia^{-1}. Considerando que o valor normal gira em torno de 25 kcal.kgMCM^{-1}.dia^{-1}, com uma variação de 20 a 30 kcal.kgMCM^{-1}.dia^{-1}, você conclui que o histórico de dietas de Jill pode ter reduzido a taxa metabólica dela.

Você leva todas essas informações ao psicólogo de Jill e explica que:

- Jill está consumindo algumas centenas de kcal abaixo do necessário para manter sua saúde;
- o histórico de dietas restritivas de Jill pode ter reduzido a taxa metabólica de seus tecidos magros;
- o teor de gordura corporal de Jill é baixo, mas não perigosamente baixo para uma atleta. Mesmo assim, Jill não precisa perder peso.

Em vez de prescrever um plano de dieta rígido para Jill, o psicólogo decide trabalhar em parceria com o nutricionista para ajudar Jill a comer intuitivamente. Isso significa ajudar Jill a aprender a comer com um propósito, prestando atenção aos sinais do corpo de fome e saciedade. As informações metabólicas que você forneceu ao psicólogo de Jill ajudaram tanto o psicólogo como Jill a enxergar os comportamentos problemáticos de maneira mais objetiva. Em seguida, você relata ao treinador de Jill que o problema foi identificado e que Jill está a caminho da recuperação; no entanto, a recuperação não será completada antes do fim da temporada.

RESUMO

- *Metabolismo* é o termo utilizado para descrever a capacidade do corpo de produzir, usar e regular energia.
- O gasto energético global do corpo é a soma do ETA, da TMB e do custo energético da atividade física. A TMB contribui em 60 a 75% do gasto energético em 24 h. Ela reflete, quase exclusivamente, a massa corporal magra (Cunningham, 1982). Restrições severas na ingestão de energia reduzem a TMB de forma significativa e podem até reduzir a razão TMB:MCM. Aumentos na massa corporal magra aumentam um pouco a TMB, mas a maioria das pessoas não ganha massa corporal magra suficiente por meio do treinamento com exercícios para afetar a TMB ou o equilíbrio energético global do corpo de maneira notável.
- O custo energético da atividade física, ou gasto energético do exercício, é o único componente do gasto energético em 24 h que pode ser controlado voluntariamente.
- O gasto energético, ou taxa metabólica, pode ser medido por calorimetria direta e calorimetria respiratória indireta; ou estimado usando-se monitores de atividade, equações de previsão e questionários. A partir do momento em que se conhece a taxa metabólica do cliente, o profissional de condicionamento pode usar as informações para prescrever as intervenções na dieta, no exercício ou em ambos ou, ainda, monitorar o equilíbrio energético do cliente.
- O conhecimento sobre o gasto energético do exercício pode ser usado para prescrever a intensidade e a duração apropriadas do exercício para que se atinjam os objetivos preventivos, terapêuticos ou de desempenho do cliente.

5

Potência aeróbia

Jonathan H. Anning, Ph.D., CSCS*D

A potência aeróbia refere-se à capacidade dos músculos de usar o oxigênio recebido do coração e dos pulmões para gerar energia. Quanto mais eficiente for esse processo, maior será a potência aeróbia. Portanto, melhoras na potência aeróbia costumam ser monitoradas determinando-se o $\dot{V}O_{2máx}$, ou seja, o volume máximo de oxigênio que uma pessoa consome e utiliza com os músculos ativos durante o exercício.

O desenvolvimento da potência aeróbia é uma prioridade de treinamento mais baixa para atletas que participam sobretudo de atividades anaeróbias (i. e., para as quais o oxigênio não é necessário à produção de energia) em comparação com atletas que participam de atividades aeróbias, como provas de longa distância. Obviamente, caminhadas, corridas, ciclismo, natação e até mesmo esqui cross-country de longa distância são atividades altamente aeróbias, que, portanto, exigem que o oxigênio produza energia. Todavia o potencial esportivo de longa distância não está totalmente relacionado com a potência aeróbia máxima, pois as melhoras no limiar anaeróbio resultam em diferenças competitivas entre os atletas (ver Cap. 6) (Bosquet, Léger e Legros, 2002).

Considere o fato de que pessoas sedentárias podem melhorar sua potência aeróbia treinando perto do limiar anaeróbio, ao passo que atletas treinados devem se exercitar acima desse limiar (Londeree, 1997). Entretanto, por um lado, há indícios de que os testes projetados especificamente para medir a potência aeróbia máxima em competições de caminhada, corrida, ciclismo ou natação sejam mais adequados para comparar capacidades de resistência com resultados de desempenho. Por outro lado, os testes de potência aeróbia não são convenientes para esportes realizados em altas intensidades, pois essas atividades são predominantemente anaeróbias.

Como as atividades anaeróbias são associadas à maior fadiga, o valor de potência aeróbia é limitado para facilitar a recuperação de energia durante os esforços dessas atividades. Embora não haja uma fórmula definida para determinar as necessidades de potência aeróbia em um esporte, as demandas repetitivas de alta intensidade, combinadas com a duração de um jogo, reforçam a necessidade de recuperação do sistema anaeróbio. Esportes que podem exigir que a potência aeróbia facilite a recuperação contínua incluem hóquei de campo, hóquei no gelo, lacrosse, artes marciais mistas, esqui downhill, futebol, luta e, em menor grau, basquetebol e futebol americano (Baechle e Earle, 2008). Nesses esportes, os atletas devem passar instantaneamente de atividades de alta intensidade para atividades de baixa intensidade, e vice-versa, no decorrer de uma partida.

O desafio adicional dos atletas em esportes anaeróbios é recuperar-se da dependência do sistema glicolítico anaeróbio, que quebra o carboidrato para produzir energia ao mesmo tempo em que reduz os níveis de pH no corpo. A redução do pH é chamada de acidose metabólica, o que interfere na capacidade do atleta de manter seu desempenho em alto nível. Para que o atleta supere a fadiga devida à acidose metabólica, o processo de recuperação deve incluir a remoção de subprodutos proibitivos e sua substituição por reservas de energia. Portanto, atletas praticantes de treinamento intervalado, ou seja, a manipulação da razão entre exercício e repouso para maximizar essas vias metabólicas, estão melhorando seus sistemas aeróbio e anaeróbio simultaneamente.

Outro aspecto de atividades anaeróbias vivenciado no esporte é o aspecto do condicionamento, ou progressão, basilar. Embora a demanda aeróbia de esportes como beisebol, atletismo, golfe e levantamento de peso seja mínima (Baechle e

Earle, 2008), a progressão adequada de adaptações musculares começa com o estabelecimento de uma forte base de condicionamento que inclua componentes de saúde cardiorrespiratória e musculoesquelética fora da temporada. Por consequência, a potência aeróbia só precisa ser medida no começo e no fim do período fora da temporada para confirmar o comprometimento e a base de condicionamento antes do condicionamento pré-temporada.

A vantagem de selecionar testes de potência aeróbia para esportes predominantemente anaeróbios é que eles oferecem mais opções, ao passo que atletas que competem em provas de longa distância ficam limitados pelo princípio da especificidade. A escolha de testes e de protocolos de potência aeróbia para atletas de resistência deve começar com o conhecimento das preferências de treinamento do atleta. O passo seguinte é garantir que a administração do teste atenda a critérios máximos e submáximos de avaliação. O critério principal para garantir a precisão dos resultados de um teste de potência aeróbia é que a pessoa atinja a fadiga volitiva dentro de 8 a 12 min. Os testes de potência aeróbia submáxima, por outro lado, devem se basear nas recomendações da pesquisa de literatura para intensidades de protocolos que atinjam um estado estável de frequência cardíaca (American College of Sports Medicine, 2010). O estado estável de frequência cardíaca é o nível em que ela e a taxa de consumo de oxigênio costumam se manter relativamente estáveis a determinada carga de trabalho. Um examinador pode verificar o estado estável medindo a frequência cardíaca durante os 2 min finais de um estágio de protocolo para determinar se as duas medidas têm menos de 6 bpm de diferença.

As Tabelas 5.1 e 5.2 resumem os testes de exercício máximos e submáximos, respectivamente, descritos neste capítulo. Para facilitar a escolha de um teste cardiorrespiratório apropriado, estão inclusos na tabela correlações específicas a populações e erros-padrão relatados na literatura consultada. Mayhew e Gifford (1975) propuseram que os coeficientes de correlação entre os valores de $\dot{V}O_{2máx}$ previstos devam ser de no mínimo 0,60, mas deve-se notar que correlações acima de 0,80 são muito mais preferíveis (Baumgartner e Jackson, 1991). Além disso, um valor de ±4,5 $mL \cdot kg^{-1} \cdot km^{-1}$ como erro-padrão de estimativa é considerado uma variação aceitável para a previsão da potência aeróbia (Dolgener et al., 1994; Greenhalgh, George e Hager, 2001). Depois de identificar o teste cardiorrespiratório que pareça tratar das metas do atleta com mais precisão, o profissional de condicionamento deve consultar a página do livro identificada na tabela para obter mais detalhes sobre os protocolos específicos.

VARIÁVEIS DE EQUAÇÃO DE REGRESSÃO

As Tabelas 5.1 e 5.2 consistem em equações de regressão que exigem que as variáveis de dados na Tabela 5.3 realizem os cálculos. Por um lado, alguns dados exigem pouca habilidade para serem coletados, como idade, altura, peso, tempo passado (medido com um cronômetro), distância percorrida em uma pista, velocidade e inclinação da esteira, e carga de trabalho do ergômetro (p. ex., revoluções por minuto com resistência). Por outro lado, coletar outras formas de dados exige proficiência técnica. Por exemplo, o uso da equação de regressão para determinação da quilometragem de corrida máxima para jovens saudáveis (Buono et al., 1991) exige uma soma de pregas cutâneas além do tempo passado. Outra proficiência técnica é determinar a frequência cardíaca, pois ela é essencial para quase todos os protocolos de testes, ainda mais para os protocolos de testes submáximos usados para se avaliarem melhoras na potência aeróbia. O Capítulo 2 descreve as técnicas usadas para medição dos locais de dobra cutânea no tríceps e no subescapular. O Capítulo 3 descreve os métodos de palpação, o monitor de frequência cardíaca e a eletrocardiografia para determinação da frequência cardíaca.

MÉTODOS DE TESTE DE EXERCÍCIO MÁXIMO

Os testes de laboratório de exercício máximo na Tabela 5.1 são ideais para se avaliar a potência aeróbia, pois oferecem a melhor oportunidade para as medições de gás. Os analisadores de oxigênio e de dióxido de carbono permitem a coleta de gases ao mesmo tempo em que facilitam a prescrição de metas de desempenho e monitoram o processo. Embora os analisadores de gás tenham um alto grau de sofisticação na medição do condicionamento cardiorrespiratório, a habilidade técnica necessária para administrá-los e para interpretar os dados ultrapassa o escopo deste capítulo. Portanto, serão tratados apenas os métodos de frequência cardíaca para a realização de testes de exercício partindo-se do pressuposto de que o profissional de condicionamento tenha tempo para realizar o teste e o atleta esteja disposto a fazer um esforço máximo.

Capítulo 5 ■ Potência aeróbia

Tabela 5.1 Testes de exercício máximo usados para prever a potência aeróbia máxima ($\dot{V}O_{2máx}$).

Modo: esteira

Protocolo de teste	População (idade)	Equações de regressão ($\dot{V}O_{2máx}$ = mL.kg^{-1}.min^{-1}; valor r; EP)	Página do livro	Fonte
Bruce	Adultos saudáveis (18–29)	Homens: 3,88 + 3,36 (tempo em minutos) Mulheres: 1,06 + 3,36 (tempo em minutos) r = 0,91; EP = 3,72	124	Spackman et al., 2001
	Mulheres saudáveis (20–42)	4,38 (tempo em minutos) – 3,9; r = 0,91; EP = 2,7	124	Pollock et al., 1982
	Adultos saudáveis (29–73)	Homens: 3,88 + 3,36 (tempo em minutos) Mulheres: 1,06 + 3,36 (tempo em minutos) r = 0,92; EP = 3,22	124	Bruce, Kusumi e Hosmer, 1973
	Homens saudáveis (35–55)	4,326 (tempo em minutos) – 4,66	124	Pollock et al., 1976
	Homens saudáveis (48,1 ± 16,3)	14,76 – 1,38 (tempo) + 0,451 (tempo^2) – 0,012 (tempo^3); r = 0,977; EP = 3,35 Nota: o tempo é expresso em minutos.	124	Foster et al., 1984
	Homens saudáveis sedentários e ativos (48,6 ± 11,1)	Sedentários: 3,288 (tempo em minutos) + 4,07 Ativos: 3,778 (tempo em minutos) + 0,19 r = 0,906; EP = 1,9	124	Bruce, Kusumi e Hosmer, 1973
Balke	Mulheres saudáveis (20–42)	1,38 (tempo em minutos) + 5,2; r = 0,94; EP = 2,2	124	Pollock et al., 1982
	Homens saudáveis (35–55)	1,444 (tempo em minutos) + 14,99	124	Pollock et al., 1976

Modo: ergômetro

Protocolo de teste	População (idade)	Equações de regressão ($\dot{V}O_{2máx}$ = L.min^{-1} exceto 5 K de bicicleta; valor r; EP)	Página do livro	Fonte
Storer-Davis	Adultos sedentários (20–70)	9,39 (carga em watts) + 7,7 (peso em kg) – 5,88 (idade em anos) + 136,7 r = 0,932; EP = 1,47 L.min^{-1} Nota: watts = resistência em kp × 300 / 6,12.	126	Storer, Davis e Caiozzo, 1990
Andersen	Adultos saudáveis (15–28)	0,0117 (carga em watts) + 0,16 r = 0,88; EP = 10% Nota: watts = resistência em kp × 300 / 6,12.	126	Andersen, 1995
5 K de bicicleta	Adultos saudáveis (27 ± 5)	316 – 97,8 (log de tempo de bicicleta em segundos) r = –0,83; EP = 14%	127	Buono et al., 1996

(continua)

Tabela 5.1 Testes de exercício máximo usados para prever a potência aeróbia máxima ($\dot{V}O_{2máx}$) (continuação).

Modo: testes cronometrados em campo

Protocolo de teste	População (idade)	Equações de regressão ($\dot{V}O_{2máx}$ = mL.kg^{-1}.min^{-1}; valor r; EP)	Página do livro	Fonte
Corrida de 5 min	Jovens saudáveis (12–15)	12 anos: 0,024 (distância em metros) + 22,473; r = 0,672 13 anos: 0,034 (distância em metros) + 15,257; r = 0,751 14 anos: 0,022 (distância em metros) + 26,165; r = 0,534 15 anos: 0,035 (distância em metros) + 16,197; r = 0,685	127–129	MacNaughton et al., 1990
	Homens sedentários e ativos (18–46)	3,23 (velocidade de corrida em km.h^{-1}) + 0,123 r = 0,90; EP = 5% *Nota:* velocidade de corrida = 12 (distância em km).	127–129	Berthon et al., 1997b
	Atletas treinados (19–38) e corredores (20–46)	Atletas: 1,43 (velocidade de corrida em km.h^{-1}) + 29,2; r = 0,56; EP = 4,6% Corredores: 1,95 (velocidade de corrida em km.h^{-1}) + 26,6; r = 0,69; EP = 6,6% *Nota:* velocidade de corrida = 12 (distância em km).	127–129	Berthon et al., 1997a
Corrida de Cooper de 12 min	Homens militares (17–52)	35,97 (distância em milhas) – 11,28; ¼ de volta ao ar livre = 0,0625 milha 35,97 (distância em metros/1.609) – 11,28; ¼ de volta ao ar livre = 100 metros r = 0,897 *Nota:* maior precisão ≥ 1,4 milha.	127–129	Cooper, 1968
Nado de Cooper de 12 min	Nadadores do ensino médio (13–17)	$\dot{V}O_{2máx}$ de corrida = 10,69 + 0,059 (distância em jardas) r = 0,47; EP = 6,82	127–129	Huse, Patterson e Nichols, 2000
	Homens saudáveis (18–32)	$\dot{V}O_{2máx}$ de nado = 0,028 (distância em metros) + 34,1 r = 0,40; EP = 5,7 $\dot{V}O_{2máx}$ de corrida = 0,023 (distância em metros) + 43,7 r = 0,38; EP = 5,14	127–129	Conley et al., 1991

(continua)

Tabela 5.1 Testes de exercício máximo usados para prever a potência aeróbia máxima ($\dot{V}O_{2máx}$) (continuação).

Protocolo de teste	População (idade)	Equações de regressão ($\dot{V}O_{2máx}$ = mL.kg^{-1}.min^{-1}; valor r; EP)	Página do livro	Fonte
Nado de Cooper de 12 min	Mulheres saudáveis (18–34)	$\dot{V}O_{2máx}$ de nado = 0,026 (distância em metros) + 24 r = 0,42; EP = 4,5 $\dot{V}O_{2máx}$ de corrida = 0,026 (distância em metros) + 29,8 r = 0,34; EP = 6,0	127–129	Conley et al., 1992
Corrida de 15 min	Jovens saudáveis (12–15)	12 anos: 0,01 (distância em metros) + 19,331; r = 0,881 13 anos: 0,012 (distância em metros) + 18,809; r = 0,851 14 anos: 0,013 (distância em metros) + 18,756; r = 0,671 15 anos: 0,015 (distância em metros) + 16,429; r = 0,881	127–129	MacNaughton et al., 1990
Corrida de 20 min	Estudantes do ensino médio (14–17)	Homens: 22,85 + 8,44 (distância em milhas) + 3,98 Mulheres: 22,85 + 8,44 (distância em milhas) r = 0,80; EP = 4,36	127–129	Murray et al., 1993

Modo: testes de distância em campo

Protocolo de teste	População (idade)	Equações de regressão ($\dot{V}O_{2máx}$ = mL.kg^{-1}.min^{-1}, a menos que a nota diga o contrário; valor r; EP)	Página do livro	Fonte
Corrida de 1 milha (1.600 m)	Crianças com treinamento de força (8–17)	Combinados: 96,81 – 8,62 (tempo) + 0,34 (tempo^2) Homens: 98,49 – 9,06 (tempo) + 0,38 (tempo^2) Mulheres: 82,2 – 6,04 (tempo) + 0,22 (tempo^2) r = 0,70; EP = 3 *Nota*: tempo em minutos.	129-130	Castro-Pinero et al., 2009
	Homens e mulheres saudáveis (8–25)	Combinados: 96,81 – 8,62 (tempo) + 0,34 (tempo^2) Homens: 98,49 – 9,06 (tempo) + 0,38 (tempo^2) Mulheres: 82,2 – 6,04 (tempo) + 0,22 (tempo^2) r = 0,72; EP = 4,8 *Nota*: tempo em minutos.	129-130	Cureton et al., 1995

(continua)

Tabela 5.1 Testes de exercício máximo usados para prever a potência aeróbia máxima ($\dot{V}O_{2máx}$) (continuação).

Protocolo de teste	População (idade)	Equações de regressão ($\dot{V}O_{2máx}$ = mL.kg^{-1}.min^{-1}, a menos que a nota diga o contrário; valor *r*; EP)	Página do livro	Fonte
Corrida de 1 milha (1.600 m)	Jovens saudáveis (10–12)	22,5903 + 12,2944 (velocidade em m.seg^{-1}) – 0,1755 (peso em kg) *r* = 0,804; EP = 5,54	129-130	Massicotte, Gauthier e Markon, 1985
	Jovens saudáveis (10–18)	Homens: 86,1 – 0,04 (tempo) – 0,08 (soma de pregas cutâneas) – 4,7 –0,15 (peso em kg) Mulheres: 86,1 – 0,04 (tempo) – 0,08 (soma de pregas cutâneas) – 9,4 – 0,15 (peso em kg) *r* = 0,84; EP = 9% *Nota*: tempo em minutos; consultar os procedimentos de dobra cutânea no Capítulo 2.	129-130	Buono et al., 1991
	Estudantes universitários (18–30)	Homens: 108,94 – 8,41 (tempo) + 0,34 (tempo)^2 + 0,21 (idade) – 0,84 (IMC) Mulheres: 108,94 – 8,41 (tempo) + 0,34 (tempo)^2 – 0,84 (IMC) *r* = 0,7–0,84; EP = 4,8–5,28 *Nota*: tempo em minutos; consultar os procedimentos de cálculo do IMC no Capítulo 2.	129-130	Plowman e Liu, 1999
	Corredores homens treinados (27,5 ± 10,3)	2,5043 × 0,84 (velocidade de corrida em km.h^{-1}) *r* = 0,95; EP = 2,3% *Nota*: velocidade de corrida = 96,558 / tempo em minutos.	129-130	Tokmakidis et al., 1987
Corrida de 1,5 milha (2.400 m)	Jovens saudáveis (13–17)	22,5903 + 12,2944 (velocidade em m.seg^{-1}) – 0,1755 (peso em kg) *r* = 0,804; EP = 5,54	129-130	Massicotte, Gauthier e Markon, 1985
	Estudantes universitários (18–26)	Homens: 65,404 + 7,707 – 0,159 (peso em kg) – 0,843 (tempo em minutos) Mulheres: 65,404 – 0,159 (peso em kg) – 0,843 (tempo em minutos) *r* = 0,86; EP = 3,37	129-130	Larsen et al., 2002
	Adultos saudáveis (18–29)	Homens: 88,02 + 3,716 – 0,1656 (peso em kg) – 2,767 (tempo em minutos) Mulheres: 88,02 – 0,1656 (peso em kg) – 2,767 (tempo em minutos) *r* = 0,90; EP = 2,8	129-130	George et al., 1993a

(continua)

Tabela 5.1 Testes de exercício máximo usados para prever a potência aeróbia máxima ($\dot{V}O_{2máx}$) (continuação).

Corrida de 2 milhas (3.200 m)	Mulheres saudáveis (20–37)	72,9 – 1,77 (tempo em minutos); r = 0,89	129-130	Mello, Murphy e Vogel, 1988
	Homens saudáveis (20–51)	99,7 – 3,35 (tempo em minutos); r = 0,91; EP = 3,31	129-130	Mello, Murphy e Vogel, 1988
	Corredoras mulheres (31,1 ± 5,7)	90,7 – 3,24 (tempo em minutos) + 0,04 (tempo em minutos^2) r = 0,94–0,96 ; EP = 2,78–3,58	109	Weltman et al., 1990
	Corredores homens (31,1 ± 8,3)	118,4–4,770 (tempo em minutos) r = 0,73; EP = 4,51	129-130	Weltman et al., 1987
Competição de 3 milhas (5 km)	Corredores homens treinados (27,5 ± 10,3)	3,1747 × 0,9139 (velocidade de corrida em km.h^{-1}) r = 0,98; EP = 2,3% Nota: velocidade de corrida = 300 / tempo em minutos.	129-130	Tokmakidis et al., 1987
Competição de 6 milhas (10 km)	Corredores homens treinados (27,5 ± 10,3)	4,7226 × 0,8698 (velocidade de corrida em km.h^{-1}) r = 0,88; EP = 4,8% Nota: velocidade de corrida = 600 / tempo em minutos.	129-130	Tokmakidis et al., 1987
Competição de maratona (42 km)	Corredores homens treinados (27,5 ± 10,3)	6,9021 × 0,8246 (velocidade de corrida em km.h^{-1}) r = 0,85; EP = 5,6% Nota: velocidade de corrida = 2531,7 / tempo em minutos.	129-130	Tokmakidis et al., 1987

Nota: 1 kp é equivalente a 1 kg de força.

Tabela 5.2 Testes de exercício submáximo usados para prever a potência aeróbia ($\dot{V}O_{2máx}$).

Modo: esteira

Protocolo de teste	População (idade)	Equações de regressão ($\dot{V}O_{2máx}$ = mL.kg^{-1}.min^{-1}; valor r; EP)	Página do livro	Fonte
Caminhada	Adultos saudáveis (20-59)	Homens: 15,1 + 21,8 (mph) − 0,327 (FC) − 0,263 (mph × idade) + 0,00504 (FC × idade) + 5,98 Mulheres: 15,1 + 21,8 (mph) − 0,327 (FC) − 0,263 (mph × idade) + 0,00504 (FC × idade) r = 0,91; EP = 3,72 *Nota:* velocidade em mph, FC imediatamente após o exercício.	134	Ebbeling et al., 1991
Trote	Adultos saudáveis (18-29)	Homens: 54,07 + 7,062 − 0,193 (peso) + 4,47 (mph) − 0,1453 (FC) Mulheres: 54,07 − 0,193 (peso) + 4,47 (mph) − 0,1453 (FC) r = 0,88; EP = 3,1 *Nota:* peso em kg, velocidade em mph, FC imediatamente após o exercício.	135	George et al., 1993b
	Adultos saudáveis (18-40)	Homens: 58,687 + 7,520 − 4,334 (mph) − 0,211 (peso) − 0,148 (FC) −0,107 (idade) Mulheres: 58,687 +4,334 (mph) − 0,211 (peso) − 0,148 (FC) −0,107 (idade) r = 0,91; EP = 2,52 *Nota:* peso em kg, velocidade em mph, FC imediatamente após o exercício.	135	Vehrs et al., 2007

(continua)

Tabela 5.2 Testes de exercício submáximo usados para prever a potência aeróbia ($\dot{V}O_{2máx}$) (continuação).

Protocolo de teste	População (idade)	Equações de regressão ($\dot{V}O_{2máx}$ = mL.kg^{-1}.min^{-1}; valor *r*; EP)	Página do livro	Fonte
Caminhada/ trote/ corrida	Adultos saudáveis (18–65)	Homens: 30,04 + 6,37 – 0,243 (idade) – 0,122 (peso) + 3,2 (mph) + 0,391 (PCF) + 0,669 (AF) Mulheres: 30,04– 0,243 (idade) – 0,122 (peso) + 3,2 (mph) + 0,391 (PCF) +0,669 (AF) *r* = 0,94; EP = 3,09 *Nota:* peso em kg, velocidade em mph, respostas às perguntas da Tabela 5.4 sobre PCF e AF[1].	135	George et al., 2009

Modo: ergômetro

Protocolo de teste	População (idade)	Equações de regressão ($\dot{V}O_{2máx}$ = L.min^{-1}, exceto YMCA; valor *r*; EP)	Página do livro	Fonte
YMCA	Triatletas de ambos os sexos (19–41)	A equação oferece carga máxima (C) sem o processo gráfico tradicional: C2 + [(C2–C1) / (FC2 – FC1)] × (FC$_{máx}$ prevista pela idade – FC2) *Nota:* dois estágios com FC entre 110 e 150 bpm e C correspondente em kg.min^{-1}. [(C máxima em kg.min^{-1} × 1,8) + (peso × 7)] / peso *Nota:* peso corporal em kg, kg.min^{-1} é a resistência da bicicleta em kp × 300. *r* = 0,546; EP = 14% *Nota:* o erro da população geral gira em torno de 10 a 15% em razão da FC$_{máx}$ prevista pela idade.	139	Golding, Myers e Sinning, 1989; Dabney e Butler, 2006

(continua)

Tabela 5.2 Testes de exercício submáximo usados para prever a potência aeróbia ($\dot{V}O_{2máx}$) (continuação).

Protocolo de teste	População (idade)	Equações de regressão ($\dot{V}O_{2máx}$ = mL.kg^{-1}.min^{-1}; valor r; EP)	Página do livro	Fonte
Åstrand	Adultos treinados (20–30) e homens saudáveis (18–33)	Determinar a potência aeróbia usando-se nomograma e fator de correção de idade da Figura 5.1. r = 0,83–0,90; EP = 5,6–5,7 *Nota*: kg.min^{-1} é a resistência da bicicleta em kp × 300, FC imediatamente após o exercício.	140	Åstrand e Rhyming, 1954; Cink e Thomas, 1981
Åstrand modificado	Adultos treinados (20–70)	Determinar a potência aeróbia usando-se nomograma da Figura 5.1; em seguida, usar equação: Homens: 0,348 (nomograma L.min^{-1}) – 0,035 (idade) + 3,011 r = 0,86; EP = 0,359 L.min^{-1} Mulheres: 0,302 (nomograma L.min^{-1}) – 0,019 (idade) + 1,593 r = 0,97; EP = 0,199 L.min^{-1} *Nota*: kg.min^{-1} é a resistência da bicicleta em kp × 300, FC imediatamente após o exercício.	140	Siconolfi et al., 1982

(continua)

Tabela 5.2 Testes de exercício submáximo usados para prever a potência aeróbia ($\dot{V}O_{2máx}$) (continuação).

Modo: testes de distância em campo

Protocolo de teste	População (idade)	Equações de regressão ($\dot{V}O_{2máx}$ = mL.kg^{-1}.min^{-1} a menos que a nota diga o contrário; valor r; EP)	Página do livro	Fonte
Caminhada de quarto de milha (400 m)	Estudantes universitários (18–29)	Homens: 88,768 + 8,892 – 0,0957 (peso) – 1,4537 (tempo) – 0,1194 (FC) Mulheres: 88,768 – 0,0957 (peso) – 1,4537 (tempo) – 0,1194 (FC) r = 0,84; EP = 4,03 Nota: peso em libras, 4 × tempo em minutos, FC imediatamente após o exercício.	140-141	Greenhalgh, George e Hager, 2001
	Estudantes universitários (18–29)	Homens: 132,853 + 6,315 – 0,3877 (idade) – 0,1692 (peso) – 3,2649 (tempo) – 0,1565 (FC) Mulheres: 132,853– 0,3877 (idade) – 0,1692 (peso) – 3,2649 (tempo) – 0,1565 (FC) r = 0,81; EP = 4,33 Nota: peso em libras, 4 × tempo em minutos, FC imediatamente após o exercício.	140-141	Greenhalgh, George e Hager, 2001
Caminhada de meia milha (800 m)	Mulheres obesas	53,23 – 1,98 (tempo em minutos) – 0,32 (IMC) – 0,08 (idade); r = 0,76; EP = 2,89 Nota: consultar os procedimentos para cálculo do IMC no Capítulo 2 (maior precisão ≤ 28 kg.m^2).	140-141	Donnelly et al., 1992

(continua)

Tabela 5.2 Testes de exercício submáximo usados para prever a potência aeróbia ($\dot{V}O_{2máx}$) (continuação).

Protocolo de teste	População (idade)	Equações de regressão ($\dot{V}O_{2máx}$ = mL.kg^{-1}.min^{-1} a menos que a nota diga o contrário; valor r; EP)	Página do livro	Fonte
Caminhada de uma milha (1.600 m)	Estudantes do ensino médio (14–18)	Homens: 88,768 + 8,892 – 0,0957 (peso) – 1,4537 (tempo) – 0,1194 (FC) Mulheres: 88,768 – 0,0957 (peso) – 1,4537 (tempo) – 0,1194 (FC) r = 0,84; EP = 4,5 *Nota*: peso em libras, tempo em minutos, FC imediatamente após o exercício.	140-141	McSwegin et al., 1998
	Estudantes universitários (18–29)	Homens: 88,768 + 8,892 – 0,0957 (peso) – 1,4537 (tempo) – 0,1194 (FC) Mulheres: 88,768 – 0,0957 (peso) – 1,4537 (tempo) – 0,1194 (FC) r = 0,85; EP = 7,93 *Nota*: peso em libras, tempo em minutos, FC imediatamente após o exercício.	140-141	Dolgener et al., 1994
	Estudantes universitários (18–29)	Homens: 88,768 + 8,892 – 0,0957 (peso) – 1,4537 (tempo) – 0,1194 (FC) Mulheres: 88,768 – 0,0957 (peso) – 1,4537 (tempo) – 0,1194 (FC) r = 0,85; EP = 3,93 *Nota*: peso em libras, tempo em minutos, FC imediatamente após o exercício.	140-141	Greenhalgh, George e Hager, 2001

(continua)

Tabela 5.2 Testes de exercício submáximo usados para prever a potência aeróbia ($\dot{V}O_{2máx}$) (continuação).

Protocolo de teste	População (idade)	Equações de regressão ($\dot{V}O_{2máx}$ = mL.kg^{-1}.min^{-1} a menos que a nota diga o contrário; valor *r*; EP)	Página do livro	Fonte
Caminhada de Rockport de uma milha	Estudantes do ensino médio (14-18)	Homens: 132,853 + 6,315 − 0,3877 (idade) − 0,1692 (peso) − 3,2649 (tempo) − 0,1565 (FC) Mulheres: 132,853 − 0,3877 (idade) − 0,1692 (peso) − 3,2649 (tempo) − 0,1565 (FC) *r* = 0,80; EP = 4,99 *Nota*: peso em libras, tempo em minutos, FC imediatamente após o exercício.	140-141	McSwegin et al., 1998
	Estudantes universitários (18-19)	Homens: 132,853 + 6,315 − 0,3877 (idade) − 0,1692 (peso) − 3,2649 (tempo) − 0,1565 (FC) Mulheres: 132,853 − 0,3877 (idade) − 0,1692 (peso) − 3,2649 (tempo) − 0,1565 (FC) *r* = 0,84; EP = 4,03 *Nota*: peso em libras, tempo em minutos, FC imediatamente após o exercício.	140-141	Greenhalgh, George e Hager, 2001
	Adultos saudáveis (30-69)	Homens: 132,853 + 6,315 − 0,3877 (idade) − 0,1692 (peso) − 3,2649 (tempo) − 0,1565 (FC) Mulheres: 132,853 − 0,3877 (idade) − 0,1692 (peso) − 3,2649 (tempo) − 0,1565 (FC) *r* = 0,88; EP = 5 *Nota*: peso em libras, tempo em minutos, FC imediatamente após o exercício.	140-141	Kline et al., 1987

(continua)

Tabela 5.2 Testes de exercício submáximo usados para prever a potência aeróbia ($\dot{V}O_{2máx}$) (continuação).

Protocolo de teste	População (idade)	Equações de regressão ($\dot{V}O_{2máx}$ = mL.kg^{-1}.min^{-1} a menos que a nota diga o contrário; valor *r*; EP)	Página do livro	Fonte
Caminhada de 1,25 milha (2 km)	Adultos inativos e obesos saudáveis (25–65)	Homens: 189,6 − 5,32 (tempo) − 0,22 (FC) − 0,32 (idade) − 0,24 (peso) *r* = 0,81; EP = 6,2 *Nota*: tempo em minutos, FC imediatamente após o exercício, peso em kg.	140-141	Oja et al., 1991
		Mulheres: 121,4 − 2,81 (tempo) − 0,12 (FC) − 0,16 (idade) − 0,24 (peso) *r* = 0,87; EP = 4,5 *Nota*: tempo em minutos, FC imediatamente após o exercício, peso em kg.	140-141	Oja et al., 1991
Trote de 1 milha (1.600 m)	Adultos saudáveis (18–29)	Homens: 100,5 + 8,344 − 0,1636 (peso) − 1,438 (tempo) − 0,1928 (FC) Mulheres: 100,5− 0,1636 (peso) − 1,438 (tempo) − 0,1928 (FC) *r* = 0,87; EP = 3,1 *Nota*: peso em kg, tempo em minutos, FC imediatamente após o exercício.	140-141	George et al., 1993a

Nota: PCF: "percepção de capacidade funcional"; AF: "atividade física".

Tabela 5.3 Variáveis de coleta de dados de equações de regressão.

Variáveis de dados coletados	Unidades	Conversões
Idade	Ano	
Altura	pol., cm, m	pol. × 2,54 = cm / 100 = m
Peso	lb, kg	lbs / 2,2 = kg
Tempo	seg, min	seg /60 = min
Distância	jarda, m, km, milha	jarda × 0,9144 = m / 1.000 = km km × 0,62137119224 = milha
Velocidade	mph, m.seg^{-1}, km.h^{-1}	mph × 0,44704 = m.seg^{-1} × 3,6 = km.h^{-1}
Carga	kg.min^{-1}, watts	kg.min^{-1} / 6 = watts
Levantamento	Respostas aos questionários de PCF e AT (Tab. 5.4)	
Dimensões corporais	Soma de pregas corporais, IMC	
Frequência cardíaca	bpm	
Potência aeróbia	mL.km^{-1}, L.km^{-1}, mL.kg^{-1}.km^{-1}, MET	mL.km^{-1} 1.000 = L.km^{-1} L.km^{-1} × 1.000 / peso em kg = mL.kg^{-1}.km^{-1} mL.kg^{-1}.km^{-1} / 3,5 = MET

Confirmar um esforço máximo é essencial para melhorar as estimativas de potência aeróbia. Sem analisadores sofisticados para identificar os níveis de gás e de lactato ao fim de um teste de exercício máximo, espera-se que as medições de frequência cardíaca estejam acima de 70% da frequência cardíaca de reserva ou acima de 85% da frequência cardíaca máxima prevista pela idade (220 – idade) (American College of Sports Medicine, 2010). Embora esses critérios de frequência cardíaca proporcionem objetividade de maneira relativamente simples, erros grandes de 10 a 12 bpm em todas as faixas etárias são motivo de preocupação quando se usa o valor previsto pela idade como razão para término do teste ou como base de esforço máximo (American College of Sports Medicine, 2000).

Surgem preocupações relativas à frequência cardíaca máxima prevista pela idade por causa de valores superestimados em jovens adultos e subestimados em idosos (Gellish et al., 2007). Para diminuição da preocupação com a estimativa da frequência cardíaca máxima, recomenda-se a equação $FC_{máx} = 207 - (0,7 \times idade)$ para todas as pessoas entre 30 e 75 anos, a fim de se reduzirem os erros de estimação em 5 a 8 bpm (American College of Sports Medicine, 2010; Gellish et al., 2007). Além disso, os examinadores devem tentar verificar os cálculos da frequência cardíaca máxima prevista pela idade observando sinais de fadiga e deficiências na técnica de desempenho quando os atletas pedem para parar um teste de esforço máximo (Pettersen, Fredrikson e Ingjer, 2001). Os testes de frequência cardíaca são discutidos com mais detalhes no Capítulo 3.

Ao interpretar os resultados de um teste de esforço máximo, deve-se tratar de pressupostos clínicos. Sem um equipamento calibrado, os examinadores precisam depender da relação já mencionada entre consumo de oxigênio e frequência cardíaca, o que significa que eles partem do pressuposto de que a frequência cardíaca aumenta de maneira linear com a carga até o esforço máximo. Com base nesse pressuposto, a precisão da equação de previsão será limitada a populações específicas, desde que as correlações sejam fortes e com erros-padrão mínimos. Entretanto, as melhores alternativas de uso de medições de gás (i. e., oxigênio e dióxido de carbono) para medir a potência aeróbia são os métodos de teste de exercício máximo identificados na Tabela 5.1 (Balke e Ware, 1959; Bruce, Kusumi e Hosmer, 1973; George, 1996; Spackman et al., 2001; Storer, Davs e Caiozzo, 1990).

Testes laboratoriais máximos em esteira

A esteira e a bicicleta ergométrica são as formas mais populares de teste de exercício nos Estados Unidos e na Europa (Maeder et al., 2005). Há indícios de que a esteira gera valores de consumo máximo de oxigênio mais elevados do que a bicicleta ergométrica (Hambrecht et al., 1992; Maeder et al., 2005; Myers et al., 1991; Wicks et al., 1978). Também se observaram frequências cardíacas máximas mais elevadas na esteira do que na bicicleta ergométrica (Buchfuhrer et al., 1983; Hambrecht et al., 1992; Wicks et al., 1978), mas outros estudos constataram que as duas formas geram frequências cardíacas comparáveis (Maeder et al., 2005; Myers et al., 1991). Seja como for, espera-se que a esteira gere uma potência aeróbia mais elevada do que outras formas de exercício, qualquer que seja o protocolo.

Os protocolos em esteira de Bruce e Balke–Ware são usados com mais frequência em ambientes clínicos e laboratoriais em razão de seus altos níveis de precisão preditiva e de suas baixas taxas de estimação de erros (American College of Sports Medicine, 2010; consultar comparações na Tab. 5.1). Além disso, foi determinado que o tempo de exercício até a exaustão durante os protocolos de Bruce e Balke é uma indicação simples das funções cardiorrespiratórias e das capacidades de condicionamento físico (Balke e Ware, 1959; Bruce, Kusumi e Hosmer, 1973). Bruce, Kusumi e Hosmer (1973) chegaram a diferenciar entre estilos de vida sedentários e fisicamente ativos com base na participação regular em trotes, competições de corrida ou atividades com níveis de esforço equivalentes.

Atualmente, a prática comum ao se testarem pessoas jovens e fisicamente ativas é usar grandes aumentos na velocidade e na inclinação (i. e., 2 a 3 METs), como durante o protocolo de Bruce. No caso de pessoas mais velhas, com doenças crônicas ou não condicionadas, utilizam-se aumentos menores (≤1 MET por estágio), como durante o protocolo de Balke (American College of Sports Medicine, 2010). Embora os aumentos na carga sejam menores no protocolo de Balke, para algumas pessoas (p. ex., doentes crônicos), a velocidade pode ainda ser demasiado alta (i. e., 5,0 km.h^{-1} em inclinação de 0%) e exigir demais (i. e., 20 mL.kg^{-1}.min^{-1}) nos primeiros 5 min de teste.

Existem versões modificadas do protocolo de Bruce. Por exemplo, foram acrescentados 1 ou 2 estágios preliminares (i. e., 2,7 km.h^{-1} em inclinações de 0% e 5%) ao se trabalhar com pessoas muito não condicionadas ou pacientes cardíacos. Por outro lado, o estágio inicial pode ser eliminado ao se testarem atletas bem condicionados. Essas modificações, porém, são convenientes apenas quando se utilizam analisadores a gás, pois as equações de regressão desenvolvidas baseiam-se no tempo até a conclusão.

ORIENTAÇÕES GERAIS PARA TESTES LABORATORIAIS MÁXIMOS EM ESTEIRA

Depois de escolher a equação mais adequada e precisa específica à população (ver Tab. 5.1), os examinadores podem considerar os seguintes passos para coletar os dados:

1. Verificar idade, medições de altura, de peso e de frequência cardíaca em repouso.
2. Verificar a frequência cardíaca de exercício. A frequência cardíaca é medida minuto a minuto.
3. Verificar a frequência cardíaca de recuperação durante 3 a 5 min ou mais, se necessário, para garantir a recuperação segura da pessoa.
4. Estimar o $\dot{V}O_{2máx}$ usando-se a equação específica à população conveniente, identificada na Tabela 5.1.
5. Converter o $\dot{V}O_{2máx}$ absoluto (mL.min^{-1}) em relativo (mL.kg^{-1}.min^{-1}) dividindo-se mL.min^{-1} pelo peso corporal da pessoa em quilogramas.
6. Determinar a potência aeróbia da pessoa classificando-se o $\dot{V}O_{2máx}$ estimado com base na Tabela 5.7 (p. 141).

Nota: ao longo de todo o teste, a pessoa deve ser monitorada e questionada em busca de sinais (p. ex., respiração difícil, cor de pele azulada ou pálida) e de sintomas (p. ex., cãibras nos membros inferiores, tonturas, dor no peito) que indiquem a necessidade de finalizar o teste. Além disso, o examinador não deve se esquecer de verificar a frequência cardíaca ao fim do teste com o motivo do término.

PROTOCOLO DE BRUCE

O examinador verifica a frequência cardíaca a cada minuto do teste, mas utiliza o número total de minutos para o cálculo.

1. Minutos 0 a 3: a pessoa caminha a 2,7 km.h^{-1} em uma inclinação de 10%.
2. Minutos 3 a 6: a pessoa caminha a 4 km.h^{-1} em uma inclinação de 12%.
3. Minutos 6 a 9: a pessoa corre a 5,5 km.h^{-1} em uma inclinação de 14%.
4. Minutos 9 a 12: a pessoa corre a 6,8 km.h^{-1} em uma inclinação de 16%.
5. Minutos 12 a 15: a pessoa corre a 8 km.h^{-1} em uma inclinação de 18%.
6. Minutos 15 a 18: a pessoa corre a 8,9 km.h^{-1} em uma inclinação de 20%.
7. Minutos 18 a 21: a pessoa corre a 9,7 km.h^{-1} em uma inclinação de 22%.

PROTOCOLO DE BALKE (HOMENS)

O examinador verifica a frequência cardíaca a cada minuto do teste, mas utiliza o número total de minutos para o cálculo.

1. Minuto 0 a 1: a pessoa caminha a 5,3 km.h^{-1} em uma inclinação de 0%.
2. Depois de 1 min: aumento de 1% na inclinação a cada minuto até a fadiga volitiva ou o esforço máximo (exaustão).

PROTOCOLO DE BALKE (MULHERES)

O examinador verifica a frequência cardíaca a cada minuto do teste, mas utiliza o número total de minutos para o cálculo.

1. Minutos 0 a 3: a pessoa caminha a 4,8 km.h^{-1} em uma inclinação de 0%.
2. Depois de 3 min: aumento de 2,5% na inclinação a cada 3 min até a fadiga volitiva ou o esforço máximo (exaustão).

Testes laboratoriais máximos em bicicleta ergométrica

Os testes laboratoriais de exercício em bicicleta ergométrica também são úteis para determinar a resistência cardiorrespiratória. No entanto, a falta de familiaridade da pessoa com ciclismo estacionário, combinada à fadiga prematura durante esforços máximos, resulta em valores de potência aeróbia mais baixos do que os gerados com teste em esteira (5 a 25% menores; American College of Sports Medicine, 2010). Aqueles que treinam em bicicleta podem ter mais vantagens com essa forma de teste de exercício. Além disso, a bicicleta estacionária pode ser mais conveniente quando existem preocupações relativas a equilíbrio e lesões articulares, pois ela oferece um modo de exercício com estabilidade e sem sustentação de peso.

Dois protocolos comuns de bicicleta ergométrica (Storer-Davis e Andersen) diferem em termos de aumento na carga. O American College of Sports Medicine (2010) sugere o uso de pequenos incrementos na carga (i. e., ≤ 0,25 kp) para pessoas não condicionadas e idosas, o que coincide com o protocolo de Storer-Davis. O protocolo de Andersen utiliza aumentos um pouco mais elevados na carga, havendo a probabilidade de a fadiga ocorrer entre 5 e 10 min após o início dos aumentos de 0,5 kp. O interessante é que Jung, Nieman e Kernodle (2001) verificaram que o protocolo de Andersen apresentava maior erro do que o de Storer-Davis. Deve-se observar que essas comparações entre equações basearam-se no teste com o protocolo de Storer-Davis, ao passo que a equação de Andersen foi desenvolvida segundo seu relevante protocolo. Entretanto, tudo indica que ambos os protocolos têm erros muito baixos de previsão de potência aeróbia quando comparados aos protocolos em esteira de Bruce e Balke, o que faz deles alternativas válidas e confiáveis.

ORIENTAÇÕES GERAIS PARA TESTES LABORATORIAIS MÁXIMOS EM BICICLETA ERGOMÉTRICA

Depois de escolher a equação mais adequada e precisa específica à população (ver Tab. 5.1), os examinadores podem considerar os seguintes passos para coletar os dados:

1. Verificar idade, medições de altura, de peso, de frequência cardíaca em repouso e de pressão sanguínea (opcional).
2. Verificar a frequência cardíaca de exercício, a pressão arterial (opcional) e a escala de percepção de esforço (EPE). A frequência cardíaca é medida minuto a minuto, ao passo que a pressão sanguínea e a EPE são medidas durante o último minuto de cada estágio de 3 min.
3. Verificar a frequência cardíaca de recuperação e a pressão sanguínea (opcional) durante 3 a 5 min ou mais, se necessário, para garantir a recuperação segura da pessoa.

4. Estimar o $\dot{V}O_{2máx}$ usando-se a equação específica à população conveniente, identificada na Tabela 5.1.
5. Determinar a potência aeróbia da pessoa classificando o $\dot{V}O_{2máx}$ estimado com base na Tabela 5.7 (p. 141).

Nota: ao longo de todo o teste, a pessoa deve ser monitorada e questionada em busca de sinais (p. ex., respiração difícil, cor de pele azulada ou pálida) e sintomas (p. ex., cãibras nos membros inferiores, tonturas, dor no peito) que indiquem a necessidade de finalizar o teste. Além disso, o examinador não deve se esquecer de verificar a frequência cardíaca ao fim do teste com o motivo do término.

PROTOCOLO DE STORER-DAVIS

O examinador deve verificar a frequência cardíaca a cada minuto do teste, mas utilizar a carga máxima do teste para o cálculo.

1. Minutos 0 a 4: a pessoa pedala a 60 rpm contra 0 kp.
2. Depois de 4 min: a pessoa pedala a 60 rpm e aumenta 0,25 kp (15 watts) a cada minuto até a fadiga volitiva.

PROTOCOLO DE ANDERSEN (HOMENS)

O examinador deve verificar a frequência cardíaca a cada minuto do teste, mas utilizar a carga máxima do teste para o cálculo.

1. Minutos 0 a 7: a pessoa pedala a 70 rpm contra 1,5 kp.
2. Depois de 7 min: a pessoa pedala a 70 rpm e aumenta 0,5 kp (35 watts) a cada minuto até a fadiga volitiva.

PROTOCOLO DE ANDERSEN (MULHERES)

O examinador verifica a frequência cardíaca a cada minuto do teste, mas utiliza a carga máxima do teste para o cálculo.

1. Minutos 0 a 7: a pessoa pedala a 70 rpm contra 1,0 kp.
2. Depois de 7 min: a pessoa pedala a 70 rpm e aumenta 0,5 kp (35 watts) a cada minuto até a fadiga volitiva.

TESTE DE 5 KM EM BICICLETA

Com exceção de adolescentes e da população geral, os ciclistas adultos treinados podem considerar o teste de 5 km em bicicleta ergométrica, que exige cronometrar o tempo necessário para se pedalar essa distância (Buono et al., 1996). Embora o ciclista pedale em um ritmo selecionado por ele mesmo, o objetivo é pedalar 5 km o mais rapidamente possível contra uma resistência calculada, dividindo-se o peso corporal em quilogramas por 20 e multiplicando-se esse valor por 0,5 kp.

1. Determinar quanto tempo leva para que a pessoa pedale 5 km.
2. Minutos 0 a 2: a pessoa pedala em um ritmo selecionado por ela mesma contra 1,0 kp.
3. Minutos 2 a 3: a pessoa pedala em um ritmo selecionado por ela mesma contra a resistência baseada no peso corporal (0,5 kp por 20 kg de peso corporal).
4. Minutos 3 a 5: a pessoa repousa.
5. Depois de 5 min: a pessoa pedala em um ritmo selecionado por ela mesma e retoma a resistência baseada na massa corporal até completar 5 km.

Testes máximos em campo

Testes máximos em campo oferecem ambientes de exercício práticos fora de laboratório. Testes em campo costumam ser muito mais fáceis de administrar do que testes laboratoriais, os quais exigem equipamento sofisticado e conhecimento técnico. Em vez de depender de medições laboratoriais, os testes máximos em campo fornecem estimativas de potência aeróbia com base na distância ou no tempo de desempenho. Como resultado da especificidade de treinamento, os atletas melhoram suas distâncias e tempos em ambientes práticos para o teste em campo.

Testes máximos em campo cronometrados

Existem muitos testes máximos de corrida em campo com duração entre 5 e 20 min. Esses testes em campo cronometrados exigem que a pessoa seja muito motivada a correr, pedalar ou nadar o máximo possível dentro de um tempo determinado. Como o limite temporal é a base desses testes, a principal exigência é monitorar a distância que a pessoa percorre. O examinador não deve deixar de observar a pessoa examinada durante todo o limite temporal, para que a distância seja determinada com precisão. Por exemplo, se o teste selecionado exigir que a pessoa percorra o máximo possível em 12 min, uma pista ou piscina permitirá a observação contínua enquanto a pessoa corre, pedala ou nada.

Cooper (1968) introduziu a corrida de 12 min para avaliar a potência aeróbia entre oficiais da Força Aérea Norte-Americana do sexo masculino. Embora a equação de previsão se baseasse no desempenho de oficiais com idades entre 17 e 52 anos, a maioria tinha menos de 25; a maior precisão foi vista naqueles que excediam 2,3 km de distância (Cooper, 1968). Em outro estudo, o teste de corrida de Cooper superestimou um pouco a potência aeróbia de pessoas treinadas entre 17 e 54 anos de idade, mas Wyndham et al. (1971) recomendaram a não utilização desse protocolo em pessoas sedentárias de 40 a 50 anos. A corrida de 5 min pode ser uma alternativa viável para pessoas de 18 a 46 anos de diversos níveis de condicionamento, pois, ao que tudo indica, fornece uma avaliação precisa da resistência cardiorrespiratória (Berthon et al., 1997b; Dabonneville et al., 2003).

MacNaughton et al. (1990) testaram a potência aeróbia de estudantes do ensino médio ativos em competições para comparar os testes de corrida de 5 e 15 min com o protocolo de Bruce. Obviamente, o protocolo de Bruce gerou a medição de potência aeróbia mais precisa, porém o segundo melhor preditor de potência aeróbia foi a corrida de 15 min, ao passo que a de 5 gerou estimativas meramente satisfatórias (MacNaughton et al., 1990). Coincidentemente, as estimativas de potência aeróbia feitas com a corrida de 15 min demonstraram valores de correlação parecidos com os daquela de 20 min, a qual incluiu um erro-padrão relatado relativamente baixo. Isso sugere que maiores durações podem oferecer mais vantagens para estudantes do ensino médio (Murray et al., 1993). Todavia a motivação, assim como a fadiga e o desconforto musculares locais, inspiraram a recomendação de limitar os testes de potência aeróbia máxima à duração de 8 a 10 min para pessoas jovens e sem treinamento (Massicotte, Gauthier e Markon, 1985).

Todos os testes cronometrados de prova em campo discutidos anteriormente estimam a potência aeróbia com base na distância de desempenho, mas também pode ser necessário levar a economia de corrida em consideração para estudar a eficiência de treinamento. Por exemplo, a maioria dos profissionais de condicionamento esperaria que o desempenho melhorasse com a especificidade de treinamento. No entanto, Cooper (1968) verificou que testes repetidos com corrida de 12 min resultaram em efeitos de treinamento mínimos. Portanto, Berthon et al. (1997a) sugeriram a determinação da velocidade de corrida em $\dot{V}O_{2máx}$ para avaliar a economia de corrida. A importância dessa recomendação é evidenciada pela incapacidade de se estimar a potência aeróbia com a mesma precisão da velocidade de corrida junto a corredores e atletas (Berthon et al., 1997a), ao passo que ambos os componentes da economia de corrida são estimados com precisão junto à população geral (Berthon et al., 1997b). Além disso, segundo consta, a corrida de 5 min é curta demais para estimar a velocidade de corrida com precisão (Berthon et al., 1997a; 1997b).

Outras opções de testes máximos em campo que estudam a especificidade de treinamento são a natação e o ciclismo em estrada cronometrados. Cooper (1982) desenvolveu um teste de nado de 12 min e um de ciclismo em estrada de igual duração. As distâncias de ciclismo em estrada são mais bem medidas com o uso de um hodômetro, pedalando-se em terreno plano com ventos a menos de 16 km/h. As distâncias de natação (com qualquer braçada) são mais bem determinadas sabendo-se as dimensões da piscina. Embora existam algumas equações que estimem a potência aeróbia na natação, as correlações relativamente baixas e os erros-padrão associados às estimativas indicam que vale mais a pena registrar a distância percorrida sem calcular a potência aeróbia. A mesma recomendação de registrar medições de distância também se aplica ao ciclismo em estrada. Apesar de nada ter sido publicado na literatura, essas estratégias de teste poderiam ser utilizadas com outras atividades de resistência, como o esqui cross-country. Seja qual for a prova de resistência, mudanças nas distâncias ao longo de um período de treinamento seriam a base para se identificar a eficácia do treinamento de desempenho na natação, no ciclismo em estrada e no esqui.

Testes máximos de distância em campo

No lugar das estimativas de potência aeróbia basal na duração de um teste em campo, alguns profissionais de condicionamento escolhem um protocolo máximo baseado na distância. Seja qual for o modo (p. ex., caminhada ou corrida), o objetivo é completar uma distância específica dentro do período mais curto.

Foram desenvolvidas várias equações que preveem a potência aeróbia para os testes máximos de corrida com distâncias entre 1 milha (1.600 metros) e uma maratona (ver Tab. 5.1). Essas distâncias refletem a sugestão de que os corredores devem correr mais de 1 milha para se estimar o condicionamento cardiorrespiratório com maior precisão (Fernhall et al., 1996). Durante o desenvolvimento de equações de previsão em corrida para capacidade aeróbia, dados sugeriram que pelo menos 600 jardas (549 metros) é o ideal para populações saudáveis, mas 1 milha (1.600 metros) ou mais é preferível (Cureton et al., 1995; Disch, Frankiewicz e Jackson, 1975). Com base no princípio da especificidade, o bom senso sugere que o uso de distâncias específicas de corrida em estrada em testes de corredores competitivos resultará em maior precisão. Além disso, Tokmakidis et al. (1987) sugeriram que a precisão na estimação da potência aeróbia pode ser melhorada usando-se dois desempenhos de corrida nas mesmas condições (i. e., estado de saúde, ambiente, percurso). Em razão do caráter de alta intensidade dos testes de corrida em campo, pessoas sedentárias e aquelas com riscos cardiovasculares ou musculoesqueléticos não devem ser avaliadas usando-se esse método de corrida total (American College of Sports Medicine, 2010).

ORIENTAÇÕES GERAIS PARA TESTES MÁXIMOS DE DISTÂNCIA E EM CAMPO CRONOMETRADOS

Depois de escolher a equação adequada e precisa específica à população (ver Tab. 5.1), os examinadores podem considerar os seguintes passos para coletar os dados:

1. Verificar idade, medições de altura, peso e frequência cardíaca em repouso. São necessárias medições das pregas cutâneas do tríceps e do subescapular quando se usa a equação de regressão para corrida de milha a fim de se avaliarem jovens entre 10 e 18 anos de idade (Buono et al., 1991). O Capítulo 2 descreve os procedimentos para determinação de medições de dobra cutânea.
2. Pedir à pessoa que realize um aquecimento geral usando a forma de exercício a ser testada.
3. Pedir à pessoa que realize a atividade dentro do limite especificado de tempo ou distância.
4. Registrar a distância, no caso de um protocolo cronometrado, ou a duração, no caso de um protocolo de distância. Como a precisão da estimação de potência aeróbia é questionável em testes de ciclismo e de corrida em campo, as distâncias de desempenho também servem de base satisfatória para se monitorar o progresso do treinamento. Embora as distâncias do desempenho na natação e no ciclismo em estrada sejam suficientes para propósitos de avaliação, existem tabelas de interpretação não confirmadas (Cooper, 1982).
5. Estimar o $\dot{V}O_{2máx}$ da pessoa usando-se a equação adequada específica à população, identificada na Tabela 5.1.
6. Converter o equivalente metabólico (MET) em $\dot{V}O_{2máx}$ relativo (mL.kg^{-1}.min^{-1}), multiplicando-se o MET por 3,5.
7. Determinar a potência aeróbia da pessoa classificando o $\dot{V}O_{2máx}$ estimado com base na Tabela 5.7 (p. 141).

MÉTODOS DE TESTE DE EXERCÍCIO SUBMÁXIMO

Estimar a potência aeróbia com métodos de teste de exercício submáximo economiza tempo. Como a maioria dos testes submáximos é completada em 6 a 12 min com esforço mínimo, o risco de complicações médicas é baixo. Infelizmente, extrapolar prescrições de exercício é difícil, pois o teste é realizado em cargas submáximas. Apenas as respostas de frequência cardíaca observadas durante a sessão de teste submáximo podem ser incorporadas às prescrições de exercício com confiança. Como as frequências cardíacas observadas estão apenas dentro das intensidades avaliadas, deve-se pressupor que quaisquer frequências cardíacas maiores baseiem-se na frequência cardíaca máxima estimada (220 – idade). Apesar das desvantagens do teste com exercício submáximo, a variedade de protocolos existentes é uma grande evidência de que essa forma de teste é vantajosa para os profissionais de condicionamento. Esta seção trata das inúmeras opções de teste, incluindo-se os testes em esteira, em bicicleta ergométrica e em campo identificados na Tabela 5.2 (p. 114–120).

Testes laboratoriais submáximos em esteira

Após escolher a equação de esteira submáxima adequada e precisa específica à população, os examinadores devem consultar os passos protocolares a seguir para a coleta de dados.

ORIENTAÇÕES GERAIS PARA TESTES SUBMÁXIMOS EM ESTEIRA

Depois de escolher a equação adequada e precisa específica à população (Tab. 5.2), os examinadores devem considerar os seguintes passos para a coleta de dados:

1. Verificar idade, altura, peso e frequência cardíaca em repouso. Caso o protocolo de caminhada/trote/corrida esteja sendo administrado, pedir à pessoa que complete as questões de percepção de capacidade funcional e atividade física na Tabela 5.4.
2. Verificar a frequência cardíaca de exercício. A frequência cardíaca é medida minuto a minuto, mas o estado estável da frequência cardíaca verificado imediatamente após o teste é usado para fins de cálculo.
3. Verificar a frequência cardíaca de recuperação e a pressão sanguínea (opcional) durante 3 a 5 min ou mais, se necessário, para garantir a recuperação segura da pessoa.

4. Estimar o $\dot{V}O_{2máx}$ usando-se a equação conveniente específica à população, identificada na Tabela 5.2.
5. Determinar a potência aeróbia da pessoa classificando o $\dot{V}O_{2máx}$ estimado com base na Tabela 5.7 (p. 141).

Tabela 5.4 Questões de percepção de capacidade funcional (PCF) e atividade física (AF).

Pergunta	Escala
Percepção de capacidade funcional (escala de 26 pontos baseada no total de ambas as perguntas)	
1. Com que velocidade você poderia percorrer uma distância de 1 milha (1.600 metros) SEM ficar ofegante ou fatigado demais? Seja realista.	1 – Eu poderia andar toda a distância em um ritmo lento (18 min por milha ou mais). 2 – Eu poderia andar toda a distância em um ritmo lento (17 min por milha). 3 – Eu poderia andar toda a distância em um ritmo médio (16 min por milha). 4 – Eu poderia andar toda a distância em um ritmo médio (15 min por milha). 5 – Eu poderia andar toda a distância em um ritmo rápido (14 min por milha). 6 – Eu poderia andar toda a distância em um ritmo rápido (13 min por milha). 7 – Eu poderia correr toda a distância em um ritmo lento (12 min por milha). 8 – Eu poderia correr toda a distância em um ritmo lento (11 min por milha). 9 – Eu poderia correr toda a distância em um ritmo médio (10 min por milha). 10 – Eu poderia correr toda a distância em um ritmo médio (9 min por milha). 11 – Eu poderia correr toda a distância em um ritmo rápido (8 min por milha). 12 – Eu poderia correr toda a distância em um ritmo rápido (7,5 min por milha). 13 – Eu poderia correr toda a distância em um ritmo rápido (7 min por milha ou menos).
1. Com que velocidade você poderia percorrer uma distância de 3 milhas (4.800 metros) SEM ficar ofegante ou fatigado demais? Seja realista.	1 – Eu poderia andar toda a distância em um ritmo lento (18 min por milha ou mais). 2 – Eu poderia andar toda a distância em um ritmo lento (17 min por milha). 3 – Eu poderia andar toda a distância em um ritmo médio (16 min por milha). 4 – Eu poderia andar toda a distância em um ritmo médio (15 min por milha). 5 – Eu poderia andar toda a distância em um ritmo rápido (14 min por milha). 6 – Eu poderia andar toda a distância em um ritmo rápido (13 min por milha). 7 – Eu poderia correr toda a distância em um ritmo lento (12 min por milha). 8 – Eu poderia correr toda a distância em um ritmo lento (11 min por milha). 9 – Eu poderia correr toda a distância em um ritmo médio (10 min por milha). 10 – Eu poderia correr toda a distância em um ritmo médio (9 min por milha). 11 – Eu poderia correr toda a distância em um ritmo rápido (8 min por milha). 12 – Eu poderia correr toda a distância em um ritmo rápido (7,5 min por milha). 13 – Eu poderia correr toda a distância em um ritmo rápido (7 min por milha ou menos).
Atividade física (escala de 10 pontos)	
Selecione o número que mais bem descreve seu nível geral de atividade física nos últimos 6 meses.	0 – Evito esforço máximo (p. ex., sempre uso elevador; dirijo quando possível, em vez de caminhar). 1 – Atividade leve: caminho por prazer, uso escadas com frequência, às vezes me exercito o suficiente para causar respiração pesada ou perspiração. 2 – Atividade moderada: de 10 a 60 min por semana de atividade moderada (p. ex., golfe, passeio a cavalo, exercícios calistênicos, tênis de mesa, boliche, jardinagem, faxina, caminhada por exercício).

(continua)

Tabela 5.4 Questões de percepção de capacidade funcional (PCF) e atividade física (AF) (continuação).

Pergunta	Escala
Atividade física (escala de 10 pontos)	
Selecione o número que mais bem descreve seu nível geral de atividade física nos últimos 6 meses.	3 – Atividade moderada: mais de 1h por semana de atividade moderada como descrita anteriormente. 4 – Atividade vigorosa: corro menos de 1 milha (1.600 metros) por semana ou passo menos de 30 min por semana em atividades comparáveis (p. ex., corrida ou trote, natação, ciclismo, remo, aeróbia, pular corda, corrida estacionária, futebol, basquetebol, tênis, raquetebol ou handebol). 5 – Atividade vigorosa: corro de 1 a 5 milhas (1.600 a 8.000 metros) ou passo de 30 a 60 min por semana em atividades físicas comparáveis, como as descritas anteriormente. 6 – Atividade vigorosa: corro de 5 a 10 milhas (8.000 a 16.000 metros) ou passo de 1 a 3 h por semana em atividades físicas comparáveis, como as descritas anteriormente. 7 – Atividade vigorosa: corro de 10 a 15 milhas (16.000 a 24.00 metros) ou passo de 3 a 6 h por semana em atividades físicas comparáveis, como as descritas anteriormente. 8 – Atividade vigorosa: corro de 15 a 20 milhas (24.000 a 32.000 metros) ou passo 6 a 7 h por semana em atividades físicas comparáveis, como as descritas anteriormente. 9 – Atividade vigorosa: corro de 20 a 25 milhas 32.000 a 40.000 metros ou passo de 7 a 8 h por semana em atividades físicas comparáveis, como as descritas anteriormente. 10 – Atividade vigorosa: corro de 25 a 30 milhas (40.000 a 48.000 metros) ou passo mais de 8 h por semana em atividades físicas comparáveis, como as descritas anteriormente.

Reproduzida com a autorização de J. D. George, W. J. Stone e L. N. Burkett, 1997, "Non-exercise $\dot{V}O_{2máx}$ estimation for physically active college students," *Medicine and Science in Sports and Exercise* 29:415–423.

Protocolos submáximos de estágio único em esteira

Os protocolos submáximos de estágio único com caminhada e trote em esteira são convenientes e práticos. Há indícios de que pessoas não condicionadas ou idosas conseguem as melhores estimativas de potência aeróbia utilizando o protocolo submáximo de caminhada em esteira (Ebbeling et al., 1991; Vehrs et al, 2007). Por outro lado, o teste submáximo de trote em esteira é mais adequado para pessoas relativamente condicionadas (≥35,9 mL.kg^{-1}.min^{-1}) entre 18 e 29 anos de idade (George et al., 1993b). Em 2007, Vehrs et al. adicionaram idade ao fatores de previsão da potência aeróbia de pessoas relativamente em forma (≥ 33,4 mL.kg^{-1}.min^{-1}) com mais de 29 anos. A seguir, apresentam-se orientações para realização dos testes submáximos em esteira; os protocolos específicos aparecem logo em seguida.

PROTOCOLO DE TESTE SUBMÁXIMO DE CAMINHADA EM ESTEIRA

1. Minutos 0 a 4: a pessoa caminha em uma inclinação de 0% e determina uma velocidade confortável entre 3,2 e 7,2 km.h^{-1} que gere de 50 a 70% da frequência cardíaca máxima prevista pela idade (220 – idade).
2. Minutos 4 a 8: aumentar a inclinação para 5% e manter a velocidade durante os primeiros quatro minutos. O ritmo entre os minutos 4 e 8 deve gerar de 50 a 70% da frequência cardíaca máxima prevista pela idade (usar FC-pós na equação).

PROTOCOLO DE TESTE SUBMÁXIMO DE TROTE EM ESTEIRA (HOMENS)

1. Minutos 0 a 2: a pessoa corre em uma inclinação de 0% e determina uma velocidade confortável entre 7 e 12 km.h^{-1}.
2. Minutos 2 a 5: a pessoa mantém a velocidade de corrida definida durante os dois primeiros minutos. O ritmo dos minutos 2 a 5 não deve exceder 85% da frequência cardíaca máxima prevista pela idade (usar FC-pós na equação).

PROTOCOLO DE TESTE SUBMÁXIMO DE TROTE EM ESTEIRA (MULHERES)

1. Minutos 0 a 2: a pessoa corre em uma inclinação de 0% e determina uma velocidade confortável entre 7 e 10,5 km.h^{-1}.
2. Minutos 2 a 5: a pessoa mantém a velocidade de corrida definida durante os dois primeiros minutos. O ritmo dos minutos 2 a 5 não deve exceder 85% da frequência cardíaca máxima prevista pela idade (usar FC-pós na equação).

Protocolos submáximos de múltiplos estágios em esteira

Embora um protocolo submáximo de múltiplos estágios em esteira possa durar mais do que os de um único estágio de caminhada e corrida em esteira, George et al. (2009) desenvolveram um protocolo de caminhada/trote/corrida que oferece a oportunidade de educar atletas. Além de realizar o teste de exercício, a pessoa responde às questões de percepção da capacidade funcional e atividade física na Tabela 5.4.

O protocolo de exercício submáximo de múltiplos estágios em esteira termina com o fim do estágio em que 70 a 90% da frequência cardíaca prevista pela idade

(220 – idade) forem atingidos, durante a caminhada, no caso do nível de condicionamento mais baixo; no trote, no caso do nível de condicionamento médio e, na corrida, no caso do nível de condicionamento mais elevado. Além disso, as pessoas se classificam como caminhantes, joggers ou corredoras quanto às questões de percepção de capacidade funcional, o que ajuda a selecionar exercícios de treinamento. A escala de atividades físicas da pessoa nos últimos seis meses permite que o profissional de condicionamento discuta hábitos de treinamento realistas.

As respostas dos atletas no questionário de percepção de capacidade funcional e atividade física (Tab. 5.4) são incorporadas na equação de esteira de múltiplos estágios, na Tabela 5.2, para se estimar a potência aeróbia. Quando os desempenhos das pessoas na esteira diferem de suas percepções de capacidade, o profissional de condicionamento pode discutir as relações entre respostas psicológicas e de treinamento. Isso dá mais poder para a pessoa e ajuda o profissional de condicionamento a estruturar um programa de treinamento cardiorrespiratório com base em objetivos realistas. No total, o protocolo submáximo de caminhada/trote/corrida em esteira relaciona as percepções da pessoa com o desempenho pessoal de exercício, possibilitando que o profissional de condicionamento ensine sobre a escolha de formas seguras de exercício e sobre o treinamento em intensidades eficazes para atingir objetivos realistas (George et al., 2009).

PROTOCOLO DE CAMINHADA/TROTE/CORRIDA

1. Minutos 0 a 4: a pessoa caminha em inclinação de 0% e determina uma velocidade confortável entre 4,8 e 6,4 $km.h^{-1}$ nos primeiros 20 s. (Finalizar o teste neste estágio caso a pessoa esteja dentro de 70 a 90% da frequência cardíaca máxima prevista pela idade [220 – idade] e usar a velocidade da esteira na equação.)
2. Minutos 4 a 8: a pessoa caminha em inclinação de 0% e determina uma velocidade confortável entre 6,6 e 9,7 $km.h^{-1}$ nos primeiros 20 s. (Finalizar o teste neste estágio caso a pessoa esteja dentro de 70 a 90% da frequência cardíaca máxima prevista pela idade [220 – idade] e usar a velocidade da esteira na equação.)
3. Minutos 8 a 12: a pessoa caminha em inclinação de 0% e determina uma velocidade confortável acima de 9,7 $km.h^{-1}$ nos primeiros 20 s. (Finalizar o teste neste estágio caso a pessoa esteja dentro de 70 a 90% da frequência cardíaca máxima prevista pela idade [220 – idade] e usar a velocidade da esteira na equação.)

Testes laboratoriais submáximos em bicicleta ergométrica

Embora tanto os testes laboratoriais máximos como os submáximos em bicicleta ergométrica tenham uma especificidade de treinamento questionável, os testes submáximos podem ter um erro-padrão na previsão da potência aeróbia maior do que os máximos. Portanto, é preciso prestar atenção especial à cadência do pedal do protocolo e à posição dos membros inferiores durante a descida. Quando o membro inferior está estendido na parte baixa da revolução do pedal, o ângulo do joelho deve estar em uma flexão de 5° para que haja eficiência muscular máxima (American College of Sports Medicine, 2010). Para se atingir esse ângulo de joelho, é preciso um ajuste prévio da altura adequada do assento.

Uma revisão da pesquisa sobre os testes submáximos de bicicleta de Åstrand e da YMCA dá destaque aos problemas da estimação da potência aeróbia com esses protocolos. Em 1954, Åstrand e Ryhming desenvolveram um nomograma para estimar a potência aeróbia com um protocolo de estágio único de 6 min para homens e mulheres bem treinados. Depois de explorar várias cargas, descobriram que a maior precisão ocorria a 900 kg.min^{-1} (150 watts) em mulheres e a 1.200 kg.min^{-1} (200 watts) em homens. A Figura 5.1 apresenta o nomograma de Åstrand atual, que foi modificado com um fator de correção de idade (Åstrand, 1960). Para diferenciar os níveis de condicionamento entre homens, Cink e Thomas (1981) verificaram que o fator de correção de idade de Åstrand deve ser usado para melhorar a precisão do teste.

Golding, Myers e Sinning (1989) apresentaram o teste submáximo de bicicleta da YMCA com múltiplos estágios, que também oferece uma oportunidade para ajuste das cargas com vistas na acomodação de níveis de condicionamento variados. Ao se compararem os dois protocolos, o protocolo da YMCA ($r = 0,73$) era mais preciso na estimação da potência aeróbia do que o protocolo de Åstrand ($r = 0,56$) entre pessoas fisicamente ativas (Kovaleski et al., 2005). Uma comparação do teste submáximo de bicicleta da YMCA e do protocolo de Bruce revelou que o teste da YMCA subestimou os valores de potência aeróbia em 14% (Dabney e Butler, 2006). Essas descobertas indicam que os testes submáximos em bicicleta devem se limitar a mulheres treinadas e a homens fisicamente ativos.

Existem alternativas para profissionais de condicionamento que trabalham com pessoas não treinadas. Siconolfi et al. (1982) modificaram o teste submáximo em bicicleta de Åstrand e criaram uma equação de regressão baseada no nomograma e na idade para homens e mulheres inativos. Outra adaptação foi ajustar a frequência de pedalada tradicional de 50 rpm, por mais que ela estivesse dentro

Capítulo 5 ■ Potência aeróbia

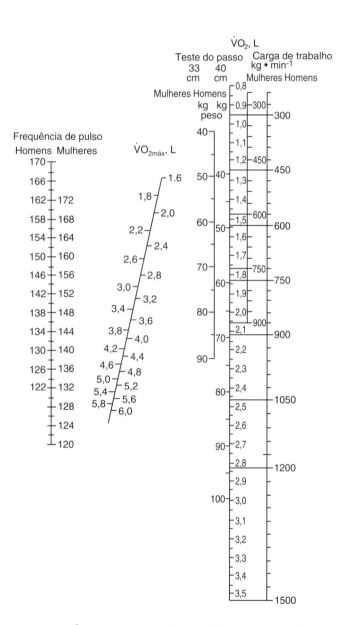

Figura 5.1 Nomograma de Åstrand atual, que foi modificado com um fator de correção de idade.
Reproduzida com a autorização de I. Åstrand, 1960, "Aerobic capacity in men and women with special reference to age", *Acta Physiologica Scandinavica* 49 (Suppl. 169): 51.

Tabela 5.5 Resistências do teste submáximo em bicicleta da YMCA.

FC no estágio 1	Carga no estágio 2
>100 bpm	1 kp (50 watts)
90-100 bpm	1,5 kp (75 watts)
88-89 bpm	2,0 kp (100 watts)
<80 bpm	2,5 kp (125 watts)

Tabela 5.6 Resistências do teste submáximo em bicicleta de Åstrand.

Estado de treinamento	Carga no teste
Não treinado	1,5 kp (75 watts)
Moderadamente treinado	2,0 kp (100 watts)
Bem treinado	3,0 kp (150 watts)

dos limites de frequência de pedalada recomendada de 40 a 70 rpm para economia ideal (Åstrand e Rodahl, 1986). Sharkey (1988) sugeriu que não é fácil para pessoas sem treinamento pedalar contra uma resistência elevada em 50 rpm; seu desempenho melhor foi entre 60 e 70 rpm.

ORIENTAÇÕES GERAIS PARA TESTES SUBMÁXIMOS EM BICICLETA ERGOMÉTRICA

Depois de escolher a equação adequada e precisa específica à população (Tab. 5.2), os examinadores devem considerar os seguintes passos protocolares para a coleta de dados:

1. Verificar idade, medições de altura, peso e frequência cardíaca em repouso.
2. Verificar a frequência cardíaca de exercício. A frequência cardíaca é medida minuto a minuto, mas o estado estável da frequência cardíaca verificado imediatamente após a conclusão de cada estágio (protocolo da YMCA) ou ao fim do teste é usado para fins de cálculo.
3. Verificar a frequência cardíaca de recuperação e pressão sanguínea (opcional) durante 3 a 5 min ou mais, se necessário, para garantir a recuperação segura da pessoa.
4. Estimar o $\dot{V}O_{2máx}$ usando-se a equação adequada específica à população, identificada na Tabela 5.2.

5. Converter o $\dot{V}O_{2máx}$ absoluto (L.min^{-1}) em relativo (mL.kg^{-1}.min^{-1}) dividindo-se L.min^{-1} pelo peso corporal da pessoa em quilogramas e multiplicando-se o valor por 1.000.
6. Determinar a potência aeróbia da pessoa classificando-se o $\dot{V}O_{2máx}$ estimado com base na Tabela 5.7 (p. 141).

TESTE SUBMÁXIMO DE BICICLETA DA YMCA

1. Aquecimento: a pessoa pedala a 50 rpm contra 0 kp.
2. Estágio 1: a pessoa pedala a 50 rpm contra 0,5 kp (25 watts) e continua o estágio durante 3 min, ou mais, até atingir o estado estável da FC.
3. Estágio 2: a pessoa pedala a 50 rpm durante 3 min na resistência modificada baseada na Tabela 5.5.
4. Estágios extras (se necessários): se o estado estável da FC não estiver entre 110 e 150 bpm nos estágios 1 e 2, a pessoa continua a pedalar em 50 rpm e aumenta 0,5 kp (25 watts) a cada 3 min, ou mais, até atingir o estado estável da FC. Embora a velocidade se mantenha em 50 rpm, a resistência continuará a ser aumentada em 0,5 kp (25 watts) pelo número de estágios necessários para se atingir um estado estável da FC entre 110 e 150 bpm em dois estágios. Quando ele estiver entre 110 e 150 bpm, as frequências cardíacas correspondentes aos dois estágios são utilizadas para se determinar a potência aeróbia com base na equação do teste de bicicleta da YMCA na Tabela 5.2.

TESTE SUBMÁXIMO DE BICICLETA DE ÅSTRAND (HOMENS)

1. Minutos 0 a 3: a pessoa pedala a 50 rpm contra 0 kp.
2. Teste: aplicar resistência de acordo com a Tabela 5.6 e pedir à pessoa que pedale a 50 rpm durante 6 min, ou mais, até atingir o estágio estável da FC entre 130 e 170 bpm.
3. Estágios extras (se necessários): se a FC do teste for menor do que 130 bpm, a pessoa pedala a 50 rpm e aumenta 1 a 2 kp (50 a 100 watts) durante outros 6 min, ou mais, até atingir o estado estável da FC entre 130 e 170 bpm. Quando a pessoa estiver entre os limites de 130 a 170 bpm, a FC pós-exercício imediata e a carga final são utilizadas no nomograma.

TESTE SUBMÁXIMO DE BICICLETA DE ÅSTRAND (MULHERES TREINADAS)

1. Minutos 0 a 3: a pessoa pedala a 50 rpm contra 0 kp.
2. Teste: a pessoa pedala a 50 rpm contra 2 a 3 kp (100 a 150 watts) durante 6 min, ou mais, até atingir o estado estável entre 125 e 170 bpm. Quando a pessoa estiver entre 125 e 170 bpm, a FC pós-exercício imediata e a carga final são utilizadas no nomograma.

Testes submáximos em campo

Depois de escolher a equação adequada e precisa específica à população, os profissionais de condicionamento devem considerar os seguintes passos protocolares para a coleta de dados:

ORIENTAÇÕES GERAIS PARA TESTES SUBMÁXIMOS EM CAMPO

Após a escolha da equação adequada e precisa específica à população (Tab. 5.2), os examinadores devem considerar os seguintes passos protocolares para a coleta de dados:

1. Verificar idade, medições de altura, peso e frequência cardíaca em repouso.
2. Pedir à pessoa que realize um aquecimento geral usando a forma específica de exercício testada.
3. Pedir à pessoa que realize a atividade dentro da distância especificada pelo protocolo.
4. Registrar a duração por um protocolo de distância e verificar a frequência cardíaca imediatamente após o fim do teste, se necessário.
5. Estimar o $\dot{V}O_{2máx}$ da pessoa usando a equação adequada específica à população, identificada na Tabela 5.2.
6. Determinar a potência aeróbia da pessoa classificando o $\dot{V}O_{2máx}$ com base na Tabela 5.7 (p. 141).

Distâncias de caminhada submáxima de um quarto de milha (400 m) a 2 km são opções de protocolo possíveis para pessoas de todas as idades, mas pessoas pouco condicionadas e cujo regime de treinamento consiste em caminhar parecem ser mais indicadas para essa forma de teste em campo. Por exemplo, por um lado, idosos e pessoas com limitações físicas (p. ex., sobrepeso, obesidade, deficiência mental, doença cardiopulmonar) costumam ser avaliados com testes de caminhada

(Larsen et al., 2002; McSwegin et al., 1998). Por outro lado, subestimações na potência aeróbia são comuns em pessoas altamente treinadas que realizam esses protocolos submáximos de caminhada, pois o sistema cardiorrespiratório é desafiado de maneira inadequada (Kline et al., 1987). Qualquer pessoa que consegue não atingir uma frequência cardíaca acima de 110 bpm ao caminhar de modo rápido seria considerada altamente treinada (George, Fellingham e Fisher, 1998).

Outro método que vai além da determinação da duração de um teste submáximo em campo é a medição da frequência cardíaca final depois de caminhar ou praticar trote por 1 milha (1,6 km) (Dolgener et al., 1994; George et al., 1993a; Kline et al., 1987). Observe que o trote de uma milha pode demorar mais do que 8 min, no caso dos homens, e nove, no caso das mulheres, e as pessoas devem manter uma frequência cardíaca abaixo de 180 bpm para que o teste seja qualificado como submáximo (George et al., 1993a).

Tabela 5.7 Classificações de potência aeróbia

Faixa etária	Baixa	Razoável	Média	Boa	Alta	Atlética	Olímpica
Mulheres							
20–29	<28	29–34	35–43	44–48	49–53	54–59	>60
30–39	<27	28–33	34–41	42–47	48–52	53–58	>59
40–49	<25	26–31	32–40	41–45	46–50	51–56	>57
50–65	<21	22–28	29–36	37–41	42–45	46–49	>50
Homens							
20–29	<38	39–43	44–51	52–56	57–62	63–69	>70
30–39	<34	35–39	40–47	48–51	52–57	58–64	>65
40–49	<30	31–35	36–43	44–47	48–53	54–60	>61
50–59	<25	26–31	32–39	40–43	44–48	49–55	>56
60–69	<21	22–26	27–35	36–39	40–44	45–49	>50

Nota: o $\dot{V}O_{2máx}$ é expresso em tabelas como milímetros de oxigênio por quilograma de peso corporal por minuto. Adaptada com autorização de Åstrand, 1960, "Aerobic capacity in men and women with special reference to age", *Acta Physiologica Scandinavica* 49 (Suppl. 169): 1–92.

CÁLCULOS DE EQUAÇÃO DE REGRESSÃO

Além de ter a habilidade de coletar dados, os profissionais de condicionamento também devem entender a ordem das operações para realizar os cálculos de equação de regressão. Uma técnica comum para lembrar a ordem das operações é a abreviação PEMDAS, que significa parênteses, expoentes, multiplicação e divisão, e adição e subtração. A frase "Pedro envia mensagem de alguma sala" pode ajudar a lembrar a ordem das letras. Quando da realização dos cálculos, a ordem das operações refere-se à ordem de classificação: (1) parênteses, (2) expoentes, (3) multiplicação e divisão da esquerda para a direita e (4) soma e subtração da esquerda para a direita. Como exemplo, será explorado a seguir o processo de determinação da potência aeróbia após a seleção de um protocolo e de uma equação de caminhada/trote/corrida. Considere os quatro passos a seguir:

1. A frequência cardíaca é medida durante o protocolo submáximo de caminhada/trote/corrida em esteira. Um monitor de frequência cardíaca ou eletrocardiografia facilitaria o processo, em razão da dificuldade de palpação de um braço em movimento durante o exercício. O objetivo de monitoração da frequência cardíaca é determinar quando se atinge um estado estável. O estado estável de frequência cardíaca é o nível em que a frequência cardíaca e a taxa de consumo de oxigênio tendem a permanecer relativamente estáveis em determinada carga. O examinador pode verificar o estado estável, que é o ideal em qualquer teste submáximo, determinando que a frequência cardíaca no monitor do eletrocardiograma está a menos de 6 bpm uma da outra (American College of Sports Medicine, 2010) durante os dois últimos minutos do estágio protocolar de caminhada, de trote ou de corrida. Mesmo se não for atingido um estado estável ao fim do estágio protocolar, a pessoa progride da caminhada ao trote e à corrida a cada 4 min, até que a frequência cardíaca esteja entre 70 e 90% do máximo previsto pela idade (220 – idade), o que define a velocidade da esteira a ser usada na equação de regressão. Além de realizar o teste de exercício, a pessoa responde às questões de percepção de capacidade funcional e atividade física (Tab. 5.4). Também é preciso saber a idade e o peso da pessoa. A seguir, apresentam-se alguns resultados do protocolo submáximo de caminhada/trote/corrida em esteira para realização dos cálculos da equação de regressão:
   — Idade = 40 anos
   — Peso = 70 kg
   — Velocidade de corrida em esteira (milhas por hora) = 7 milhas por hora
   — Percepção de capacidade funcional (PCF) = 24
   — Atividade física (AF) = 8
2. Os cálculos da potência aeróbia exigem o uso das informações precedentes na seguinte equação de regressão para homens:
   — Potência aeróbia = 30,04 + 6,37 – 0,243 (idade) – 0,122 (peso) + 3,2 (mph) + 0,391 (PCF) + 0,669 (AF)

- Potência aeróbia = 30,04 + 6,37 − 0,243 (40) − 0,122 (70) + 3,2 (7) + 0,391 (24) + 0,669 (8)
- Potência aeróbia = 30,04 + 6,37 − 9,72 −8,54 + 22,4 + 9,384 + 5,352
- Potência aeróbia = 55,3 mL.kg^{-1}.min^{-1}

3. As interpretações de potência aeróbia baseiam-se nos níveis de condicionamento cardiorrespiratório apresentados na Tabela 5.7. Na tabela, a potência aeróbia é expressa em relação ao peso corporal (mL.kg^{-1}.min^{-1}), o que significa que 55mL.kg^{-1}.min^{-1} é classificado como atlético. Fique atento, pois valores absolutos (L.kg^{-1} ou mL.min^{-1}) e valores metabólicos (MET) precisam ser convertidos em relação ao peso corporal para se usar a tabela. Além disso, embora classificar a pessoa possa ser um objetivo, o objetivo central deve ser usar as estimações de potência aeróbia para melhorar o condicionamento cardiorrespiratório com as estratégias de prescrição de exercício adequadas.

4. A prescrição de exercício para desenvolver a potência aeróbia baseia-se em avaliações. Independentemente de os profissionais de condicionamento estarem determinando um nível de condicionamento cardiorrespiratório básico ou de treinamento, a interpretação do valor da potência aeróbia lhes possibilitará monitorar a especificidade do treinamento. A especificidade refere-se ao princípio de que o corpo se adapta de acordo com os estímulos a que é exposto durante o exercício. Por exemplo, os nadadores treinam na água e se tornam muito eficientes na natação; isso, porém, não significa que eles sejam bons na corrida ou no ciclismo. No entanto, como resultado da especificidade do treinamento de resistência, espera-se que a potência aeróbia aumente de 5 a 30%, seja qual for a modalidade (American College of Sports Medicine, 2006). Portanto, um protocolo de potência aeróbia bem selecionado deve permitir aos profissionais de condicionamento que monitorem e adaptem o programa de treinamento do atleta para alcançar objetivos realistas com base nos resultados da avaliação contínua.

Aplicações profissionais

Graças à grande variedade de testes de resistência cardiorrespiratória existentes, os profissionais de condicionamento devem saber sobre eles e ser capazes de selecionar o melhor teste para avaliar a potência aeróbia de um atleta. A seleção do teste adequado depende do entendimento dos princípios fisiológicos e biomecânicos de um esporte ou atividade, enquanto se aplica a pesquisa baseada em evidências às capacidades do atleta. Portanto, os testes máximos (Tab. 5.1) e submáximos (Tab. 5.2) apresentados neste capítulo foram organizados em tabelas SMARTS para explorar a ciência e a arte da seleção de testes.

SMARTS vem de especificidade, modo, aplicação, pesquisa e estado de treinamento [do inglês, *specificity, mode, application, research* e *training status*] (ver Tabs. 5.8 e 5.9). Em primeiro lugar, o profissional de condicionamento deve conhecer as demandas metabólicas específicas do esporte ou atividade, isto é, saber se ele é predominantemente aeróbio ou anaeróbio do ponto de vista fisiológico. Os testes máximos podem ser mais adequados para esportes ou atividades que enfatizem o metabolismo aeróbio, ao passo que os testes submáximos podem ser mais adequados para atletas envolvidos sobretudo em treinamento anaeróbio. Naturalmente, os esportes e atividades que alternam entre demandas aeróbias e anaeróbias podem usar testes máximos ou submáximos.

Em segundo lugar, o profissional de condicionamento deve escolher um modo de exercício que melhor corresponda ao treinamento ou à atividade competitiva do atleta. Por exemplo, um teste em bicicleta ergométrica pode ser adequado para atacantes de futebol americano, pois os atletas devem conseguir manter ou superar forças contra resistência durante todo o jogo.

Em terceiro lugar, o profissional de condicionamento deve determinar se um teste de potência aeróbia irá gerar informações aplicáveis. Consultando o exemplo anterior, ao determinar a potência aeróbia do atleta, o treinador teria uma base para decidir futuras estratégias de treinamento, assim como recomendações de duração para manter os atacantes de futebol americano em campo sem pausa.

Tabela 5.8 Quadro SMARTS para seleção de testes de exercício máximo.

Especificidade ↔ Modo				Artes da prescrição de exercício		
Esteira	Bicicleta ergométrica	Testes cronometrados em campo	Testes de distância em campo			
Protocolo da Universidade do Estado do Arizona	Protocolo de Store	Corrida de 12 min de Cooper	Competição em maratona	Aplicação	Forte	Avançado
	Protocolo de Andersen	Corrida de 15 min	Competição de 6 milhas	↑	↑	
Protocolo de Bruce	5 km de bicicleta	Corrida de 20 min	Competição de 3 milhas	Pesquisa		Estado de treinamento
Protocolo de Balke		Corrida de 5 min Nado de Cooper de 12 min	Corrida de 2 milhas	↓	↓	
Protocolo de Bruce modificado			Corrida de 1,5 milha Corrida de 1 milha		Fraca	Iniciante

Tabela 5.9 Quadro SMARTS para seleção de testes de exercício submáximo.

Especificidade ↔ Modo			Artes da prescrição de exercício		
Esteira	Bicicleta ergométrica	Testes cronometrados em campo			
Protocolo de trote	Protocolo da YMCA	Trote de 1 milha	Aplicação	Forte ↑	Avançado ↑
Protocolo de caminhada/ trote/ corrida	Protocolo modificado de Åstrand	Caminhada de 1 milha de Rockport Caminhada de 1 milha Caminhada de 1,25 milha		Pesquisa	Estado de treinamento
Protocolo de caminhada	Protocolo de Åstrand	Caminhada de um quarto de milha Caminhada de meia milha		↓ Fraca	↓ Iniciante

Em quarto lugar, o profissional de condicionamento deve consultar a pesquisa para ver as correlações e os erros-padrão específicos à população para garantir que a seleção se baseie em evidências. Como o atacante de futebol americano anaeróbio realizaria um teste submáximo em bicicleta ergométrica, a pesquisa parece dar preferência ao protocolo da YMCA em vez de ao protocolo de Åstrand.

Em quinto lugar, o profissional de condicionamento deve levar em consideração o estado de treinamento do atleta. Embora o protocolo da YMCA possa ser mais preciso na estimação da potência aeróbia, o protocolo de Åstrand tradicional ou modificado pode ser mais adequado se o atacante de futebol americano estiver destreinado depois de um longo período fora de temporada.

Os profissionais de condicionamento devem ter em mente que esses são apenas exemplos de como usar os quadros SMARTS; nenhum método é melhor para avaliar todos os atacantes de futebol americano ou qualquer outro tipo de atleta. Contudo especificidade, modo, aplicação, pesquisa e estado de treinamento representam papéis importantes na seleção de um teste adequado de potência aeróbia.

Depois de escolher o teste de potência aeróbia, os profissionais de condicionamento devem determinar as variáveis de dados que precisam coletar. Com base nas variáveis, quaisquer habilidades que precisem desenvolver devem receber atenção antes da sessão de teste. Caso contrário, habilidades subdesenvolvidas podem exigir a seleção de uma opção de teste alternativo. Os profissionais de condicionamento devem praticar as habilidades antes da sessão de teste, independentemente de sua proficiência, em especial se houver passado um tempo desde que realizaram o teste em um atleta.

Após coletar os dados e calcular a estimativa de potência aeróbia, os profissionais de condicionamento têm um nível de condicionamento cardiorrespiratório base para prescrever um programa de treinamento individualizado. Isso resultará em objetivos de treinamento realistas que podem manter ou melhorar a potência aeróbia do atleta. Além disso, os profissionais de condicionamento devem lembrar que melhoras na potência aeróbia exigem atividades contínuas perto ou acima do limiar anaeróbio; essas avaliações são apresentadas no próximo capítulo.

RESUMO

- A seleção e a administração adequada de um protocolo são essenciais, pois afetam a precisão dos resultados do teste de condicionamento cardiorrespiratório. Os testes são escolhidos com base em disponibilidade de equipamento, habilidade técnica e tempo disponível, e devem ser específicos à população e apresentar o mínimo de erro na estimação da potência aeróbia. Se vários testes forem aplicáveis a um atleta, o profissional de condicionamento pode ser capaz de reduzir o erro-padrão comparando duas ou mais opções.
- Conhecer os exercícios do programa de treinamento do atleta antes do teste permitirá que o profissional de condicionamento faça adaptações para contemplar a especificidade do exercício, o que facilitará a seleção de um protocolo de avaliação cardiorrespiratória adequado. Seja como for, a interpretação da potência aeróbia para o condicionamento cardiorrespiratório será baseada em considerações cuidadosas que garantam que o protocolo de teste identifique as adaptações ao treinamento e a eficácia do programa de exercício de maneira precisa.

6

Limiar de lactato*

Dave Morris, Ph.D.

O lactato é um metabolito que pode ser produzido pela quebra da glicose ou do glicogênio durante o processo de glicólise. Embora várias células e tecidos usem glicólise e produzam lactato, o maior produtor durante o exercício é o músculo esquelético, que depende da via glicolítica para produzir energia para as contrações.

Antigamente, acreditava-se que o lactato era um resíduo do metabolismo de carboidrato. Na realidade, parte do lactato produzido pelo músculo em ação pode ser retida por esse músculo e usada como metabolito de energia. O lactato restante que não é queimado no músculo em ação se difunde no sangue, onde seus níveis podem ser medidos por diversas técnicas. Uma dessas estratégias de medição, o teste do limiar de lactato, envolve o pedido à pessoa que realiza uma sessão de exercício com taxas progressivamente mais altas em ação. Em intervalos regulares durante o teste, são tiradas amostras de sangue, cuja concentração de lactato é analisada.

---

* Agradecimentos a Becky Shafer, MS, por sua assistência na preparação deste capítulo.

Com o uso do teste de limiar de lactato, pesquisadores descobriram que, durante o exercício de baixa intensidade, o lactato sanguíneo permanece em níveis relativamente baixos e estáveis. No entanto, com o aumento da intensidade do exercício, os níveis de lactato sanguíneo vão começando a subir e continuam a subir exponencialmente com o aumento da intensidade do exercício. Esse aumento súbito e acentuado nos níveis de lactato sanguíneo costuma ser chamado de limiar de lactato.

Por causa do papel do lactato no metabolismo de exercício, os cientistas estudaram sua resposta ao exercício para entender as nuances da bioenergética. A relação do lactato com a provisão de energia durante o exercício despertou o interesse de treinadores e atletas que buscavam projetar e executar melhores programas de treinamento.

VIAS ENERGÉTICAS E METABOLISMO DE LACTATO

Planejar, administrar e interpretar corretamente um teste de limiar de lactato exige um conhecimento compreensivo das vias energéticas e do metabolismo de lactato. Como mencionado, o lactato pode ser produzido quando se usa glicólise para fornecer energia ao músculo em ação.

A ativação da glicólise nem sempre significa que ocorrerá produção de lactato ou acúmulo de lactato sanguíneo em grandes quantidades. Durante o exercício de intensidade baixa a moderada (abaixo de cerca de 12 a 13 na escala de percepção de esforço de Borg), a via energética oxidativa pode fornecer energia adequada para atender às necessidades do músculo em ação. Com o aumento da intensidade do exercício, a demanda energética pode começar a superar a capacidade das vias energéticas oxidativas, obrigando o corpo a depender mais da glicólise a fim de fornecer a energia necessária às contrações musculares. Nesses momentos de alta demanda energética e altas taxas de glicólise, podem ocorrer produção e acúmulo consideráveis de lactato.

A glicólise é uma via metabólica que pode ser ativada muito rapidamente. Ela ocorre no citosol da célula muscular e consome glicose-6-fosfato, usando esse substrato para produzir quatro moléculas essenciais ao metabolismo de energia: trifosfato de adenosina (ATP), NADH + H$^+$, piruvato e lactato.

A importância do ATP para o metabolismo de exercício é elementar, pois a energia contida nas ligações de fosfato dessa molécula proporciona a energia livre necessária para realizar contrações musculares. Devem ocorrer reações químicas para quebra dessas ligações a fim de que a energia seja liberada. Depois de liberada, ela pode ser aproveitada e utilizada para as contrações musculares. Como a glicólise pode produzir ATP muito rapidamente, o corpo lhe pede para fornecer quantidades substanciais de ATP durante sessões curtas de exercício (de 30 s a 1 min). Além disso, a glicólise fica muito ativa durante sessões longas de exercício de alta intensidade, quando a demanda de ATP é maior do que a que pode ser atendida pela fosforilação oxidativa.

A formação de ATP glicolítico ocorre em dois momentos: as reações de fosfogliceratoquinase e piruvatoquinase. Duas moléculas de ATP são produzidas a partir de cada reação, e são produzidas duas ou três moléculas a partir da glicólise para cada molécula de glicose-6-fosfato consumida. A discrepância no produto de ATP líquido depende da fonte de glicose-6-fosfato que estiver sendo usada. Quando se usa a glicose sanguínea para formar glicose-6-fosfato, devem ser empregadas duas moléculas de ATP, uma na reação de hexoquinase e uma na de fosfofrutoquinase, para que a glicólise seja completada. Portanto, duas moléculas de ATP são produzidas quando se usa glicose sanguínea como fonte de glicose-6-fosfato. Se o glicogênio muscular for a fonte de glicose-6-fosfato, a reação de hexoquinase é pulada, gerando o uso de menos uma molécula de ATP e um produto de ATP líquido maior.

O NADH + H$^+$ é formado a partir do dinucleótido de nicotinamida e adenina, ou NAD, na reação de gliceraldeído-3-fosfato desidrogenase. Como mostrado na Figura 6.1, essa reação de oxidação-redução transfere um hidrogênio do gliceraldeído-3-fosfato para o NAD, formando NADH. O hidrogênio associado do NADH + H$^+$ se deve à atração do íon de hidrogênio com carga positiva a um elétron, de carga negativa, na molécula de nicotinamida.

Existem dois aspectos importantes na produção de NADH + H$^+$ glicolítico para o metabolismo de exercício. O primeiro é que o NADH + H$^+$ formado durante a glicólise pode doar seus hidrogênios para o NAD ou FAD (dinucleótido de flavina e adenina) na mitocôndria para formar NADH + H$^+$ e FADH$_2$. Esses NADH + H$^+$ ou FADH$_2$ mitocondriais recém-formados são usados, em seguida, na cadeia de transporte de elétron para regenerar grandes quantidades de ATP. O segundo é que a formação de NADH + H+ na gliceraldeído-3-fosfato desidrogenase possibilita a formação de 1,3 bifosfoglicerato, cujos grupos de fosfato são usados em seguida para regenerar ATP nas reações de fosfogliceratoquinase e piruvatoquinase.

A formação de piruvato ocorre a partir de duas reações finais possíveis de glicólise. Depois de formado na célula muscular, o piruvato costuma ter dois destinos: a conversão para lactato, que será discutida mais adiante neste capítulo, ou a

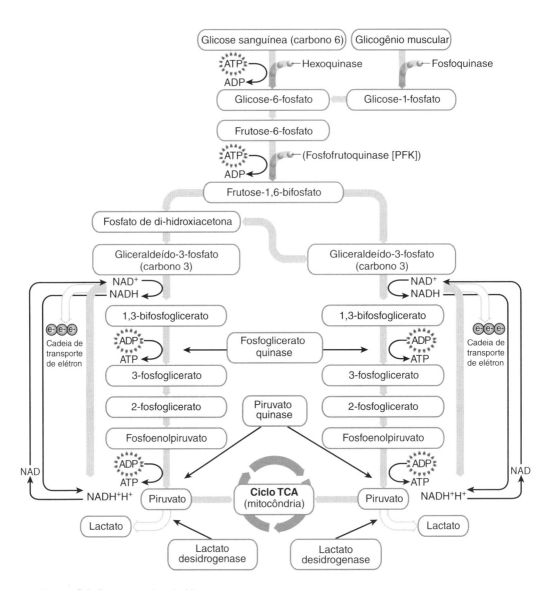

Figura 6.1 Processo de glicólise.
Reproduzida com a autorização de National Strength and Conditioning Association, 2008, Bioenergetics of exercise and training, por J. T. Cramer. Em *Essentials of strength training and conditioning*, 3rd ed., editado por T. R. Baechle and R. W. Earle (Champaign, IL: Human Kinetics), 25.

transferência para a mitocôndria, em que pode ser consumido pelo ciclo dos ácidos tricarboxílicos (TCA). Na mitocôndria, o piruvato combina-se com a coenzima A para formar acetilcoenzima A. Esse processo envolve uma série de reações que também produz NADH + H⁺, o qual, assim como o NADH + H⁺ produzido pela glicólise, pode ser usado pela cadeia de transporte de elétron para regenerar o ATP. A acetilcoenzima A recém-criada entra no ciclo dos TCA, onde é utilizada para produzir ATP, NADH + H⁺ e FADH$_2$; essas duas últimas moléculas são usadas para regenerar o ATP na cadeia de transporte de elétron.

A contagem final de ATPs de uma molécula de glicose consumida pela glicólise, do ciclo dos TCA e da cadeia de transporte é de cerca de 36 a 39 ATPs. Esse número irá variar um pouco dependendo da fonte de glicose-6-fosfato, do método de transferência do NADH + H⁺ feita no citosol para a mitocôndria e da eficiência da ligação de oxidação e fosforilação na cadeia de transporte de elétron.

Um segundo destino do piruvato é sua conversão em lactato. O lactato é formado de piruvato pela doação de íons de hidrogênio do NADH + H⁺ criado pela reação de gliceraldeído-3-fosfato desidrogenase. Depois de formado na célula muscular, o lactato tem dois destinos imediatos. Em determinadas circunstâncias, esse lactato pode ser reconvertido em piruvato e usado para diversos propósitos. Ao contrário do piruvato, o lactato em si não pode ser consumido pelo ciclo dos TCA, portanto, o lactato que não é utilizado para reformar piruvato não pode ser usado imediatamente para contribuir mais para a produção de ATP. O lactato que aparece no sangue, por conseguinte, representa um produto de ATP de glicose-6--fosfato limitado a 2 ou 3 moléculas produzidas durante a glicólise.

Com seu produto de ATP superior, o consumo de piruvato pelo ciclo dos TCA é obviamente o método preferido do metabolismo de piruvato durante o estado estável de exercício. Todavia, as mitocôndrias têm capacidade limitada de produzir ATP a partir do piruvato, e, com o aumento da intensidade do exercício, é preciso atender a demandas maiores de ATP com um aumento relativo na taxa de glicólise. No entanto, a glicólise tem seu próprio mecanismo autolimitante, que reduz sua capacidade de produzir ATP.

A glicólise deve ter níveis adequados de NAD para produzir NADH + H⁺ na reação de gliceraldeído-3-fosfato. Apesar da utilidade do NADH + HNADH + H⁺ na regeneração de ATP na cadeia de transporte de elétron, a produção de NADH + H+ em grande escala pela glicólise pode causar uma queda nos níveis de NAD no citosol. Durante o exercício de intensidade moderada, as mitocôndrias conseguem manter níveis estáveis de NAD no citosol consumindo os hidrogênios de NADH + H⁺. Contudo aumentos na taxa de glicólise durante exercício intenso podem produzir NADH + H+ em quantidades grandes o bastante para superar a capacidade de consumo das mitocôndrias, levando a um acúmulo de NADH + H⁺ e queda nos níveis de NAD. Se os níveis de NAD continuarem a decair, a reação de gliceraldeído-3-fosfato desidrogenase (G3PDH) perderá velocidade como resultado da falta de NAD. A redução na reação G3PDH resultará em taxas mais lentas de glicólise e produção de ATP glicolítica, além de fadiga na pessoa que se exercita.

Durante o exercício de alta intensidade, a formação de lactato representa funções importantes no metabolismo de exercício, na produção de ATP e na manutenção das taxas de exercício. A conversão de piruvato em lactato consome os íons de hidrogênio associados ao NADH + HNADH + H$^+$, o que tem duas vantagens: a regeneração de NAD, que permite que a glicólise e a produção de ATP glicolítico continuem em taxas altas, e a manutenção de pH relativamente neutro durante o exercício (para uma revisão abrangente, ver Robergs, Ghiasvand e Parker, 2004). Essas vantagens da formação de lactato contrariam flagrantemente a crença tradicional de que a formação de lactato promove acidose e fadiga durante o exercício de alta intensidade. Ao contrário, a formação de lactato na verdade ajuda a manter o exercício de alta intensidade por reduzir a acidose e manter os suprimentos adequados de NAD.

A produção de grandes quantidades de lactato indica, porém, que o corpo está usando sua última linha de defesa para manter a produção de ATP glicolítico e a intensidade do exercício. Quando se atinge esse ponto, outros aumentos nas taxas de trabalho acabarão por superar a capacidade de produção de lactato, resultando em acidose, queda nos níveis de NAD e fadiga. Portanto, embora o acúmulo de lactato e a fadiga durante o exercício tenham uma forte correlação, o lactato não deve ser considerado causa da fadiga.

Apesar de o lactato normalmente ser associado ao exercício de alta intensidade, algumas quantidades estão sempre sendo produzidas, independentemente da taxa de trabalho. Com aumentos na intensidade do exercício, o acúmulo de NADH + HNADH + H$^+$ e piruvato pode causar grandes aumentos na taxa de produção de lactato. Depois de formado no músculo em ação, o lactato que não é metabolizado localmente é transportado através da membrana celular para dentro do sangue, onde pode ser entregue a vários tecidos para ser consumido por eles.

A reação de lactato desidrogenase, que forma lactato a partir do piruvato, é reversível e possibilita que uma grande variedade de tecidos, incluindo-se os músculos cardíacos e esqueléticos inativos, usem o lactato que chega como fonte de piruvato para o ciclo dos TCA. Esse processo permite que tais tecidos forneçam o substrato para o metabolismo oxidativo sem usar suas reservas de glicogênio ou importar glicose do sangue. O lactato também pode ser absorvido pelo fígado, onde, pelo processo de gliconeogênese, pode ser reconvertido em glicose e liberado na circulação sanguínea para uso do músculo ativo. Esse transporte de lactato do músculo ativo para o fígado, sua conversão em glicose e sua redistribuição para o músculo ativo é um processo conhecido como ciclo de Cori.

Seja qual for o destino do lactato, seus níveis no sangue são produto do resultado de lactato contra o consumo de lactato. Em intensidades de exercício relativamente baixas a moderadas, o consumo de lactato é igual a sua produção, o que resulta em níveis de lactato sanguíneo relativamente baixos e uniformes. Com o aumento contínuo das intensidades de exercício, porém, maiores taxas de glicólise acabarão por resultar em taxas de produção de lactato que superarão a taxa de consumo de lactato. Se o exercício de alta intensidade continuar, essa desigualdade causará, em última instância, um aumento nas concentrações de lactato sanguíneo – o limiar de lactato (ver Fig. 6.2).

DESEMPENHO ESPORTIVO E LIMIAR DE LACTATO

O objetivo de um teste de limiar de lactato é identificar a intensidade de exercício em que o corpo depende muito da glicólise e, portanto, produz quantidades excessivas de lactato para atender à demanda energética. Como o teste de limiar de lactato se concentra na capacidade para usar vias energéticas aeróbias, ele é usado quase exclusivamente em atletas de resistência, como corredores de maratona e ciclistas de longa distância. Ele identifica a taxa de trabalho a que o atleta começa a depender mais intensamente do catabolismo ineficaz das reservas de carboidrato do corpo. Um atleta com limiar de lactato relativamente alto é mais capaz de preservar as reservas de carboidrato quando se exercita em altas intensidades.

REALIZAÇÃO DO TESTE DE LIMIAR DE LACTATO

Durante um teste de limiar de lactato, as pessoas se exercitam a taxas de trabalho cada vez mais altas até estarem exaustas ou perto da exaustão. Em intervalos regulares ao longo de todo o teste, são retiradas amostras de sangue cuja concentração de lactato é analisada. O teste começa com uma taxa de trabalho relativamente baixa e progride lentamente para que os níveis de lactato sanguíneo permaneçam nos níveis de repouso – ou próximos dele – nos primeiros estágios do teste. A taxa de trabalho aumenta para que se atinja um limiar de lactato depois de cerca de 12 a 20 min de exercício. Essa estratégia de aumentar a carga de trabalho gradualmente de um ponto de partida de intensidade baixa determina um nível-base de exercício do lactato sanguíneo útil para identificar o ponto em que começa o acúmulo de lactato sanguíneo.

Várias modalidades de exercício podem ser usadas para realizar um teste de limiar de lactato; a corrida em esteira ou o exercício em bicicleta ergométrica são duas das mais comuns. Embora quase toda modalidade de exercício sirva para atletas treinados sem resistência, os atletas treinados com resistência devem ser testados com o tipo de exercício que mais se assemelhe a suas provas competitivas. Essa estratégia permite que o atleta realize o teste usando uma modalidade

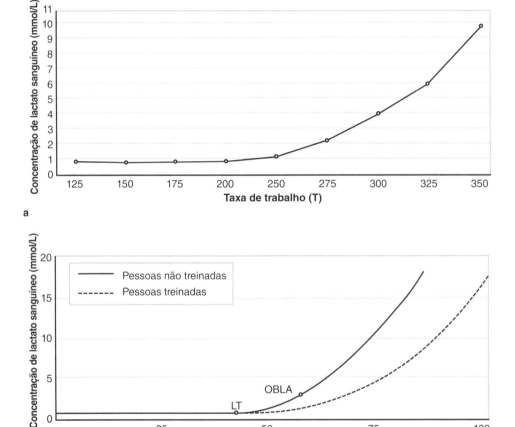

Figura 6.2 A intensidades de exercício de relativamente baixas a moderadas, o consumo de lactato equivale à produção de lactato, resultando em níveis de lactato relativamente baixos e constantes. À medida que as intensidades de exercício crescem, porém, taxas maiores de glicólise acabam resultando em taxas de produção de lactato que superam a taxa de consumo de lactato.

Nota: OBLA: início do acúmulo do lactato sanguíneo (do inglês, *on set of blood lactate accumulation*); LT: limiar de lactato (do inglês, *lactate threshold*)

de exercício conhecida e oferece dados úteis na elaboração e na avaliação de um programa de treinamento.

Considerações pré-teste

Antes do início de um teste de limiar de lactato, a pessoa deve realizar um aquecimento adequado de cerca de 10 a 15 min começando a uma taxa de trabalho baixa e progredindo para uma intensidade terminal parecida com a de início para o teste de limiar de lactato. O aquecimento tem dois objetivos:

- As vias energéticas oxidativas precisam de alguns minutos para atingir a capacidade operacional máxima. No começo do exercício, o corpo depende muito da glicólise para atender à demanda de ATP, o que resulta em altos níveis de produção de lactato. Essa taxa maior de produção de lactato poderia gerar níveis de lactato sanguíneo nos estágios iniciais do teste capazes de não refletir com precisão a dinâmica de produção e consumo de lactato sanguíneo quando as mitocôndrias estão funcionando em níveis ideais.
- As pessoas que nunca fizeram um teste de limiar de lactato podem ficar apreensivas ou nervosas antes do início do teste. Essas sensações podem resultar em uma elevação dos níveis circulatórios de adrenalina, o que pode gerar taxas maiores de glicólise e produção de lactato. Na realidade, a adrenalina é um estimulante tão potente da produção de lactato que pessoas ansiosas em repouso podem exibir níveis de lactato sanguíneo parecidos com os das que estão realizando exercício intenso. Esses níveis extraordinariamente altos de lactato sanguíneo podem dificultar a determinação do ponto em que a produção de lactato começa a acelerar como resultado de aumentos na taxa de trabalho, levando a uma avaliação imprecisa do limiar de lactato. Com a realização de um aquecimento antes do início do teste de limiar de lactato, as pessoas podem reduzir a ansiedade e as taxas de produção de lactato, gerando níveis de lactato mais precisos durante as partes iniciais do teste.

As taxas de trabalho iniciais e a progressão das taxas de trabalho ao longo do teste são ditadas pela capacidade da pessoa testada. Deve-se tomar cuidado ao se definirem esses valores para garantir que a pessoa atinja o limiar entre cerca de 12 a 20 min. Por um lado, um teste que comece a uma taxa de trabalho excessivamente alta ou que progrida de maneira rápida demais pode não permitir que a pessoa fixe uma base de exercício, dificultando ou impossibilitando a identificação do limiar de lactato. Por outro, um teste que comece muito baixo ou que progrida muito lentamente desperdiça tempo e materiais. Ritmos de treinamento atuais e resultados de limiar de lactato anteriores podem ser úteis na determinação de taxas de trabalho iniciais adequadas. Se a pessoa não tiver experiência prévia com exercício, é melhor tender para a precaução; caso contrário, o examinador corre o risco de ter de repetir o teste porque a taxa de trabalho inicial excedeu a taxa de trabalho do limiar de lactato da pessoa, ou porque o examinador não permitiu o estabelecimento de uma base de exercício.

Administração do teste

Após o início do teste, a progressão da taxa de trabalho pode ser realizada aumentando-se esta de forma contínua ao longo do tempo, o que costuma ser chamado de protocolo em rampa. O protocolo em passos envolve o aumento da taxa de trabalho em uma quantidade especificada a intervalos regulares, normalmente a cada 3 ou 4 min. Os protocolos em rampa podem ser populares para certos tipos de aplicações de pesquisa, mas os protocolos em passos costumam ser mais úteis para avaliar atletas, pois determinam com mais precisão o resultado de potência ou ritmo que realmente gera o limiar de lactato. Em um protocolo de passos, as taxas de trabalho normalmente aumentam em cada estágio em torno de 5 a 15% da taxa de trabalho inicial do teste, ao passo que o protocolo em rampa usa aumentos semelhantes nas taxas de trabalho em um período de 3 ou 4 min (ver Fig. 6.3). Ciclistas bem condicionados começam a 125 a 150 watts com aumentos de 20 watts a cada 3 ou 4 min; corredores bem condicionados podem começar o teste a uma velocidade de 13 km/h e aumentar o ritmo em 0,8 km/h a cada 3 ou 4 min.

Ao longo de todo o teste de limiar de lactato, são tiradas amostras de sangue a intervalos regulares e sua concentração de lactato é analisada. Se for usado um protocolo em rampa, o sangue costuma ser tirado a intervalos variados. No início do teste, são tiradas amostras a cada 3 ou 4 min. Quando a pessoa se aproxima do limiar de lactato, as amostras são tira-

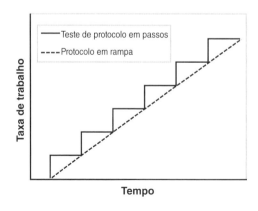

Figura 6.3 Comparação entre aumentos em protocolos em rampa e em passos.

das com mais frequência, normalmente a cada 30 s ou 1 min. Amostras de sangue tiradas com mais frequência perto do limiar de lactato permitem uma determinação mais precisa da ocorrência do limiar de lactato. Como as taxas de trabalho continuam estáveis durante todos os estágios do protocolo em passos, o sangue é tirado a intervalos regulares, normalmente durante os últimos 30 s do teste.

Tirar amostras de sangue cedo demais no estágio pode resultar em leituras de lactato que não reflitam de maneira precisa a taxa de produção de lactato para uma carga em particular. Isso ocorre porque as vias energéticas devem ter tempo para aumentar sua taxa de operação em resposta a taxas de trabalho mais elevadas. Além disso, depois que as taxas glicolíticas e de produção de lactato se estabilizam em resposta à nova carga de trabalho, o lactato deve ter tempo para migrar para o sangue e ser distribuído de maneira igual na corrente sanguínea. Só nesse momento, os níveis de lactato refletirão os níveis de produção de lactato de maneira precisa.

As amostras de sangue podem ser obtidas de várias partes do corpo; os três lugares mais comuns são as pontas dos dedos, os lóbulos das orelhas e uma veia antecubital. As amostras das pontas dos dedos ou dos lóbulos das orelhas costumam ser obtidas fazendo-se uma pequena puntura na pele pela qual se podem obter amostras pequenas (cerca de 50 μL) para análise. A amostragem da ponta dos dedos e do lóbulo das orelhas ganhou popularidade nos últimos anos por ser minimamente invasiva e porque os analisadores de lactato modernos pedem volumes muito pequenos (25 a 50 μL) para análise. Certos métodos de análise de lactato sanguíneo, como espectrofotometria, exigem amostras maiores do que as que po-

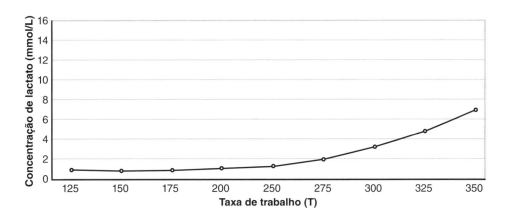

Figura 6.4 Resultados de limiar de lactato de uma pessoa que exibiu um aumento gradual nos níveis de lactato sanguíneo; nesse caso, não se pôde determinar nenhum limiar de lactato claro usando-se o método de inspeção visual.

dem ser obtidas pelo lóbulo das orelhas ou pela ponta dos dedos. Nesses casos, o sangue costuma ser tirado de uma veia antecubital usando-se um cateter ou uma técnica de venopuntura.

O local de amostragem sanguínea pode ser ditado pelo equipamento disponível, mas, fora isso, a decisão é do técnico e da pessoa testada. Deve-se observar que os níveis de lactato sanguíneo podem variar em 50% ou mais dependendo do local de amostragem (El-Sayed, George e Dyson, 1993), portanto, depois que se escolher um local de amostragem, ele deve ser usado sempre durante todo o teste.

Uma vez obtida a amostra de sangue, ela deve ser analisada com um analisador de lactato imediatamente. Se isso não for possível, a amostra deve ser colocada em um agente lisador para destruir as hemácias o mais rapidamente possível, pois elas produzem lactato como parte de seu metabolismo normal. Se forem deixadas intactas, as hemácias continuarão a produzir lactato depois que a amostra de sangue tiver sido obtida, resultando em níveis de lactato que não refletirão a produção de lactato do músculo em atuação.

Finalização do teste e análise de dados

O teste de limiar de lactato continua até que a pessoa atinja a exaustão ou até que se observe um aumento claro e contínuo da concentração de lactato sanguíneo. Após a obtenção dos dados de lactato sanguíneo, o limiar de lactato é determinado colocando-se os valores de lactato e suas respectivas taxas de trabalho em um gráfico. Como mostrado na Figura 6.2, os lactatos sanguíneos a taxas de trabalho mais baixas costumam se manter em níveis relativamente baixos e constantes. Essa sólida manutenção de concentração de lactato diante de crescentes taxas de trabalho costuma ser chamada de base ou de valores de lactato de base.

Quando as taxas de trabalho ultrapassam determinado nível, os níveis de lactato sanguíneo começam a exibir aumentos substanciais à medida que as taxas de trabalho aumentam. Esse ponto de virada na concentração do lactato sanguíneo é considerado por muitos como o limiar de lactato, que, em geral, pode ser identificado examinando-se visualmente as mudanças dos valores de concentração de lactato no gráfico em resposta aos aumentos na taxa de trabalho (Davis et al., 2007).

Infelizmente, os gráficos de lactato nem sempre podem exibir um limiar claro e definitivo como os da Figura 6.2. A Figura 6.4 exemplifica os dados de uma pessoa que apresentou um aumento gradual nos níveis de lactato sanguíneo; nesse caso, não se poderia obter um limiar de lactato usando-se o método de inspeção visual. Como tais casos ocorrem com frequência, muitos fisiologistas do exercício defendem o uso de métodos mais objetivos para se determinar o limiar de lactato. Esses métodos incluem o critério de 0,5 mmol.L^{-1}, o de 1,0 mmol.L^{-1}, o método de extrapolação e o método D-max.

Critérios de 0,5 e 1,0 mmol.L^{-1}

Os critérios de 0,5 (Zoladz, Rademaker e Sargeant, 1995) e 1,0 mmol.L^{-1} (Thoden, 1991) usam métodos parecidos para identificar o limiar de lactato, mas diferem na magnitude da mudança necessária para qualificar um limiar. Com esses métodos, as concentrações de lactato sanguíneo são colocadas no gráfico com as respectivas taxas de trabalho. O limiar de lactato é identificado, então, como a taxa de trabalho mais elevada que não resulte em um aumento de 0,5 ou 1,0 mmol.L^{-1} na concentração de lactato sanguíneo em resposta a pelo menos dois aumentos consecutivos da taxa de trabalho. A exigência de dois aumentos consecutivos do lactato sanguíneo reduz a possibilidade de identificação de um limiar de lactato errado a partir de reações irregulares de lactato a baixas taxas de exercício.

Na Figura 6.5, os valores de lactato sanguíneo permaneceram relativamente baixos e estáveis a 250 watts. A uma taxa de trabalho de 275 watts, o valor de lactato aumentou mais de 1,0 mmol.L^{-1}. Esse aumento de 1,0 mmol^{-1} voltou a ser visto nos resultados de 275 e 300 watts, o que atende aos critérios de um aumento de 1,0 mmol.L^{-1} na concentração de lactato em resposta a pelo menos dois aumentos consecutivos na taxa de trabalho.

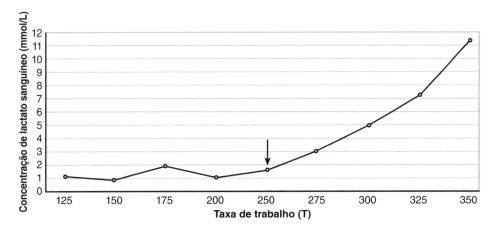

Figura 6.5 Resultados de limiar de lactato de uma pessoa cujos valores de lactato sanguíneo permaneceram relativamente baixos e estáveis a até 250 watts, mas, a uma taxa de trabalho de 275 watts, o valor de lactato subiu em mais de 1,0 mmol.L^{-1}.

Uma grande limitação do exame visual e dos métodos de 0,5 e 1,0 mmol.L^{-1} de determinação do limiar de lactato é que a precisão da medição do limiar é ditada em parte pelos aumentos na taxa de trabalho nos estágios. Por exemplo, na Figura 6.2, o limiar de lactato é claramente 250 watts. No entanto, como os níveis de lactato foram medidos apenas a 250 watts e 275 watts, só podemos ter certeza de que o lactato sanguíneo não estava se acumulando a 250 watts, mas estava se acumulando a 275 watts. Portanto, não podemos ter certeza da taxa de trabalho precisa que faz com que o lactato sanguíneo se acumule, apenas de que isso acontece em algum ponto entre 250 e 275 watts.

Análises de regressão

Em uma tentativa de aumentar a precisão das avaliações das taxas de trabalho que causam o limiar de lactato, alguns fisiologistas do exercício defendem o uso de análises de regressão para estudar os dados de lactato sanguíneo. Para realizar esse procedimento, a curva de lactato é dividida em duas partes: a base, que inclui todos os valores de lactato até o ponto em que os níveis de lactato sanguíneo começam a subir, e a parte exponencial da curva, que inclui todos os valores desde o ponto de inflexão até o fim do teste. Análises de regressão separadas são realizadas em cada parte da curva para gerar linhas de melhor adequação às respectivas partes. Depois de determinadas, as linhas de regressão são extrapoladas até se intersec-

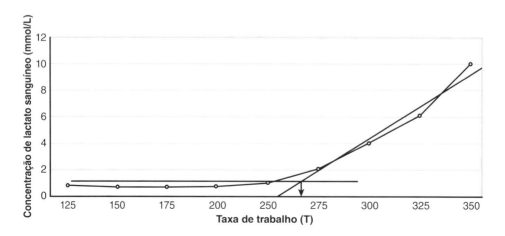

Figura 6.6 Linhas de regressão. Uma linha vertical é passada pelo ponto de interseção e extrapolada para baixo até cruzar o eixo x. O ponto de interseção no eixo x marca a taxa de trabalho a que teria acontecido o limiar de lactato.

160

Capítulo 6 ▪ Limiar de lactato

tarem. Uma linha vertical é passada pelo ponto de interseção e extrapolada para baixo até intersectar-se com o eixo x. O ponto de interseção no eixo x marca a taxa de trabalho a que aconteceria o limiar de lactato (ver Fig. 6.6).

Uma crítica ao método de extrapolação é que o limiar de lactato é influenciado pela taxa a que as concentrações de lactato sanguíneo aumentam depois da exibição de um ponto de inflexão de lactato. Considere os dois atletas cujos perfis de lactato são apresentados na Figura 6.7 *a* e *b*. O lactato sanguíneo do atleta A acumulou-se a uma velocidade muito mais rápida após a exibição do ponto de inflexão de lactato do que a do atleta B. Observe que, em razão da interação das

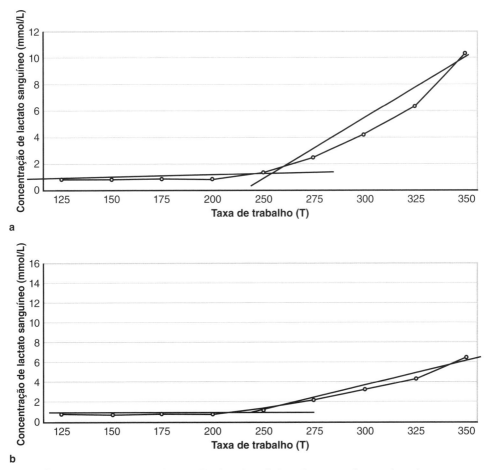

Figura 6.7 Comparando-se a interação das duas linhas de regressão, o atleta A tem um limiar de lactato mais alto do que o do atleta B, embora os pontos de inflexão de lactato tenham ocorrido à mesma taxa de trabalho.

161

linhas de regressão, o atleta A tem um limiar de lactato mais elevado do que o do atleta B, embora seus pontos de inflexão de lactato ocorram à mesma taxa de trabalho.

Os fatores que ditam essa taxa de aumento nos níveis de lactato após a exibição de um ponto de inflexão, como a atividade da enzima desidrogenase, a composição de fibra muscular e o volume sanguíneo, podem não ter nada a ver com a taxa de trabalho que realmente resulta no acúmulo de lactato sanguíneo. Logo, a determinação do limiar de lactato pelo método de extrapolação pode ser injustificadamente influenciável por fatores que não resultem em um aumento inicial dos níveis de lactato sanguíneo.

Método D-max

Para realizar o método D-max de análise de lactato, a pessoa deve se exercitar até a exaustão volitiva durante o teste de limiar de lactato (Cheng et al., 1992). Os dados resultantes são colocados em um gráfico usando-se uma regressão curvilínea de terceira ordem. Em seguida, traça-se uma linha reta que liga o primeiro e o último valores de lactato. Uma segunda linha é traçada perpendicularmente à primeira até o ponto do valor de lactato no gráfico que esteja mais distante da primeira linha. A partir da interseção da segunda linha com os valores de lactato no gráfico, uma terceira linha, agora vertical, é traçada para baixo até cruzar o eixo x. Acredita-se que a taxa de trabalho que produz o limiar de lactato fique no ponto em que a terceira linha cruza o eixo x (ver Fig. 6.8).

Embora o método D-max sofra as mesmas críticas que o método de extrapolação, relatou-se um alto nível de repetitividade nessa técnica (Zhou e Weston, 1997). Além disso, em uma comparação entre corridas de 10 km no limiar de lactato determinado por diversos métodos, o método D-max previu o desempenho de corrida competitiva com o maior grau de precisão (Nicholson e Sleivert, 2001), demonstrando a utilidade do método para avaliar atletas de competição.

MÁXIMO ESTADO ESTÁVEL DE LACTATO

Apesar de o limiar de lactato ser talvez o teste de medição de lactato mais usado, o máximo estado estável de lactato (MEEL) às vezes é empregado para prever taxas de trabalho contínuo máximo em pessoas que se exercitam. Esse teste monitora os níveis de lactato durante longos períodos de intensidade de exercício constante para identificar a carga de trabalho mais elevada em que os níveis de lactato sanguíneo permanecem estáveis (Beneke, 2003).

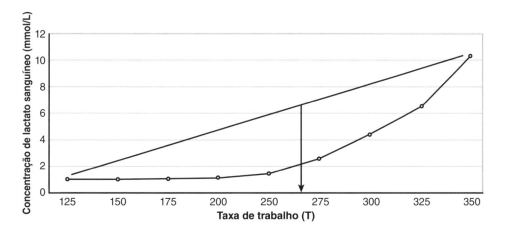

Figura 6.8 A taxa de trabalho que causa o limiar de lactato fica no ponto em que a segunda linha intersecta o eixo x.

O conceito de MEEZ surgiu por causa das críticas de que, embora o limiar de lactato marque o ponto de aumento do acúmulo de lactato sanguíneo, ele pode não identificar a taxa de trabalho mais alta que uma pessoa consegue manter sem aumentos contínuos na produção de lactato quando essa intensidade é mantida por um longo período. Aumentos na produção de lactato e nos níveis de lactato sanguíneo às vezes são vistos erroneamente como um indício de que o corpo não pode manter a homeostase na via glicolítica. Na verdade, porém, a produção de lactato ajuda na manutenção de taxas adequadas de produção de ATP por manter os níveis de NAD adequados para glicólise.

Alguns estudiosos demonstraram que, em muitas pessoas, é possível manter taxas de trabalho acima das que resultam em limiar de lactato com níveis constantes e elevados de produção de lactato (Morris e Shafer, 2010). Os proponentes do MEEL argumentam que, apesar de os níveis de lactato em resposta a determinada carga serem mais elevados do que a base de exercício, seus níveis constantes ao longo do tempo indicam que está ocorrendo homeostase na glicólise e que a intensidade de exercício pode ser mantida por um longo período. Dessa forma, o teste de MEEL monitora a resposta de lactato sanguíneo a uma carga de trabalho específica em um período extenso.

A determinação do MEEL envolve uma série de testes e pode levar alguns dias para ser completada. Inicialmente, a pessoa deve realizar um teste de limiar de lactato como descrito antes neste capítulo. A partir desses dados, a taxa de trabalho que leva ao limiar de lactato é identificada. Em seguida, a pessoa realiza uma série de estágios de exercícios descontínuos separados por alguns minutos ou horas de repouso. As durações dos estágios variam muito em cada protocolo e normalmente vão de 9 a 30 min (Beneke, 2003). As taxas de trabalho são mantidas em um nível constante em cada estágio, enquanto o sangue é tirado a intervalos regulares e seus níveis de lactato são analisados. Se a pessoa mantiver níveis de lactato sanguíneo durante todo um estágio, dá-se um período de repouso e o procedimento é repetido a uma taxa de trabalho um pouco mais elevada. Essa estratégia continua até que se observem aumentos significativos nos níveis de lactato sanguíneo em um único estágio. O MEEL é definido como a taxa de trabalho mais alta que não resulta em aumento na concentração de lactato sanguíneo além dos critérios de níveis de estado estável de lactato.

A Figura 6.9 ilustra os valores de lactato de dois estágios consecutivos de um teste de MEEL. A 250 watts (ver Fig. 6.9a), a pessoa conseguiu manter um nível de lactato sanguíneo constante em toda a duração do estágio. Durante o estágio seguinte, porém, quando a taxa de trabalho aumentou para 260 watts, os valores de lactato não permaneceram constantes e aumentaram ao longo da duração do estágio (ver Fig. 6.9b). A partir desses dados, podemos determinar que o MEEL dessa pessoa é de 250 watts.

A duração dos estágios e dos períodos de repouso, a progressão nas taxas de trabalho entre estágios e os critérios de aumento no lactato sanguíneo variam mui-

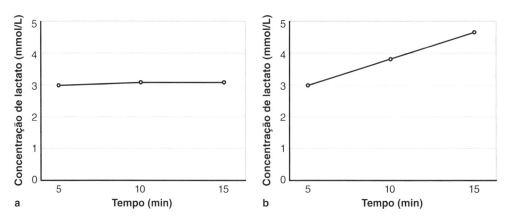

Figura 6.9 Valores de lactato de dois estágios consecutivos de um teste de MEEL *(a)* a 250 watts e *(b)* a 260 watts.

to dependendo do modo de exercício e do protocolo específico. Por exemplo, em protocolos que usam estágios de 30 min, os níveis de lactato sanguíneo podem ser medidos a cada 5 min, e os aumentos no lactato podem se limitar a não mais de 1,0 mmol.L^{-1} entre o 10º e o 30º min (Beneke, 2003); onde outros podem limitar o aumento a não mais que 0,5 mmol•L^{-1} entre o 20º e o 30º min (Urhausen et al., 1993). Um protocolo menor, como o de 9 min, pode medir o lactato sanguíneo a cada 3 min e limitar o aumento de lactato sanguíneo a não mais de 1,0 mmol.L^{-1} entre o 3º e o 9º min (Morris, Kearney e Burke, 2000).

Os períodos de repouso entre estágios podem variar entre 30 min, para protocolos de estágios mais curtos, e 24 h, para protocolos que usam estágios de 30 min. Ao se avaliarem atletas para fins de treinamento, os protocolos mais curtos são mais apropriados, pois os atletas costumam não ter tempo para se dedicar aos vários dias de teste necessários para os protocolos de MEEL mais longos. Contudo, outras determinações mais precisas de MEEL podem ser obtidas com protocolos mais longos, o que pode torná-los mais interessantes para os pesquisadores.

A taxa de trabalho para o estágio inicial costuma ser um pouco acima da taxa de trabalho no limiar de lactato. As progressões de taxa de trabalho podem ser determinadas arbitrariamente ou calculadas como uma porcentagem da taxa de trabalho do estágio inicial. Para protocolos de remo e de ciclismo, aumentos comuns vão de 5 a 10 watts, ao passo que os corredores podem aumentar de 0,3 a 0,5 km/h em cada estágio.

USO DOS DADOS DO LIMIAR DE LACTATO

As informações proporcionadas por um teste de limiar de lactato têm diversas utilidades. Depois de entender o papel que o lactato representa no metabolismo do exercício, o fisiologista do exercício pode usar as informações dos testes para prever ritmos de corrida e de treinamento adequados e avaliar o condicionamento de uma pessoa ou a eficácia de um programa de treinamento. Embora a produção de lactato não contribua para a acidose e haja indícios de que o lactato propriamente não causa fadiga, o acúmulo de lactato sanguíneo indica que o corpo está dependendo de contribuições substanciais da glicólise anaeróbia para atender às demandas de energia do exercício. Saber a intensidade de exercício a que isso ocorre é útil por dois motivos: quando a glicose e o glicogênio são metabolizados em lactato, apenas 2 ou 3 moléculas de ATP são geradas por molécula de carboidrato consumido, ao passo que 36 a 39 moléculas de ATP eram geradas quando o piruvato era produzido e consumido por fosforilação oxidativa. Assim, a chegada ao limiar de lactato assinala que o corpo está consumindo glicose e glicogênio a uma velocidade maior do que a produção de ATP, o que pode acabar levando à depleção de carboidrato e à exaustão prematuras. Portanto, atletas que participam de provas que desafiam sua capacidade de reservar glicogênio devem levar em consideração a necessidade de preservar as reservas de carboidrato ao planejar suas estratégias de progressão.

Aumentos nas concentrações de lactato sanguíneo também indicam que a taxa de consumo de ATP da pessoa está começando a exceder sua capacidade de fornecer ATP pela via oxidativa. O aumento nos níveis de lactato sanguíneo vistos nessa intensidade transicional indica que o corpo precisa depender da glicólise para fornecer reservas de ATP adequadas ao músculo exercitado. Embora a produção de lactato não resulte em acidose e seja questionável o fato de ela ajudar a causar a acidose, o acúmulo de lactato no sangue indica que taxas contínuas máximas de exercício e de produção de ATP estão próximas (Morris e Shafer, 2010).

A relação entre o limiar de lactato e a taxa de consumo das reservas de carboidrato, assim como as correlações entre o limiar de lactato e a taxa de trabalho contínuo máximo, faz do limiar de lactato um bom preditor de desempenho de exercício de resistência. Estudos prévios (Foxdal et al., 1994; Tanaka, 1990) demonstraram correlações próximas entre ritmos de corrida no limiar de lactato e ritmos médios em provas competitivas de corrida de distâncias de 10 mil metros à de uma maratona. Em estudos com bicicleta ergométrica, os resultados de potência que geraram limiar de lactato foram parecidos com os resultados de potência médios durante provas cronometradas de 60 a 90 min (Bentley et al., 2001; Bishop, Jenkins e Mackinnon, 1998). Contudo, em provas cronometradas de 25 a 35 min, as pessoas costumam manter resultados de potência significativamente mais altos do que os que geraram limiar de lactato (Bentley et al., 2001; Kenefick et al., 2002). Apesar dessas discrepâncias, as correlações entre resultados de potência no limiar de lactato e os resultados de potência médios durante provas de tempo mais curtas continuaram muito altas, o que sugere que o desempenho nessas provas pode ser previsto pelos dados de limiar de lactato com uma precisão razoável.

Assim como em muitos sistemas fisiológicos e anatômicos, os mecanismos que influenciam o limiar de lactato respondem ao treinamento de exercício. Programas de treinamento bem projetados podem aumentar a capacidade da via oxidativa aumentando a oferta de oxigênio para o músculo ativo (Schmidt et al., 1988), os números de mitocôndrias (Holloszy e Coyle, 1984) e os níveis de enzimas oxidativas (Henriksson e Reitman, 1976). Essas melhoras na capacidade oxidativa aumentam a capacidade do músculo de produzir ATP, consumir piruvato e regenerar NAD, o que resulta em menor dependência da produção de lactato e em aumento nas taxas de trabalho necessárias para gerar o limiar de lactato.

Ao contrário do consumo de oxigênio máximo, que pode ser muito influenciado por fatores genéticos (Bouchard et al., 1986), a exibição do limiar de lactato, quando expresso em porcentagem do consumo de oxigênio máximo, é influenciada principalmente pelo nível de condicionamento (Henritze et al., 1985). Essa suscetibilidade ao treinamento de exercício torna o limiar de lactato útil para avaliar o condicionamento aeróbio e a eficácia de programas de treinamento. Atletas de resistência bem treinados tendem a exibir um limiar de lactato quando se exercitam a 80% ou mais de seu consumo de oxigênio máximo, ao passo que pessoas não treinadas passam pelo limiar de lactato a intensidades muito menores (Joyner e Coyle, 2008). O treinamento contínuo à taxa de trabalho que gera o limiar de lactato, ou acima dessa taxa, também resulta em aumentos nos resultados de potência, os quais causam maiores taxas de produção e acúmulo de lactato (Henritze et al., 1985). Portanto, a eficácia de um programa de treinamento pode ser avaliada medindo-se o limiar de lactato antes e depois da implantação de um programa. Uma mudança para a direita, como a vista na Figura 6.10, sugere que o programa de treinamento conseguiu aumentar a taxa de trabalho que leva ao limiar de lactato, assim como as taxas máximas de esforço contínuo.

A capacidade do limiar de lactato de responder ao treinamento e prever o desempenho competitivo também o torna útil na prescrição de intensidades adequa-

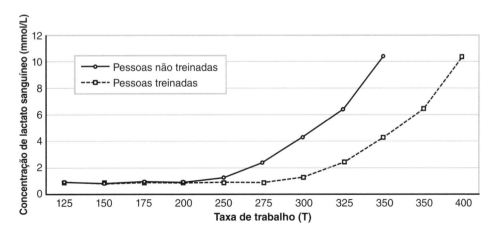

Figura 6.10 Efeito do treinamento no limiar de lactato.

das de treinamento. Evidências científicas defendem o princípio da sobrecarga de treinamento (Weltman et al., 1992), que sugere que a maneira mais eficaz de melhorar a capacidade fisiológica é treinar a uma intensidade que exceda a capacidade atual. Dessa forma, estratégias de treinamento eficazes envolvem a avaliação das capacidades de desempenho atuais e o uso de intervalos de exercício que excedam suas taxas de exercício contínuo máximo atual. Sem dúvida, a maneira mais precisa de medir a capacidade de desempenho de um atleta em uma prova específica é medir o desempenho durante a prova. Infelizmente, provas longas de resistência, como maratona, são fisicamente exaustivas, o que torna quase impossível testar a capacidade de desempenho. No entanto, o caráter relativamente curto e tranquilo de um teste de limiar de lactato o torna ideal para avaliar a capacidade de um atleta com frequência.

Aplicações profissionais

Tim é um corredor de distância de competição que, recentemente, estabeleceu a meta de correr sua primeira maratona. Ele tem um histórico de ótimos desempenhos em corridas de 10 km em estrada e quer correr em um tempo rápido em sua primeira maratona. Tim reconhece o conceito de sobrecarga progressiva e sabe que, para melhorar sua capacidade na maratona, precisa treinar a um ritmo que seja mais rápido do que a velocidade que poderia manter durante todos os 42,2 km. Todavia, se ele treinar a um ritmo que também seja rápido, não vai conseguir suportar o volume de treinamento necessário para ter bom desempenho em sua futura competição. Ele conhece muito bem suas capacidades na distância de 10 km, mas a maratona é mais de quatro vezes mais longa, e ele sabe que não consegue manter esse ritmo durante toda a maratona.

Tim visita um fisiologista do exercício, que também é corredor de distância, para se aconselhar. O fisiologista concorda que o ritmo de competição de Tim de 10 km é muito mais rápido do que o que ele conseguiria manter durante toda a maratona. O fisiologista do exercício conhece as pesquisas que demonstram que o ritmo no limiar de lactato costuma ser muito parecido com o ritmo que pode ser mantido em uma maratona e sugere que Tim faça um teste de limiar de lactato.

O fisiologista do exercício escolhe um protocolo em passos porque vai identificar o ritmo de corrida que gera o limiar de lactato com mais precisão do que um protocolo em rampa. Os estágios do teste serão de 3 min para estabilizar os níveis de lactato sanguíneo em resposta a cada carga nova. O ritmo de cada estágio aumentará em 1 km por hora para determinar o ritmo que resulta em limiar de lactato.

O ritmo inicial deve ser o que permite a Tim completar de 4 a 5 estágios antes de os níveis de lactato sanguíneo começarem a subir. Isso definirá uma base a partir da qual o limiar de lactato será identificado. Há pouco tempo, Tim competiu em uma corrida de 10 km, terminando em 36 min, o que corresponde mais ou menos a 16 km/h. Corredores de fundo bem condicionados conseguem manter um ritmo em uma corrida de 10 km um pouco mais rápido do que seu ritmo no limiar de lactato. Portanto, 14,5 km/h é uma boa estimação de ritmo que gera o limiar de lactato. Para começar o teste a uma velocidade que coloque Tim a 14,5 km/h em quatro estágios, o fisiologista do exercício multiplica o número de estágios (quatro) pela taxa de aumento de velocidade em cada estágio (0,8 km/h). Em seguida, o valor resultante de 3,2 km/h é subtraído da velocidade de limiar de lactato imaginada de 14,5 km/h para dar uma velocidade inicial de 11,3 km/h.

Antes de começar o teste, Tim se aquece por 12 min. O aquecimento começa a uma velocidade relativamente lenta de 8 km/h e continua assim durante os primeiros 2 min. Na marca de 2 min, a velocidade é aumentada em 0,8 km/h e aumenta nesse valor a cada 2 min durante o restante do aquecimento. Essa progressão fará com que Tim corra ao ritmo inicial do teste de limiar de lactato (11,3 km/h) durante os dois últimos minutos do aquecimento.

Esse método faz três coisas:

- Permite que o corpo de Tim se ajuste às demandas metabólicas da taxa de exercício inicial do teste de limiar de lactato.
- Permite que Tim sinta a velocidade inicial do teste e tenha menos apreensão ao começar o teste.
- Dá a Tim a chance de sentir as progressões de ritmo em cada estágio do teste de limiar de lactato.

Terminado o aquecimento, Tim sai da esteira. Ele e o fisiologista do exercício têm 4 a 5 min para fazer as últimas preparações para o teste. Para Tim, isso pode incluir ir ao banheiro, se alongar ou voltar a amarrar os cadarços para ter certeza de que não se desamarrem e interrompam o teste antes de seu início. O fisiologista do exercício usa o tempo para verificar se todo o equipamento necessário está ao alcance e corretamente calibrado.

Para começar o teste, o fisiologista do exercício liga a esteira e coloca a velocidade inicial de 11,3 km/h. Em seguida, Tim sobe à esteira e o fisiologista do exercício liga o cronômetro. Após 3 min de corrida, Tim sai da esteira, e o fisiologista do exercício usa uma agulha para fazer uma pequena punção no dedo de Tim. Tira-se uma pequena amostra, que é introduzida imediatamente no analisador de lactato. Em seguida, o fisiologista do exercício coloca uma gaze pequena na ferida de Tim antes de aumentar a velocidade em 0,8 km/h, e Tim volta a correr na esteira. Esse procedimento é repetido até que se observe um aumento óbvio e contínuo nos níveis de lactato sanguíneo ao longo dos estágios.

Ao término do teste, o fisiologista do exercício põe os valores de lactato no gráfico com seus respectivos ritmos de corrida e vê um ponto de inflexão óbvio a 14,5 km/h. Provavelmente, esse ritmo é o mais veloz que Tim conseguiria manter em uma maratona. Como o objetivo dele é melhorar sua capacidade antes da competição, Tim deve usar 14,5 km/h como ritmo mínimo para suas longas corridas de treinamento, e ritmos acima de 16 km/h para treinos intervalados.

Com o treinamento adequado, o limiar de lactato de Tim aumentará, o que elevará também seu ritmo de treinamento mínimo. Podem-se esperar aumentos mensuráveis dentro de aproximadamente 4 a 6 semanas, quando será necessário um novo teste do limiar de lactato de Tim. Essas reavaliações regulares serão úteis para se avaliar a eficácia do programa de treinamento e para redefinir ritmos de treinamento adequados à medida que Tim progride.

RESUMO

- O teste de limiar de lactato é usado para avaliar a capacidade de exercício de resistência.
- O limiar de lactato costuma ser marcado por um aumento acentuado na concentração de lactato em resposta à crescente taxa de exercício.
- Mudanças nos níveis de lactato sanguíneo em resposta a taxas de exercício em mudança dão informações sobre a capacidade do atleta de conseguir catabolizar o carboidrato para energia.
- O limiar de lactato pode ser indicativo da taxa máxima de exercício contínuo do atleta e, portanto, pode ser usado para previsão do desempenho de exercício e prescrição da intensidade de treinamento.
- O limiar de lactato responde ao treinamento de exercício de resistência e, por conseguinte, pode ser usado para avaliar a eficácia de um programa de treinamento.

7

Força muscular

Gavin L. Moir, Ph.D.

A força muscular foi identificada há muito tempo como um componente importante do desempenho esportivo e da saúde (p. ex., Dorchester, 1944; Murray e Karpovich, 1956; Paschall, 1954; Sampon, 1895). Por esse motivo, testes usados para identificar informações de prognóstico e de diagnóstico sobre a força muscular são muito importantes para o profissional de força e condicionamento. A capacidade de testar a força muscular tem aplicações significativas quando se trabalha com atletas. Por exemplo, foram sugeridos testes de força muscular como forma de monitorar as respostas a um programa de treinamento (Stone, Stone e Sands, 2007; Zatsiorsky, 1995), de determinar as cargas de treinamento a serem usadas durante programas de treinamento de força (Baechle, Earle e Wathen, 2008; Bompa e Haff, 2009) e de monitorar a reabilitação após uma lesão (Flanagan, Galvin e Harrison, 2008; Meller et al., 2007). Os testes de força muscular também ajudam a identificar talentos em esportes como rúgbi e futebol (Pienaar, Spamer e Steyn, 1998; Reilly, Bangsbo e Franks, 2000).

Além das aplicações no desempenho esportivo, os testes de força muscular são usados em ambientes clínicos para determinar o risco de quedas na terceira idade

(Perry et al., 2007; Wyszomierski, Chambers e Cham, 2009) e destacar as consequências funcionais da sarcopenia (Vandervoort e Symons, 1997). Além disso, a força muscular tem uma correlação positiva com a densidade mineral óssea na terceira idade (Iki et al., 2006; Miller et al., 2009). Fica claro, assim, que a seleção de testes adequados de força muscular é uma questão pertinente para pesquisadores e profissionais.

O objetivo deste capítulo é resumir os métodos adequados para testar a força muscular, especialmente a força muscular máxima. A confiabilidade e a validade dos testes serão destacadas quando possível. Partiremos, porém, da definição de força muscular, que exige uma breve discussão dos fatores mecânicos e fisiológicos que comprovadamente influenciam a expressão de força muscular.

DEFINIÇÃO DE FORÇA MUSCULAR

A força muscular (Siff, 2000; Stone, Stone e Sands, 2007; Zatsiorsky, 1995) pode ser definida como a capacidade de um músculo ou grupo de músculos de produzir força contra uma resistência externa. A partir dessa definição, a expressão de força muscular segue um contínuo de zero (sem geração de força) à produção de força muscular máxima. Uma força é um agente que muda ou tende a mudar o movimento de uma resistência externa. (Note que, como os músculos produzem "tração", ou forças elásticas, como resultado da circulação de actomiosina, muitos se referem à tensão produzida por um músculo como o oposto da força. Entretanto, o termo *força* será usado neste capítulo em razão da continuidade.) A reformulação da segunda lei do movimento de Newton define a relação entre força (F) e massa (m) e aceleração (a) da resistência externa.

$$F = ma$$

Em que:
F = força aplicada, medida em newtons (N);
m = massa da resistência externa, medida em quilogramas (kg);
a = aceleração da resistência externa, medida em metros por segundo^2 (m.s^2).

Portanto, a magnitude de uma força pode ser determinada pela aceleração de uma resistência externa. As forças, porém, demoram para mudar o movimento de uma resistência externa e, por conseguinte, o produto da força pelo tempo, chamado de impulso da força, costuma ser calculado na mecânica:

$$\text{Impulso} = Ft$$

Em que:
o impulso é medido em newton-segundos (Ns);
F= força aplicada (N);
t = tempo, medido em segundos (s).

A importância do impulso de uma força fica aparente na relação entre impulso e momento linear (que pode ser derivado de uma equação de movimento):

$$Ft = mv_f - mv_i$$

Em que:
Ft = impulso da força aplicada (Ns);
mv_f = momento linear final de uma resistência externa, medido em quilogramas-metros por segundo (kg/m.s^{-1});
mv_i = momento linear inicial de uma resistência externa, medido em quilogramas-metros por segundo (kg/m.s^{-1}).

Dessa relação, o impulso de uma força aplicada age para mudar o momento de uma resistência externa. Como o momento linear é produto da massa pela velocidade linear, e a massa das resistências externas encontradas no esporte e em situações clínicas permanecerá constante durante o tempo de aplicação da força, a relação entre impulso e momento definida anteriormente nos diz que, para mudar a velocidade linear de uma resistência externa, precisamos aplicar um impulso, uma força que atue por determinado período.

Na maioria das situações esportivas e atividades da vida diária, é preciso que mudemos a velocidade de uma resistência externa, que pode ser a massa de nosso próprio corpo ou de outra pessoa, ou a massa de um objeto ou implemento. A relação entre impulso e momento nos diz que podemos aumentar a mudança de movimento sofrida por uma resistência externa aumentando a magnitude da força aplicada média, o tempo em que a força é aplicada ou essas duas variáveis. Logo, o impulso de uma força é importante tanto de uma perspectiva mecânica quanto prática.

Relacionar a força muscular à capacidade de um músculo ou grupo de músculos de produzir uma força salienta a importância da força muscular em ambientes esportivos e clínicos. Definir a força muscular em termos das capacidades de força dos músculos também é esclarecedor, pois os fatores mecânicos e fisiológicos que influenciam a produção de força no músculo esquelético já foram determinados. Como resultado, esses fatores podem ser considerados quando se define a utilidade dos testes de força muscular.

FATORES QUE AFETAM A PRODUÇÃO DE FORÇA MUSCULAR

Os fatores que afetam a produção de força no músculo esquelético incluem tipo de contração, arquitetura muscular, tipo de fibra muscular, história contrátil e influências neuronais. Esta seção aborda esses fatores, assim como o torque articular. Ela termina com uma definição de força muscular máxima.

Tipo de contração

Um músculo pode desenvolver força em condições estáticas (em que o comprimento do músculo permanece igual) ou dinâmicas (em que o comprimento do músculo muda). Quando se desenvolve força e o comprimento do músculo permanece constante, diz-se que o músculo está realizando uma contração isométrica. Em condições dinâmicas, o músculo pode se contrair de maneira excêntrica (i. e., a força é desenvolvida com a extensão do músculo) ou concêntrica (i. e., a força é desenvolvida com o encurtamento do músculo). Recentemente, fisiologistas musculares afirmaram que os termos *excêntrico* e *concêntrico* são inapropriados e levam a erro (Faulkner, 2003); de toda forma, os termos são tão amplamente usados nos círculos de treinamento que serão utilizados aqui.

Um caso especial de contração muscular dinâmica é uma contração isocinética. Nesse caso, a força é desenvolvida enquanto o músculo age de maneira excêntrica ou concêntrica, mas tudo indica que a velocidade da contração permanece constante. Esse tipo de contração será abordado com mais detalhes adiante neste capítulo (ver seção "Teste de força isocinética").

Deve-se observar que, embora o tipo de contração realizado por um músculo possa ser óbvio *in vitro*, a distinção nem sempre é clara *in vivo*. Por exemplo, pesquisadores anteriores demonstraram que o comportamento muscular não necessariamente corresponde a movimento articular em razão da presença de tendões extensíveis que atuam em série com o músculo (Reeves e Narici, 2003). Especificamente, quando uma articulação é acelerada em extensão e imagina-se que os músculos que a cruzam estejam atuando de forma excêntrica, pode-se realizar uma contração isométrica enquanto o tendão é estendido. Essas questões podem afetar a validade externa de um teste de força muscular.

Foi definido que a força desenvolvida por um músculo quando ele atua isometricamente depende do comprimento do músculo (Rassier, MacIntosh e Herzog, 1999). Essa *relação força–comprimento* (ver Fig. 7.1) se deve essencialmente às mudanças na sobreposição dos miofilamentos (elevação leve do membro, estático, abaixamento do membro) e ao contato entre os filamentos grossos e os discos Z (elevação abrupta do membro). A importância prática dessa relação é que a expressão de força muscular varia de acordo com o comprimento do músculo, o que, por sua vez, varia conforme o ângulo articular selecionado durante o teste específico de força.

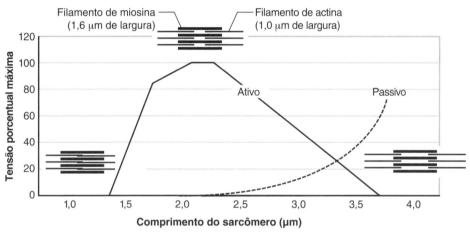

Figura 7.1 Relação força–comprimento. A parte passiva da curva vem da força exercida pelas estruturas passivas, como a titina, à medida que a fibra é estendida.

Reproduzida, com autorização, de R. L. Lieber, 2002, *Skeletal Muscle Structure, Function and Plasticity. The Physiological Basis of Rehabilitation* (Baltimore, MD: Lippincott Williams & Wilkins), 62.

Embora a relação força–comprimento possa ser usada para descrever a força desenvolvida em condições isométricas, essa relação pode não ser usada para descrever o comportamento do músculo que se contrai de maneira dinâmica. Em vez dela, é a *relação força–velocidade* que descreve a força desenvolvida por um músculo quando ele se contrai de maneira excêntrica ou concêntrica (ver Fig. 7.2). A queda súbita no desenvolvimento de força quando a velocidade de encurtamento aumenta pode ser explicada em termos de taxas de reações químicas associadas à circulação de actomiosina, como descrito pela teoria de pontes cruzadas da contração muscular (Lieber, 2002). O aumento na força associado a contrações musculares excêntricas não pode ser explicado facilmente pela teoria de pontes cruzadas original; alguns autores propõem inomogeneidades de sarcômeros como explicação (Harry et al., 1990; Morgan, 1990).

Deve-se observar que a relação força–velocidade representada na Figura 7.2 representa a relação gerada a partir de uma série de experimentos realizados em um músculo inteiro isolado nos quais o músculo pode se contrair contra diversas cargas (*stricto sensu*, trata-se da relação carga–velocidade). Medições *in vivo* da relação usando-se dinamometria isocinética nem sempre correspondem estritamente a essa relação idealizada; as forças excêntricas não são maiores do que as isométricas (Dudley et al., 1990). Essas diferenças se devem provavelmente a reflexos inibitórios iniciados quando as contrações são realizadas *in vivo*.

O que fica claro com essas pesquisas é que a força associada a contrações excêntricas excede a de contrações concêntricas quando são registradas medições *in vitro* ou *in vivo* (Drury et al., 2006; Harry et al., 1990). Embora os profissionais de condicionamento costumem medir as capacidades concêntricas *in vivo*, medir forças excêntricas é difícil sem o uso de equipamentos especializados (p. ex., dinamômetros isocinéticos, plataformas de força). Isso é significativo se considerarmos a importância de forças excêntricas em muitos movimentos (LaStayo et al., 2003). Os problemas de medição da força excêntrica são abordados na discussão dos testes específicos mais adiante neste capítulo.

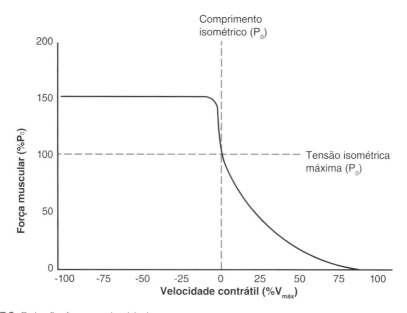

Figura 7.2 Relação força–velocidade.
Reproduzida, com autorização, de R. L. Lieber, 2002, *Skeletal Muscle Structure, Function and Plasticity. The Physiological Basis of Rehabilitation* (Baltimore, MD: Lippincott Williams & Wilkins), 62.

Pesquisadores demonstraram que a força desenvolvida durante uma contração concêntrica pode ser aperfeiçoada quando ela é precedida por uma contração excêntrica (Finni, Ikewaga e Komi, 2001). Esse sequenciamento de contrações musculares concêntricas e excêntricas é denominado *ciclo de alongamento-encurtamento* (CAE), e foi demonstrado que ele aumenta o desenvolvimento de força concêntrica por meio de mecanismos que incluem contribuições de energia elástica, ativação de reflexo e mudanças arquitetônicas (Komi, 2003). Como o CAE é uma sequência que ocorre naturalmente entre as contrações musculares usadas nas atividades esportivas e cotidianas, sua inclusão em um teste de força muscular influenciará a validade do teste.

Arquitetura muscular

As características arquitetônicas que podem afetar a expressão de força muscular são a área de seção transversa do músculo e o ângulo de penação.

Área de seção transversa

A área de seção transversa (AST) de um músculo está relacionada com o número de sarcômeros em paralelo. Como esse número afeta a capacidade do músculo de desenvolver força, uma AST maior é associada a uma maior produção de força (McComas, 1996). Portanto, a hipertrofia de um músculo é uma forma de aumentar as capacidades de força. Apesar da importância da AST para as capacidades de força de um músculo, a relação não se aplica a músculos penados em que as fibras musculares atuam em um ângulo em relação à linha de ação do músculo (p. ex., reto femoral). Nessas situações, a área de seção transversa deve ser calculada (Lieber, 2002) considerando-se o ângulo entre a orientação dos fascículos e a linha de ação da força muscular, ou seja, o ângulo de penação.

Ângulo de penação

O ângulo de penação, definido como o ângulo entre a orientação dos fascículos e a linha de ação da força muscular, pode ter um efeito significativo na força muscular – um ângulo de penação maior indica maiores capacidades de força (Ichinose et al., 1998) com mais fibras concentradas em determinado volume de músculo. Os pesquisadores relataram correlações positivas significativas entre a espessura muscular e os ângulos de penação (Ichinose et al., 1998; Kawakami, Abe e Fukunaga, 1993), sugerindo que aumentos no ângulo de penação podem contribuir para a hipertrofia muscular. Como o ângulo de penação de um músculo pode mudar de acordo com o ângulo articular (Kawakami et al., 2000), é provável que a capacidade de força de um músculo seja afetada pelo ângulo articular escolhido em determinado teste de força.

Tipo de fibra muscular

O músculo esquelético é composto por fibras que diferem em termos de propriedades contráteis, cuja heterogeneidade depende em parte das isoformas da cadeia pesada de miosina (MHC, do inglês *myosin heavy chain*) presentes. O tipo de isoforma da MCH (encontrado no músculo esquelético humano do tipo I, IIa e IIx) é usado para classificar o tipo de fibra muscular (Baldwin e Haddad, 2001. Por um lado, pesquisas com fibras musculares *in vitro* revelaram que as fibras do tipo IIx MHC têm maior tensão específica do que as do tipo MHC I (Stienen et al., 1996). Registros *in vivo* em seres humanos tendem a substanciar essas descobertas; pesquisadores encontraram correlações positivas entre porcentagem do tipo MHC II e força muscular (Aagaard e Andersen, 1998). Por outro lado, fibras do tipo I têm maior capacidade oxidativa e, portanto, maiores capacidades de resistência (Bottinelli e Reggiani, 2000).

Histórico contrátil

Contrações musculares prévias têm um efeito significativo na capacidade do músculo de desenvolver força por mecanismos de fadiga e potencialização pós-ativação.

Fadiga

A fadiga pode ser definida como um declínio reversível no desempenho muscular associado à atividade muscular e é marcada por uma redução progressiva na força desenvolvida por um músculo (Allen, Lamb e Westerblad, 2008). A redução na força pode não ser tão pronunciada durante contrações submáximas como ocorre durante contrações máximas, nas quais a fadiga se manifesta como uma incapacidade de manter a atividade na intensidade exigida (Allen, Lamb e Westerblad, 2008). Fibras musculares que expressam uma proporção alta do tipo MHC I são mais capazes de resistir à fadiga durante contrações repetidas (Bottinelli e Reggiani, 2000). Embora os mecanismos por trás da fadiga sejam complexos e específicos à tarefa (MacIntosh, Gardiner e McComas, 2006), está claro que a realização de contrações musculares prévias pode ter um efeito significativo na expressão da força muscular.

É importante observar que a fadiga não é apenas um fenômeno agudo que ocorre logo após as contrações musculares, dissipando-se rapidamente para restaurar a função do músculo; o declínio na força após contrações musculares pode durar dias, sobretudo quando os movimentos envolvem o CAE (Nicol, Avela e Komi, 2006; Stewart et al., 2008). Dessa maneira, tanto os efeitos a curto prazo como os a longo prazo das contrações musculares prévias na força muscular devem ser considerados quando se mede a força muscular.

Potencialização pós-ativação

Pesquisas mostraram que realizar contrações musculares máximas ou próximas do máximo podem produzir aumentos a curto prazo na força máxima gerada pelos músculos estimulados em um fenômeno conhecido como potencialização pós-ativação (PPA) (Hodgson, Docherty e Robbins, 2005). A especificidade mecânica entre o exercício usado para induzir a PPA e a performance de exercício parece exercer uma influência substancial na eficácia do efeito da PPA (Hodgson et al., 2005). Embora os mecanismos responsáveis pelo efeito da PPA ainda não estejam inteiramente claros (Robbins, 2005), a PPA representa um método de aumento potencial da expressão de força muscular a curto prazo.

INFLUÊNCIAS NEURONAIS NA FORÇA MUSCULAR

Até agora, foram consideradas apenas as variáveis mecânicas associadas ao músculo esquelético isolado ou aos grupos de músculos e a forma como a produção de força é afetada. Contudo, durante os esforços musculares exercidos pelo sistema motor intacto, o sistema nervoso central tem um efeito profundo na expressão de força muscular. Aumentar o número de unidades motoras recrutadas durante uma contração muscular voluntária pode aumentar a magnitude da força muscular, ao passo que aumentar a taxa em que os neurônios motores descarregam potenciais de ação (codificação neural) terá um efeito parecido (Duchateau, Semmler e Enoka, 2006). A força a que o recrutamento voluntário de unidades se completa difere entre os músculos (Moritz et al., 2005; Oya, Riek e Creswell, 2009).

Compreender as influências neuronais na expressão de força levou ao desenvolvimento de métodos para aumentar a força muscular. Por exemplo, demonstrou-se que a superimposição de um estímulo elétrico durante uma contração muscular voluntária máxima aumenta a magnitude de força desenvolvida (Paillard et al., 2005). Isso levou alguns autores a distinguir entre força muscular voluntária e força muscular absoluta (estimulação superimposta) (Zatsiorsky, 1995). Embora esses métodos de superimposição tenham sido usados para testar a força de músculos isolados ou a atividade de músculos que agem em uma articulação única, sua utilidade em movimentos multiarticulares complexos como os realizados em atividades esportivas e cotidianas foi questionada em termos práticos e de segurança (Stone, Stone e Sands, 2007).

Como afirmado anteriormente, tudo indica que a expressão de força muscular em determinado teste resulte da interação da força desenvolvida pelos grupos de músculos. Uma representação simplificada de uma articulação servida por um par antagonista de músculos mostra que a força associada à contração do agonista é influenciada pela atividade do antagonista. Portanto, a força líquida desenvolvida durante determinado movimento depende do grau de coativação entre o par antagonista de músculos que age em uma articulação. Pesquisadores mostraram que os atletas exibem menos coativação durante testes de força muscular do que pessoas sedentárias (Amiridis et al., 1996), o que pode explicar em parte os maiores valores de força registrados em pessoas bem treinadas.

Por fim, demonstrou-se que a ativação de unidades motoras durante uma tarefa é afetada pela orientação dos segmentos corporais (Brown, Kautz e Dairaghi, 1996; Person, 1974) e pela direção da força aplicada durante determinado movimento (Ter Haar Romney, Van der Gon e Gielen, 1982; 1984). Isso implica que a expressão de força muscular é influenciada pela postura.

Torque articular

Apesar de as propriedades neuromecânicas mencionadas determinarem a produção de força no músculo esquelético, durante os movimentos do corpo humano, o movimento dos segmentos corporal resulta de torques que agem nas articulações, e não apenas de forças musculares. (Em um sentido estritamente mecânico, um torque envolve rotação pura e, assim, a terminologia correta faz referência ao momento de uma força ou, simplesmente, ao momento em que age em determinada articulação [Chapman, 2008]. Todavia será usado o termo *torque* neste capítulo.) Torque é um efeito rotacional de uma força que age em um corpo restringido a rodar em torno de um eixo fixo. Ele é calculado como o produto de uma força pela distância perpendicular entre a linha de ação da força e o eixo de rotação:

$$\pi = Fd$$

Em que:
π = torque muscular, medido em newton-metros (N.m);

F = força muscular (N);
d = a distância perpendicular entre a linha de ação da força e o eixo de rotação, medida em metros (m).

A Figura 7.3 mostra a representação esquemática de um torque muscular ($F_M M_M$) e de um torque contrário relativo a uma resistência segurada na mão ($F_r \times M_R$).

A distância perpendicular entre a linha de ação da força e o eixo de rotações é conhecida como braço de momento da força muscular. A partir da equação de torque muscular, fica claro que alterações na força muscular ou no braço de momento podem afetar o torque produzido. É importante notar que o braço de momento da força muscular muda à medida que a articulação é acelerada por uma amplitude de movimento (ver Fig. 7.4).

O torque medido em uma articulação em análises mecânicas de movimentos é o torque líquido exercido em torno do eixo de rotação, cuja principal causa se presume ser a atividade dos grupos musculares que cruzam a articulação. As contribuições de outras estruturas (i. e., ligamentos, cápsula articular) são consideradas mínimas, assim como as contribuições de músculos que podem estar ativos, mas não cruzam a articulação em questão (ver Zajac e Gordon, 1989, para uma discussão a respeito da complexidade da determinação da influência da musculatura ativa sobre torques articulares durante movimentos multiarticulares). Em alguns testes de força muscular, as articulações são isoladas de forma que se possa supor que o torque resulte da musculatura ativa que cruza a articulação (ver a seção "Teste de força isoci-

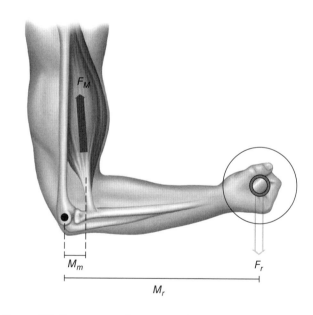

Figura 7.3 Representação esquemática de um torque muscular atuando em uma articulação.
Reproduzida, com autorização, de National Strength and Conditioning Association, 2008, Biomechanics of resistance training, por E. Harman. Em: *Essentials of Strength Training and Conditioning*, 3ª, editado por T. R. Baechle e R. W. Earle (Champaign, IL: Human Kinetics, 70).

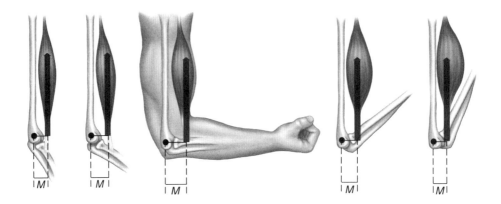

Figura 7.4 Mudanças no braço de momento associado a um torque muscular enquanto a articulação é acelerada por uma amplitude de movimento.

Reproduzida, com autorização, de National Strength and Conditioning Association, 2008, Biomechanics of resistance training, by E. Harman. Em *Essentials of Strength Training and Conditioning*, 3ª, editado por T. R. Baechle e R. W. Earle (Champaign, IL: Human Kinetics, 70).

nética"). Esses testes podem não ser válidos para avaliar momentos multiarticulares que normalmente ocorrem em atividades esportivas e cotidianas.

Contrações musculares dinâmicas costumam ser chamadas de isotônicas, o que significa que a tensão desenvolvida pelo músculo permanece constante durante a contração (Lieber, 2002). Embora isso possa ser verdade em preparações musculares isoladas, é improvável que o seja em contrações musculares *in vivo*, pois o braço de momento concomitante muda. Portanto, o termo *isoinercial* foi sugerido para descrever as ações musculares *in vivo* durante a realização de contrações dinâmicas contra cargas de massa constante (Abernethy, Wilson e Logan, 1995). Esse termo é usado neste capítulo.

É importante reconhecer que o movimento articular *in vivo* raramente resulta do torque produzido por um único músculo. Em vez disso, vários músculos atuam ao mesmo tempo, cada qual com suas características mecânicas específicas (p. ex., tipo de fibra, arquitetura, braços de momento). Por conseguinte, a expressão de força em determinado teste resultará da interação das propriedades mecânicas dos grupos de músculos ativados (ver Fig. 7.5).

Definição de força muscular

A partir do conhecimento dos vários fatores mecânicos e fisiológicos que contribuem para a força desenvolvida por um músculo, nossa definição de força mus-

Capítulo 7 ■ Força muscular

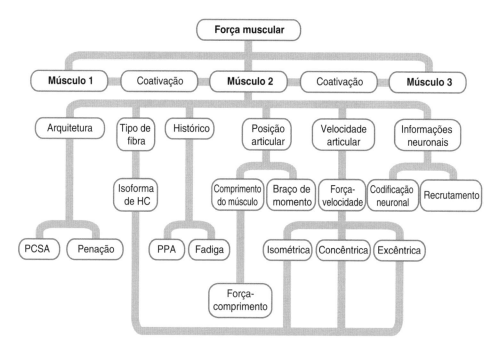

Figura 7.5 Fatores mecânicos que afetam a expressão de força muscular em determinado teste. MHC = isoforma de cadeia pesada de miosina; PCSA = área de seção transversa fisiológica; PPA = potencialização pós-ativação.

Adaptada de V. Baltzopoulos e N. P. Gleeson. 1996. Skeletal muscle function. Em *Kinanthropometry and Exercise Physiology Laboratory Manual: Tests, Procedures and Data*, editado por R. Eston e T. Reilly, 7-35. Londres, RU: Routledge.

cular pode ser redefinida como a capacidade de um músculo ou grupo de músculos de produzir, voluntariamente, uma força ou um torque contra uma resistência externa em condições específicas definidas pela ação muscular, pela velocidade do movimento e pela postura. A *força muscular máxima* é, portanto, a capacidade de produzir, voluntariamente, uma força ou um torque máximo em condições específicas definidas pela ação muscular, pela velocidade do movimento e pela postura.

DESEMPENHO ESPORTIVO E FORÇA MUSCULAR

O primeiro passo ao se desenvolver um programa de treinamento para qualquer atleta é realizar uma análise de necessidades a fim de se avaliarem as características físicas do esporte e do atleta (Baechle, Earle e Wathen, 2008). Os testes físicos devem ser usados para determinar áreas de fraqueza em relação a demandas específicas do esporte. Isso possibilita o desenvolvimento de um programa de treinamento adequado. À medida que o atleta progride, a eficácia do programa de treinamento deve ser avaliada com o uso de testes físicos. A expressão de força muscular máxima mostrou-se importante em muitos esportes, incluindo-se beisebol, basquetebol, futebol americano, rúgbi, futebol e corrida de velocidade (Baker e Newton, 2006; Bartlett, Storey e Simons, 1989; Cometti et al., 2001; Fry e Kraemer, 1991; Latin, Berg e Baechle, 1994; Meckel et al., 1995). Certamente, testes de força muscular máxima ajudariam profissionais de força e condicionamento a desenvolver e monitorar programas de treinamento para atletas desses esportes.

Em muitos esportes, os desempenhos são limitados pelo tempo que os atletas têm para desenvolver força. Por exemplo, relataram-se tempos de contato do pé de 220 ms ou menos no salto em distância e no salto em altura (Dapena e Chung, 1988; Luhtanen e Komi, 1979), e de 120 ms ou menos durante corrida de velocidade (Kuitunen, Komi e Kyrolainen, 2002). Como os testes de força muscular máxima não costumam ser restringidos pelo tempo, alguns autores sugeriram que esses testes não são indicativos das capacidades mecânicas do músculo (Green, 1992; Komi, 1984; Tidow, 1990). Por isso, recomendaram testes em que a produção de força é limitada pelo tempo (taxa de desenvolvimento de força) (tais testes são discutidos no Cap. 9).

Como há indícios de que a força muscular máxima tem uma forte relação com a capacidade de desenvolver força rapidamente, pessoas fortes são capazes de gerar força com rapidez mesmo quando a carga externa que estão movendo é relativamente leve (Moss et al., 1997). Schmidtbleicher (1992) inclusive postulou que a força máxima era a base em que a potência muscular seria desenvolvida. Portanto, um mesociclo que aumenta a força muscular precede um mesociclo que dá mais importância à potência muscular na elaboração de um programa de treinamento periodizado (Bompa e Haff, 2009; Stone, Stone e Sands, 2007). Medidas de força muscular máxima também podem ser utilizadas para determinar as cargas de treinamento usadas durante esses mesociclos. Isso também mostra a importância de testes de força muscular máxima para profissionais de força e condicionamento.

MÉTODOS DE MEDIÇÃO

Embora muitos dos fatores que afetam a expressão da força muscular não possam ser controlados pelos profissionais de condicionamento interessados em avaliar a força muscular, muitos outros podem sê-lo. Portanto, antes de escolher um teste específico de força muscular, o profissional de condicionamento deve considerar várias questões, inclusive a especificidade do teste, o protocolo de aquecimento e a programação e a ordem dos testes de força muscular.

Especificidade da força muscular

A partir da discussão anterior sobre os fatores mecânicos e fisiológicos que afetam a força muscular, deve estar claro que a expressão de força muscular é específica em relação ao teste empregado. Usar testes de força muscular diferentes, do ponto de vista mecânico, do desempenho em questão pode comprometer a validade externa e preditora dos dados reunidos. Por exemplo, demonstrou-se que diferenças entre exercícios de treinamento e de teste em termos de tipo de contração muscular empregada (Abernethy e Jürimäe, 1996; Rutherford e Jones, 1986), movimentos de cadeia cinética aberta ou fechada (Augustsson et al., 1998; Carroll et al., 1998) e movimentos bilaterais ou unilaterais (Häkkinen et al., 1996; Häkkinen e Komi, 1983) influenciam a magnitude de ganhos de força muscular obtidos após um período de treinamento de força. Por isso, os profissionais de condicionamento devem considerar as características do movimento em qualquer teste de força empregado; os movimentos devem ser parecidos com o desempenho em questão em termos dos seguintes fatores mecânicos (Siff, 2000; Stone, Stone e Sands, 2007):

Padrões de movimento

- *Complexidade de movimento*. Envolve fatores como movimentos uniarticulares ou multiarticulares.
- *Fatores posturais*. A postura adotada em determinado movimento dita a ativação dos músculos responsáveis pela produção de força.
- *Amplitude de movimento e regiões de força acentuada*. Durante movimentos típicos, a amplitude de movimentos em uma articulação se altera com a mudança nas forças e nos torques musculares associados. Essas informações podem ser coletadas em uma análise biomecânica do movimento.
- *Ações musculares*. Referem-se ao desempenho de contrações musculares concêntricas, excêntricas ou isométricas. Como mencionado, essas informações nem sempre são intuitivas e podem não ser identificáveis observando-se o movimento articular associado ao movimento.

Magnitude de força (força máxima e força média)

A magnitude de força se refere a torques articulares e a forças de reação do solo (GRF, do inglês *Ground reaction forces*) durante o movimento. Essas informações são coletadas em análises biomecânicas.

Taxa de desenvolvimento de força (força máxima e força média)

A taxa de desenvolvimento de força se refere à taxa a que um torque articular ou GRF é(são) desenvolvido(as).

Parâmetros de aceleração e velocidade

Em geral, nos movimentos esportivos e cotidianos, as características de velocidade e de aceleração mudam ao longo do movimento. Define-se velocidade como a taxa em que a posição de um corpo muda por unidade de tempo, ao passo que aceleração refere-se à taxa a que a velocidade muda por unidade de tempo. Considerando-se a segunda lei do movimento de Newton (a = F/m), as maiores acelerações são observadas quando as forças líquidas que atuam sobre o corpo são maiores. Todavia as maiores velocidades não coincidem com as maiores acelerações ou, por consequência, com as maiores forças líquidas (a menos que a pessoa esteja se movendo em um fluido denso como a água).

Movimentos balísticos ou não balísticos

Os movimentos balísticos são aqueles em que o movimento resulta de um impulso inicial por uma contração muscular, seguida pelo relaxamento do músculo. O movimento do corpo continua como resultado do momento que ele possui a partir do impulso inicial (essa é a relação impulso-momento). É o contrário de movimentos não balísticos, em que a contração muscular é constante em todo o movimento. Essas categorias de movimentos envolvem mecanismos distintos de controle nervoso.

Considerar essas variáveis mecânicas aumentará as chances de seleção de um teste válido de força muscular. Pesquisadores levantaram preocupações de que as relações entre as variáveis dependentes de testes de força (p. ex., carga externa máxima levantada, força máxima gerada) e as variáveis de desempenho raramente são de fato avaliadas (Abernethy, Wilson e Logan, 1995; Murphy e Wilson, 1997). Essas relações são discutidas em relação a cada teste descrito neste capítulo sempre que convier.

O tipo de equipamento usado em testes de força muscular tem implicações importantes. Por exemplo, alguns testes de força muscular podem ser realizados com pesos de máquina, com os quais o movimento se restringe a seguir um trajeto fixado, ou pesos livres, com os quais o movimento é relativamente livre. No entanto, um teste realizado com pesos de máquina nem sempre produzirá o mesmo resultado de um feito com pesos livres. Cotterman, Darby e Skelly (2005) relataram que os valores registrados para medidas de força muscular máxima eram diferentes durante os movimentos de agachamento e supino quando os exercícios eram realizados em uma máquina Smith e quando eram realizados com pesos livres. Testar a força muscular com diferentes tipos de equipamento introduz um viés sistêmico significativo nos dados e, assim, compromete a confiabilidade das medidas e da validade externa.

Considerações de aquecimento

Costuma-se realizar um aquecimento antes do exercício para otimizar o desempenho e reduzir o risco de lesão (Bishop, 2003, *a* e *b*; Shellock e Prentice, 1985). Como afirmado anteriormente, as capacidades de força de um músculo podem ser afetadas pela realização de contrações prévias, resultando em redução da força (fadiga) ou aumento da força (PPA). Tanto é que se propõe que a fadiga e a PPA estejam em extremidades opostas de um contínuo de contração musculoesquelética (Rassier, 2000). Portanto, exercícios realizados como parte de um aquecimento ativo podem alterar de maneira significativa a expressão de força muscular durante o teste.

Foi relatado um aumento na temperatura dos músculos ativos após atividades de aquecimento passivo (p. ex., aquecimento externo) e ativo (p. ex., realização de exercícios específicos) (Bishop, 2003, *a* e *b*). No entanto, os efeitos do aumento de temperatura nas medidas de força muscular máxima não são claros, havendo autores que relatam aumentos no torque isométrico máximo (Bergh e Ekblom, 1979) e autores que não relatam nenhuma mudança (De Ruiter et al., 1999).

Alongamentos estáticos costumam ser incluídos nas rotinas de aquecimento de atletas. Pesquisadores relataram uma redução na força durante contrações voluntárias máximas após uma sessão aguda de alongamentos estáticos (Behm, Button e Butt, 2001; Kokkonen, Nelson e Cornwell, 1998), o que levou alguns a propor que os alongamentos estáticos fossem excluídos de rotinas de aquecimento antes de desempenhos de força e potência (Young e Behm, 2002). Contudo Rubini, Costa e Gomes (2007) observaram recentemente problemas metodológicos em muitos dos estudos de alongamento estático, concluindo que, em geral, se observa uma interferência na força muscular após um protocolo de alongamento em que se realizem muitos exercícios por durações relativamente prolongadas, o que vai contra a prática comum. Portanto, incluir alongamentos estáticos em uma rotina de aquecimento antes dos testes de força muscular é possível, desde que toda a duração do alongamento não seja excessiva (recomendam-se quatro séries de exercícios para cada grupo muscular durante 10 a 30 s) e que os exercícios sejam realizados de maneira uniforme nas sessões de testes subsequentes.

Está claro que o aquecimento realizado antes de um teste de força pode ter uma influência significativa na expressão de força muscular e, portanto, o examinador deve considerar o aquecimento devidamente. Entretanto, o fator mais importante do aquecimento parece ser a uniformidade dos exercícios incorporados; qualquer alteração nos exercícios realizados comprometerá a validade e a confiabilidade do teste. Jeffreys (2008) resumiu os seguintes protocolos de aquecimento:

- *Aquecimento geral.* De 5 a 10 min de atividade de intensidade baixa com o objetivo de aumentar a frequência cardíaca, o fluxo sanguíneo, a temperatura dos músculos profundos e a taxa de respiração.
- *Aquecimento específico.* De 8 a 12 min de realização de alongamentos dinâmicos com incorporação de movimentos que trabalhem toda a amplitude de movimentos necessária para o desempenho subsequente. Depois desse período, vai-se aumentando gradualmente a intensidade dos exercícios dinâmicos específicos ao movimento.

Horário e ordem dos testes

Pesquisadores relataram que a expressão de força em condições isométricas e isocinéticas é afetada pela hora do dia em que os testes são feitos, de modo que se registram valores de força maiores no fim da tarde (Guette, Gondin e Martin, 2005; Nicolas et al., 2005). Embora os mecanismos por trás desse efeito de horário não sejam claros, a implicação é que os examinadores precisam considerar a hora do dia em que administram os testes de força para garantir uniformidade quando forem administrar o teste em sessões futuras.

Um teste de força muscular pode ser um de vários testes realizados em uma pessoa. Nesse caso, o profissional de condicionamento precisa considerar em que momento colocar o teste de força muscular na bateria. Essa consideração é importante por causa do efeito que o histórico contrátil pode ter na expressão de força muscular. Harman (2008) propôs a seguinte ordem de testes em uma bateria com base nas necessidades do sistema energético e nas demandas de habilidade ou coordenação dos testes:

- testes que não causem fadiga (medições antropométricas);
- testes de agilidade;

- testes de potência e força máximas;
- testes de velocidade;
- testes de resistência muscular;
- testes anaeróbios que causem fadiga;
- testes de capacidade aeróbia.

Em princípio, seguir essa ordem maximiza a confiabilidade de cada teste.

TESTES DE CAMPO DE FORÇA MUSCULAR

Testes de campo não exigem o uso de equipamento especializado de laboratório, como plataformas de força ou dinamômetros. Testes de campo de força muscular costumam ser isonerciais, o que significa que as pessoas levantam uma carga em um movimento especificado; a magnitude da carga serve de medida da força muscular máxima. Embora muitos testes de campo incorporem o CAE, também são possíveis medidas apenas concêntricas ou excêntricas.

A carga máxima que pode ser erguida durante um número baixo de repetições (em geral, uma única repetição ou três repetições) em um movimento específico com a técnica adequada constitui um teste de campo de força muscular máxima. Apesar de a carga máxima erguida durante o teste específico ser registrada pelo examinador, esse valor é muitas vezes expresso em relação à massa da pessoa usando-se um método alométrico (carga erguida/massa corporal$^{2/3}$), o qual pode dar conta de diferenças nas dimensões antropométricas que podem influenciar a expressão de força muscular máxima (Jaric, Mirkov e Markovic, 2005). Essas técnicas de escalonamento podem aperfeiçoar as comparações de valores de força muscular máxima entre as pessoas.

Alguns autores observaram que testes que empregaram três repetições (3 repetições máximas ou 3 RM) são mais seguros e confiáveis do que aqueles em que a pessoa ergue uma carga máxima uma vez (1 RM) (Tan, 1999). Todavia testes de 1 RM foram usados em crianças (Faigenbaum, Milliken e Wescott, 2003) e em idosos (Adams et al., 2000; Rydwik et al., 2007) sem nenhuma lesão relatada. Da mesma forma, demonstrou-se que testes de 1 RM têm confiabilidade aceitável (coeficientes de correlação ≥0,79) em diversos movimentos (Braith et al., 1993; Hoeger et al., 1990; Ploutz-Snyder e Giamis, 2001; Rydwik et al., 2007). Portanto, apenas os testes de 1 RM são discutidos aqui, especificamente o agachamento bilateral por trás, o *leg press* e o supino plano (pesos livres e máquina). Foram incluídos apenas testes com procedimentos claros e dados de confiabilidade publicados (viés sistemático, correlação teste-reteste e variação na própria pessoa, quando possível). Deve-se observar que, como todos os procedimentos discutidos aqui exigem que o examinador faça uma estimação *a priori* de uma carga equivalente a 1 RM da pessoa, são possíveis erros no valor final.

1 RM DE AGACHAMENTO BILATERAL POR TRÁS

O protocolo de 1 RM de agachamento bilateral por trás foi usado em homens universitários recreacionalmente ativos; os valores de 1 RM foram obtidos com cinco tentativas em média (Moir et al., 2005; 2007). McBride et al. (2002) usaram esse protocolo com sucesso em atletas de força bem treinados que realizaram o agachamento em uma máquina do tipo Smith. Adams et al. (2000) utilizaram um protocolo parecido para testar a força de 1 RM de mulheres mais velhas (idade média: 51 anos), usando uma máquina de agachamento.

Equipamento

- Equipamento de agachamento padrão (barras colocadas à altura apropriada).
- Barra olímpica.
- Discos olímpicos.

Técnica (Earle e Baechle, 2008)

A pessoa segura a barra com uma pegada pronada fechada ligeiramente mais ampla do que a largura dos ombros. A barra deve ser colocada acima dos deltoides posteriores (posição alta da barra). Os pés devem ficar ligeiramente mais abertos do que a largura dos ombros, apontando um pouco para fora quando a pessoa começa a descida. A pessoa atinge o ponto mais baixo da descida quando a parte de cima das coxas estiver paralela ao solo (ver Fig. 7.6), e a barra deve subir em um movimento contínuo sem assistência. Por segurança, pelo menos dois observadores devem ficar de cada lado da barra e segui-la durante a descida e a subida.

Procedimento (Baechle, Earle e Wathen, 2008)

1. A pessoa testada se aquece realizando repetições com cargas que permitam 5 a 10 repetições.
2. Repouso de um minuto.
3. Estimar uma carga de aquecimento que permita que a pessoa testada complete 3 a 5 repetições acrescentando-se 14 a 18 kg, ou 10 a 20%, à carga usada no passo 1.

4. Repouso de 2 min.
5. Estimar uma carga próxima do máximo que permita que a pessoa testada complete 2 a 3 repetições acrescentando 14 a 18 kg, ou 10 a 20%, à carga usada no passo 3.
6. Repouso de 2 a 4 min.
7. A pessoa testada realiza uma tentativa de 1 RM aumentando a carga usada no passo 5 em 14 a 18 kg, ou 10 a 20%.
8. Repouso de 2 a 4 min.
9. Se a pessoa não conseguir realizar 1 RM, diminuir a carga removendo-se 7 a 9 kg, ou 5 a 10%, e pedir que a pessoa realize uma repetição.
10. Repouso de 2 a 4 min.
11. Continuar aumentando ou diminuindo a carga até que a pessoa consiga completar uma repetição com a técnica adequada. A 1 RM da pessoa testada deve ser conseguida em até cinco tentativas.

Figura 7.6 Posição mais baixa atingida durante 1 RM de agachamento bilateral por trás. Note também a posição alta da barra.

Confiabilidade

Foram relatadas correlações de teste-reteste de 0,92 a 0,99 em cargas de 1 RM de agachamento por trás usando-se o procedimento resumido aqui com homens ativos recreativamente e com treinamento de força (McBride et al., 2002; Sanborn et al., 2000).

Validade

Foram relatadas correlações moderadas ($r = 0,47$) a muito grandes ($r = 0,85$) entre cargas de 1 RM de agachamento por trás e medidas de desempenho esportivo como corrida de velocidade e agilidade (Chaouachi et al., 2009; Peterson, Alvar e Rhea, 2006; Requena et al., 2009; Young e Bilby, 1993). Além disso, mostrou-se que cargas de 1 RM de agachamento por trás distinguem entre posições de jogo no futebol americano e no basquetebol universitário (Carbuhn et al., 2008; Latin et al., 1994) e também entre níveis de jogo no basquetebol universitário (Hoffman et al., 1996). Valores percentis de 1 RM de agachamento por trás em jogadores de futebol americano de várias idades e níveis de jogo são mostrados na Tabela 7.1.

Tabela 7.1 Valores percentis de 1 RM de agachamento por trás em jogadores de futebol americano de várias idades e níveis de jogo.

%	Ensino médio (14-15 anos)		Ensino médio (16-18 anos)		Divisão NCAA I		Divisão NCAA II	
	lb	kg	lb	kg	lb	kg	lb	kg
90	385	175	465	211	500	227	470	214
80	344	156	425	193	455	207	425	193
70	325	148	405	184	430	195	405	184
60	305	139	365	166	405	184	385	175
50	295	134	335	152	395	180	365	166
40	275	125	315	143	375	170	365	166
30	255	116	295	134	355	161	335	152
20	236	107	275	125	330	150	315	143
10	205	93	250	114	300	136	283	129
Média	294	134	348	158	395	180	375	170
SD	73	33	88	40	77	35	75	34
n	170		249		1.074		588	

Dados de Hoffman, 2006.

1 RM DE AGACHAMENTO UNILATERAL POR TRÁS

Como muitas atividades esportivas e cotidianas exigem produção de força unilateral pela parte inferior do corpo (p. ex., caminhar, correr, chutar), inclui-se aqui uma discussão sobre o teste de 1 RM de agachamento unilateral.

Equipamento

- Equipamento de agachamento padrão (barras colocadas à altura apropriada).
- Barra olímpica.
- Discos olímpicos.
- É necessária uma superfície de apoio adicional para posicionar o pé do membro inferior não envolvido durante o movimento.

Técnica (McCurdy et al., 2004)

A pessoa testada posiciona-se e levanta a barra durante 1 RM de agachamento por trás. O topo do pé do membro inferior não envolvido fica posicionado atrás da pessoa em uma superfície de suporte colocada a uma distância que mantenha a extensão do quadril do membro inferior não envolvido. Por segurança, pelo menos dois observadores devem ficar de cada lado da barra e seguir o movimento durante a descida e a subida. A pessoa desce até o ângulo entre a tíbia e o fêmur chegar a 90° e então começa a subida (ver Fig. 7.7).

Durante a descida, o examinador observa o membro inferior envolvido da pessoa testada e a barra. Um levantamento eficaz é determinado pela ausência de movimento posterior da barra e movimento anterior concomitante do joelho, garantindo assim que a carga permaneça majoritariamente sobre a perna envolvida.

Procedimento (McCurdy et al., 2004)

1. São realizadas sessões de familiarização para definir as cargas submáximas adequadas que permitam que sejam completadas 5 a 10 repetições.
2. A pessoa testada realiza 5 min de trote e exercícios de alongamento selecionados por ela mesma.
3. Seleciona-se uma carga com que a pessoa testada consiga realizar 5 a 10 repetições.
4. Repouso de 1 min.
5. A carga é aumentada entre 10 e 20%, e a pessoa testada realiza cinco repetições.
6. Repouso de 3 a 5 min.
7. A carga é aumentada entre 20 e 30%, e a pessoa testada realiza uma repetição.
8. Se a pessoa testada for bem-sucedida, oferecer um repouso de 3 a 5 min, aumentar a carga entre 10 e 20% e pedir-lhe que tente mais uma repetição. Se a pessoa testada não se sair bem, oferecer um repouso de 3 a 5 min, diminuir a carga entre 5 e 10% e pedir-lhe que complete uma repetição.

Figura 7.7 Agachamento unilateral por trás. A pessoa testada está no ponto mais baixo do movimento, com um ângulo de 90° na articulação do joelho.

Continuar aumentando ou diminuindo a carga até que a pessoa testada consiga completar uma repetição com a técnica adequada. A pessoa testada deve conseguir uma 1 RM em até cinco tentativas.

Confiabilidade

Foram relatados coeficientes de correlação teste-reteste de 0,98 e 0,99 em homens e mulheres treinados em idade universitária, respectivamente, usando-se o procedimento resumido (McCurdy et al., 2004). Em homens e mulheres não treinados em idade universitária, foram relatados coeficientes de correlação de 0,99 e 0,97, respectivamente (McCurdy et al., 2004).

Validade

Até o momento não existem dados publicados para validar esse teste.

1 RM DE *LEG PRESS* DE MÁQUINA

Os profissionais de condicionamento podem não querer que pessoas com mais idade realizem um teste de 1 RM usando pesos livres por motivos de segurança (Hoffman, 2006). O teste de 1 RM do *leg press* de máquina costuma ser usado como medida de força muscular máxima da parte inferior do corpo em pessoas mais velhas (Foldvari et al., 2000; Henwood, Riek e Taafe, 2008; Marsh et al., 2009).

Equipamento

Vários tipos de máquinas são usados para testar a força em 1 RM de *leg press* em pessoas mais velhas. Por exemplo, Foldvari et al. (2000) usaram uma máquina de resistência pneumática (Keiser Sports Health Equipment Inc., Fresno, CA), enquanto Phillips et al. (2004) usaram uma máquina de colocar discos (Paramount Fitness Corp., Los Angeles, CA). O protocolo resumido aqui deve ser usado em uma máquina de colocar discos.

Técnica (Phillips et al., 2004)

A pessoa testada se senta na cadeira de *leg press* com ambos os pés na plataforma de pés e um ângulo interno de 90° no joelho (ver Fig. 7.8). A pessoa não deve produzir lordose excessiva da coluna lombar durante o movimento.

Procedimento (Phillips et al., 2004)

1. A pessoa testada realiza um aquecimento geral de 5 min em um ciclo deitado estacionário.
2. A pessoa testada realiza diversos levantamentos com resistência baixa ou sem resistência para voltar a se familiarizar com o movimento.
3. Selecionar uma resistência inicial um pouco acima da resistência de familiarização (acrescentar 2,25 a 6,75 kg).

Figura 7.8 1 RM de *leg press* em máquina.

4. A pessoa testada realiza um levantamento com boa técnica.
5. A pessoa testada classifica a percepção de esforço em uma escala de percepção de esforço (EPE) de 6 a 20.
6. A pessoa testada repousa por 1 min se a EPE for abaixo de 12 e, por 2 min, se for acima de 12.
7. Acrescentar 2,25 a 4,50 kg dependendo da EPE e pedir que a pessoa testada repita o passo 4.
8. Pedir que a pessoa testada repita o processo até a fadiga muscular momentânea (i. e., a pessoa testada não consegue continuar) ou fadiga volitiva (i. e., a pessoa testada não quer continuar).
9. Registrar a carga máxima levantada.

Confiabilidade

Phillips et al. (2004) relataram variações na própria pessoa de 3,4% e 5,6% em homens idosos (idade média: 75,8 anos) e mulheres idosas (idade média: 75,2 anos), respectivamente, após uma sessão de familiarização.

Validade

Foldvari et al. (2000) relataram uma correlação moderada ($r = -0,43$) entre a carga funcional de 1 RM de *leg press* e o estado funcional de mulheres idosas (idade média: 74,8 anos). Todavia, quanto à força dessa relação, 1 RM de *leg press* explica menos de 20% da variação no estado funcional de mulheres idosas. Valores percentis normalizados por massa muscular (valor de 1 RM / massa muscular) para a população em geral são mostrados na Tabela 7.2. Deve-se notar que os valores de 1 RM são registrados em libras.

Tabela 7.2 Valores percentis para 1 RM de *leg press* normalizados para massa corporal da população em geral.

%	20-29 anos		30-39 anos		40-49 anos		50-59 anos		≥60 anos	
	H	M	H	M	H	M	H	M	H	M
90	2,27	2,05	2,07	1,73	1,92	1,63	1,80	1,51	1,73	1,40
80	2,13	1,66	1,93	1,50	1,82	1,46	1,71	1,30	1,62	1,25
70	2,05	1,42	1,85	1,47	1,74	1,35	1,64	1,24	1,56	1,18
60	1,97	1,36	1,77	1,32	1,68	1,26	1,58	1,18	1,49	1,15
50	1,91	1,32	1,71	1,26	1,62	1,19	1,52	1,09	1,43	1,08
40	1,83	1,25	1,65	1,21	1,57	1,12	1,46	1,03	1,38	1,04
30	1,74	1,23	1,59	1,16	1,51	1,03	1,39	0,95	1,30	0,98
20	1,63	1,13	1,52	1,09	1,44	0,94	1,32	0,86	1,25	0,94
10	1,51	1,02	1,43	0,94	1,35	0,76	1,22	0,75	1,16	0,84

Reproduzida, com autorização, de J. Hoffman, 2006, *Norms for fitness, performance, and health* (Champaign, IL: Human Kinetics), 35.

1 RM DE *LEG PRESS* EM MÁQUINA EXCÊNTRICA

Dada a importância da força muscular excêntrica no desempenho (LaStayo et al., 2003), Hollander et al. (2007) desenvolveram um protocolo para testar a força excêntrica durante um movimento de *leg press* usando-se uma máquina de *leg press* modificada.

Equipamento

Uma máquina de peso (Master Trainer, Rayne, LA) foi modificada com alavancas presas para permitir que os observadores a levantassem e segurassem a carga antes dos esforços excêntricos da pessoa testada.

Técnica (Hollander et al., 2007)

A carga é mantida no lugar pelos observadores, e a pessoa testada é instruída a abaixar a carga em 3 s. O movimento da carga durante a descida é observado para garantir a cadência adequada.

Procedimento (Hollander et al., 2007)

1. A pessoa testada realiza 2 ou 3 séries de 5 a 10 repetições com uma carga que seja 40 a 60% do máximo estimado, com repousos de 2 a 5 min entre as séries.
2. A pessoa testada realiza 1 ou 2 séries de 5 repetições com uma carga que seja 80% do máximo estimado com repousos de 3 a 5 min entre as séries.
3. A pessoa tenta a 1 RM estimada.
4. Depois de um repouso de 3 a 5 min, a carga é aumentada ou diminuída, dependendo da possibilidade de a pessoa testada ter conseguido levantar a carga estimada de 1 RM.
5. O processo é repetido até que a pessoa testada consiga uma carga de 1 RM em até cinco levantamentos.

Confiabilidade

Até o momento não existem dados publicados de confiabilidade desse teste.

Validade

Até o momento não existem dados publicados para validar esse teste.

1 RM DE SUPINO PLANO (PESOS LIVRES)

O protocolo de 1 RM de supino plano foi usado com homens ativos recreativamente em idade universitária, junto a quem os valores de 1 RM foram atingidos em até quatro tentativas em média (Moir et al., 2007). Adams et al. (2000) usaram, com sucesso, um protocolo parecido para testar a força máxima em mulheres mais velhas (idade média: 51 anos).

Equipamento

- Banco plano padronizado com suportes de barra.
- Barra olímpica.
- Discos olímpicos.

Técnica (Earle e Baechle, 2008)

A pessoa fica em decúbito dorsal sobre o banco, com a cabeça, os ombros e as nádegas em contato com o banco e ambos os pés em contato com o chão (contato de cinco pontos). Agarra-se a barra com uma pegada pronadora fechada um pouco mais ampla do que a largura dos ombros. O observador a ajuda a remover a barra para a posição inicial, em que a barra é segurada com os cotovelos estendidos. Por segurança, o observador deve se manter próximo à cabeça da pessoa segurando a barra com uma pegada alternada fechada e seguir a barra durante a descida e a subida sem tocar nela. Todas as repetições começam nessa posição. A barra é abaixada para tocar o peito em torno da altura do mamilo e, em seguida, erguida em um movimento contínuo até que os cotovelos estejam completamente estendidos (ver Fig. 7.9). Durante o movimento, a pessoa testada deve manter os cinco pontos de contato e não fazer com que a barra salte do peito na parte mais baixa do movimento.

Procedimento (Baechle, Earle e Wathen, 2008)

1. A pessoa testada se aquece realizando repetições com uma carga que permita 5 a 10 repetições.
2. Repouso de 1 minuto.
3. Estimar uma carga de aquecimento que permita que a pessoa testada complete 3 a 5 repetições acrescentando-se 4,5 a 9 kg, ou 5 a 10%, à carga usada no passo 1.
4. Repouso de 2 min.

 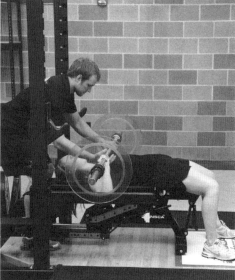

Figura 7.9 Posição inicial e posição mais baixa atingida durante 1 RM de supino plano.
Fotos: cortesia de Gavin L. Moir.

5. Estimar uma carga próxima do máximo que permita que a pessoa complete 2 ou 3 repetições acrescentando-se 4,5 a 9 kg, ou 5 a 10%, à carga usada no passo 3.
6. Repouso de 2 a 4 min.
7. Instruir a pessoa testada a realizar uma tentativa de 1 RM aumentando-se a carga usada no passo 5 em 4,5 a 9 kg, ou 5 a 10%.
8. Repouso de 2 a 4 min.
9. Se a pessoa não conseguir fazer 1 RM, reduzir a carga removendo-se 2,3 a 4,5 kg, ou 2,5 a 5%, e pedir que ela realize uma repetição.
10. Repouso de 2 a 4 min.
11. Continuar aumentando ou diminuindo a carga até que a pessoa possa completar uma repetição com a técnica adequada. A 1 RM da pessoa testada deve ser atingida em até cinco tentativas.

Confiabilidade

Até o momento não existem dados publicados de confiabilidade desse teste.

Validade

Testes de supino plano de força muscular máxima foram capazes de distinguir entre jogadores universitários de futebol americano de diferentes capacidades (Fry e Kraemer, 1991), enquanto valores de 1 RM de supino plano em uma máquina do tipo Smith mostraram-se capazes de diferenciar níveis de jogadores profissionais de rúgbi (Baker, 2001; Baker e Newton, 2006). Relatou-se uma grande correlação ($r = 0,64$) entre a carga de 1 RM durante o supino plano e a velocidade de lançamento da bola em jogadores de handebol (Marques et al., 2007). Valores normativos de 1 RM de supino plano são mostrados na Tabela 7.3.

Tabela 7.3 Valores percentis de 1 RM de supino plano em jogadores de futebol americano de várias idades e níveis de jogo.

%	Ensino médio (14-15 anos)		Ensino médio (16-18 anos)		Divisão NCAA I		Divisão NCAA II	
	lb	kg	lb	kg	lb	kg	lb	kg
90	243	110	275	125	370	168	365	166
80	210	95	250	114	345	157	325	148
70	195	89	235	107	325	148	307	140
60	185	84	225	102	315	143	295	134
50	170	77	215	98	300	136	280	127

continua

Tabela 7.3 Valores percentis de 1 RM de supino plano em jogadores de futebol americano de várias idades e níveis de jogo (continuação).

%	Ensino médio (14-15 anos)		Ensino médio (16-18 anos)		Divisão NCAA I		Divisão NCAA II	
	lb	kg	lb	kg	lb	kg	lb	kg
40	165	75	205	93	285	130	273	124
30	155	70	195	89	270	123	255	116
20	145	66	175	80	255	116	245	111
10	125	57	160	73	240	109	225	102
Média	179	81	214	97	301	137	287	130
SD	45	20	44	20	53	24	57	26
n	214		339		1.189		591	

Reproduzida, com autorização, de J. Hoffman, 2006, *Norms for fitness, performance, and health* (Champaign, IL: Human Kinetics), 36.

1 RM DE SUPINO PLANO (MÁQUINA)

Por possíveis questões de segurança, os examinadores podem querer testar a força máxima da parte superior do corpo de pessoas idosas usando máquinas de peso (Humphries et al., 1999; Izquierdo et al., 1999; Smith et al., 2003).

Equipamento

Assim como em 1 RM de *leg press*, várias máquinas foram usadas para testar a força em 1 RM de supino plano em pessoas idosas. Por exemplo, Smith et al. (2003) usaram uma máquina de colocar discos (Global Gym and Fitness Equipment Ltd, Weston, ON), ao passo que Izquierdo et al. (1999) usaram uma do tipo Smith. O protocolo resumido aqui é para ser usado em uma máquina de colocar pesos.

Técnica (Phillips et al., 2004)

A pessoa testada segura a barra com uma pegada pronadora e os cotovelos posicionados diretamente sob a barra com os antebraços na vertical para criar um ângulo de 90° na articulação do cotovelo. Essa configuração determina a largura da pegada de cada pessoa. Os pés são posicionados aos lados ou em cima do banco, dependendo da preferência da pessoa testada. A barra deve ser colocada diretamente sobre a área média do peito. A pessoa testada é instruída a manter as costas em contato com o banco, durante todo o levantamento, e a expirar quando levantar a barra e inspirar quando a descer.

Procedimento (Phillips et al., 2004)

1. A pessoa testada realiza um aquecimento geral de 5 min em um ciclo deitado estacionário.
2. A pessoa testada realiza vários levantamentos com resistência baixa ou sem resistência para voltar a se familiarizar com o movimento.
3. Selecionar uma resistência inicial um pouco acima da de familiarização (acrescentar 2,23 a 6,8 kg).
4. A pessoa testada realiza um levantamento com boa técnica.
5. A pessoa testada classifica a percepção de esforço em uma EPE de 6 a 20.
6. A pessoa testada repousa durante 1 min se a EPE for abaixo de 12 e, 2 min, se for acima de 12.
7. Acrescentar 2,3 a 4,5 kg, dependendo da EPE, e repetir o passo 4.
8. Pedir que a pessoa testada repita o processo até a fadiga muscular momentânea (i. e., a pessoa testada não consegue prosseguir) ou fadiga volitiva (i. e., a pessoa testada não quer continuar).
9. Registrar a carga máxima levantada.

Confiabilidade

Phillips et al. (2004) relataram variações na própria pessoa de 5,4% e de 5,2% em homens idosos (idade média: 75,8 anos) e em mulheres idosas (idade média: 75,2 anos), respectivamente, sem sessões de familiarização.

Validade

O teste de 1 RM de supino plano foi usado para diferenciar a força dinâmica de homens de meia-idade (35 a 46 anos) e da terceira idade (60 a 74 anos) (Izquierdo et al., 1999) e também de mulheres de meia-idade (45 a 49 anos) e da terceira idade (60 a 64 anos) (Humphries et al., 1999).

PREVISÃO DE VALORES DE 1 RM A PARTIR DE MÚLTIPLAS REPETIÇÕES

Existem muitas objeções a testes de força máxima na literatura, incluindo-se possíveis lesões a pessoas mais velhas ou não treinadas, assim como demandas de tempo proibitivas. Embora a validade de algumas dessas objeções possa ser questionada, foram desenvolvidas equações que permitem que os profissionais de condicionamento estimem o valor de 1 RM do cliente em um teste específico baseado em múltiplas repetições até a fadiga realizadas com cargas submáximas. Em geral, a precisão dessas equações tende a diminuir à medida que o número de repetições submáximas aumenta (Kemmler et al., 2006; Mayhew et al., 2004; Reynolds, Gordon e Roberts, 2006). É importante notar que essas equações foram desenvolvidas para coortes específicas que realizavam exercícios específicos.

Uma premissa subjacente dessas equações de previsão é que a relação entre força máxima e o número de repetições realizadas em uma porcentagem de 1 RM não muda com o treinamento. Em homens de idade universitária, essa premissa parece ser verdadeira para exercícios multiarticulares como o supino plano e o *leg press*, mas não para muitos exercícios uniarticulares como a rosca de braço e extensões de membro inferior (Hoeger et al., 1990; Shimano et al., 2006). Dessa forma, a discussão aqui divide-se, de modo geral, em equações desenvolvidas para pessoas mais jovens (<40 anos) e mais velhas (>40 anos), focando os valores de 1 RM de exercícios de supino plano e de agachamento ou de *leg press*.

Equações de previsão para pessoas mais jovens

Usando um grupo combinado de homens e de mulheres em idade universitária, LeSuer et al. (1997) compararam várias equações e encontraram a seguinte equação para produzir a previsão mais precisa do valor de 1 RM a partir de <10 repetições até a exaustão nos exercícios de agachamento e de supino plano:

$$1\ RM = 100 \times l[48,8 + 53,8 \times e(-0,75 \times r)]$$

Em que:
l = carga de determinada faixa de RM;
e = cerca de 2,7181;
r = número de repetições realizadas.

Essa equação superestimava as cargas do agachamento e do supino plano em menos de 1%. Kravitz et al. (2003) desenvolveram a seguinte equação de regressão para prever valores de 1 RM de agachamento com base em um objetivo de 10 a 16 RM em levantadores de potência do sexo masculino no ensino médio (15 a 18 anos):

$$1\ RM = 159,9 + (0,103 \times r \times l) + (-11,552 \times r)$$

Em que:
r = número de repetições realizadas;
l = carga de determinada faixa de RM.

Essa equação gerou erros de cerca de 5 kg na estimação de cargas de 1 RM de agachamento por trás. Os mesmos autores desenvolveram a equação de regressão a seguir para prever valores de 1 RM de supino plano com base em um alvo de 14 a 18 RMs nas mesmas pessoas testadas:

$$1\ RM = 90{,}66 + (0{,}085 \times r \times l) + (-5{,}306 \times r)$$

Em que:
r = número de repetições realizadas;
l = carga de determinada faixa de RM.

Essa equação gerou erros de menos de 3 kg na estimação de cargas de 1 RM de supino plano.

Equações de previsão para pessoas mais velhas

Foram desenvolvidas pouquíssimas equações para prever valores de 1 RM em pessoas mais velhas, especialmente em homens. Em um grupo misto de homens (idade média: 73,1 anos) e de mulheres (idade média: 69,1 anos), Knutzen, Brilla e Caine (1999) relataram que a seguinte equação fornecia a previsão mais precisa da carga de 1 RM de supino plano usando-se cargas de 7 a 10 RMs:

$$1\ RM = 100 \times l / [52{,}2 + 41{,}9 \times e(-0{,}55 \times r)]$$

Em que:
l = carga de determinada faixa de RM;
e = cerca de 2,7181;
r = número de repetições realizadas.

Demonstrou-se uma correlação de 0,90 entre as cargas previstas e as reais de 1 RM, embora a equação subestimasse a carga. Usando cargas de repetição máxima (RM) de 3 a 5, 6 a 10, 11 a 15 e 16 a 20, Kemmler et al. (2006) desenvolveram recentemente a seguinte equação polinomial que poderia ser usada para prever as cargas de 1 RM em mulheres pós-menopáusicas (idade média: 57,4 anos) em relação a exercícios que incluíam *leg press* e supino plano:

$$1\ RM = l(0{,}988 - 0{,}0000584 r^3 + 0{,}00190 r^2 + 0{,}0104 r)$$

Em que:
l = carga de determinada faixa de RM;
r = número de repetições realizadas.

As cargas de 1 RM que usam essa equação de previsão foram, em geral, subestimadas tanto para o *leg press* como para o supino plano, apesar de os erros serem pequenos (≥2,5%).

Em suma, as equações de previsão podem ter alguma utilidade para os profissionais de condicionamento, considerando-se a precisão delas. No entanto, como todas as equações superestimam ou subestimam o valor real de 1 RM, os valores de força muscular máxima devem ser medidos diretamente.

TESTES DE LABORATÓRIO DE FORÇA MUSCULAR MÁXIMA

Testes de laboratório exigem o uso de equipamento para testar a força máxima, em geral uma plataforma de força (Blazevich, Gill e Newton, 2002; Kawamori et al., 2006) ou um transdutor de força em um sistema personalizado (Requena et al., 2009). Em geral, os testes de laboratório de força muscular máxima oferecem uma avaliação mais objetiva do que os testes de campo. A discussão aqui se concentra no uso de plataformas de força em testes de força muscular máxima.

O uso de uma plataforma de força possibilita uma medição direta da GRF durante movimentos multiarticulares de cadeia cinética fechada. Em geral, o componente da GRF é medido em testes de força muscular máxima. O valor máximo é uma medida de resultado comum, embora medidas do impulso da força também sejam possíveis, ainda que raramente relatadas. Os tipos mais comuns de plataformas de força usadas em cinesiologia podem ser divididos em plataformas piezoelétricas (p. ex., Kistler modelo 9281) e plataformas extensoras (p. ex., Advanced Mechanical Technologies Inc. modelo BP400600). Todas as plataformas de força devem ter alta linearidade, baixa histerese, baixa diafonia e adequada sensibilidade de sistema (ver Bartlett, 2007, para detalhes sobre essas variáveis).

A precisão das medições de GRF máximas durante testes de força muscular máxima depende da sensibilidade do sistema, a qual, por sua vez, depende do conversor analógico-digital (A/D) usado. O ideal é que se use um conversor de 12 bits para minimizar os erros na medição da força máxima. Contudo o tipo de conversor A/D usado não tem metodologias publicadas. Do mesmo modo, é raro que outros procedimentos de processamento de sinal (p. ex., filtramento do sinal de força antes da análise) sejam relatados nas metodologias. Esses procedimentos têm um impacto significativo na precisão das medições.

Testes laboratoriais de força muscular com plataformas de força podem envolver contrações musculares dinâmicas ou isométricas. Ambos os tipos são discutidos aqui.

Medidas dinâmicas da força muscular máxima

Uma vantagem do uso de uma plataforma de força durante testes dinâmicos de força muscular é que as forças excêntricas podem ser medidas diretamente. Foram publicados testes para medir forças excêntricas durante os movimentos de agachamento por trás e de supino plano, mas apenas os relativos a agachamento por trás têm dados de confiabilidade. As cargas usadas durante os movimentos para registrar a força excêntrica variam entre cargas absolutas (ou porcentagens da massa corporal) e porcentagens da força máxima (1 RM).

Força excêntrica máxima durante agachamento bilateral por trás

Em um grupo de homens ativos recreativamente em idade universitária, Murphy e Wilson (1997) mediram a força máxima durante a fase excêntrica de um agachamento por trás em uma máquina Smith modificada (Plyopower Technologies, Lismore, Austrália) posicionada sobre uma plataforma de força piezoelétrica (Kistler) que testava a 1.000 Hertz. Os autores usaram uma carga de 200% de massa corporal e evitou-se a descida da barra além de um ângulo interno do joelho de 109°. Sob comando, os homens testados foram instruídos a resistir à massa em aceleração com a maior velocidade e a maior força possíveis. A carga foi determinada a partir do trabalho-piloto como a maior carga que pudesse ser controlada em uma ação excêntrica-concêntrica (i. e., os homens testados conseguiam reverter a descida da barra). Infelizmente, não foram relatadas estatísticas de confiabilidade para os valores de força excêntrica máxima. No entanto, relatou-se que os valores não mudaram muito após um programa de resistência de oito semanas que gerou melhoras nas medidas de desempenho (corrida e ciclismo de velocidade), além de aumento nas cargas de 1 RM de agachamento por trás.

Frohm, Halvorsen e Thorstensson (2005) mediram a força excêntrica em um grupo de homens ativos usando uma máquina de motor hidráulico que ajudava as pessoas testadas a erguerem a carga e controlava a velocidade em uma variável quase constante durante a fase excêntrica. Usou-se uma carga absoluta de 200 kg. Esses autores relataram um coeficiente de correlação teste-reteste de 0,81 e uma variação de 9% na mesma pessoa.

Força excêntrica máxima durante um supino plano

Dois estudos testaram a força excêntrica máxima durante um movimento de supino plano; ambos usaram uma máquina Smith modificada posicionada sobre uma plataforma de força piezoelétrica (Murphy, Wilson e Pryor, 1994; Wilson,

Murphy e Giorgi, 1996). Os dois estudos usaram cargas relativas à força muscular máxima das pessoas testadas no supino plano. Wilson et al. (1996) usaram uma carga equivalente a 130% de 1 RM, ao passo que Murphy et al. (1994) usaram cargas de até 150% de 1 RM. Murphy et al. (1994) relataram grandes correlações entre força excêntrica e uma série de testes de desempenho da parte superior do corpo ($r > 0,78$). No entanto, Wilson et al. (1996) relataram que a produção de força excêntrica não mudou após oito semanas de treinamento de força. Infelizmente, a confiabilidade do método não foi relatada em nenhum dos estudos.

Medidas isométricas da força muscular máxima

Como mencionado anteriormente, uma contração isométrica ocorre quando a força muscular é desenvolvida, mas o comprimento do músculo permanece constante. Medidas isométricas da força muscular máxima são comuns na literatura publicada. Em geral, esses testes demonstram ter alta confiabilidade, embora a validade deles para o uso em populações esportivas tenha sido questionada (ver Wilson, 2000, para uma revisão).

Os problemas dos testes de força muscular isométrica são atribuídos principalmente às relações fracas entre medidas isométricas e desempenhos dinâmicos devidos a diferenças neuronais e mecânicas. Não há falta de evidências a favor dessa visão. Por exemplo, a força isométrica máxima (FIM) no exercício unilateral uniarticular (extensão de joelho) demonstrou uma correlação apenas moderada ($r = -0,42$) com o desempenho de corrida de velocidade em jogadores de futebol bem treinados (Requena et al., 2009). No entanto, essa relação foi apenas um pouco pior do que aquela entre a medida isoinercial da força muscular máxima e o desempenho de corrida de velocidade ($r = -0,47$). Baker, Wilson e Carlyon (1994) relataram que as mudanças nas medidas isométricas e dinâmicas da força muscular máxima quase não tiveram relação ($r = 0,12$ a $0,15$) depois de um programa de treinamento de resistência de 12 semanas com adoção de exercícios isoinerciais em homens treinados.

Embora esses estudos demonstrem uma relação fraca entre medidas isométricas e desempenho dinâmico, outros ofereceram achados contrários. Por exemplo, relataram-se correlações grandes ($r \geq 0,50$) e muito grandes ($r = 0,87$) entre a FIM em um movimento multiarticular (arranque até o meio da coxa) e desempenho em ciclismo de velocidade em ciclistas treinados (Stone et al., 2004) e no desempenho de salto vertical em levantadores de peso treinados (Kawamori et al., 2006). Além disso, Stone et al. (2003) relataram correlações grandes a muito grandes entre força isométrica máxima em um movimento multiarticular e desempenho esportivo ($r = 0,67$ a $0,75$). Em um ambiente clínico, a FIM em um movimento de *leg press* demonstrou uma grande correlação com testes funcionais em mulheres da terceira idade (idade média: 68,8), apesar de menos de 40% da variação nos testes funcionais serem explicados pela FIM (Forte e Macaluso, 2008).

Consideradas em conjunto, medidas isométricas da potência muscular máxima podem explicar até 80% das variações em performances dinâmicas. Isso se assemelha a alguns dos testes dinâmicos da potência muscular revistos aqui. Testes isométricos também têm a vantagem de ser de relativamente fácil administração em termos de tempo e requerem pouca habilidade para a realização dos movimentos.

Procedimentos gerais para testes isométricos

No teste isométrico, o ângulo articular afeta muito a força muscular (ver seção "Fatores que afetam a produção de força muscular"); o ângulo articular usado deve ser o que gera força máxima (Murphy et al., 1995; Stone et al., 2003). Normalmente, durante testes isométricos, os registros de força são feitos por pelo menos 3 s com um mínimo de um minuto de repouso entre as contrações (Bazett-Jones, Winchester e Mcbride, 2005; Blazevich, Gill e Newton, 2002; Brock Symons et al., 2004; Cheng e Rice, 2005; Heinonen et al., 1994). Pode-se fazer a média do sinal de força em um espaço de tempo (um segundo), o que deve reduzir o impacto de qualquer interferência no sinal. São registradas pelo menos duas tentativas, e aquela em que o maior valor de FIM foi atingido é utilizada na análise (Ahtiainen et al., 2005; Bazett-Jones et al., 2005; Blazevich, Gill e Newton, 2002; Brock Symons et al., 2004; Cheng e Rice, 2005; Heinonen et al., 1994; Kawamori et al., 2006). Quando a variável do resultado é a FIM, a pessoa testada deve ser instruída a se contrair com a maior força possível durante todo o teste para garantir que a força seja maximizada (Christ et al., 1993).

FORÇA ISOMÉTRICA MÁXIMA EM AGACHAMENTOS BILATERAIS

Equipamento (Blazevich, Gill e Newton, 2002)

O exercício é realizado em uma máquina Smith, e o sinal de força vertical máxima é registrado com uma plataforma de força piezoelétrica (Kistler, Winterthur, Suíça) que exiba 1.000 Hertz.

Técnica (Blazevich, Gill e Newton, 2002)

A pessoa testada realiza um agachamento com uma barra, descendo até que o ângulo interno do joelho seja de 90°. O ângulo do quadril é medido nessa posição. Em seguida, a pessoa testada se aproxima da barra na máquina Smith e desce de uma posição normal até atingir os mesmos ângulos de joelho e quadril. A barra é então travada a essa altura para impedir qualquer movimento.

Procedimento (Blazevich, Gill e Newton, 2002)

1. A pessoa testada realiza 5 min de corrida de intensidade moderada e, em seguida, várias repetições de aquecimento com agachamentos com pesos livres.
2. A pessoa testada realiza duas repetições de aquecimento do agachamento isométrico na máquina Smith, uma com 60% do máximo previsto e outra com 80%.
3. A pessoa testada realiza três tentativas isométricas máximas de 4 s, separadas por repousos de 3 min.

Newton et al. (2002) usaram um protocolo parecido com um grupo de homens da terceira idade (idade média: 61 anos), em que mediram a força máxima usando transdutores de força montados em cadeia.

Confiabilidade

Foi relatado um coeficiente de correlação teste-reteste de 0,97 para esse protocolo usando-se homens ativos recreativamente em idade universitária (Blazevich, Gill e Newton, 2002).

Validade

Foram relatadas correlações grandes ($r = 0,77$) entre a força isométrica máxima com esse protocolo e a carga de 1 RM de agachamento por trás realizado com pesos livres (Blazevich, Gill e Newton, 2002). Entretanto, 40% da variação no desempenho de agachamento permanecem sem explicação.

FORÇA ISOMÉTRICA MÁXIMA EM ARRASTE ATÉ O MEIO DA COXA

Equipamento (Kawamori et al., 2006)

Um equipamento de agachamento ajustável personalizado (Sorinex Inc., SC) que permita que a barra seja fixada à altura adequada. Os dados de força são coletados a partir de uma plataforma de força (Advanced Mechanical Technologies Inc.,

Newton, MA) que exiba 500 Hertz. A pessoa é presa à barra usando-se faixas de levantamento e fita esportiva.

Técnica (Kawamori et al., 2006)

A altura da barra é determinada pelos ângulos do joelho e do quadril da pessoa testada. Esses ângulos são baseados nos usados em arrastes dinâmicos até o meio da coxa durante o treinamento (ângulo médio de joelho: 141°; ângulo médio de quadril: 124°). A pessoa testada se aproxima da barra e a pega como se fosse realizar o arraste dinâmico até o meio da coxa.

Procedimento (Kawamori et al., 2006)

1. A pessoa testada realiza um aquecimento que inclua exercícios dinâmicos focados nos grupos musculares que serão usados no teste e cinco arrastes de potência com 30 a 50% da RM atual.
2. A pessoa testada assume a posição apropriada sob a barra e pratica três arrastes isométricos.
3. Depois de um repouso de 3 min, a pessoa testada realiza o primeiro arraste com a maior força e velocidade possíveis.
4. Após outro repouso de 3 min, a pessoa testada realiza o segundo e último arraste isométrico.

Confiabilidade

Foi relatada uma correlação teste-reteste de 0,97 em levantadores de peso do sexo masculino (Kawamori et al., 2006).

Validade

Em levantadores de peso treinados, foram relatadas correlações moderadas a fortes (r = 0,55 a 0,82) entre medidas isométricas e dinâmicas da força máxima durante arrastes até o meio da coxa, especialmente quando a carga usada durante o movimento dinâmico aumentava (Haff et al., 1997; Kawamori et al., 2006). Seria possível esperar essa descoberta, pois o aumento na carga usada durante os movimentos dinâmicos pode torná-los mais "isométricos". No entanto, foram relatadas grandes correlações (r = 0,82 a 0,87) entre força máxima durante um arraste isométrico até o meio da coxa e desempenho em salto vertical (Kawamori et al., 2006). Do mesmo modo, Stone et al. (2003) relataram correlações moderadas a grandes (r = 0,67 a 0,75) entre força máxima durante um arraste isométrico até o meio da coxa e distância de lançamento em um grupo de arremessadores universitários. O interessante é que as relações ficam mais fortes quando as pessoas testadas progridem em um período de treinamento de oito semanas focado no aumento da força máxima e da potência de força. Todavia, esses valores de correlação ainda não explicam uma grande proporção da variação do desempenho esportivo.

FORÇA ISOMÉTRICA MÁXIMA EM UM SUPINO PLANO

Equipamento (Falvo et al., 2007)

Banco-padrão e equipamento de potência posicionado sobre uma balança no chão de nível comercial que contenha quatro células de carga (Rice Lake Weighing Systems, Rice Lake, WI) para exibir força vertical a 1.000 Hertz.

Técnica (Falvo et al., 2007)

A pessoa testada segura a barra como no supino plano. A altura da barra acima do chão é ajustada para que os braços estejam paralelos ao chão e o ângulo interno do cotovelo seja de 90°. A barra deve estar alinhada com o ponto médio do esterno. Em seguida, a barra é fixada nessa posição.

Procedimento (Falvo et al., 2007)

1. A pessoa testada realiza duas repetições submáximas entre 50 e 75% da percepção de esforço máximo.
2. A pessoa realiza um esforço isométrico máximo durante 3 a 5 s com a instrução de se contrair com a maior força e velocidade possíveis.
3. Depois de um repouso de 30 s, a pessoa testada realiza 1 segundo esforço isométrico máximo.
4. O sinal de força é filtrado (Butterworth de quarta ordem com frequência de corte de 30 Hz), e registra-se o valor máximo de força máxima obtido nas duas tentativas.

Confiabilidade

Usando homens com treinamento de força em idade universitária, Falvo et al. (2007) relataram uma correlação teste-reteste de 0,90 e uma variação na própria pessoa de 6,6% na FIM.

Validade

Ojanen, Rauhala e Häkkinen (2007) verificaram que a força isométrica máxima no exercício de supino plano era capaz de distinguir entre atletas de arremesso do gênero masculino (peso, disco, martelo) de várias idades, e entre os atletas e os controles de mesma idade. Mostrou-se que a FIM é muito reduzida após contrações excêntricas realizadas no movimento de supino plano (Falvo et al., 2007). Em outras pesquisas, porém, a FIM no supino plano explicou menos de 30% da variação no desempenho dinâmico da parte superior do corpo (Murphy e Wilson, 1996).

TESTE DE FORÇA ISOCINÉTICA

Isocinético significa velocidade constante, referindo-se especificamente à velocidade angular de uma articulação, que é restringida a rotacionar a uma velocidade constante por meio de uma amplitude de movimento por um dinamômetro (obviamente, a velocidade não pode ser constante em toda a amplitude, pois deve haver uma aceleração no início e uma desaceleração no fim do movimento). Os dinamômetros isocinéticos permitem rotações em torno de um eixo fixado e mantêm uma velocidade angular articular predeterminada e constante por meio de mecanismos hidráulicos (Akron) ou eletromagnéticos (Biodex, Con-Trex, Cybex Norm, IsoMed 2000) ou uma combinação de ambos (Kin-Com).

É importante reconhecer que, embora o movimento articular possa ser constante em determinada amplitude de movimento no teste isocinético, é improvável que a velocidade de encurtamento das fibras musculares em contração também o seja (Ichinose et al., 2000). Além disso, muitos dos testes envolvem movimentos uniarticulares de cadeia cinética aberta nos quais são realizadas ações concêntricas e ações excêntricas. No entanto, são possíveis movimentos multiarticulares de cadeia cinética fechada com certos dinamômetros (Müller et al., 2007). Podem ser feitas modificações em dinamômetros isocinéticos para permitir o teste de crianças (Deighan, De Ste Croix e Armstrong, 2003). O foco agora é nas medições rotacionais uniarticulares realizadas em dinamômetros isocinéticos em que a variável resultante em questão é o torque máximo.

Validade de medidas isocinéticas da força muscular

Uma crítica ao teste isocinético é que as velocidades angulares atingíveis nos dinamômetros existentes não chegam perto das atingidas em movimentos esportivos. Por exemplo, dinamômetros disponíveis no mercado são capazes de chegar a velocidades de até $555°.س^{-1}$ (Baltzopoulos, 2008). No entanto, foram relatadas velocidades angulares de extensão de mais de 1.000°.s^{-1} na articulação do joelho durante a corrida de velocidade (Kivi, Maraj e Gervais, 2002) e velocidades de rotação interna do ombro de mais de 5.800°.s^{-1} no movimento de arremesso no beisebol (Chu et al., 2009).

Poderia parecer, portanto, que as críticas à dinamometria isocinética com base na validade externa teriam algum mérito. Porém, durante a maioria dos testes de força muscular máxima, são atingidas velocidades de movimento baixas e, obviamente, nem chega a ocorrer nenhum movimento externo durante os testes isométricos. Mesmo assim, esses testes são amplamente usados com os atletas. Além disso, é importante lembrar que o objetivo de um teste isocinético é avaliar a magnitude do torque a determinada velocidade, e não as velocidades angulares máximas atingíveis em determinado movimento.

Usando a corrida de velocidade como exemplo, Johnson e Buckley (2001) relataram um torque extensor máximo de quadril de 377 N.m durante a fase de contato do pé, quando a velocidade angular articular girava em torno de 400°.s^{-1} (depois desse torque máximo, ocorreu uma velocidade angular de extensão de quadril de mais de 800°.s^{-1}). Ao testarem o torque máximo de extensão isocinética de quadril em corredores de velocidade treinados, Blazevich e Jenkins (2002) relataram valores médios de 302 N.m a uma velocidade de 60°.s^{-1} e de 254 N.m a uma velocidade de 480°.s^{-1}. O interessante é que esses valores de torque máximo aumentaram depois de um período de treinamento de resistência que resultou em uma melhora na velocidade de corrida, na mesma extensão que uma medida isoinercial da força muscular (1 RM de agachamento por trás).

No arremesso do beisebol, Chu et al. (2009) relataram torques máximos de rotação de ombro em torno de 65 N.m e velocidades angulares máximas de rotação interna de ombro de mais de 5.800°.s^{-1}. Carter et al. (2007) relataram torques máximos de rotação interna isocinética de cerca de 60 N.m a uma velocidade angular de 300°.s^{-1} medidos com um dinamômetro isocinético. Mais uma vez, a magnitude do torque aumentou depois de um período de treinamento pliométrico que resultou em melhora na velocidade de arremesso.

Há indícios de que os dinamômetros isocinéticos não conseguem produzir as velocidades angulares registradas durante movimentos esportivos, mas conseguem gerar a magnitude dos torques articulares observados. Como comentado, a magnitude força/torque constitui um elemento importante da especificidade de testes de força (ainda que com outras variáveis mecânicas).

Outra crítica aos testes isocinéticos é que é muito raro uma articulação rotacionar com velocidade angular constante em movimentos esportivos e cotidianos.

Essa, inclusive, pode ser uma objeção mais válida ao teste isocinético do que as velocidades relativamente baixas associadas aos dinamômetros atuais, e é mais difícil de defender. Da mesma forma, a postura adotada durante testes isocinéticos pode limitar a validade externa das medidas obtidas. Tanto é que o torque máximo durante um movimento uniarticular (extensão de joelho) a velocidades de teste lentas (60°.s^{-1}), moderadas (180°.s^{-1}) e altas (270°.s^{-1}) demonstrou correlações apenas moderadas ($r \leq 0,31$) em relação ao desempenho em corrida de velocidade em pessoas bem treinadas e em pessoas ativas recreativamente (Murphy e Wilson, 1997; Requena et al., 2009). A força dessas relações foi abaixo do relatado com uso de medidas dinâmicas e isométricas de força muscular máxima.

Abernethy e Jürimäe (1996) relataram que as medidas de torque isocinético máximo não eram imediatamente sensíveis aos aumentos na força muscular obtidos por métodos isoinerciais de treinamento de força. Os ganhos de força demonstrados por medidas isocinéticas foram atingidos semanas depois dos observados com testes isoinerciais, e até isométricos, de força muscular máxima.

Apesar dos estudos que questionaram a validade das medidas isocinéticas da força muscular, outros apoiaram sua validade. Por exemplo, o torque máximo de rotação interna de ombro a 210°.s^{-1} tem uma forte relação com a velocidade máxima de saque ($r = 0,86$) em jogadoras de tênis universitárias (Kraemer et al., 2000), ao passo que o torque máximo de rotação externa de ombro a 240 e 400°.s^{-1} demonstrou correlações grandes ($r \geq 0,76$) com a distância de lançamento de dardo em lançadores de dardo treinados (Forthomme et al., 2007). Outros relataram correlações moderadas ($r > 0,55$) entre várias medidas isocinéticas e o desempenho de corrida de velocidade (Dowson et al., 1998; Nesser et al., 1996). Do mesmo modo, mostrou-se que o torque máximo durante contrações concêntricas e contrações excêntricas dos extensores de joelho diferencia corredores de velocidade, jogadores de rúgbi e pessoas sedentárias (Dowson et al., 1998).

Em um nível mais prático, o tempo necessário para montar o dinamômetro para cada pessoa e o custo altíssimo dos dinamômetros isocinéticos, assim como suas demandas de espaço, podem tornar a dinamometria isocinética inadequada para muitos profissionais de condicionamento. Baltzopoulos (2008) e Wrigley e Strauss (2000) apresentam uma discussão detalhada dessas questões.

Confiabilidade de medidas isocinéticas da força muscular

Em geral, as medidas isocinéticas da força muscular máxima (torque máximo) demonstraram confiabilidade razoável. Por exemplo, Maffiuletti et al. (2007)

relataram valores de correlação teste-reteste de torque concêntrico máximo de ≥0,98 e variações na própria pessoa de ≤3,3% a velocidades entre 60 e 180°.s^{-1} nos flexores e extensores de joelho, em um grupo de homens e de mulheres ativos recreativamente. Os valores de torque máximo sobre a articulação do tornozelo costumam ser menos confiáveis (Müller et al., 2007).

Os torques máximos de extensão do joelho obtidos durante contrações concêntricas e excêntricas mostraram-se confiáveis (correlações teste-reteste ≥0,88) em um grupo de mulheres da terceira idade (idade média: 72 anos) (Brock Symons et al., 2004). Foram relatados coeficientes de correlação teste-reteste ≥0,72 (variação na mesma pessoa ≤15%) para os torques extensores máximos nas articulações do cotovelo e do joelho a velocidades baixas (30°.s^{-1}) e moderadas (180°.s^{-1}) em meninos jovens (idade média: 10,1 anos), usando-se um dinamômetro modificado (Deighan, De Ste Croix e Armstrong, 2003). Os torques flexores máximos são um pouco menos confiáveis (correlação teste-reteste ≥0,55; variação na mesma pessoa ≤15%).

PROCEDIMENTOS GERAIS PARA TESTES ISOCINÉTICOS

Os procedimentos gerais que devem ser seguidos usando-se testes isocinéticos de força muscular são resumidos aqui. As questões discutidas são tiradas das revisões de Baltzopoulos (2008) e Wrigley e Strauss (2000).

- *Calibração do dinamômetro*. Um dinamômetro isocinético deve ser calibrado antes da coleta de dados para garantir a confiabilidade e a validade das medidas. O procedimento de calibração normalmente envolve a suspensão de uma variedade de cargas de massa conhecida pelo braço do dinamômetro a velocidades baixas e também o uso de um goniômetro para calibrar a posição angular.
- *Correção da gravidade*. Os erros de medição podem ser reduzidos realizando-se uma correção da gravidade antes de cada teste. A maioria dos dinamômetros tem procedimentos computadorizados para correção da gravidade.
- *Ordem das velocidades de teste*. A ordem de teste mais usado na dinamometria isocinética é começar com velocidades lentas e progredir para velocidades rápidas.
- *Posicionamento da pessoa testada*. A pessoa testada deve ficar posicionada de maneira que o torque registrado seja gerado pela musculatura que cruza a articulação em questão. Isso normalmente significa que os membros contralaterais e o torso devem ficar estabilizados com arreios ou cintos apropriados. Da mesma forma, o membro testado deve ser mantido seguro junto ao braço do dinamômetro para

evitar qualquer registro de torque "excedente" ou lesões de impacto. Devem-se adotar os ângulos articulares adequados, inclusive das articulações que não pareçam envolvidas no movimento (ainda mais se o teste envolver músculos biarticulares). Um aspecto importante do teste isocinético é o alinhamento do eixo de rotação do braço do dinamômetro com o eixo da articulação testada. Embora os eixos anatômicos possam ser difíceis de ser fixados visualmente (e também possam se mover pela amplitude de movimento), costuma-se usar um ponto de referência anatômico proeminente (p. ex., o epicôndilo lateral do fêmur no caso da articulação do joelho). Contudo é importante fixar o alinhamento adequado durante contrações submáximas ou máximas, em razão da mudança possivelmente grande na posição articular entre o repouso e a contração.

- *Instruções e feedback.* O examinador deve explicar à pessoa testada o objetivo do teste e enfatizar que ela deve fazer o esforço muscular máximo durante todo o teste. A cada velocidade de teste, ele deve oferecer sessões de familiarização antes da coleta dos dados. Durante o teste, o examinador deve dar instruções e estímulos verbais, assim como *feedback* visual dos dados de torque articular.
- *Intervalos de repouso.* Em geral, recomendam-se intervalos de repouso de 40 a 60 s entre as contrações.

FORÇA MUSCULAR MÁXIMA DOS FLEXORES E EXTENSORES DO JOELHO

A força muscular máxima é definida como o torque máximo atingido durante contrações a velocidades predeterminadas.

Equipamento (Maffiuletti et al., 2007)

Dinamômetro Con-Trex (Con-Trex MJ, CMV AG, Dübendorf, Suíça) com velocidades angulares de 60, 120 e 180°.s^{-1} para contrações concêntricas e uma velocidade de –60°.s^{-1} para contrações excêntricas. Os valores de torque são amostrados a 100 Hertz.

Técnica (Maffiuletti et al., 2007)

A pessoa testada se senta na cadeira do dinamômetro com um ângulo interno de 85° na articulação do quadril. A caneleira distal do braço do dinamômetro é presa a 2 a 3 cm proximalmente do maléolo lateral da perna dominante. Também são fixadas faixas no peito, na pelve e no meio da coxa da pessoa testada para estas impedirem algum movimento extra durante o teste. A pessoa testada coloca cada membro superior no ombro contralateral durante cada contração para evitar seu envolvimento. O alinhamento entre o eixo rotacional do dinamômetro e o eixo da articulação do joelho é confirmado antes de cada teste. Durante as contrações, oferecem-se estímulo verbal e *feedback* visual (leituras instantâneas do torque articular). A amplitude de movimento de cada contração é de 70° – de 80° a 10° de flexão do joelho (0° corresponde à extensão completa do joelho).

Procedimento (Maffiuletti et al., 2007)

1. A pessoa testada realiza um aquecimento de 20 contrações concêntricas e excêntricas recíprocas submáximas (20 a 80% da percepção de esforço máximo) a velocidades baixas (15°.s^{-1} de concêntrica, −15°.s^{-1} de excêntrica).
2. A pessoa testada realiza três contrações de extensão e flexão recíprocas contínuas com esforço máximo a uma velocidade angular predeterminada de 60°.s^{-1}.
3. A pessoa testada repousa passivamente por 60 s.
4. Os passos 2 e 3 são repetidos a velocidades angulares de 120 e 180°.s^{-1}.
5. A pessoa testada realiza três contrações isométricas alternadas dos extensores e flexores de joelho (60° de flexão) com uma recuperação passiva de 60 s após cada uma.
6. A pessoa testada realiza três contrações excêntricas máximas dos extensores de joelho a uma velocidade angular de −60°.s^{-1}; as contrações são separadas por 60 s de repouso passivo.
7. A pessoa testada repete o passo 6 com os flexores de joelho.

Confiabilidade

Para valores de torque máximo concêntricos e excêntricos atingidos pelos extensores de joelho, Maffiuletti et al. (2007) relataram correlações teste-reteste ≥ 0,99 a velocidades angulares de 60, 120, 180 e −60°.s^{-1} em um grupo de homens e de mulheres ativos recreativamente. As variações na mesma pessoa foram de 2,8 e 1,9% nas contrações concêntricas a velocidades angulares de 60, 120 e 180°.s^{-1}, respectivamente; um valor de 3,4% foi relatado para a contração excêntrica. Foram relatadas correlações teste-reteste muito parecidas com as dos flexores de joelho (≥0,99). Contudo as variações na mesma pessoa foram um pouco maiores, tendo sido relatados valores de 3,6, 2,9 e 2,7% nas contrações concêntricas a velocidades angulares de 60, 120 e 180°.s^{-1}, respectivamente.

A Tabela 7.4 apresenta dados descritivos de torques máximos de flexão e de extensão de joelho coletados de vários atletas que usaram o teste isocinético aqui discutido.

Tabela 7.4 Dados de torques (N.m) máximos de extensão e flexão de joelho em populações esportivas.

População	Gênero	60°.s⁻¹ Flexão	60°.s⁻¹ Extensão	180°.s⁻¹ Flexão	180°.s⁻¹ Extensão	300°.s⁻¹ Flexão	300°.s⁻¹ Extensão
1ª D da NCAA de basquetebol	M	165,4 ± 26,2	178,1 ± 32,9	133,2 ± 21,2	135,3 ± 29,7	101,1 ± 30,7	96,9 ± 34,0
1ª D da NCAA de futebol	M	152,0 ± 9,3	240,3 ± 11,1				
1ª D da NCAA de luta	M	156,9 ± 9,9	256,2 ± 12,1			98,6 ± 7,0	100,8 ± 6,8
1ª D da NCAA de voleibol	F	77,8 ± 10,3	153,3 ± 26,2	59,2 ± 9,1	115,8 ± 21,0	48,5 ± 8,1	88,8 ± 19,4

Valores são grupos ± dentro dos desvios padrão.
1ª D: Primeira divisão.
Adaptada, com autorização, de J. Hoffman, 2006, *Norms for fitness, performance, and health* (Champaign, IL: Human Kinetics), 30.

COMPARAÇÃO ENTRE MÉTODOS DE MEDIÇÃO DE FORÇA MUSCULAR

A Tabela 7.5 resume os testes de campo e de laboratório discutidos neste capítulo e apresenta uma classificação dos testes em termos de tipo de contração muscular envolvida, recursos necessários, validade e confiabilidade publicadas, dados normativos publicados, facilidade de administração e possíveis demandas de habilidade da pessoa testada.

Tabela 7.5 Resumo prático dos testes de força muscular máxima.

Teste	Tipo de contração	Recursos específicos	Validade publicada	Confiabilidade publicada	Dados normativos/ prescritivos publicados	Facilidade de administração	Demandas de habilidade
1 RM de agachamento bilateral por trás	CAE Multiarticular	Pesos livres e equipamento de agachamento	Sim	Sim	Sim	Exige tempo Pode exigir longa recuperação.	Familiaridade com agachamento por trás

(continua)

Tabela 7.5 Resumo prático dos testes de força muscular máxima. (Continuação)

Teste	Tipo de contração	Recursos específicos	Validade publicada	Confiabilidade publicada	Dados normativos/prescritivos publicados	Facilidade de administração	Demandas de habilidade
1 RM de agachamento unilateral por trás	CAE Multiarticular	Pesos livres e equipamento de agachamento	Não	Sim	Não	Exige tempo Pode exigir longa recuperação.	Familiaridade com agachamento unilateral por trás
1 RM de *leg press*	Concêntrica e excêntrica Multiarticular	Máquina com discos	Sim, mas poucas	Sim	Sim	Exige tempo Pode exigir longa recuperação.	Poucas demandas de habilidade
1 RM de *leg press* excêntrico em máquina	Excêntrico Multiarticular	Máquina com pesos modificada	Não	Não	Não	Exige tempo Pode exigir longa recuperação.	Poucas demandas de habilidade
1 RM de supino plano (pesos livres)	CAE Multiarticular	Pesos livres e equipamento	Sim	Não	Sim	Exige tempo Pode exigir longa recuperação.	Familiaridade com supino plano
1 RM de supino plano (máquina)	Concêntrica e excêntrica Multiarticular	Máquina com discos	Sim	Sim	Não	Exige tempo Pode exigir longa recuperação.	Poucas demandas de habilidade
Força isométrica máxima durante agachamentos bilaterais	Isométrica Multiarticular	Plataforma de força	Sim	Sim	Não	Tempo reduzido de administração Tempo limitado de recuperação após os testes	Poucas demandas de habilidade
Força isométrica máxima durante arrastes até o meio da coxa	Isométrica Multiarticular	Plataforma de força	Sim	Sim	Não	Tempo reduzido de administração Tempo limitado de recuperação após os testes	Poucas demandas de habilidade

(continua)

Tabela 7.5 Resumo prático dos testes de força muscular máxima. (Continuação)

Teste	Tipo de contração	Recursos específicos	Validade publicada	Confiabilidade publicada	Dados normativos/ prescritivos publicados	Facilidade de administração	Demandas de habilidade
Força isométrica máxima durante supino plano	Isométrica Multiarticular	Plataforma de força	Sim, mas poucas	Sim	Não	Tempo reduzido de administração Tempo limitado de recuperação após os testes	Poucas demandas de habilidade
Torque máximo durante flexão e extensão isocinéticas de joelho	Isocinética Uniarticular	Dinamômetro isocinético	Sim	Sim	Sim	Exige tempo Testes excêntricos podem exigir longa recuperação	Poucas demandas de habilidade

Nota: CAE = ciclo de alongamento-encurtamento.

Aplicações profissionais

Existem muitos testes de força muscular máxima, cada um com suas vantagens e limitações. Nenhum teste deve ser considerado como padrão ouro para a força muscular máxima. Em vez disso, o profissional de condicionamento deve determinar a utilidade de cada teste com base na população da pessoa testada, na especificidade entre o teste e o desempenho desejado, no equipamento disponível, na facilidade de análise e interpretação de dados, bem como no tempo disponível.

O tempo disponível refere-se não apenas ao da sessão de teste específico, mas também ao da recuperação de que a pessoa pode necessitar depois do teste. Como mencionado, movimentos de alta intensidade que envolvem o CAE podem resultar em fadiga que dure dias (Nicol et al., 2006). Essa é uma consideração importante dado o fato de que a maioria dos movimentos esportivos envolve o CAE, sendo, portanto, provável que um teste de força muscular máxima que demonstre altos níveis de especificidade mecânica também envolva essa ação. A fadiga significativa após o fim do teste pode impedir sua administração regular durante o programa de treinamento do atleta como um todo. Isso salienta a necessidade de se planejar com cuidado o agendamento das sessões de teste dentro do ciclo de treinamento do atleta a longo prazo.

O momento em que se deve administrar o teste durante o programa de treinamento do atleta também é uma consideração importante. Pode parecer prático administrar os testes ao fim de um mesociclo para determinação da eficácia do período de treinamento. No entanto, pesquisadores identificaram possíveis defasagens nas melhoras obtidas com um período de treinamento – as melhoras nas capacidades físicas específicas, como força muscular máxima, podem não ser atingidas imediatamente depois do fim de um mesociclo específico (Siff, 2000; Stone, Stone e Sands, 2007).

O momento em que ocorrem as melhoras geradas por um mesociclo de treinamento pode ser determinado em parte pela especificidade entre o teste de força muscular máxima e os exercícios de treinamento adotados no programa. Isso foi demonstrado por Abernethy e Jürimäe (1996), que relataram que um teste isoinercial dinâmico de força muscular máxima era melhor do que um teste isométrico ou isocinético para acompanhar as mudanças na força geradas por um programa de treinamento de força com exercícios isoinerciais.

A seleção de um teste não específico de força muscular máxima pode fazer com que o profissional de condicionamento classifique erroneamente um programa de treinamento como ineficaz. É claro que os testes de força muscular máxima não são intercambiáveis; a partir do momento em que o profissional identifica o teste mais apropriado de acordo com as circunstâncias, somente este deve ser administrado quando for necessária uma medida da força muscular máxima. Quando não é usado o mesmo teste para uma capacidade física específica, o profissional não consegue monitorar com eficácia o progresso do atleta.

No caso dos testes de força muscular máxima revistos aqui, foram relatadas grandes correlações entre as pontuações do teste e as medidas de desempenho, seja o teste isoinercial, isométrico ou isocinético. No entanto, alguns autores recomendaram que os testes de força fossem validados pelas relações entre as mudanças nas pontuações de teste e as mudanças nas medidas de desempenho após uma intervenção (Abernethy, Wilson e Logan, 1995; Murphy e Wilson, 1997). Infelizmente, quase não existem análises como essa na literatura. Quando as relações entre os testes e as medidas de desempenho foram relatadas, tudo indica que os testes isoinerciais dinâmicos acompanham melhor as mudanças no desempenho dinâmico, como ditaria o princípio de especificidade mecânica.

Seja qual for o tipo de teste de força utilizado e em que ponto do programa de treinamento do atleta ele é administrado, o profissional de condicionamento deve administrar o teste de maneira uniforme (p. ex., aquecimento, instruções durante o teste, posturas adotadas durante o teste, hora do dia em que o teste é realizado). Isso garantirá o registro e a monitoração efetivos da força do atleta.

RESUMO

- A força muscular máxima pode ser definida como a capacidade de um músculo ou grupo muscular de produzir uma força ou um torque máximos contra uma resistência externa em condições específicas definidas pela postura, pela ação muscular e pela velocidade de movimento.
- O profissional de condicionamento deve determinar a utilidade de um teste de força muscular máxima com base na população da pessoa testada, na especificidade mecânica entre o teste e o desempenho em questão e no equipamento e no tempo disponíveis.
- Os profissionais de condicionamento devem medir valores de força muscular máxima diretamente e não prevê-los a partir de múltiplas repetições realizadas com cargas submáximas.
- A confiabilidade é fundamental para qualquer teste físico. A magnitude de uma mudança na força muscular necessária para que tenha ocorrido uma mudança real após uma intervenção pode ser determinada pelas estatísticas de confiabilidade, e os tamanhos de amostras para estudos futuros podem ser computados (Hopkins, 2000). Assim, a confiabilidade dos testes de força muscular máxima e resistência de força muscular é importante tanto para profissionais de condicionamento como para pesquisadores. Hopkins (2000) observou as três seguintes estatísticas importantes de confiabilidade:
    1. viés sistemático (uma mudança na média entre pontuações de teste consecutivas);
    2. variação na mesma pessoa;
    3. correlação teste-reteste (em que se deve usar a correlação intraclasse, e não as estatísticas bivariadas).
- Sem estatísticas de confiabilidade, um profissional de condicionamento não pode tomar decisões seguras sobre a utilidade de um teste de força para determinada população. Muitos dos testes revisados aqui têm suas correlações teste-reteste, embora muitas delas sejam estatísticas bivariadas (r de Pearson), o que limita a comparação entre os testes. Poucos são os testes com viés sistemático ou variações na mesma pessoa relatados. Essa é uma grande omissão na literatura que deve ser resolvida em pesquisas futuras.
- O profissional de condicionamento deve administrar os testes de maneira uniforme (p. ex., aquecimento, instruções durante o teste, posturas adotadas durante o teste, hora do dia em que o teste é realizado).

8

Resistência muscular

Gavin L. Moir, Ph.D.

O Capítulo 7 apresentou a força muscular como um aspecto importante da saúde e do desempenho esportivo. A seleção de um teste apropriado de força muscular deve ser do interesse de profissionais de condicionamento que trabalham com populações esportivas, clínicas e mesmo com a população geral. Este capítulo se concentra nos testes de resistência muscular.

Os testes de resistência muscular quase não são administrados em populações esportivas, ao menos quando comparados com os testes de força muscular máxima. Entretanto, é comum que os testes de resistência muscular constem na bateria de testes administrados em crianças, soldados, oficiais de polícia e bombeiros (Baumgartner et al., 2007; Hoffman, 2006), tanto que as pontuações resultantes de muitos desses testes são usadas como padrões mínimos de alistamento. Esses testes costumam envolver grandes números de pessoas testadas ao mesmo tempo e, por isso, em geral são fáceis de administrar e interpretar. Em razão da dimensão dessas populações, existem séries extensas de dados normativos para muitos testes de resistência muscular. Este capítulo resume os métodos adequados para testar a resistência muscular, além de identificar suas estatísticas de confiabilidade e validade. Começamos, porém, definindo resistência muscular.

DEFINIÇÃO DE RESISTÊNCIA MUSCULAR

A força muscular pode ser definida como a capacidade de um músculo ou grupo de músculos de produzir uma força contra uma resistência externa (Siff, 2000; Stone, Stone e Sands, 2007; Zatsiorsly, 1995). Isso implica que a expressão de força muscular baseia-se em um contínuo que vai de zero (sem geração de força) à produção de força máxima. Os fatores fisiológicos e mecânicos que influenciam a expressão de força muscular são discutidos no Capítulo 7. Esses fatores incluem o tipo de contração (isométrica, excêntrica, concêntrica), as características arquitetônicas das fibras musculares (área de seção transversa, ângulo de penação), o tipo de fibra e o histórico contrátil (fadiga, potencialização pós-ativação). A partir dessa discussão, definiu-se força muscular máxima como a capacidade de produzir, voluntariamente, uma força ou um torque máximos em condições específicas definidas pela ação do músculo, pela velocidade de movimento e pela postura. A partir disso, pode-se definir resistência muscular como a capacidade de se produzir, voluntariamente, força ou torque repetidos contra resistências externas submáximas ou de se manter um nível exigido de força submáxima em uma postura específica pelo maior tempo possível.

Existe uma relação entre força muscular máxima e resistência muscular (Reynolds, Gordon e Robergs, 2006). Essa relação, inclusive, forma a base das equações de previsão usadas para estimar o valor de 1 RM a partir de múltiplos levantamentos submáximos realizados em um teste específico, como destacado no Capítulo 7. Em geral, por um lado, o resultado dos testes de resistência muscular em que as repetições são continuadas até a exaustão com uma carga absoluta tem uma relação intensa com a força muscular máxima; pessoas mais fortes podem realizar um número maior de repetições e, portanto, uma quantidade de esforço maior (Stone et al., 2006; Zatsiorsky, 1995). Por outro lado, combinar a carga com a força da pessoa testada resulta em números parecidos de repetições entre pessoas testadas, seja qual for a força.

A definição de resistência muscular aqui apresentada relaciona os dois métodos de teste divergentes que costumam ser usados para testar a resistência muscular. O primeiro exige que a pessoa testada realize o maior número possível de repetições contra uma carga submáxima até a fadiga volitiva, usando contrações excêntricas e contrações concêntricas (p. ex., flexões de braço até a exaustão). O segundo exige que a pessoa testada mantenha uma postura pré-especificada pelo maior tempo possível e, por isso, envolve sobretudo contrações isométricas (p. ex., *flexed-arm hang*). Apesar das diferenças quantitativas e qualitativas entre esses dois métodos amplos de avaliação da resistência muscular, a característica que os representa é a capacidade da musculatura ativa de resistir à fadiga, definida como declínio reversível no desempenho muscular causado pela atividade muscular, o qual é marcado por uma redução progressiva na força desenvolvida por um músculo (Allen, Lamb e Westerblad, 2008).

Uma questão que precisa ser abordada sobre a definição de resistência muscular é a determinação das cargas submáximas durante os testes em que o número de repetições atingidas até a fadiga volitiva é uma variável dependente. A seleção de cargas submáximas pode se basear em uma porcentagem de massa corporal (Baumgartner et al., 2002), uma porcentagem de força muscular máxima (Mazzetti et al., 2000; Rana et al., 2008; Woods, Pate e Burgess, 1992) ou uma carga absoluta (Baker e Newton, 2006; Mayhew et al., 2004; Vescovi, Murray e Van Heest, 2007). Cada um desses métodos tem seus problemas. Por exemplo, por um lado, usar uma carga relativa à massa muscular pressupõe uma relação linear entre massa corporal e força muscular, sem se levar em conta de maneira precisa as diferenças na composição corporal entre as pessoas testadas. Por outro lado, basear a carga em uma porcentagem da força muscular máxima exige que a pessoa testada comece completando um teste de 1 RM e, assim, aumenta a duração das sessões de teste.

Alguns autores questionaram a validade de testes relativos de resistência muscular, indicando que as cargas em atividades esportivas e diárias raras vezes são relativas à força muscular máxima ou mesmo à massa corporal encontrada (Stone et al., 2006). As cargas absolutas, em que a carga externa é a mesma para cada pessoa, são mais comuns. No entanto, um dos problemas de usar cargas absolutas para medir a resistência muscular é que a carga pode ser pesada demais para algumas pessoas, o que leva ao risco de se transformar o teste de resistência muscular em um de força máxima. Kraemer et al. (2002) recomendaram que eram necessárias pelo menos 10 a 25 repetições de um exercício que enfatizasse a resistência muscular. Esses números podem ser usados como guia ao se adotar um teste de resistência muscular baseado em repetições até a exaustão.

Outro fator a se considerar é a cadência das repetições realizadas durante um teste que usa repetições até a exaustão. LaChance e Hortobagyi (1994) relataram que a seleção de uma cadência pode ter um efeito significativo no número de repetições realizadas durante o exercício de força. Entretanto, pouquíssimos textos publicados sobre resistência muscular especificam uma cadência e permitem que as pessoas testadas estabeleçam sua própria cadência. Não especificar uma cadência pode reduzir a confiabilidade do teste, ao passo que selecionar uma pode comprometer a validade externa do teste. Essas duas situações podem limitar a capacidade do teste de acompanhar as mudanças no desempenho de uma pessoa ao longo do tempo.

Outros testes de resistência muscular exigem que a pessoa testada mantenha uma postura pré-especificada pelo maior tempo possível, usando contrações isométricas. O que é questionado é o tempo em que as pessoas testadas devem manter a postura para que o teste seja uma medida da resistência muscular. Já foi comentado que, quando se move uma carga externa repetidas vezes, é necessário um número mínimo de repetições para qualificar o teste como medida de resistência muscular; é difícil determinar um limiar de tempo equivalente para testes em que as pessoas testadas precisam manter uma postura específica.

Em relação a todos os testes isométricos de força muscular, a escolha de postura e, portanto, de ângulo articular é importante, porque a relação comprimento-tensão de um músculo tem um forte impacto na expressão de força (Rassier, MacIntosh e Herzog, 1999). Também surge a questão da postura mais adequada a se adotar durante o teste. O profissional de condicionamento deve determinar a utilidade de um teste específico em relação às posturas adotadas no desempenho para o qual a pessoa testada está sendo treinada, como ditaria o princípio de especificidade. Isso exige uma análise completa de necessidades da atividade esportiva antes de se selecionar um teste.

Os testes de resistência muscular não devem ser usados de maneira intercambiável, pois foram relatadas correlações apenas moderadas entre os testes, mesmo quando a musculatura ativa parecia ser a mesma (Clemons et al., 2004; Halet et al., 2009; Sherman e Barfield, 2006). Isso reflete a importância da especificidade dos testes e também destaca a necessidade de seleção do teste com cuidado e de aplicação do mesmo teste para acompanhamento da resistência muscular ao longo do tempo em uma pessoa ou para comparação da resistência muscular de pessoas diferentes. Não usar o mesmo teste anulará a possibilidade de monitoração do progresso dos clientes de maneira efetiva.

TESTES DE CAMPO DE RESISTÊNCIA MUSCULAR

A maioria dos testes de campo de resistência muscular apresentados na literatura são específicos à musculatura abdominal e aos músculos da parte superior do corpo. Os testes aqui discutidos incluem supino plano, flexão de braço, puxada, abdominal e *leg press* ou agachamento, todos realizados até a exaustão. O *flexed-arm hang*, um teste isométrico específico à postura, também é discutido. Os métodos para seleção da resistência externa usada nesses testes são discutidos quando conveniente. Quando existirem múltiplas formas do mesmo teste (p. ex., supino plano), só serão discutidos em detalhes os protocolos com dados de confiabilidade e validade publicados.

Supino plano até a exaustão (carga como porcentagem da massa corporal)

Baumgartner et al. (2002) pediram a homens e mulheres em idade universitária que fizessem repetições até a exaustão em uma máquina de supino plano. A carga dos homens foi de 70% da massa corporal e a das mulheres, de 40%. Embora não tenham sido relatados dados de confiabilidade sobre o teste, os homens (repetições médias: 15,2) conseguiram muito mais repetições do que as mulheres (repetições médias: 13,6). Ainda que esses valores médios tendam a cair dentro das repetições prescritas para resistência de força como resumidas por Kraemer et al. (2002), houve uma variedade muito grande de repetições; algumas pessoas, por exemplo, não conseguiram realizar uma única repetição com as cargas selecionadas. Portanto, a escolha de uma carga equivalente a 70 e 40% da massa corporal para homens e mulheres, respectivamente, pode limitar a validade desse teste para a população geral.

Supino plano até a exaustão (carga como porcentagem de 1 RM)

Mazzetti et al. (2000) usaram repetições até a exaustão com uma carga equivalente a 80% de 1 RM em homens moderadamente treinados empregando pesos livres. Os autores relataram que o número de repetições atingidas (6 a 8) não mudou depois de 12 semanas de treinamento de força, embora tenham ocorrido aumentos significativos nos valores de 1 RM.

Baker (2009) fez com que jogadores profissionais bem treinados de rúgbi fizessem repetições até a exaustão, usando uma carga equivalente a 60% de 1 RM; o exercício era realizado em uma máquina do tipo Smith. O número de repetições não conseguiu diferenciar o nível de desempenho dos jogadores profissionais de rúgbi, pois tanto os jogadores de elite como os de níveis mais baixos conseguiram, em média, mais de 20 repetições durante o teste.

Adams et al. (2000) usaram um supino plano com peso livre até a fadiga volitiva realizado com uma carga equivalente a 50% de 1 RM em mulheres mais velhas (idade média: 51 anos). As pessoas testadas nesse estudo conseguiram realizar mais de 20 repetições em média (variação: 10 a 30).

Woods, Pate e Burgess (1992) testaram a resistência muscular da parte superior do corpo, usando repetições até a exaustão com uma carga equivalente a 50% de 1 RM em meninos e em meninas na pré-puberdade (idade média: 10 anos). O exercício foi realizado em uma máquina com pesos. As crianças realizaram uma média de 18,3 repetições (média dos meninos: 19,9; média das meninas: 17,3). Infelizmente, não existem dados de confiabilidade publicados para repetições até a fadiga volitiva com o supino plano quando se usam cargas relativas à força muscular máxima.

Supino plano até a exaustão (carga absoluta)

Vescovi, Murray e Van Heest (2007) usaram uma carga de 68 kg para medir a resistência muscular de jogadores de hóquei no gelo bem treinados durante um exercício de supino plano com peso livre. As pessoas testadas tinham de levantar a carga em uma cadência de 50 repetições por minuto durante o teste, que era finalizado quando elas não conseguiam mais manter essa cadência. O número de repetições atingidas até a exaustão permitiu que os pesquisadores fizessem distinção entre as posições de jogo: os goleiros realizaram uma média de 3,3 repetições, ao passo que os zagueiros conseguiram uma média de 9,2.

Mayhew et al. (2004) usaram uma carga de 102 kg no supino plano com jogadores de futebol americano da segunda divisão da NCAA. Embora não se tenha usado uma cadência delimitada, recomendou-se às pessoas testadas que as pausas entre as repetições fossem de menos de 2 s. Contava-se uma repetição quando a barra tocava o peito, não era empurrada pelo peito e era retornada com extensão total do cotovelo. Os jogadores conseguiram realizar uma média de 11,7 repetições até a exaustão.

Outros pesquisadores relataram uma média de 7,2 repetições no mesmo teste com um *corpus* parecido (Chapman, Whitehead e Binkert, 1998). Baker (2009), a partir do número de repetições realizadas com uma carga de 102 kg, conseguiu diferenciar jogadores profissionais de rúgbi de diferentes níveis de habilidade – os jogadores de divisões mais baixas realizaram um número baixo de repetições (média de 5,9).

Considerando-se que a recomendação de um exercício para desenvolver resistência muscular é um mínimo de 10 repetições (Kraemer et al., 2002), essas cargas absolutas parecem inadequadas para medir a resistência muscular em muitas pessoas esportivas. Além disso, não existe confiabilidade relatada sobre o supino plano até a exaustão com uma carga de 102 kg, apesar de seu uso generalizado, especialmente no futebol americano (Chapman, Whitehead e Binkert, 1998; Mayhew et al., 2004).

SUPINO PLANO ATÉ A EXAUSTÃO COM UMA CARGA ABSOLUTA DE 60 KG

Baker e Newton (2006) usaram uma carga de 60 kg durante um movimento de supino plano realizado com peso livre para testar a resistência muscular de jogadores profissionais de rúgbi bem treinados. O protocolo empregado por esses pesquisadores será discutido aqui.

Técnica (Earle e Baechle, 2008)

A pessoa testada se deita em decúbito dorsal com a cabeça, os ombros e as nádegas em contato com o banco e ambos os pés em contato com o chão (contato de cinco pontos). Segura-se a barra com uma pegada pronadora fechada um pouco mais larga do que a largura dos ombros. O observador ajuda a pessoa testada a remover a barra para a posição inicial, em que a barra é segurada com os cotovelos estendidos. Toda repetição começa nessa posição. A barra é abaixada para tocar o peito mais ou menos na altura do mamilo e, na sequência, erguida em um movimento contínuo até que os cotovelos estejam em extensão completa (ver Fig. 8.1). Durante o movimento, os cinco pontos de contato devem ser mantidos, e a pessoa não deve empurrar a barra do peito na parte mais baixa do movimento.

Figura 8.1 Posição inicial (a) e posição mais baixa (b) atingida durante o exercício de supino plano.

Procedimento (Baker e Newton, 2006)

1. Em seu estudo, Baker e Newton (2006) pediram a atletas de rúgbi que realizassem o teste de resistência muscular depois de completar o teste de 1 RM de supino plano. Entretanto, o profissional de condicionamento deve determinar uma rotina de aquecimento apropriada que evite fadiga.
2. Carrega-se a barra a 60 kg.
3. A pessoa testada deve realizar o maior número possível de repetições até a fadiga volitiva ou a deterioração da técnica. Não se especifica nenhuma cadência para esse teste, mas a pessoa testada não pode repousar entre as repetições.

Confiabilidade

Foi relatado um coeficiente de correlação teste-reteste de 0,94 para repetições até a exaustão com uma carga absoluta de 60 kg realizadas sem cadência predeterminada em jogadores profissionais de rúgbi (Baker e Newton, 2006).

Validade

Verificou-se que o número de repetições realizadas nesse teste distingue níveis de capacidades em jogadores profissionais de rúgbi; jogadores de elite conseguiram uma média de 35,6 repetições até o término, ao passo que jogadores de níveis inferiores conseguiram uma média de 23,8 (Baker e Newton, 2006). Essas repetições estão bem de acordo com as recomendadas na literatura para resistência muscular (Kraemer et al., 2002). Não existem dados publicados sobre atletas mulheres com aplicação desse teste.

A carga absoluta de 60 kg pode ser pesada demais para a população em geral. Uma alternativa seria o teste de supino da YMCA, que especifica uma carga de 36,3 kg para homens e de 15,9 kg para mulheres (Hoffman, 2006). Esse teste segue uma cadência predeterminada de 30 repetições por minuto. A Tabela 8.1 mostra os valores normativos para repetições realizadas pela população em geral no teste de supino plano da YMCA até a exaustão.

Tabela 8.1 Valores normativos para repetições completadas no teste de supino plano até a exaustão (da YMCA).

%	18-25 anos		26-35 anos		36-45 anos		46-55 anos		56-65 anos		>65 anos	
	H	M	H	M	H	M	H	M	H	M	H	M
95	42	42	40	40	34	32	28	30	24	30	20	22
75	30	28	26	25	24	21	20	20	14	16	10	12

continua

Tabela 8.1 Valores normativos para repetições completadas no teste de supino plano até a exaustão (da YMCA) (continuação).

%	18-25 anos		26-35 anos		36-45 anos		46-55 anos		56-65 anos		>65 anos	
	H	M	H	M	H	M	H	M	H	M	H	M
50	22	20	20	17	17	13	12	11	8	9	6	6
25	13	12	12	9	10	8	6	5	4	3	2	2
5	2	2	2	1	2	1	1	0	0	0	0	0

Reproduzida, com autorização, de J. Hoffman, 2006, *Norms for fitness, performance, and health* (Champaign, IL: Human Kinetics), 47; adaptada de *YMCA fitness testing and assessment manual*, 4ª ed., 2000, com autorização da YMCA of the USA, 101 N. Wacker Drive, Chicago, IL 60606.

FLEXÕES DE BRAÇO ATÉ A EXAUSTÃO

Procedimento (Baumgartner et al., 2002)

1. A pessoa testada adota uma posição em decúbito ventral no chão com as mãos separadas na largura dos ombros, os dedos apontados para a frente e os cotovelos apontados para trás (Fig. 8.2).
2. A partir da posição inicial, a pessoa testada empurra o chão até a extensão total do membro superior com o corpo reto, de modo que se possa desenhar uma linha reta da articulação do ombro até a do tornozelo (essa é a posição superior).
3. Em seguida, ela desce até que todo o corpo, do peito às coxas, esteja em contato com o chão.
4. Na sequência, empurra o chão até a extensão total do membro superior, mantendo o corpo reto.
5. Ela continua o exercício a uma velocidade confortável (20 a 30 repetições por minuto) até que não possa mais realizar flexões de braço da maneira correta.
6. Conta-se uma flexão de braço quando a pessoa testada está na posição superior e não é permitido repouso entre as repetições.

Confiabilidade

Foram relatados coeficientes de correlação teste-reteste de 0,95 e 0,91 para esse teste em homens e em mulheres em idade universitária, respectivamente (Baumgartner et al., 2002).

Validade

Williford et al. (1999) relataram que o número de flexões de braço até a exaustão (41) foi um forte indicador de desempenho durante uma tarefa profissional específica em um grupo de bombeiros. O número de repetições de flexão de braço realizadas até a exaustão em uma cadência de 50 repetições por minuto conseguiu diferenciar posições de jogo de hóquei no gelo; os goleiros conseguiram 22,7 repetições, e os zagueiros, 26,6 repetições (Vescovi et al., 2007). Foram relatadas correlações muito grandes ($r = 0,80$ a $0,87$) entre flexões de braço até a exaustão e supino plano até a exaustão em homens e em mulheres de idade universitária (Baumgartner et al., 2002). Nesse estudo, o número médio de repetições de flexões de braço dos homens foi 26,4, e o das mulheres, 9,5.

Outros pesquisadores propuseram uma modificação das flexões de braço para mulheres (ver Fig. 8.3) que permitisse que elas posicionassem os joelhos no chão com os pés cruzados atrás (Boland et al., 2009). Isso permitiu que elas conseguissem uma média maior do que 20 repetições. O teste pode ser modificado para crianças, fazendo-se com que elas comecem na posição superior e desçam até que a articulação do cotovelo esteja em 90°, repetindo esse processo em uma cadência de 20 flexões de braço por minuto (Saint Romain e Mahar, 2001). Demonstrou-

Figura 8.2 Posição inicial (a) e posição final (b) durante uma flexão de braço.

Figura 8.3 Posição inicial (a) e posição final (b) de uma flexão de braço modificada.

-se que esse teste modificado tem uma correlação teste-reteste maior do que 0,97 (Saint Romain e Mahar, 2001).

Alguns examinadores usam o número de flexões de braço completadas em 60 s como medida de resistência muscular. Essa medida é usada entre policiais (Hoffman, 2006); demonstrou-se, também, que ela faz distinção entre atletas de diferentes esportes (Rivera, Rivera-Brown e Frontera, 1998). É comum a avaliação de oficiais das forças armadas pelo número de flexões de braço completadas em 120 s (Hoffman, 2006). Os valores normativos de flexões de braço até a exaustão em várias populações são mostrados nas Tabelas 8.2, 8.3 e 8.4.

PUXADAS ATÉ A EXAUSTÃO

Tabela 8.2 Valores normativos de flexões de braço até a exaustão na população adulta em geral.

%	20-29 anos		30-39 anos		40-49 anos		50-59 anos		>60 anos	
	H	M	H	M	H	M	H	M	H	M
90	57	42	46	36	36	28	30	25	26	17
80	47	36	39	31	30	24	25	21	23	15
70	41	32	34	28	26	20	21	19	21	14
60	37	30	30	24	34	18	19	17	18	12
50	33	26	27	21	21	15	15	13	15	8
40	29	23	24	19	18	13	13	12	10	5
30	26	20	20	15	15	10	10	9	8	3
20	22	17	17	11	11	6	9	6	6	2
10	18	12	13	8	9	2	6	1	4	0

Reproduzida, com autorização, de J. Hoffman, 2006, *Norms for fitness, performance, and health* (Champaign, IL: Human Kinetics), 45; adaptada de D. C. Nieman, 1999, Exercise testing & prescription: *A health related approach*, 4ª ed. (Mountain View, CA: Mayfield Publishing), com autorização de The McGraw-Hill Companies.

Tabela 8.3 Valores normativos para flexões de braço até a exaustão em jovens.

%	Idade (anos)										
	6	7	8	9	10	11	12	13	14	15	16	>17
Meninos												
90	11	17	19	20	25	30	34	41	41	44	46	56
80	9	13	15	17	21	26	30	35	37	40	41	50
70	7	11	13	15	18	23	25	31	30	35	36	44
60	7	9	11	13	16	19	20	28	25	32	32	41
50	7	8	9	12	14	15	18	24	24	30	30	37
40	5	7	8	10	12	14	15	20	21	27	28	34
30	4	5	7	8	11	10	13	16	18	25	25	30

(continua)

Tabela 8.3 Valores normativos para flexões de braço até a exaustão em jovens. (Continuação)

%	Idade (anos)											
	6	7	8	9	10	11	12	13	14	15	16	>17
20	3	4	6	7	10	8	10	12	15	21	23	25
10	2	3	4	5	7	3	7	9	11	18	20	21
Meninas												
90	11	17	19	20	21	20	21	22	21	23	26	28
80	9	13	15	17	19	18	20	17	19	20	22	22
70	7	11	13	15	17	17	15	15	12	18	19	19
60	6	9	11	13	14	15	11	13	10	16	15	17
50	6	8	9	12	13	11	10	11	10	15	12	16
40	5	7	8	10	10	8	8	10	8	13	12	15
30	4	5	7	8	9	7	5	7	5	11	10	12
20	3	4	6	7	8	6	3	5	5	10	5	9
10	2	3	4	5	4	2	1	3	2	5	3	5

Reproduzida, com autorização, de J. Hoffman, 2006, *Norms for fitness, performance, and health* (Champaign, IL: Human Kinetics), 46; adaptada, com autorização, de Presidents Council for Physical Fitness, Presidents Challenge Normative Data Spreadsheet [Online]. Disponível em: www.presidentschallenge.org.

Tabela 8.4 Pontuações mínimas de policiais em flexões de braço até a exaustão.

20-29 anos		30-39 anos		40-49 anos		50-59 anos	
H	M	H	M	H	M	H	M
29	15	24	11	18	9	13	9

Adaptada de Hoffman, 2006.

Procedimento (Hoffman, 2006)

1. A pessoa testada começa o teste pendurada a uma barra com os braços retos e uma pegada firme na barra (ver Fig. 8.4a).
2. Ela puxa o corpo para cima até que o queixo esteja acima da barra (ver Fig. 8.4b).
3. Volta para a posição inicial.
4. Devem-se evitar quaisquer movimentos de balanço durante o exercício.
5. Registra-se o número de repetições até a fadiga volitiva.

Confiabilidade

Foram relatados altos coeficientes de correlação teste-reteste (>0,83) para o teste de puxada em crianças em idade escolar de ambos os sexos (Engelman e Morrow, 1991). Entretanto, não existem dados publicados que avaliem a confiabilidade do teste em adultos. Além disso, a distância a que as mãos devem ser posicionadas nem sempre é especificada na literatura publicada. Essa variável pode afetar a confiabilidade do teste e precisa ser controlada pelo examinador.

Validade

Verificou-se que o número de puxadas completadas até a exaustão (9) era um forte indicador do desempenho durante uma tarefa profissional específica em um grupo de bombeiros (Williford et al., 1999). Em outro estudo, relatou-se um aumento nas puxadas em meninos e em meninas na pré-puberdade (idade média: 8,4 anos) que seguiram um programa de treinamento de força de oito semanas (Siegel, Camaione e Manfredi, 1989).

Demonstrou-se que uma versão modificada do teste realizada junto a uma equipe de alpinismo distinguia alpinistas esportivos de vários níveis (Grant et al., 1996; 2001). Existe também uma versão modificada para crianças, na qual a pessoa testada começa deitada de costas e arranca contra uma barra colocada em um suporte (Fig. 8.5). Demonstrou-se que essa puxada modificada é um método váli-

Figura 8.4 Posição inicial (a) e posição final (b) durante uma puxada bem-sucedida.

Figura 8.5 Versão modificada do teste de puxada em crianças. A pessoa testada aqui acaba de completar uma repetição.

do e confiável de testar a resistência muscular em crianças (Saint Romain e Mahar, 2001). A Tabela 8.5 mostra valores normativos para o número de puxadas realizadas até a exaustão em jovens; a Tabela 8.6 mostra a avaliação de desempenho de homens em idade universitária nesse teste.

Tabela 8.5 Valores normativos para puxadas até a exaustão em jovens.

%	Idade (anos)											
	6	7	8	9	10	11	12	13	14	15	16	>17
Meninos												
90	3	5	6	6	7	7	8	9	11	12	12	15
80	1	4	4	5	5	5	6	7	9	10	10	12
70	1	2	3	4	4	4	5	5	7	9	9	10
60	0	2	2	3	3	3	3	4	6	7	8	10
50	0	1	1	2	2	2	2	3	5	6	7	8
40	0	1	1	1	1	1	1	2	4	5	6	7
30	0	0	0	0	0	0	1	1	3	4	5	5
20	0	0	0	0	0	0	0	0	1	2	4	4
10	0	0	0	0	0	0	0	0	0	1	2	2
Meninas												
90	3	3	3	3	3	3	3	2	3	2	2	2
80	1	1	2	2	2	2	2	1	1	1	1	1
70	1	1	1	1	1	1	1	0	1	1	1	1

(continua)

Tabela 8.5 Valores normativos para puxadas até a exaustão em jovens. (Continuação)

%	Idade (anos)											
	6	7	8	9	10	11	12	13	14	15	16	>17
Meninas												
60	0	0	0	0	1	0	0	0	0	0	0	0
50	0	0	0	0	0	0	0	0	0	0	0	0
40	0	0	0	0	0	0	0	0	0	0	0	0
30	0	0	0	0	0	0	0	0	0	0	0	0
20	0	0	0	0	0	0	0	0	0	0	0	0
10	0	0	0	0	0	0	0	0	0	0	0	0

Reproduzida, com autorização, de J. Hoffman, 2006, *Norms for fitness, performance, and health* (Champaign, IL: Human Kinetics), 44; adaptada, com autorização, do *Journal of Physical Education, Recreation & Dance*, 1985, 44-90. JOPERD é uma publicação da American Alliance for Health, Physical Education, Recreation and Dance, 1900 Association Dr., Reston, VA 20191.

Tabela 8.6 Avaliação de desempenho de homens em idade universitária que realizaram puxadas até a exaustão.

Classificação	Número de puxadas
Excelente	>15
Boa	12-14
Mediana	8-11
Razoável	5-7
Ruim	0-4

Reproduzida, com autorização, de J. Hoffman, 2006, *Norms for fitness, performance, and health* (Champaign, IL: Human Kinetics), 44; adaptada de AAHPERD, 1976, *AAHPERD youth fitness test manual* (Reston, VA: Author).

ABDOMINAIS PARCIAIS

Técnica

O abdominal parcial exige que a pessoa testada levante o tronco assim como no abdominal tradicional. Isso remove a influência dos músculos flexores do quadril (Baumgartner et al., 2007). Em geral, o teste exige que a pessoa realize o máximo possível de repetições em um tempo especificado, como 60 ou 120 s, e, muitas vezes, em uma cadência determinada.

Procedimento (Hoffman, 2006)

1. Com uma fita, marque duas linhas paralelas no chão a 10 cm de distância uma da outra. (Alguns pesquisadores colocam as linhas a 12 cm de distância uma da outra [Grant et al., 2001]).

2. A pessoa testada começa o teste de costas, com os joelhos flexionados e os membros superiores em extensão total ao lado do corpo, e os dedos em contato com a primeira linha (ver Fig. 8.6a).
3. A pessoa testada inicia o exercício encurvando a coluna cervical para que os dedos médios toquem a segunda fita a 10 cm de distância (ver Fig. 8.6b), enquanto mantém os pés no chão.
4. Ela realiza o máximo possível de repetições em 60 s em uma cadência de 20 abdominais por minuto (40 batidas por minuto). (Alguns pesquisadores usaram uma cadência de 50 batidas por minuto [Grant et al., 2001]).

Confiabilidade

Não existem dados de confiabilidade publicados sobre esse teste.

Validade

Demonstrou-se que o número de abdominais completado em um período de 60 s faz distinção entre atletas de diferentes esportes (Rivera, Rivera-Brown e Frontera, 1998). No entanto, não foram relatadas melhoras nesse teste após uma intervenção de treinamento de força de oito semanas completado por crianças na pré-puberdade (Siegel, Camaione e Manfredi, 1989). Pesquisadores também relataram que o número de repetições completadas até a fadiga volitiva não conseguiu distinguir capacidades de desempenho junto a alpinistas esportivos (Grant et al., 1996; 2001) ou entre posições de jogo de jogadores profissionais de rúgbi (Meir et al., 2001). Na Tabela 8.7, são apresentados dados normativos desse teste para a população adulta em geral; dados para jovens são mostrados na Tabela 8.8; a Tabela 8.9 mostra pontuações mínimas para policiais em abdominais realizadas em 60 s.

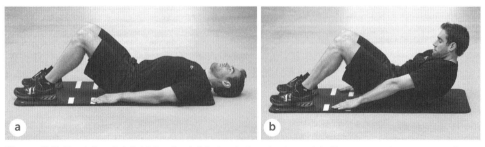

Figura 8.6 Posições inicial (a) e final (b) do abdominal parcial. Deve-se notar que os pés não são mantidos por um parceiro durante o exercício.

Capítulo 8 ■ Resistência muscular

Tabela 8.7 Valores normativos para abdominais parciais até a exaustão na população adulta em geral.

%	20-29 anos		30-39 anos		40-49 anos		50-59 anos		60-69 anos	
	H	M	H	M	H	M	H	M	H	M
90	75	70	75	55	75	50	74	48	53	50
80	56	45	69	43	75	42	60	30	33	30
70	41	37	46	34	67	33	45	23	26	24
60	31	32	36	28	51	28	35	16	19	19
50	27	27	31	21	39	25	27	9	16	9
40	23	21	26	15	31	20	23	2	9	3
30	20	17	19	12	26	14	19	0	6	0
20	13	12	13	0	21	5	13	0	0	0
10	4	5	0	0	13	0	0	0	0	0

Reproduzida, com autorização, de ACSM, 2000, *ACSM's guidelines for exercise testing and prescription*, 8ª ed. (Lippincott, Williams and Wilkins), 86.

Tabela 8.8 Valores normativos para abdominais parciais até a exaustão em jovens.

%	Idade (anos)										
	6	7	8	9	10	11	12	13	14	15	16	>17
Meninos												
90	23	27	31	41	38	49	100	60	77	100	79	82
80	20	23	27	33	35	40	58	55	58	70	61	63
70	15	20	25	27	29	35	48	48	52	60	48	50
60	12	16	20	23	27	29	36	42	48	50	40	47
50	10	13	17	20	24	26	32	39	40	45	37	42
40	9	12	15	18	20	22	31	35	33	40	34	39
30	8	10	13	15	19	21	27	31	30	32	30	31
20	7	9	11	14	14	18	24	30	28	29	28	28
10	5	7	9	11	10	13	18	21	24	22	23	24
Meninas												
90	23	27	31	41	36	44	56	63	51	45	50	60
80	20	23	27	33	29	40	49	52	44	37	41	50
70	15	20	25	27	27	37	40	46	40	35	32	48
60	12	16	20	23	25	32	34	41	33	30	27	42
50	10	13	17	20	24	27	30	40	30	26	26	40
40	9	12	15	18	21	24	26	36	28	25	23	33
30	8	10	13	15	19	21	24	32	25	22	20	30
20	7	9	11	14	17	18	21	27	21	19	19	28
10	5	7	9	11	12	18	16	20	16	13	15	24

Reproduzida, com autorização, de J. Hoffman, 2006, *Norms for fitness, performance, and health* (Champaign, IL: Human Kinetics), 43; adaptada, com autorização, de Presidents Council for Physical Fitness, Presidents Challenge Normative Data Spreadsheet [Online]. Disponível em: www.presidentschallenge.org.

Tabela 8.9 Pontuações mínimas de policiais em abdominais realizadas em 60 s.

| 20-29 anos || 30-39 anos || 40-49 anos || 50-59 anos ||
H	M	H	M	H	M	H	M
38	32	35	25	29	20	24	14

Adaptada, com autorização, de J. Hoffman, 2006, *Norms for fitness, performance, and health* (Champaign, IL: Human Kinetics), 48.

Leg press ou agachamentos até a exaustão (carga como porcentagem de 1 RM)

Em pessoas mais velhas, costumam ser usados estudos que adotam medidas de resistência muscular da musculatura da parte inferior do corpo, nos quais são utilizadas repetições até a fadiga volitiva. Os autores usaram repetições com uma carga relativa a 1 RM das pessoas testadas, relatando valores de 60 a 90% (Adams et al., 2000; Foldvari et al., 2000; Henwood, Riek e Taafe, 2008; Rana et al., 2008). Em um grupo de mulheres mais velhas (idade média: 51 anos), Adams et al. (2000) relataram que foram atingidas de 7 a 18 repetições no movimento de *leg press* desempenhado com uma carga equivalente a 70% de 1 RM. Foldvari et al. (2000) relataram uma variação de repetições de 0 a 26 em mulheres da terceira idade (idade média: 74,8 anos) que realizaram o *leg press* com uma carga equivalente a 90% de 1 RM. É possível questionar a validade dessa carga para algumas das pessoas que realizaram o teste de resistência muscular, considerando-se em especial o número de repetições realizadas por algumas delas. O interessante é que o número de repetições realizadas não teve uma relação estreita com o estado funcional das pessoas testadas. Henwood et al. (2008) relataram que o número de repetições realizadas com o uso de uma carga equivalente a 70% de 1 RM feitas em uma máquina de *leg press* não mudou depois de um programa de treinamento de força que gerou melhoras em tarefas de desempenho funcional em um grupo misto de homens e de mulheres da terceira idade (65 a 84 anos). Infelizmente, não foi relatado o número de repetições.

Em contrapartida, Rana et al. (2008) relataram um aumento no número de repetições realizadas durante o agachamento por trás com uma carga equivalente a 60% de 1 RM após um programa de treinamento de força em mulheres de idade universitária. Foram realizadas cerca de 15 repetições no teste antes do programa de treinamento de força, e mais de 20 depois dele.

A partir dessa pequena amostra de estudos, poderia parecer que é necessária uma carga equivalente a 70% de 1 RM a fim de possibilitar repetições suficientes para um teste de resistência muscular, considerando-se a amplitude de repetições necessária para um exercício de treinamento de força que enfatize a resistência muscular. No entanto, não há dados de confiabilidade relatados sobre os testes aqui discutidos.

Como já mencionado, as limitações de aplicação de um teste de resistência muscular com cargas externas em relação à força muscular máxima são que esses testes exigem que a pessoa realize um teste de 1 RM e o fato de que não costumam ser encontradas cargas relativas à força muscular em atividades cotidianas ou esportivas. Infelizmente, não existem dados sobre a aplicação de testes de resistência muscular da parte inferior do corpo com cargas absolutas.

FLEXED-ARM HANG

O teste de campo de resistência muscular com *flexed-arm hang* difere dos já discutidos, pois o resultado é o tempo em que se mantém uma postura específica, e não o número de repetições realizadas. No teste, podem ser usadas variações na técnica. Por exemplo, a barra pode ser segurada com uma pegada acima ou abaixo do ombro. Na literatura, também foram relatadas variações na postura, incluindo-se a exigência de que o queixo seja mantido acima da barra ou abaixo dela com ângulos de cotovelo variados (Clemons et al., 2004). A variante discutida aqui, em que se usa uma pegada acima do ombro e se mantém o queixo acima da barra, é a mais comum na literatura (ver Fig. 8.7).

Procedimento (Hoffman, 2006)

1. É necessária uma barra que esteja a uma altura superior à da pessoa em pé.

Figura 8.7 Posição inicial usada no teste de *flexed-arm hang*.

2. A pessoa testada segura a barra com uma pegada acima do ombro, envolvendo os polegares em torno da barra. (Notar que não se menciona a largura da pegada a ser usada. No entanto, o examinador deve registrar essa largura e manter a uniformidade em todas as sessões de teste.)
3. Com a ajuda dos observadores, a pessoa testada é erguida a uma altura em que o queixo esteja acima da barra, mas sem tocar nela (ver Fig. 8.7).
4. Pede-se à pessoa testada que fique pendurada sem apoio pelo maior tempo possível. O tempo é registrado desde o momento em que os observadores removem seu apoio até que o queixo toque a barra ou caia abaixo dela.

Confiabilidade

Foi relatada uma correlação teste-reteste de 0,97 para o tempo atingido no teste de *flexed-arm hang* realizado em mulheres (Clemons et al., 2004).

Validade

O teste de *flexed-arm hang* foi usado para mostrar diferenças de sexo entre corredores de distância adolescentes (Eisenmann e Malina, 2003). Além disso, Siegel, Camaione e Manfredi (1989) relataram que o tempo de *flexed-arm hang* aumentou depois do fim de um programa de treinamento de força de oito semanas em meninos e em meninas na pré-puberdade (idade média: 8,4 anos). Foi realizada uma versão modificada do teste com uma equipe de alpinismo; o tempo atingido foi capaz de distinguir entre alpinistas esportivos de elite e amadores (Grant et al., 1996).

Outros pesquisadores observaram que o desempenho no *flexed-arm hang* não tinha relação com outros testes de resistência muscular da parte superior do corpo em mulheres e tinha uma relação mais forte com um teste de força muscular máxima (Clemons et al., 2004). O tempo médio atingido pelas pessoas testadas nesse estudo foi de 6,1 s, ao passo que uma média de 13,8 repetições foi atingida no teste de resistência muscular (*lat-pulldowns* até a exaustão com uma carga equivalente a 70% de 1 RM). Isso pode refletir a importância de se determinar um tempo mínimo para que um teste seja considerado como medida da resistência muscular, assim como é necessário um número mínimo de repetições quando o teste de resistência exige que se mova uma carga externa repetidas vezes.

Na Tabela 8.10, são mostrados valores normativos para o teste de *flexed-arm hang* em jovens.

Tabela 8.10 Valores normativos de *flexed-arm hang* em jovens.

%	Idade (anos)											
	6	7	8	9	10	11	12	13	14	15	16	>17
Meninos												
90	16	23	28	28	38	37	36	37	61	62	61	56
80	12	17	18	20	25	26	25	29	40	49	46	45
70	9	13	15	16	20	19	19	22	31	40	39	39
60	8	10	12	12	15	15	15	18	25	35	33	35
50	6	8	10	10	12	11	12	14	20	30	28	30
40	5	6	8	8	8	9	9	10	15	25	22	26
30	3	4	5	5	6	6	6	8	11	20	18	20
20	2	3	3	3	3	4	4	5	8	14	12	15
10	1	1	1	2	1	1	1	2	3	8	7	8
Meninas												
90	15	21	21	23	29	25	27	28	31	34	30	29
80	11	14	15	16	19	16	16	19	21	23	21	20
70	9	11	11	12	14	13	13	14	16	15	16	15
60	6	8	10	10	11	9	10	10	11	10	10	11
50	5	6	8	8	8	7	7	8	9	7	7	7
40	4	5	6	6	6	5	5	5	6	5	5	5
30	3	4	4	4	4	4	3	4	4	4	3	4
20	1	2	3	2	2	2	1	1	2	2	2	2
10	0	0	0	0	0	0	0	0	0	1	0	1

Os valores referem-se ao tempo em segundos.
Reproduzida, com autorização, de J. Hoffman, 2006, *Norms for fitness, performance, and health* (Champaign, IL: Human Kinetics), 47; adaptada, com autorização, de Presidents Council for Physical Fitness, Presidents Challenge Normative Data Spreadsheet. Disponível em: www.presidentschallenge.org.

TESTES DE LABORATÓRIO DE RESISTÊNCIA MUSCULAR

Há muitos testes de laboratório de resistência muscular, dos quais a totalidade exige o uso de dinamômetros. Todos esses testes são específicos a uma questão particular de pesquisa, e foram publicados poucos procedimentos padronizados. O teste de laboratório de resistência muscular aqui discutido é um teste isocinético que exige um dinamômetro. No Capítulo 7, são discutidas questões relativas à dinamometria isocinética.

TESTE ISOCINÉTICO DE LABORATÓRIO DE RESISTÊNCIA MUSCULAR

O teste específico aqui discutido avalia a resistência muscular dos flexores e dos extensores de joelho a uma velocidade de $180°.s^{-1}$. A resistência muscular é determinada pela mudança no torque máximo durante uma série de contrações repetidas.

Equipamento e técnica (Maffiuletti et al., 2007)

O mesmo equipamento e a mesma técnica usados nos testes isocinéticos de força muscular máxima.

Procedimento (Maffiuletti et al., 2007)

1. A pessoa testada completa o procedimento resumido para os testes isocinéticos de força muscular máxima (consultar Cap. 7).
2. Ela realiza 20 contrações recíprocas de extensão e de flexão a uma velocidade angular de $180°.s^{-1}$.
3. A fadiga é definida de duas formas: (a) são calculadas a média entre os valores de torque máximo atingidos da 2ª à 5ª contrações e entre os da 17ª à 20ª contrações, e a diferença percentual entre essas médias (perda percentual) representa a fadiga e (b) o declínio no torque máximo entre a 2ª e a 20ª contrações pela inclinação negativa é calculado, usando-se a análise de regressão linear.

Confiabilidade

Maffiuletti et al. (2007) relataram uma correlação teste-reteste de 0,81 no caso da fadiga expressa como perda percentual e um valor de 0,78 no caso do cálculo da inclinação negativa em um grupo de homens e de mulheres recreacionalmente ativos.

Validade

Não existem dados de validade publicados sobre esse teste.

COMPARAÇÃO ENTRE MÉTODOS DE MEDIÇÃO DE RESISTÊNCIA MUSCULAR

A Tabela 8.11 resume os testes de campo e de laboratório discutidos neste capítulo e apresenta uma classificação dos testes em termos de tipo de contração muscular envolvida, recursos necessários, validade e confiabilidade publicadas, dados normativos publicados, facilidade de administração e possíveis exigências de habilidade da pessoa testada.

Capítulo 8 ▪ Resistência muscular

Tabela 8.11 Resumo prático dos testes de resistência muscular.

Teste	Tipo de contração	Recursos específicos	Validade publicada	Confiabilidade publicada	Dados normativos / descritivos publicados	Facilidade de administração	Demanda de habilidade
Supino plano até a exaustão	CAE Multiarticular	Pesos livres, banco e suporte	Sim	Sim	Apenas para o teste da YMCA	Se for escolhida uma carga absoluta, é fácil de administrá-lo Número de pessoas testadas limitado pelo equipamento	Familiaridade com supino plano
Flexões de braço até a exaustão	CAE Multiarticular	Nenhum	Sim	Sim	Sim	Fácil de administrá-lo	Familiaridade com flexão de braço
Puxadas até a exaustão	CAE Multiarticular	Barra fixa ou suporte quando se usa a versão modificada para crianças	Sim	Apenas para crianças	Sim	Fácil de administrá-lo com equipamento adequado	Familiaridade com puxada
Abdominais parciais até a exaustão	CAE Multiarticular	Marcas no chão	Sim	Não	Sim	Fácil de administrá-lo	Familiaridade com abdominal
Leg press ou agachamento	CAE Multiarticular	Máquina de leg press, pesos livres e suporte para agachamento	Sim	Não	Não	Se for escolhida uma carga absoluta, é fácil de administrá-lo Número de pessoas testadas limitado pelo equipamento	Pouca no caso do leg press Familiaridade com o exercício de agachamento
Flexed-arm hang	Isométrico Multiarticular	Barra fixa	Sim	Sim	Sim	Fácil de administrá-lo com equipamento adequado	Poucas demandas de habilidade
Resistência de flexores e de extensores de joelho	Isocinético Uniarticular	Dinamômetro isocinético	Não	Sim	Não	Exige tempo	Poucas demandas de habilidade

CAE = ciclo de alongamento-encurtamento.

Aplicações profissionais

Assim como no caso da maioria das outras capacidades físicas, existem muitos testes para medir a resistência muscular. Os testes de campo aqui discutidos são fáceis de administrar, e muitos não envolvem nenhum equipamento. Além disso, a análise e a interpretação dos dados não devem ser problema para o profissional de condicionamento. Sem dúvida, os testes de campo são mais adequados a grandes grupos. Contudo o profissional de condicionamento precisa considerar o princípio de especificidade e escolher um teste condizente com o desempenho para o qual a pessoa testada está treinando.

Os aquecimentos a serem usados antes dos testes de resistência muscular não são tratados de maneira adequada na literatura. Sobre a ordem em que os testes devem ser administrados como parte de uma bateria de testes, Harman (2008) propôs que os de resistência muscular fossem realizados depois dos de agilidade, potência e força máxima, e velocidade. Essa ordem deve garantir que a pessoa testada esteja aquecida o bastante antes do teste de resistência muscular, embora o examinador deva evitar fatigar a pessoa testada. (O Cap. 7 resume um aquecimento adequado.)

Foram realizados testes de resistência muscular da musculatura da parte superior do corpo depois – mas ainda na mesma sessão – de testes de força muscular em atletas bem treinados (Baker e Newton, 2006). Esse protocolo pode ser específico à musculatura da parte superior do corpo, que demonstrou recuperação mais rápida do que a inferior em resposta a treinos de força (Hoffman et al., 1990), podendo portanto não se aplicar a testes de resistência muscular da parte inferior do corpo. O examinador precisa considerar a fadiga causada por outros testes utilizados em uma bateria, particularmente quando estão envolvidas atividades do ciclo de alongamento-encurtamento. Sempre se deve levar em consideração a uniformidade na administração dos testes dentro de uma bateria.

No caso dos testes de resistência muscular em que são movidas cargas submáximas repetidamente até a fadiga volitiva, os examinadores devem estipular um número mínimo de repetições a serem completadas. Kraemer et al. (2002) recomendaram um mínimo de 10 repetições de um exercício para desenvolver resistência muscular, de modo que esse limiar deva ser adequado para testes de resistência muscular (Baker e Newton, 2006). Essa é uma questão importante, pois é proposto que a força muscular segue um contínuo que vai de zero (sem geração de força) à produção de força máxima (força muscular máxima); se uma carga externa, seja ela absoluta ou relativa, só puder ser movida uma vez, o teste não fornecerá uma medida válida de resistência muscular.

Esse limiar de repetição pode pôr em questão a validade de alguns dos testes discutidos neste capítulo (p. ex., flexões de braço até a exaustão, puxadas até a exaustão) quando realizados com determinadas populações. Além disso, surge a questão de quanto tempo a pessoa testada deve manter uma postura específica em testes como o *flexed--arm hang*, para que eles sejam uma medida válida da resistência muscular. Por exemplo, se a pessoa testada conseguir manter a postura por apenas 2 s, é possível argumentar que isso é mais próximo da extremidade de força máxima do contínuo de força do que da extremidade de força nula. Portanto, o teste estaria medindo a força muscular máxima. A necessidade de determinar um limiar de tempo mínimo para manter uma postura a fim de que o teste seja considerado uma medida válida de resistência muscular parece algo muito difícil e pode, assim, impedir o uso desses testes.

A questão da cadência surge quando as pessoas testadas precisam realizar repetições até a fadiga volitiva. Não especificar uma cadência pode reduzir a confiabilidade do teste, ao passo que selecionar uma pode comprometer a validade externa do teste (pois é raro as pessoas realizarem movimentos repetitivos em uma cadência constante em atividades cotidianas ou esportivas). Ambas as situações podem limitar a capacidade do teste de acompanhar mudanças no desempenho de uma pessoa ao longo do tempo. LaChance e Hortobagyi (1994) relataram que uma cadência teve um efeito significativo no número de repetições realizadas durante exercícios de força.

Uma solução para o problema da cadência seria permitir que as pessoas testadas definissem suas próprias cadências, garantindo-se assim a validade externa do teste, enquanto também se registra o tempo levado até a fadiga volitiva. Esses dados poderiam fornecer algumas informações sobre a potência média atingida pela pessoa durante o teste (as repetições atingidas representam o trabalho realizado, que, quando dividido pelo tempo que levou, pode fornecer a taxa a que o trabalho foi realizado). Essa sugestão seria mais apropriada quando se utilizam cargas externas, o que simplifica os cálculos. Isso também estaria de acordo com a sugestão de usar cargas externas absolutas, visto que é raro as pessoas experimentarem cargas relativas a seus níveis de força muscular ou a sua massa corporal em atividades cotidianas ou esportivas (Stone et al., 2006).

Apesar da suposta validade do uso de cargas absolutas em testes de resistência muscular, esses protocolos podem não refletir de maneira precisa as adaptações específicas depois de uma intervenção de treinamento. Especificamente, existe uma relação entre força muscular máxima e resistência muscular quando o teste de resistência exige que as pessoas movam uma carga externa absoluta repetidas vezes (Stone, Stone e Sands, 2007; Zatsiorsky, 1995). Isso pode gerar melhoras na resistência muscular apenas em resposta a aumentos na força muscular máxima, o que parece contrário ao princípio de especificidade.

Em razão de todos esses fatores, pode-se levantar a questão: que informações úteis o profissional de condicionamento ganha com esses testes que não seriam adquiridas em outros testes, como o de medição de força muscular máxima? Considerando-se o maior tempo levado para administrar muitos dos testes de campo de força muscular máxima, seria possível usar o argumento inverso: por que não administrar apenas um teste de resistência muscular com repetições até a fadiga e calcular a força muscular máxima? Sem dúvida, os testes de campo de resistência muscular são fáceis de administrar e se prestam ao teste simultâneo de grandes grupos. No entanto, observou-se no Capítulo 7 que as equações de previsão existentes não são inteiramente precisas, por isso especialistas sugerem que é melhor testar a força máxima do que prevê-la a partir de repetições com uma carga submáxima.

A utilidade dos testes de resistência muscular parece ser limitada no caso de populações esportivas, a menos que o profissional de condicionamento esteja supervisionando o teste de um grande número de atletas. Em contrapartida, tudo indica que os testes de campo de resistência muscular são ideais para a população em geral.

Por fim, embora se tenha demonstrado que alguns dos testes de resistência muscular distinguem entre atletas de diversos níveis de desempenho, poucos desses testes de campo são utilizados para acompanhar as mudanças na resistência muscular como resultado de intervenções de treinamento específicas, sobretudo em adultos. A validação dos testes de força exige a avaliação das relações entre as mudanças nas pontuações de teste e nas medidas de desempenho após uma intervenção (Abernethy, Wilson e Logan, 1995; Murphy e Wilson, 1997). Assim como na maioria dos outros testes de força, ainda não foram realizadas essas análises nos testes de resistência muscular.

RESUMO

- A resistência muscular é definida como a capacidade de produção, voluntariamente, de força ou de torque, repetidas vezes, contra cargas externas; ou a capacidade de sustentação de um nível exigido de força máxima em uma postura específica pelo maior tempo possível.
- Costuma-se usar dois tipos de testes para medir a resistência muscular, ambos exigem que a pessoa testada resista à fadiga:
- Repetições realizadas até a fadiga volitiva contra uma resistência externa submáxima.
- Manutenção de uma postura especificada pelo maior tempo possível.
- Os testes de resistência muscular costumam ser aplicados em grandes grupos de pessoas, como crianças em idade escolar, oficiais das forças armadas e da polícia, e bombeiros.

- Os testes de campo usados para medir a resistência muscular são fáceis de administrar e de interpretar.
- No caso dos testes de campo com repetições até a fadiga volitiva, há indícios de que se deva usar uma carga absoluta, e não uma relativa, em especial durante o exercício de supino plano.
- Não foi publicada nenhuma pesquisa sobre o uso de cargas externas absolutas em testes de resistência muscular da parte inferior do corpo.
- Em muitos casos, os testes de resistência muscular da parte superior do corpo (p. ex., testes de flexão de braço e puxada) permitem modificações para a aplicação em mulheres e em crianças.
- O profissional de condicionamento deve determinar a utilidade de um teste com base no princípio de especificidade.
- Depois que o teste for selecionado, ele deve ser administrado de maneira uniforme em termos de procedimentos de aquecimento, instruções à pessoa testada, tempo de administração e assim por diante.

9

Potência

Mark D. Peterson, Ph.D., CSCS*D

O princípio de especificidade sugere que a avaliação de desempenho humano pode ser tratada como um processo sistemático e judicioso em que os componentes do condicionamento físico são testados, pontuados e interpretados de maneira independente. Esse princípio é motivado pela suposição de que os atributos de condicionamento não apenas são distintos, mas também respondem a variáveis de treinamento. Como o treinamento é projetado para tratar de condições específicas de determinado esporte ou atividade, o teste e a avaliação devem complementar a prescrição de exercício e formar a base objetiva a partir da qual todo o processo de melhora no desempenho será monitorado. A noção de especificidade é especialmente complexa quando se controlam os fatores relativos à produção de potência. Tanto é verdade que a avaliação e o desenvolvimento subsequente de potência muscular se tornaram um dos tópicos mais discutidos em todos os segmentos da ciência do exercício.

A potência tem uma forte relação com movimento em um contínuo que vai do alto desempenho esportivo à geriatria (Bean et al., 2002; Earles, Judge e Gunnarsson, 1997), cujas medidas correspondem a sutilezas neuromusculares que com frequência são negligenciadas em outras medidas de produção de força bruta. Muitos especialistas veem a capacidade de produção de potência como o melhor índice de movimento humano coordenado, função ou disfunção crônica (Evans, 2000; Suzuki, Bean e Fielding, 2001; Puthoff e Nielsen, 2007), ou deficiência aguda (p. ex., fadiga neuromuscular) (Nordlund, Thorstensson e Cresswell, 2004; Racinais et al., 2007). Muitos também consideram a manipulação de variáveis para favorecer a adaptação de potência um dos principais objetivos de treinamento. Para tanto, um conhecimento amplo dos fatores que influenciam a produção de potência e a capacidade de movimento explosivo serve de base definitiva para monitorar, desenvolver e refinar a programação de melhora no desempenho.

APLICAÇÃO DE POTÊNCIA

Entre muitos profissionais e para o público em geral, o termo *potência* surgiu como uma designação pouco específica de movimento que abrange fatores de velocidade, força ou ambos. Em contextos esportivos, são usadas várias permutações da palavra *potência* para caracterizar qualidades de movimento ou capacidades que variam de cargas muito altas e padrões de movimento lento (p. ex., levantamento de *potência*) a cargas muito baixas e atividades de alta velocidade (p. ex., saque *potente* no tênis). Apesar da falta de uma definição consensual generalizada de *potência*, ela é reconhecida como um agrupamento de fatores neuromusculares relacionados com a produção de força máxima e com a taxa de desenvolvimento de força (TDF).

A expressão de potência por meio de movimento coordenado também depende de fatores morfológicos e biomecânicos, incluindo-se o tipo de ação muscular, a massa levantada (que pode incluir massa corporal ou massa dos membros somada à de uma carga externa), características antropométricas (p. ex., comprimento dos membros), arquitetura muscular (p. ex., composição de fibras, ângulo de penação muscular, área de seção transversa das fibras e número de sarcômeros ativos em série), rigidez de tecido conjuntivo, amplitude(s) de movimento articular e distância do movimento (Cormie et al., 2011a). Apesar desses vários fatores que contribuem para a potência, atletas e profissionais obtiveram meios arbitrários de "treinamento de potência" com o objetivo de facilitar uma resposta adaptativa que se traduzisse em maior capacidade de movimento explosivo.

Como o termo *potência* costuma evocar a ideia de movimento em alta velocidade, muitas pessoas levam os princípios de especificidade ao pé da letra, ou seja, "treinar rápido, ser rápido". Contudo, para criar os métodos mais estratégicos de treinamento e adaptação, é fundamental compartimentalizar a potência nos principais elementos testáveis e treináveis.

Com a popularidade cada vez maior do treinamento de potência entre treinadores de força e condicionamento, *personal trainers* e atletas, é muito importante uma avaliação padronizada da produção de potência ou movimento explosivo. Os métodos existentes variam de testes de campo básicos, avaliações biomecânicas elaboradas em laboratórios de desempenho humano, à ativação *in vitro* e à medição do desenvolvimento de força em fibras musculares passadas por biópsia. Além disso, a reação da *indústria* a esse interesse maior nos testes e no treinamento de força vem sendo uma abundância de produtos no mercado. Sem dúvida, a maior visibilidade reflete uma mudança positiva no campo da ciência do exercício e da indústria de aperfeiçoamento do desempenho, porém os métodos de avaliação da potência devem ser sistemáticos e padronizados para garantir a coleta de dados válidos e confiáveis. Esse sistema de testes permitiria que os profissionais tivessem padrões em relação a uma norma e fizessem inspeções formais e transversais dos atributos fisiológicos e de desempenho (p. ex., modelagem de regressão para identificar a relação entre produção de força máxima e a capacidade de salto em populações esportivas, com controle por idade, sexo, dimensões corporais e estado de treinamento).

MECANISMOS DE PRODUÇÃO E EXPRESSÃO DE POTÊNCIA

Os mecanismos de produção de potência receberam muita atenção da pesquisa. No entanto, a conversão de achados empíricos em resultados de aperfeiçoamento no desempenho é uma grande dificuldade para os pesquisadores e causou confusão na aplicação prática. A expressão de potência em um movimento coordenado envolve vários atributos fisiológicos, fatores biomecânicos intrínsecos e parâmetros de carga externa. Portanto, embora a "potência máxima" possa ser definida como a interação limiar crítica entre força e velocidade (Cronin e Sleivert, 2005), isso só vale no contexto específico em que ela é examinada. Dependendo do teste usado, a potência muscular é documentada como dependente dos seguintes fatores fisiológicos intrínsecos:

- disponibilidade de reservas de trifosfato de adenosina (ATP) nos músculos específicos que estão sendo testados;
- razão de fibras rápidas (i. e., fibras do tipo II) por fibras lentas (i. e., fibras do tipo I);

- volume total do músculo ou área de seção transversa (AST);
- arquitetura muscular (i. e., ângulo de penação);
- coordenação intramuscular (i. e., recrutamento de fibras em determinado músculo);
- tempo coordenado e coativação da musculatura antagonista;
- codificação neuronal (i. e., velocidade de condução axonal e frequência de estimulação);
- ciclo de alongamento-encurtamento (i. e., alongamento ativo de um músculo depois de um encurtamento imediato).

Em muitos casos, também é necessário levar em consideração diferenças no tamanho corporal no exame de mudanças de potência com o tempo ou entre indivíduos. O motivo é que existe a ideia de que o desempenho na maioria das atividades seja muito dependente de uma razão de condicionamento por massa muscular (ver Cap. 1 para maneiras de normalizar ou ajustar características de condicionamento à massa muscular).

Embora, em certa medida, o princípio de especificidade se baseie em construtos teóricos, muitos profissionais o usam para criar baterias de testes e como base para prescrições de treinamento. No entanto, quando aplicado à produção de potência muscular, esse princípio é complicado por diversos fatores inter-relacionados. Portanto, pode ser aconselhável não só considerar a manifestação de potência exibida pelo movimento explosivo, mas também isolar as caraterísticas fisiológicas subjacentes específicas que podem inibir ou estimular a adaptação de potência. Assim, ao contrário dos outros atributos de condicionamento distintos (p. ex., consumo máximo de oxigênio), a potência deve ser avaliada com uma abordagem de sistemas que incorpore vários componentes relativos à produção de força absoluta, à taxa de produção de força (TPF), à especificidade metabólica, à capacidade de trabalho e à potência ajustada à massa corporal.

Muitas pesquisas voltaram-se para a investigação da relação força-velocidade. Uma das características mais conhecidas do tecido muscular, a relação força-velocidade exemplifica as interações entre a velocidade de contração muscular e a magnitude de produção de força. Considerada pela primeira vez por A. V. Hill em 1938, que usou um músculo esquelético de sapo, e depois revisada em 1964 (Hill, 1964), essa relação a princípio só era examinada e aplicada em músculos isolados. Hill determinou que um músculo se contrai a uma velocidade inversamente proporcional à carga. Muitas pesquisas subsequentes confirmaram esse fenômeno fisiológico no músculo isolado e também em grupos musculares durante o movimento dinâmico. Neste capítulo, as relações de força-velocidade e potência-velocidade serão exemplificadas usando-se os modelos do tipo Hill (Faulkner, Claflin e McCully, 1986) (ver Fig. 9.1).

Os modelos do tipo Hill não caracterizam efetivamente as contribuições moleculares nem as características arquitetônicas do músculo. Foram propostos modelos de ponte cruzada (Wu e Herzog, 1999) e modelos estruturais baseados na anatomia (Yucesoy et al., 2002), que levam em conta respostas de força no nível celular, assim como arranjo de fibras e propriedades passivas e elásticas do tecido conjuntivo, respectivamente.

Seja qual for o modelo interpretativo, a velocidade máxima de determinado movimento depende da resistência aplicada a ele. Especificamente, a contração muscular voluntária máxima contra uma carga alta gera velocidades menores do que as contrações máximas contra uma carga leve. Esse equilíbrio entre velocidade e força em movimentos coordenados é facilmente demonstrado durante o treinamento de força intenso, no qual cargas extremamente altas são erguidas por uma amplitude de movimento a velocidades baixas. Em determinado ponto do contínuo, a carga pode ser grande o suficiente para que a velocidade chegue a zero, quando se produz uma contração isométrica.

Além disso, qualquer força aplicada que produza movimento é definida não só pela carga enfrentada, mas também pela velocidade em que a ação dinâmica acontece. Em todo esforço submáximo (i. e., contra intensidades relativas ou cargas menores do que a contração voluntária máxima), existe uma velocidade máxima que pode ser produzida. Se a carga for diminuída a um nível desprezível, a velocidade potencial é maximizada. Em certo ponto da curva força-velocidade de toda ação muscular e de seu movimento subsequente, existe uma carga que maximiza a força; nela, a velocidade é extremamente baixa, mas a força dinâmica produzida está no nível máximo. Existe também um ponto nessa curva em que o produto instantâneo de força e velocidade pode ser maximizado. Esse produto é conhecido como potência máxima e, embora esteja relacionado com elas, ele é diferente da força absoluta e da velocidade de movimento máximo. Como mostrado na Figura 9.1, o ápice da curva potência-velocidade ilustra a expressão de potência máxima. Apesar da superposição entre força, velocidade e potência consequente, esses parâmetros são atributos de condicionamento muscular treináveis distintos.

De acordo com a segunda lei de movimento de Newton, *força* equivale ao produto de massa por aceleração (força = massa × aceleração) de um objeto ou

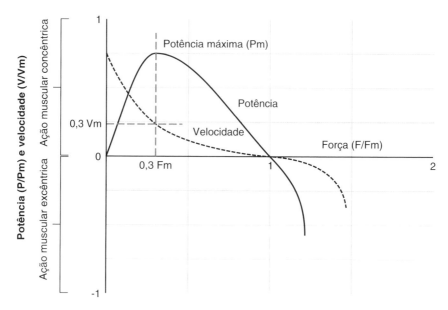

Figura 9.1 Relações força-velocidade e potência-velocidade.
Reproduzida, com autorização, de National Strength and Conditioning Association, 2008, Speed, agility, and speed-endurance development, por S.S. Plisk. Em: *Essentials of strength training and conditioning*, 3ª ed., editado por T. R. Baechle e R.W. Earle (Champaign, IL: Human Kinetics), 460; adaptada, com autorização, de J.A. Faulkner, D. R. Claflin, e K. K. McCully, 1986, Power output of fast and slow fibers from human skeletal muscles. Em: *Human muscle power*, editado por N. L. Jones, N. McCartney, e A. J. McCornas (Champaign, IL: Human Kinetics), 88.

corpo. Quando se aplica força para mover um objeto, como no levantamento de peso, ela deve não só vencer a força gravitacional causada pela massa do objeto, mas também facilitar o movimento na direção oposta à da força gravitacional. Em relação ao treinamento de força, uma expressão muito usada é *força muscular*, que é definida como a capacidade máxima de gerar força por um padrão de movimento, uma velocidade ou uma TPF específicos (Stone et al., 2000).

Força e potência muscular costumam ser confundidas como sinônimos; porém esses atributos são na verdade diferentes, pois, por um lado, a produção de força alta pode ocorrer sem movimento (p. ex., ação muscular isométrica), mas a potência não. Por outro lado, a ação muscular dinâmica é um componente necessário da produção de força e, por isso, a potência é a manifestação do trabalho realizado (i. e., trabalho = força × distância) por unidade de tempo. No caso da contração isométrica voluntária máxima (CIVM), a força é muito alta, mas a potência é zero, pois não ocorre movimento e, portanto, não se realiza trabalho. Por fim, um aumento na capacidade de produção de potência possibilita que determinado músculo produza a mesma quantidade de trabalho em menos tempo, ou uma maior magnitude de trabalho no mesmo tempo. Dessa forma, a potência muscular é exibida em quase todas as ações musculares que produzem velocidade e pode ser mais facilmente definida como a taxa de produção de força muscular (potência = força × velocidade) por uma amplitude de movimento (Cronin e Sleivert, 2005).

Apesar de essa definição normalmente indicar movimento linear, é importante notar que o deslocamento também pode ser angular e que o respectivo trabalho pode ser realizado por movimento angular, como em uma articulação ou com um ergômetro (p. ex.: bicicleta, remo). No deslocamento angular, a velocidade rotacional (i. e., velocidade angular) e o torque são propriedades fundamentais que não estão presentes no deslocamento linear. A velocidade angular é medida em radianos por segundo (rad/s), enquanto o torque é medido em newton-metros, gerando a seguinte equação de trabalho angular: trabalho = torque × deslocamento angular. Embora isso represente uma computação diferente para determinar o trabalho, ainda se usam os mesmos princípios fundamentais aplicados para quantificar trabalho: potência = trabalho/tempo. Como será discutido, vários testes que usam trabalho rotacional para derivar estimativas de potência receberam muita atenção da pesquisa.

Como o tópico de capacidade de potência muscular ganhou popularidade no mundo do aperfeiçoamento de desempenho, ele deve, então, ser examinado e delineado com ênfases distintas e equitativas à de produção de força e velocidade máxima de movimento. Todavia, como é o caso da força e da velocidade, existem muitos métodos específicos à tarefa de testar a potência que variam muito em relação à ação muscular e ao tempo em que a potência é gerada (i. e., duração em que ocorre a coleta de dados). Esses testes não devem ser usados de maneira intercambiável, pois os resultados podem não refletir a mesma potência ou as vias subjacentes de geração de potência.

Ao generalizar ou aplicar os dados na prescrição de exercício, os profissionais de condicionamento devem ter em mente que a potência exibida em uma série de condições pode não necessariamente se traduzir em outras condições (Atha, 1981). Como a potência reflete a interação entre produção de força e velocidade, qualquer fator que altere uma das duas também causa uma modificação direta na capacidade de produção de potência.

Este capítulo distingue entre potência submáxima e as maneiras de se medir potência máxima. A potência vai de 0 watt (W), em uma contração isométrica, a mais de 7.000 watts, quando um levantador de peso de calibre olímpico realiza um arraste (Garhammer, 1993). O contínuo de ações musculares dinâmicas e suas respectivas potências varia muito dentro desse espectro, portanto é imperativo diferenciar as capacidades de expressão máxima que coincidem com os movimentos humanos, assim como os métodos de testes apropriados.

TIPOS E FATORES DE POTÊNCIA

A decomposição da potência manifesta em seus elementos básicos é necessária não apenas para o teste adequadamente mirado, mas também para a elaboração e para o refinamento de programas de desempenho esportivo (Cormie, McGuigan e Newton, 2011b). Inclusive, como é o caso em todos os atributos de condicionamento ou desempenho, apontar os elementos de deficiência será difícil se o teste não for amplo e específico ao esporte. Portanto, o teste de potência exige uma compreensão dos tipos de potência, assim como dos fatores que abrangem a potência e o movimento explosivo coordenado. De toda forma, a avaliação adequada também exige uma compreensão detalhada das demandas de potência do desempenho em determinado esporte ou atividade. Por isso, os profissionais de condicionamento devem discriminar entre os tipos de potência compartimentalizando-os em categorias baseadas nas demandas metabólicas e no tempo em que a potência é produzida (p. ex., tipos de potência aeróbia e de potência explosiva, ou instantânea).

Os profissionais de condicionamento também precisam reconhecer os fatores que contribuem para a potência ou para o movimento explosivo coordenado, mas tradicionalmente podem ser considerados como expressão de potência em si. Dois desses fatores que se traduzem diretamente em desempenhos *potentes* e que podem ser distinguidos da potência manifesta são a TDF e a capacidade de força reativa. É preciso esclarecer esses fatores para identificar as necessidades do atleta, bem como garantir a prescrição e o refinamento sistemático do treinamento para maximização do desempenho.

Potência anaeróbia

O termo *potência anaeróbia* costuma ser usado de maneira intercambiável com *potência máxima*, mas pode refletir mais a taxa de uso de trifosfato de adenosina (ATP) em um esforço máximo único (ou múltiplo) contra uma carga submáxima. A atividade anaeróbia ocorre no princípio do exercício e é demonstrada como o acúmulo de trabalho muscular não atribuível ao metabolismo aeróbio. Esse "déficit de oxigênio", que é pronunciado nos primeiros minutos de exercícios de intensidade moderada a alta, vem sendo caracterizado exaustivamente desde o início dos anos 1910 (Krogh e Lindhard, 1913).

Também ocorre atividade anaeróbia em intensidades relativas que excedem o $\dot{V}O_{2máx}$, exigindo, assim, fontes de combustível distintas que dependem diretamente do grau de intensidade do exercício. Especificamente, os sistemas anaeróbios glicolítico (i. e., sistema de ácido lático) e de fosfocreatina (i. e., sistema PC e alático) contribuem com ATP a uma velocidade muito maior do que seria possível por vias aeróbias. A resposta metabólica a essa alta taxa de entrega de ATP é que as fontes de energia para o metabolismo anaeróbio (glicose e glicogênio) são limitadas e diminuem muito mais rápido do que durante o exercício de baixa intensidade. A depleção de substrato energético é ainda mais veloz em atividades de alta intensidade abastecidas pelo sistema de fosfocreatina.

Dependendo da intensidade relativa (i. e., expressa em relação à produção de força máxima), o início da fadiga ou exaustão muscular pode ocorrer depois de uma única repetição ou depois de até 6 s quando se é abastecido pelo sistema de fosfocreatina. Em geral, qualquer exercício *anaeróbio* de alta intensidade que exceda esse período se dá pelos processos metabólicos do sistema glicolítico anaeróbio, em até aproximadamente 2 min (ver Tab. 9.1). Depois de 2 min, o trabalho adicional é progressiva e adicionalmente abastecido pelo sistema aeróbio. O glicogênio (i. e., reserva de carboidrato), a glicose (i. e., glicemia), o ATP e a fosfocreatina (i. e., reserva local no tecido muscular) são as principais fontes energéticas do metabolismo anaeróbio. Embora só estejam disponíveis em quantidades limitadas, elas são reabastecidas rapidamente depois dos períodos de recuperação (i. e., 3 a 5 min para ressíntese de ATP, menos de 8 min para fosfato de creatina e até 24 h para glicogênio) (Friedman, Neufer e Dohm, 1991; Harris et al., 1976).

Tabela 9.1 Intensidade relativa, sistema energético e capacidade de produção de potência respectiva em vários períodos de atividade.

Período de atividade anaeróbia	Intensidade relativa*	Sistema energético	Capacidade de produção de potência
0–6 s	Altíssima	ATP-fosfocreatina	Altíssima
6-30 s	Muito alta	ATP-fosfocreatina e glicólise anaeróbia	Muito alta
30 s a 2 min	Moderada a alta	Glicólise anaeróbia	Moderada a alta
2-3 min	Moderada	Glicólise anaeróbia e metabolismo aeróbio	Moderada
>3 min	Baixa	Metabolismo aeróbio	Baixa

*A intensidade relativa é expressa pela habilidade máxima, independentemente do curso do tempo.

A avaliação da capacidade aeróbia máxima é considerada um componente importante do teste fisiológico. A potência aeróbia pode ser avaliada em um contínuo que vai do desempenho instantâneo à produção de potência em períodos maiores. Sendo assim, o termo *potência aeróbia máxima* designa a maior produção de trabalho por um período específico.

Dos testes usados para determinar a potência anaeróbia, alguns receberam maior atenção da comunidade da ciência esportiva. Em particular, o teste anaeróbio de Wingate de 30 s (ver p. 265) é o teste de padrão ouro da capacidade de produção de potência; o interesse generalizado por ele se deve em grande parte a sua facilidade de administração, bem como à validade e à confiabilidade documentadas (Bar-Or, 1987). Como será discutido mais adiante, esse teste possibilita a computação da potência máxima, da capacidade anaeróbia e da fadiga anaeróbia. É claro que todas elas são componentes importantes do desempenho anaeróbio e têm aplicação direta na maioria dos eventos esportivos. No entanto, esse teste é intrinsecamente limitado, pois pode não ser um preditor suficiente dos atributos de desempenho instantâneo, que são regulados por vias neurológicas. Além disso, não é específico, do ponto de vista biomecânico, em relação a nenhum esporte além do ciclismo; por isso, existem limitações intrínsecas em sua aplicação em cenários esportivos em que a massa corporal não seja sustentada, em que não se realize uma amplitude fixa de movimento angular, ou ambos.

Potência instantânea máxima

A potência instantânea máxima (Gollnick e Bayly, 1986) pode ser definida, em termos gerais, como a maior potência possível que se pode atingir em um único movimento, ou repetição. Também conhecida como potência máxima, esse atributo é considerado o maior produto possível de produção de força e de velocidade.

Como a potência máxima está relacionada com a capacidade do sistema neuromuscular de desenvolver uma quantidade de força significativa em um período curto (i. e., depende muito da TDF), ela pode ser considerada o componente fundamental do desempenho em atividades que exigem velocidades máximas com uma carga constante, especialmente no ponto de impacto ou liberação (p. ex., chute, soco, salto). Além disso, é considerada um parâmetro de teste de suma importância e um objetivo de treinamento na maior parte dos programas de condicionamento esportivo.

Grande parte da atenção da pesquisa se voltou à relação de carga-potência em movimentos compostos da parte inferior do corpo, como o agachamento, o arraste, o agachamento com salto e o salto vertical. Descobertas revelam que a potência máxima, expressa em porcentagens variadas da produção de força máxima, depende, em grande medida, do tipo de movimento, podendo variar de 0% da produção de força máxima, no caso do agachamento com salto (i. e., sem carga externa adicional) (Cormie et al., 2007), a 80% de 1 RM, no caso do arraste de potência (Cormie et al., 2007). Em contrapartida, no caso das contrações isométricas (i. e., resistência constante), ocorre potência máxima em cerca de 30% da contração isométrica voluntária máxima (Josephson, 1993). Especialmente no caso da atividade do membro inferior, a massa corporal deve ser levada em consideração quando se mede a potência (i. e., somada à carga levantada ou considerada como uma fração dela).

Taxa de desenvolvimento de força

A TDF, também chamada de taxa de produção de força (TPF) ou taxa de desenvolvimento de torque (TDI), pode ser considerada a taxa de aumento na força (ou no torque) contrátil no início da contração (Aagaard et al., 2002). A TDF é ilustrada usando-se a inclinação da curva de força ou do movimento articular-tempo (i. e., mudança no torque/mudança no tempo), como representado na Figura 9.2. A taxa máxima de produção de força (TMPF) é, então, o ponto mais íngreme da inclinação da curva força-tempo e representa a capacidade de um músculo (ou grupo de músculos) de gerar força ou tensão ($N.s^{-1}$) rapidamente. Esses atributos são de particular importância em movimentos coordenados que exigem contrações musculares muito rápidas e vigorosas, como na corrida de velocidade e no salto. Essas atividades exigem contrações em até 50 ms, o que é muito menos do que costuma ser necessário para a produção de força máxima (i. e., >400 ms) (Aagaard et al., 2002; Thorstensson et al., 1976). A TDF é de suma importância em tarefas ligadas à estabilização e ao equilíbrio da postura, assim como em tarefas excêntricas de alta força e alta velocidade, como ao se impedir o acidente de escorregar e cair (Suetta et al., 2007).

Um aumento na TDF representaria uma capacidade maior de gerar força e, com o tempo, causaria uma produção de força absoluta muito maior no mesmo período (Aagaard et al., 2002). O mais importante é que, em condições que não permitem produção de força ou potência máxima (i. e., ação muscular excêntrica ou concêntrica extremamente rápida), a capacidade de desenvolver um grau alto de força muscular em um período curto (i. e., alta TDF) pode representar melhor desempenho (Suetta et al., 2004) em comparação com a força ou a potência absolutas. Como demonstrado na Figura 9.2, a TDF pode ser aumentada de maneira significativa em um exercício de treinamento de força tradicional de apenas 12 semanas em pessoas da terceira idade.

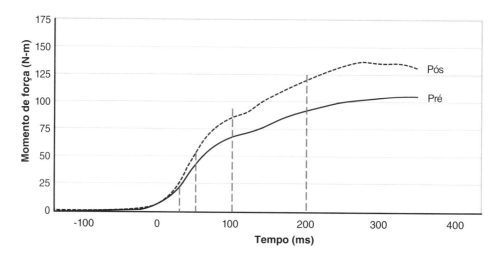

Figura 9.2 Taxa de desenvolvimento de força e curva momento-tempo.
Adaptada de C. Suetta et al., 2004. "Training-induced changes in muscle CSA, muscle strength, EMG, and rate of force development in elderly subjects after long-term unilateral disuse". *Journal of Applied Physiology* 97: 1954-1961. Utilizada com autorização.

Força reativa

A expressão de potência muscular também depende de fatores não relacionados com a fisiologia contrátil do músculo. Especificamente, os elementos não contráteis da unidade musculotendínea contribuem de maneira significativa para o acúmulo de energia elástica durante contrações excêntricas, e para o desempenho subsequente de ações musculares concêntricas e movimentos explosivos (Wilson, Murphy e Pryor, 1994). Além disso, foi documentada uma relação direta entre rigidez musculotendínea (RMT) e a energia potencial que pode ser usada como fator sinérgico contribuinte durante essas ações concêntricas explosivas (Chelly e Denis, 2001).

Na última década, muita atenção se voltou para o tema da força reativa, tanto de uma perspectiva de pesquisa como entre os profissionais que elaboram programas de exercício. Parte desse interesse se deve à suposta adaptabilidade dessa propriedade anatômica por meio de métodos estratégicos de treinamento. Por exemplo, uma pesquisa demonstrou que a RMT pode ser adaptada especificamente ao histórico de cargas (Poussen, Van Hoeke e Goubel, 1990) e é ainda mais responsiva a cargas excêntricas e ações pliométricas repetitivas. Por fim, um sistema musculotendíneo mais rígido permite mais contribuições eficientes de energia elástica a altas velocidades de contramovimento, aumentando, assim, a produção de força durante a fase concêntrica subsequente do movimento (Chelly e Denis, 2001).

O termo *força reativa* combina os conceitos de acúmulo de energia e desempenho da ação muscular subsequente. Parte integral da força reativa, o ciclo de alongamento-encurtamento (CAE) aumenta a capacidade da unidade musculotendínea de produzir força máxima em períodos menores (Chmielewski et al., 2006). A carga rápida sobre o músculo na fase excêntrica, ou complacente, da ação muscular estimula não apenas o acúmulo de energia elástica, como também um reflexo de alongamento miostático por meio da estimulação dos mecanorreceptores (i. e., fusos musculares). A informação aferente é enviada dos fusos musculares por meio de um circuito reflexo para fornecer *feedback* estimulante ao músculo (agonista) pré-carregado. Tanto a taxa de carregamento como a magnitude da respectiva carga influenciam diretamente esse reflexo e a estimulação do músculo agonista (Bobbert et al., 1996).

Embora a atividade com o CAE seja considerada mais eficiente (i. e., eficiência metabólica) do que a atividade sem o CAE (Alexander, 2000), é importante considerar também a influência do CAE nas capacidades de potência máxima, como expressa pela atividade pliométrica (p. ex., salto). A capacidade de diferenciar entre potência puramente concêntrica (i. e., sem o CAE) e aquela que ocorre em ações com o CAE é de particular importância entre atletas que dependem muito dos dois atributos.

DESEMPENHO ESPORTIVO E POTÊNCIA

A avaliação correta da potência é fundamental para sua aplicação em programas de desempenho esportivo e na prescrição de exercício. A seguir, são apresentados alguns outros pontos relativos à aplicação dos dados de potência no treinamento e no desempenho.

- *Uso de dados para prescrição de treinamento de potência.* Vários pesquisadores sugeriram que o treinamento fosse prescrito em uma carga que possibilitasse potência máxima (Kaneko et al., 1983). Usar essa estratégia exige, portanto, a obtenção de dados de potência máxima com uma curva de carga-potência em exercícios específicos. Em contrapartida, outros especialistas apontaram que, como a potência máxima não passa de um vislumbre do produto instantâneo de força e velocidade, o treinamento para melhorar a potência deve ser estruturado de modo a tratar do contínuo de carga-potência e, portanto, para uma variedade maior de fatores que influenciam a expressão de potência (i. e., força máxima, força-velocidade, velocidade, TDF e força reativa). Um exemplo simples de como a expressão de potência pode ocultar a interação entre produção de força e velocidade de movimento seria uma situação em que a potência é idêntica para duas cargas, embora a velocidade de movimento seja maior para a mais leve e menor para a mais pesada (Baker, Nance e Moore, 2001).

- *Influência da massa corporal*. Embora haja muitas controvérsias sobre o uso adequado dos dados de potência para a prescrição de exercício (Cronin e Sleivert, 2005; Cormie e Flanagan, 2008), a maioria dos especialistas concorda que a massa corporal é uma variável importante que deve ser levada em consideração tanto no teste como no treinamento da potência muscular dos membros inferiores. Como o desempenho na maioria dos esportes exige um certo grau de proficiência na manipulação da massa corporal (p. ex., salto, aceleração, mudança de direção), sem dúvida tem sentido controlar a influência da massa corporal ao se avaliar o movimento explosivo. Também é importante que as mudanças na massa corporal com o tempo sejam levados em consideração, o que facilita observações precisas das flutuações na razão de potência por massa corporal. A razão de potência por massa corporal é considerada um preditor importantíssimo da melhora no desempenho em esportes anaeróbios e em aeróbios (Gibala et al., 2006; Lunn, Finn e Axtell, 2009) e, portanto, deve ser monitorada de perto (ver a seção "Aplicações práticas para um estudo de caso de salto vertical").

- *Hierarquia de desempenho*. Moldar o desempenho esportivo envolve um exame sistemático e qualitativo do movimento para se determinar que fatores mais contribuem para reduzir ou aperfeiçoar o desempenho (Bartlett, 2007; Ham, Knez e Young, 2007). Também conhecido como modelos hierárquicos, esse processo possibilita a decomposição do movimento nos fatores biomecânicos e fisiológicos que explicam a variabilidade no resultado de desempenho. Atualmente, há muita controvérsia sobre as estratégias para otimizar o aperfeiçoamento na potência e no desempenho, e, por isso, são necessárias mais pesquisas para esclarecer as questões biomecânicas e fisiológicas que explicam as inter-relações entre força muscular, TDF, potência máxima e a conversão consequente desses fatores em movimento explosivo. Por enquanto, os profissionais de condicionamento devem considerar a expressão de potência em um construto hierárquico e incorporar um espectro de testes de potência específicos ao esporte. Avaliar esses fatores à parte garante uma prescrição e um refinamento sistemáticos do treinamento para se maximizar o desempenho.

TESTES DE POTÊNCIA

O restante deste capítulo apresenta vários testes para avaliar a potência e a explosividade que podem ser integrados com facilidade em um programa de condicionamento esportivo ou de *personal training*. Esses testes têm validade e confiabilidade publicadas e podem ser aplicados segundo as necessidades específicas de um determinado atleta. Como já mencionado, uma medida de potência é específica ao contexto em que é executada (p. ex., período de produção de potência, especificidade da ação muscular), portanto, não deve ser usada de maneira intercambiável com outros testes.

Testes da parte inferior do corpo

A maioria da pesquisa relativa ao teste e ao treinamento de potência se dedicou aos membros inferiores. Isso é intuitivo, considerando-se o grau em que os músculos dos membros inferiores são necessários para a produção de forças de reação do solo ligadas à aceleração, à desaceleração, ao salto, à aterrissagem e a mudanças rápidas de direção.

TESTE ANAERÓBIO DE WINGATE

Desenvolvido no Wingate Institute nos anos 1970 (Ayalon, Inbar e Bar-Or, 1974), o teste aeróbio de Wingate (WAnT) mede a força anaeróbia máxima, a capacidade anaeróbia e a fadiga anaeróbia. Esse teste ocorre em um período de 30 s usando-se uma bicicleta ergométrica. O cálculo da potência máxima costuma ser obtido nos primeiros 5 s de trabalho e é expresso em watts totais (W) ou relativos à massa corporal (W/kg). Além disso, utilizando-se todos os 30 s de bicicleta, pode-se calcular a capacidade anaeróbia (CA) como o trabalho externo total realizado, expresso em quilojoules (kJ). Por fim, a fadiga anaeróbia costuma ser incluída no WAnT e possibilita o cálculo da porcentagem de redução de potência durante o teste (i. e., índice de fadiga).

Equipamento

- Bicicleta ergométrica com freios mecânicos. Para o WAnT, costuma-se usar uma bicicleta ergométrica Monark. Outros ergômetros (p. ex., bicicleta ergométrica Fleisch) exigem parâmetros de carga diferentes.
- Sensor ótico para detectar e contar marcadores reflexivos no pêndulo.
- Computador e interface com o *software* apropriado (p. ex., Sports Medicine Industries, Inc.).

Procedimento

1. Aquecimento: depois da familiarização inicial e do ajuste individual à bicicleta ergométrica, a pessoa testada realiza 3 a 5 min de pedaladas leves a uma carga de 20% da utilizada para o teste em si. Ao fim de cada minuto do aquecimento, a pessoa testada realiza cerca de 5 s de corrida de velocidade.
2. Depois do aquecimento específico, a pessoa testada participa de um alongamento dinâmico leve dos músculos quadríceps, posteriores da coxa e da panturrilha. Esse momento também pode ser usado para melhor explicação das instruções de teste.
3. O teste é iniciado com a pessoa pedalando a uma cadência máxima sem carga. Um comando verbal fornece a sinalização auditiva para ela começar a pedalar. Quando a pessoa testada estiver à cadência máxima (normalmente entre o primeiro e o terceiro segundos), aplicar a carga externa para o teste completo de 30 s. Carga = 0,075 kg por quilograma de massa corporal (bicicleta ergométrica Monark).
4. Depois da aplicação da resistência apropriada, o teste de 30 s é iniciado e começa a coleta de dados. A pessoa testada deve permanecer sentada durante todos os 30 s.
5. As revoluções por minuto (rpm) do pêndulo são contadas (de preferência por fotocélula e interface computacional), e a potência máxima é calculada com base nas rpm máximas (em geral, nos primeiros 5 s de trabalho) e na distância angular. No caso da bicicleta ergométrica Monark, cada revolução é igual a 1,615 m.
6. O teste é finalizado após 30 s de trabalho exaustivo. Após o teste, recomenda-se um período de resfriamento de 2 a 5 min antes que a pessoa testada desça da bicicleta ergométrica.

Medidas resultantes

1. A potência máxima ($P_{máx}$) = (rpm do pêndulo pelo período de 5 s mais elevado × 1,615 m) × (resistência em quilogramas × 9,8).

2. A potência média ($P_{méd}$) é calculada como a média de todos os intervalos de 5 s ao longo do teste de 30 s e costuma ser considerada um descritor substituto da resistência anaeróbia.
3. A capacidade anaeróbia (CA) é expressa como quilograma-Joules (1kg-m = 9,804 J) e é calculada acrescentando-se cada potência máxima de 5 s aos 30 s totais.
4. A fadiga anaeróbia descreve um declínio na potência e é calculada da seguinte forma: FA = [(maior $P_{máx}$ de 5 s – menor $P_{máx}$ de 5 s) / (maior $P_{máx}$ de 5 s)] × 100.
5. O índice de fadiga também costuma ser calculado para caracterizar a porcentagem de queda na potência máxima: IF = [1 – (potência menor / (potência máxima) × 100].

Outras considerações e modificações

Pode-se encontrar uma descrição mais detalhada desse teste no influente texto de Inbar et al. (Inbar, Bar-Or e Skinner, 1996). Esse teste pode ser bastante modificado dependendo do resultado desejado. Por exemplo, se uma pessoa tiver interesse apenas em averiguar a potência máxima, não é preciso realizar todo o teste de 30 s. Para esse fim, usa-se um teste de 5 a 10 s. Além disso, propôs-se um WAnT modificado para homens e mulheres da terceira idade (Bar-Or, 1992) no qual ocorre pedalagem máxima por apenas 15 s. No entanto, nesse teste, a resistência acrescentada ao pêndulo é equivalente a 9,5% da massa magra de todo o corpo, a qual deve ser determinada por uma medição válida da composição corporal (p. ex., pletismografia de todo o corpo ou hidrodensitometria).

As Tabelas 9.2 e 9.3 apresentam classificações percentis de homens e mulheres no teste anaeróbio de Wingate.

Tabela 9.2 Teste anaeróbio de Wingate: classificações percentis de homens e de mulheres ativos fisicamente (18-28 anos).

Classificação percentil	Watts Homens	Watts Mulheres	Watts.kg^{-1} Homens	Watts.kg^{-1} Mulheres
95	676,6	483	8,6	7,5
90	661,8	469,9	8,2	7,3
85	630,5	437	8,1	7,1
80	617,9	419,4	8	7
75	604,3	413,5	8	6,9
70	600	409,7	7,9	6,8
65	591,7	402,2	7,7	6,7

(continua)

Tabela 9.2 Teste anaeróbio de Wingate: classificações percentis de homens e de mulheres ativos fisicamente (18-28 anos). (continuação).

Classificação percentil	Watts Homens	Watts Mulheres	Watts.kg^{-1} Homens	Watts.kg^{-1} Mulheres
60	576,8	391,4	7,6	6,6
55	574,5	386	7,5	6,5
50	564,6	381,1	7,4	6,4
45	552,8	376,9	7,3	6,2
40	547,6	366,9	7,1	6,2
35	534,6	360,5	7,1	6,1
30	529,7	353,2	7	6
25	520,6	346,8	6,8	5,9
20	496,1	336,5	6,6	5,7
15	494,6	320,3	6,4	5,6
10	470,9	306,1	6	5,3
5	453,2	286,5	5,6	5,1

Adaptada, com autorização, de *Research Quartlerly for Exercise and Sport*. Vol. 60, No. 2, 144-151. Copyright 1989 por American Alliance for Health, Physical Education, Recreation and Dance, 1900, Association Drive, Reston, VA 20191.

Tabela 9.3 Classificação de potência máxima (W e W/kg^{-1}) e de capacidade anaeróbia (W e W/kg^{-1}) no teste anaeróbio de Wingate de atletas universitários de ambos os sexos na 1ª divisão do NCAA.

Classificação	Potência máxima (W)	Potência máxima (W/kg^{-1})	Capacidade anaeróbia (W)	Capacidade anaeróbia (W/kg^{-1})
Mulheres				
Elite	>730	>11,07	>541	>8,22
Excelente	686-730	10,58-11,07	510-541	7,86-8,22
Acima da média	642-685	10,08-10,57	478-509	7,51-7,85
Média	554-641	9,10-10,07	414-477	6,81-7,50
Abaixo da média	510-553	8,60-9,09	382-413	6,45-6,80
Razoável	467-509	8,11-8,59	351-381	6,10-6,44
Fraca	<467	<8,11	<351	<6,10
Homens				
Elite	>1.163	>13,74	>823	>9,79
Excelente	1.092-1.163	13,03-13,74	778-823	9,35-9,79
Acima da média	1.021-1.091	12,35-13,02	732-777	8,91-9,34
Média	880-1.020	11,65-12,34	640-731	8,02-8,90
Abaixo da média	809-879	10,96-11,64	595-639	7,58-8,01
Razoável	739-808	9,57-10,95	549-594	7,14-7,57
Fraca	<739	<9,57	<549	<7,14

Adaptada, com autorização, de M. F. Zupan et al., 2009, "Wingate Anaerobic Test peak power and anaerobic capacity classifications for men and women intercollegiate athletes", *Journal of Strength and Conditioning Research* 23 (9): 2598-2604.

TESTE DE MARGARIA-KALAMEN

Margaria, Aghemo e Rovelli (1966) e Kalamen (1968) desenvolveram testes de corrida de velocidade em escada para prever a potência. O que é mais usado hoje é representativo das versões mais confiáveis e conhecido como teste de potência de Margaria-Kalamen (Fox, Bowers e Foss, 1993; McArdle, Katch e Katch, 2007). Esse teste permite uma computação simples da potência com base na distância vertical percorrida, no tempo total para completar o percurso e na massa corporal depois da subida rápida de uma escada. Esse teste foi utilizado em diversas populações e fornece uma medida válida da potência máxima que demonstrou ter uma relação positiva com o desempenho em movimentos explosivos.

Equipamento

- Escada com pelo menos nove degraus. O degrau deve ter cerca de 18 cm de altura, e a área que dá para a escada deve ter pelo menos 6 m de comprimento (ver Fig. 9.3).
- Balança para medição do peso corporal.
- Fita de medição.
- Cronômetro eletrônico com botão de começar e parar. Pode-se usar um cronômetro de pulso, que, porém, pode não gerar cálculos precisos de tempo ou de potência.

Procedimento

1. A altura de cada degrau é medida e registrada com uma fita de medição. Em seguida, determina-se a distância vertical do terceiro ao nono degraus multiplicando-se a altura do degrau por seis (i. e., altura do degrau × 6) (ver Fig. 9.4). A altura é registrada em metros.
2. Os botões de cronometragem são apertados no terceiro e no nono degraus. Eles permitirão um tempo de partida (terceiro degrau) e de parada (nono degrau), respectivamente.
3. Em seguida, o peso da pessoa testada é medido e convertido em newtons. Fator de conversão: 1 quilograma = 9,807 newtons.
4. Aquecimento: depois da familiarização inicial com o procedimento do teste, a pessoa testada realiza cerca de 5 min de exercício aeróbio de intensidade moderada (de preferência, caminhada ou trote inclinado) e, depois, vários exercícios de amplitude de movimento dinâmica para os flexores e os exten-

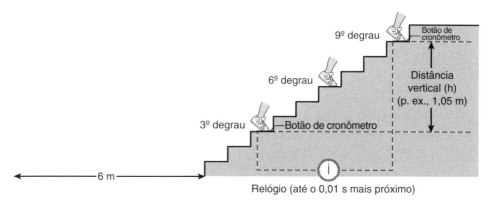

Figura 9.3 Teste de corrida em escada de Margaria-Kalamen.
Reproduzida, com autorização, de Fox, Bowers e Foss 1993, The physiological basis for exercise and sport (Madison, WI: Brown & Benchmark), 675. ©The McGraw-Hill Companies.

sores de quadril, posteriores da coxa, quadríceps e panturrilhas. Em seguida, permite-se que ela corra duas vezes em torno de 50 a 80% para se acostumar inteiramente aos procedimentos do teste. Isso possibilitará a medida mais válida da produção de potência máxima.

5. O teste é iniciado com a pessoa correndo velozmente pela área inferior (ver Fig.9.4) em direção da escada. Um comando verbal serve de sinalização auditiva para ela começar a correr desde a linha de partida.
6. A pessoa testada sobe o lance de escadas o mais rápido possível, pulando três degraus de cada vez (i. e., do chão para o terceiro degrau, deste para o sexto e deste para o nono).
7. Registra-se o tempo do terceiro ao nono degraus, até o 0,01 s mais próximo, usando-se o sistema de cronometragem ou cronômetro.
8. O teste deve ser repetido uma ou duas vezes para determinar o melhor desempenho possível. A recuperação entre as tentativas deve ter de 2 a 3 min.

Medidas resultantes

A potência em watts (W) é calculada usando-se o peso da pessoa testada (em newtons), a distância vertical total (em metros) e o tempo (em segundos) com a seguinte fórmula:

$$\text{Potência (watts)} = (\text{peso} \times \text{altura}) / \text{tempo}$$

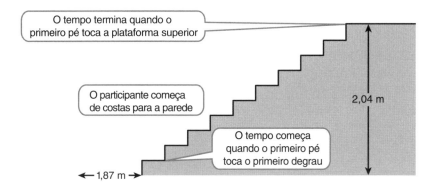

Figura 9.4 Teste modificado de corrida em escada de Margaria-Kalamen.
Reproduzida, com autorização, de J. Clemons e M. Harrisson 2008, "Validity e reliability of a new stair sprinting test of explosive power", *Journal of Strength and Conditioning Research* 22(5): 1578-1583.

A Tabela 9.4 apresenta valores normativos para o teste de Margaria-Kalamen.

Tabela 9.4 Valores normativos de corrida em escada de Margaria-Kalamen (em watts).

Classificação	15-20 anos	20-30 anos	30-40 anos	40-50 anos	Mais de 50 anos
Mulheres					
Excelente	>1.785	>1.648	>1.226	>961	>736
Boa	1.491-1.785	1.383-1.648	1.040-1.226	814-961	608-736
Média	1.187-1.481	1.098-1.373	834-1.030	647-804	481-598
Razoável	902-1.177	834-1.089	637-824	490-637	373-471
Fraca	<902	<834	<637	<490	<373
Homens					
Excelente	>2.197	>2.059	>1.648	>1.226	>961
Boa	1.844-2.197	1.726-2.059	1.383-1.648	1.040-1.226	814-961
Média	1.471-1.824	1.373-1.716	1.098-1.373	834-1.030	647-804
Razoável	1.108-1.461	1.040-1.363	834-1.088	637-824	490-637
Fraca	<1108	<1040	<834	<637	<490

Adaptada, com autorização, de Fox, Bowers e Foss 1993, The physiological basis for exercise and sport, 5ª ed. (Dubuque, IA: Wm C. Brown), 676. ©The McGraw-Hill Companies.

Outras considerações e modificações

Existe uma descrição detalhada das normas baseadas em idade para esse teste (McArdle, Katch e Katch, 2007). Além disso, foram desenvolvidas várias modificações do teste de Margaria-Kalamen para adaptá-lo a determinadas populações. Como muitas pessoas não conseguem subir uma escada de três em três degraus com segurança, Clemons e Harrisson (2008) desenvolveram uma modificação que exige que as pessoas subam um único lance de 11 degraus. Essa modificação não exige uma corrida prévia, o que possibilita o uso de uma escada normal. Para a subida, os participantes devem dar um passo inicial (i. e., no primeiro degrau) e, a partir daí, subir dois degraus por passada. Usa-se uma distância de 2,04 m para a medição de potência e registra-se o tempo em segundos para subida até o topo da escada (ver Fig. 9.4). O tempo é registrado do topo do primeiro degrau ao topo do décimo primeiro, e a potência é calculada como potência (W) = [(massa corporal (kg) × 2,04) × 9,81)/tempo].

TESTE DE SALTO VERTICAL

O salto vertical (SV) é um dos testes de potência e explosividade mais usados em força e condicionamento. O interesse pelo teste de SV se deve, em parte, à facilidade de administração, mas também ao fato de que os resultados são diretamente aplicáveis à maioria dos esportes que exigem salto, assim como a outros nos quais a potência da parte posterior do corpo é fundamental (p. ex., levantamento de peso). Como já mencionado, vários fatores subjacentes contribuem para o desempenho do SV, e, dessa forma, existem diversos métodos de teste da capacidade de salto. Algumas das versões mais comuns de teste de SV são o SV com contramovimento básico, o salto com agachamento e o SV com impulso. A seguir, são apresentados os procedimentos para um salto vertical com contramovimento tradicional e, no fim, outras informações sobre modificações.

Equipamento

- Aparato Vertec disponível no mercado (Sports Imports, Columbus, OH) (ver Fig. 9.5).
  Ou:
- Uma parede lisa e alta (i. e., com pé-direito mais alto do que a capacidade de salto da pessoa testada).
- Giz para marcar a mão.
- Fita de medição.

Procedimento com uso do aparato Vertec

1. O peso da pessoa testada é medido em quilogramas.
2. A altura de alcance da pessoa é medida e registrada. Para isso, deve-se ajustar a altura das asas de plástico para que elas fiquem dentro da altura de alcance da

Capítulo 9 • Potência

pessoa testada. O eixo que segura as asas é marcado com medições, e a medição selecionada deve coincidir com a asa de baixo. Cada asa representa 1,27 cm, e cada asa vermelha representa 15,24 cm. A pessoa testada ergue o braço, sem levantar os calcanhares (i. e., com os pés planos) e toca a asa mais alta possível com a mão dominante. Para se evitarem resultados confusos, a pessoa deve ficar diretamente abaixo do aparato e erguer a mão o mais alto possível.

3. Aquecimento: depois da familiarização inicial com o procedimento do teste e com o aparato Vertec, a pessoa testada realiza cerca de 5 min de exercício aeróbio de intensidade moderada (de preferência, caminhada ou trote inclinado) e, em seguida, vários exercícios de amplitude de movimento dinâmica para flexores e extensores do quadril, posteriores da coxa, quadríceps, panturrilhas e ombros. Depois, permite-se que a pessoa testada faça algumas tentativas sem o aparato Vertec para se acostumar com o procedimento do salto com contramovimento.

4. Na sequência, a altura do salto da pessoa testada é medida e registrada. Para isso, deve-se aumentar a altura do eixo Vertec para que a altura da asa superior seja maior do que a altura estimada do salto da pessoa testada. É preciso repetir que a medição no eixo Vertec deve ser usada com atenção para garantir um cálculo preciso da altura do salto.

Figura 9.5 Posição inicial (a) e altura máxima do salto vertical (b) usando-se um aparato Vertec.

5. Para um teste-padrão de SV com contramovimento, a pessoa não pode dar nenhum passo antes do salto (i. e., impulso). Esse teste exige que ela realize um contramovimento veloz fazendo um agachamento rápido (i. e., flexão dos quadris e dos joelhos e movimento para baixo e para a frente do tronco) enquanto balança os braços para baixo e para trás (ver Fig. 9.5). Logo depois desse contramovimento rápido, realiza-se um salto máximo em que a mão dominante toca a asa mais alta possível do Vertec.
6. Depois de cada salto, as asas são removidas para as tentativas subsequentes (i. e., a asa mais alta é tocada, e todas as asas sob ela são viradas no sentido oposto).
7. A melhor das três tentativas é registrada ao 0,25 cm mais próximo.
8. A altura do salto vertical é registrada como a diferença entre o salto mais alto e a altura de alcance registrada previamente.

Procedimento com uso de parede e giz

Nota geral: as medições do peso corporal e dos procedimentos para aquecimento e contramovimento são as mesmas utilizadas quando se testa SV com o aparato Vertec.

1. A altura da pessoa testada é medida e registrada. Para fazer isso, a pessoa passa giz no dedo médio da mão dominante. Em pé, com o ombro dominante ao lado da parede, a pessoa testada levanta a mão o mais alto possível e faz a marca de giz na parede.
2. Usando um contramovimento, a pessoa testada salta o mais alto possível e faz uma segunda marca de giz na parede para designar a altura do salto máximo.
3. A melhor das três tentativas é registrada ao 0,25 cm.
4. A altura do salto vertical é registrada como a diferença entre a marca de giz mais alta e a altura de alcance registrada previamente.

Medidas resultantes

1. Desempenho no salto vertical = altura máxima de salto − altura de alcance. Existem dados normativos sobre o desempenho no SV em relação a estudantes universitários saudáveis não esportistas (Patterson e Peterson, 2004) e para várias populações esportivas (Hoffman, 2006).
2. Estimativa de potência: várias equações possibilitam a estimação da potência a partir do desempenho no salto vertical. Esse é um passo importante a se considerar, pois a massa corporal está ligada à altura do salto e à produção de potência instantânea. Por exemplo, se duas pessoas tiverem o mesmo salto vertical

absoluto, mas massas corporais distintas, elas terão realizado quantidades de trabalho diferentes para atingir essa altura de salto. Isso também pode se aplicar a sessões repetidas de teste na mesma pessoa em um longo período. Se uma pessoa ganhar ou perder peso entre sessões de testes, a altura do salto e a produção de potência subsequente podem ser alteradas. A altura do salto, portanto, é um substituto bruto de desempenho de potência explosiva. Uma equação muito usada é a de Sayers (1999), que estima a potência máxima da seguinte forma:

$$\text{Potência máxima (W)} = [60{,}7 \times (\text{altura do salto [cm]}) + 45{,}3 \times (\text{massa corporal [kg]}) - 2{,}055]$$

Demonstrou-se que essa equação é muito válida e confiável e que diferenças de sexo não interferem na precisão das estimativas de $P_{máx}$ (Sayers et al., 1999). Além disso, esse método foi confirmado como um meio valioso de quantificar a $P_{máx}$ da parte inferior do corpo e a capacidade de levantamento de peso entre atletas de elite (Carlock et al., 2004). Harman et al. (1991) desenvolveram outra equação muito usada, que possibilita uma estimativa da potência máxima e da potência média, com os seguintes cálculos:

$$\text{Potência máxima (W)} = [61{,}9 \times (\text{altura do salto [cm]}) + 36 \times (\text{massa corporal [kg]}) + 1{,}822]$$

$$\text{Potência média (W)} = [21{,}2 \times (\text{altura do salto [cm]}) + 23 \times (\text{massa corporal [kg]}) - 1{,}393]$$

Não existem dados normativos em múltiplas populações usando-se essas equações. Portanto, eles devem ser usados para estimar a potência nas pessoas testadas (clientes ou atletas) com vistas no aperfeiçoamento da validade interna e não para fazer inferências comparativas a um padrão com referência à norma. As Tabelas 9.5, 9.6 e 9.7 apresentam classificações percentis do teste de salto vertical.

Tabela 9.5 Dados descritivos do salto vertical entre estudantes universitários de ambos os sexos.

Sexo	Estudantes universitários saudáveis não atletas		Atletas recreativos universitários		Atletas competidores universitários	
	Polegadas	Centímetros	Polegadas	Centímetros	Polegadas	Centímetros
Feminino	14,1	35,81	15-15,5	38-39	16-18,5	41-47
Masculino	22,2	56,39	24	61,00	25-25,5	64-65

Reproduzida, com autorização, de J. Hoffman, 2006, *Norms for fitness, performance, and health* (Champaign, IL: Human Kinetics), 60.

Tabela 9.6 Classificações percentis de salto vertical em jogadores de futebol americano no ensino médio e universitários.

Classificação percentil	9º ano Polegadas	9º ano Centímetros	10º ano Polegadas	10º ano Centímetros	11º ano Polegadas	11º ano Centímetros	12º ano Polegadas	12º ano Centímetros	3ª divisão do NCAA Polegadas	3ª divisão do NCAA Centímetros	1ª divisão do NCAA Polegadas	1ª divisão do NCAA Centímetros
90	27,6	70,1	27,4	69,6	28,5	72,4	30	76,2	30	76,2	33,5	85,1
80	25,5	64,8	26	66	26,9	68,3	28	71,1	28,5	72,4	31,5	80
70	24	61	24,6	62,5	25,5	64,8	26,5	67,3	27,5	69,9	30	76,2
60	23,5	59,7	23,9	60,7	25	63,5	26	66	26,5	67,3	29	73,7
50	22,3	56,6	23	58,4	24	61	25	63,5	25,5	64,8	28	71,1
40	21,9	55,6	22	55,9	23,5	59,7	23,5	59,7	24,5	62,2	27	68,6
30	21,2	53,8	21	53,3	22	55,9	22,5	57,2	23,5	59,7	25,5	64,8
20	19,3	49	19	48,3	20,5	52,1	21,5	54,6	22	55,9	24	61
10	17,7	45	18	45,7	18,8	47,8	19,5	49,5	20	50,8	21,5	54,6

Adaptada, com autorização, de J. Hoffman, 2006, *Norms for fitness, performance, and health* (Champaign, IL: Human Kinetics), 60.

Tabela 9.7 Classificações percentis de salto vertical entre atletas mulheres de voleibol, softbol e natação da 1ª divisão do NCAA.

Classificação percentil	Voleibol Polegadas	Voleibol Centímetros	Softbol Polegadas	Softbol Centímetros	Natação Polegadas	Natação Centímetros
90	20	50,8	18,5	47	19,9	50,5
80	18,9	48	17	43,2	18	45,7
70	18	45,7	16	40,6	17,4	44,2
60	17,5	44,5	15	38,1	16,1	40,9
50	17	43,2	14,5	36,8	15	38,1
40	16,7	42,4	14	35,6	14,5	36,8
30	16,5	41,9	13	33	13	33
20	16	40,6	12	30,5	12,5	31,8
10	15,5	39,4	11	27,9	11,6	29,5

Adaptada, com autorização, de J. Hoffman, 2006, *Norms for fitness, performance, and health* (Champaign, IL: Human Kinetics), 62.

Outras considerações e modificações

Um salto vertical (SV) estático pode ser usado como modificação do teste de SV com contramovimento. Esse teste exige os mesmos procedimentos básicos que o teste de SV, mas sem o contramovimento. A pessoa testada fica em posição de agachamento total (i. e., coxas mais ou menos paralelas ao solo ou joelhos a um ângulo de 90°), na qual ocorre uma contração isométrica de 1 a 2 s. Depois de um comando verbal, a pessoa testada pula o mais alto possível sem contramovimento. Dependendo do procedimento, alguns especialistas recomendam que não se usem ações do membro superior na realização do SV (p. ex., as mãos ficam nos quadris ou os dedos entrelaçados, atrás da cabeça). Por exemplo, se for usado um colchão de contato ou uma plataforma de força, uma ação do membro superior pode ser desaconselhável, pois esta aumenta artificialmente o desempenho do salto e confunde a precisão da medição da produção de potência da parte inferior do corpo.

O SV é um teste eficaz para avaliar o movimento explosivo exclusivamente concêntrico; muitos treinadores de força e condicionamento o utilizam como suplemento ao SV tradicional. A equação de Sayers também pode ser usada para esse teste, uma vez que demonstrou ser válida e confiável (Sayers et al., 1999). Alguns treinadores preferem fazer com que as pessoas comecem sentadas em uma cadeira no teste de SV para evitar que ocorra contramovimento. No entanto, isso pode ser perigoso, pois a cadeira pode interferir na queda segura.

Um SV com impulso possibilita que a pessoa testada dê vários passos em antecipação ao salto máximo com contramovimento. Muitos treinadores de força e condicionamento usam um SV com impulso porque ele é representativo do movimento explosivo específico ao esporte. Existem variações desse teste (p. ex., salto com uma ou duas pernas; impulso de um ou vários passos), porém, para coletar dados confiáveis, os profissionais de condicionamento devem adotar um único procedimento e repeti-lo nas múltiplas sessões repetidas (i. e., entre pessoas diferentes e também em diversas tentativas na mesma pessoa).

ÍNDICE DE FORÇA REATIVA (IFR)

O desempenho de força reativa pode ser responsável pelo CAE durante o movimento explosivo em muitas tarefas de desempenho. Por exemplo, em movimentos que envolvem ações musculares e articulares de alta força e alta velocidade (p. ex., salto vertical), a curva de força-velocidade é afetada pela fase de carregamento precedente (i. e., contramovimento), de modo que, a qualquer velocidade

de movimento, seja possível uma produção de força maior (i. e., a curva de força-
-velocidade vira à direita). Em razão da adaptação neuromuscular e da alteração na
rigidez musculotendínea que ocorrem com o exercício pliométrico e excêntrico
(Poussen, Van Hoeke e Goubel, 1990), esse parâmetro é considerado uma entida-
de treinável, exigindo, assim, um sistema válido e confiável para medi-la.

Embora tenham sido usadas diversas táticas, a maioria delas é realizada para
comparar as alturas no salto com contramovimento e no salto com agachamento
estático (Walshe, Wilson e Murphy, 1996). Uma tática um pouco diferente, o índice de força reativa (IFR), foi usada recentemente para quantificar o desempenho
pliométrico ou de CAE (Flanagan e Harrison, 2007); ele deriva do desempenho
no salto com profundidade. O cálculo do IFR usa o desempenho no salto e o
tempo passado no solo (i. e., a *fase de amortização* é o tempo passado para desaceleração da queda, no qual ocorre alongamento muscular, até o momento em que se
faz o salto máximo subsequente) e demonstrou ser um meio válido e confiável de
expressar explosividade (Flanagan, Ebben e Jensen, 2008).

Equipamento

- Várias caixas ou plataformas de diferentes alturas. Esse teste tem validade e confiabilidade documentadas com uma caixa de 30 cm de altura (Flanagan, Ebben e Jensen, 2008).
- Esteira de contato disponível no mercado.

Procedimento

1. Aquecimento: depois da familiarização inicial com o procedimento do teste e com a esteira de contato, a pessoa testada realiza aproximadamente 5 min de exercício aeróbio de intensidade moderada (de preferência, trote ou corrida) e, depois, vários exercícios dinâmicos e rápidos de amplitude de movimento para flexores e extensores do quadril, posteriores da coxa, quadríceps e panturri-lhas. Em seguida, a pessoa testada pode realizar várias tentativas de salto com profundidade em um esforço submáximo. Como esse teste é fatigante para os músculos e articulações da parte inferior do corpo, é muito importante que as pessoas estejam completamente aclimatadas a ele.
2. Para iniciar o teste, a pessoa testada desce da caixa e cai com ambos os pés na esteira de contato simultaneamente. Logo depois da queda, ela pula o mais alto possível. Deve-se enfatizar em especial a redução da ação excêntrica e do tempo de contato do salto com profundidade antes da ação concêntrica.

3. A pessoa testada deve realizar 2 ou 3 tentativas a cada altura de caixa, com um mínimo de 90 s de recuperação entre as tentativas.

Medidas resultantes

1. A altura do salto e o tempo de contato da pessoa testada são medidos e registrados pela esteira de contato. Usando o tempo no ar, calcula-se a altura do salto com a seguinte equação: altura do salto = $(9,81 \times \text{tempo no ar}^2) / 8$.
2. O tempo de contato no solo pode ser calculado como o tempo entre o contato inicial dos pés e o salto (Flanagan, Ebben e Jensen, 2008).
3. O índice de força reativa (IFR) é calculado com a seguinte equação: IFR = altura do salto / tempo de contato.

Outras considerações e modificações

Outros métodos permitem que os profissionais de condicionamento examinem os efeitos do CAE e sua relação com o movimento explosivo ou o desempenho esportivo. Uma alternativa ao teste do IFR envolve a comparação da razão de utilização excêntrica (RUE) com o exame simples da razão entre a altura do salto com contramovimento e a altura do salto com agachamento (McGuigan et al., 2006). Usando-se esses dois fatores, pode-se calcular o aumento pré-alongamento da seguinte forma:

[(Altura do salto com contramovimento − altura do salto com agachamento) / altura do salto com agachamento] × 100

Cada uma dessas medidas pode fornecer dados confiáveis para que equivalham às mudanças no CAE e na rigidez musculotendínea que ocorrem com o treinamento.

SALTO EM DISTÂNCIA SEM IMPULSO

O salto a distância sem impulso é outro teste muito usado para o desempenho explosivo da parte inferior do corpo. Ele pode ser empregado em conjunto com o teste de SV, pois fornece informações sobre o deslocamento vertical e horizontal. É especialmente importante administrar esse teste quando são incluídos exercícios de salto em distância sem impulso nas prescrições de exercício dos atletas. Dados sobre em distância máxima desses saltos ajudam os profissionais de condicionamento a prescrever porcentagens específicas desse desempenho para dosagens de treinamento subsequentes (p. ex., três repetições a 90% do salto a distância sem impulso máximo).

Equipamento

- Superfície de salto plano de pelo menos 6 m de comprimento. Recomendam-se pisos de ginásio (i. e., quadras de basquetebol ou voleibol), esteiras de borracha, campos de grama artificial.
- Fita de medição.
- Rolo de fita adesiva.
- Várias esteiras de salto a distância sem impulso disponíveis no mercado (p. ex., Gill Athletics, Champaign, IL) podem ser usadas para esse teste.

Procedimento

1. Designar uma linha de partida. Ela pode ser feita usando-se um pedaço de 1 m de fita adesiva.
2. Aquecimento: após a familiarização com o procedimento do teste, a pessoa testada realiza em torno de 5 min de exercício aeróbio de intensidade moderada (de preferência, trote ou corrida), e, depois, vários exercícios dinâmicos e rápidos de amplitude de movimento para flexores e extensores do quadril, quadríceps, panturrilhas e ombros. Na sequência, permite-se que ela realize várias tentativas de salto a distância sem impulso em esforço menor do que o máximo. Assim como o teste do IFR, esse teste é fatigante para os músculos e as articulações da parte inferior do corpo, o que torna de extrema importância o fato de que as pessoas estejam completamente aclimatadas.
3. A distância do salto da pessoa testada é medida e registrada. Com os dedos dos pés atrás da linha de partida, a pessoa usa um contramovimento rápido e, em seguida, pula para a frente o mais longe possível. Coloca-se um marcador o mais atrás possível do calcanhar, com um pequeno pedaço de fita adesiva.
4. A melhor das três tentativas é registrada ao 0,25 cm mais próximo.
5. O desempenho no salto a distância sem impulso é registrado como a diferença entre a linha de partida (i. e., marca de 0 cm) e o salto mais longo.

Medidas resultantes

Salto a distância sem impulso = distância de salto máxima desde a marca de 0 cm/linha de partida. A Tabela 9.8 apresenta dados de classificação e dados percentis de atletas de elite e de atletas de 15 a 16 anos de ambos os sexos (Chu, 1996).

Tabela 9.8 Dados percentis e de classificação para salto a distância sem impulso entre atletas de elite e atletas de 15 a 16 anos de ambos os sexos.

Classificação percentil	Atletas homens de elite		Atletas mulheres de elite	
	Polegadas	Centímetros	Polegadas	Centímetros
90	148	375,9	124	315
80	133	337,8	115	292,1
70	122	309,9	110	279,4
60	116	294,6	104	264,2
50	110	279,4	98	248,9
40	104	264,2	92	233,7
30	98	248,9	86	218,4
20	92	233,7	80	203,2
10	86	218,4	74	188
Classificação	Atletas homens de 15 a 16 anos		Atletas mulheres de 15 a 16 anos	
	Polegadas	Centímetros	Polegadas	Centímetros
Excelente	79	200,7	65	165,1
Acima da média	73	185,4	61	154,9
Média	69	175,3	57	144,8
Abaixo da média	65	165,1	53	134,6
Fraca	<65	<165	<53	<135

Adaptada, com autorização, de J. Hoffman, 2006, *Norms for fitness, performance, and health* (Champaign, IL: Human Kinetics), 58; adaptada, com autorização, de D. A. Chu, 1996, *Explosive power and strentgh* (Champaign, IL: Human Kinetics), 171.

Outras considerações

Como esse teste tem um maior risco de lesão, ele deve ser reservado a pessoas bem treinadas sem lesões preexistentes ou desconforto musculoesquelético. Como mencionado, é de extrema importância que as pessoas se aqueçam adequadamente antes do teste. Além disso, costumam ser necessárias várias tentativas preliminares que sirvam como aquecimento específico.

Testes da parte superior do corpo

A maioria dos testes e dos protocolos de treinamento enfatiza a potência muscular dos membros inferiores. No entanto, a produção de potência e o desempenho dos membros superiores são de extrema importância para a maioria dos esportes e atividades. Dois dos principais testes para examinar a capacidade anaeróbia e a potência dos membros superiores são o teste anaeróbio de Wingate da parte superior do corpo e o arremesso de *medicine ball*. Os dois foram validados diversas vezes e se mostraram confiáveis em populações variadas.

TESTE ANAERÓBIO DE WINGATE DA PARTE SUPERIOR DO CORPO

Parecido com o WAnT tradicional da parte inferior do corpo, o teste anaeróbio de Wingate da parte superior do corpo normalmente é realizado em um ambiente laboratorial e tem a vantagem de fornecer vários resultados relativos à capacidade anaeróbia da parte superior do corpo. Esse teste ocorre em um período de 30 s usando-se um ergômetro modificado com uma manivela de braço. O cálculo de potência máxima costuma ser obtido nos primeiros 3 a 5 s de trabalho, sendo expresso em watts totais (W) ou relativos à massa corporal (W/kg). Além disso, utilizando-se todos os 30 s de uso da manivela de braço, pode-se calcular a capacidade anaeróbia (CA) como o trabalho externo total realizado, expresso em quilojoules (kJ). Por fim, costuma-se relatar a fadiga anaeróbia, que possibilita o cálculo da porcentagem de redução da potência ao longo de todo o teste (i. e., índice de fadiga).

Equipamento

- Ergômetro com freios mecânicos com um ajuste adicional para manivela de braço (i. e., uma bicicleta ergométrica com manivelas onde normalmente ficariam os pedais).
- Mesa para colocar o ergômetro para o teste. Ela deve ter mais de 70 cm de altura e ter espaço para que as pernas fiquem embaixo.
- Peso adicional (80 a 100 kg) para carregar o ergômetro a fim de se evitar movimento durante o teste.
- Sensor ótico para detectar e contar marcadores reflexivos no pêndulo.
- Computador e interface com *software* apropriado (p. ex., Sports Medicine Industries, Inc.).

Procedimento

1. A pessoa testada deve estar sentada confortavelmente em uma cadeira colocada sob o ergômetro de modo que os pés estejam planos no chão. Isso permite que ela use a manivela sem restrições.
2. Aquecimento: depois da familiarização inicial e dos ajustes individuais do ergômetro da parte superior do corpo, a pessoa testada usa a manivela por 3 a 5 min, sem carga ou com uma carga menor do que 20% da usada no teste em si. Ao fim de cada minuto do aquecimento, a pessoa testada deve usar a manivela de braço ao máximo durante cerca de 5 s.

3. Após o aquecimento específico, a pessoa testada deve participar de um alongamento dinâmico leve de toda a articulação do ombro, da musculatura peitoral e dos músculos dos bíceps, tríceps e antebraços. Esse período também pode ser usado para melhor explicação das instruções de teste.
4. O teste é iniciado com a pessoa testada usando a manivela em cadência máxima sem carga. Um comando verbal serve de sinalização auditiva para começar o exercício. Quando a pessoa testada estiver em cadência máxima (normalmente do primeiro ao terceiro segundos), deve-se aplicar a carga externa para o teste total de 30 s. Carga = 0,050 kg por quilograma de massa corporal (bicicleta ergométrica Monark) (Nindl et al., 1995).
5. Depois da aplicação da resistência adequada, o teste de 30 s é iniciado, e a coleta de dados começa. A pessoa deve permanecer sentada durante todos os 30 s.
6. Contam-se as revoluções por minuto (rpm) do pêndulo (de preferência por fotocélula e interface computacional) e se calcula a potência máxima com base nas rpm máximas (normalmente mais de 5 s de trabalho) e na distância angular. Cada revolução é igual a 1,615 m.
7. O teste é finalizado após 30 s de trabalho máximo. Depois do teste, recomenda-se um período de resfriamento de 2 a 5 min.

Medidas resultantes

Ver a seção "Teste anaeróbio de Wingate". A Tabela 9.9 apresenta valores típicos de potência máxima média em homens e em mulheres no teste anaeróbio de Wingate da parte superior do corpo.

ARREMESSO DE *MEDICINE BALL*

O teste de campo mais usado para medir a potência da parte superior do corpo é o arremesso de *medicine ball* (Clemons, Campbell e Jeansonne, 2010). A popularidade generalizada desse teste se deve não apenas à facilidade de administração, mas também à especificidade direta desse movimento em relação a tarefas funcionais como o passe de peito no basquetebol ou mesmo o soco rápido de atletas de combate. Além disso, como esse exercício costuma ser usado em treinamentos, os dados do teste podem ser facilmente extrapolados para a prescrição de exercício.

Equipamento

- Banco inclinado a 45°.

Tabela 9.9 Teste anaeróbio de Wingate da parte superior do corpo: valores típicos de potência máxima e de potência média em homens e em mulheres.

Classificação	Idade (anos)							
	<10	10-12	12-14	14-16	16-18	18-25	25-35	>35
Potência máxima entre homens								
Excelente	205	192	473	473	575	658	565	589
Muito boa	164	171	389	411	484	556	501	510
Boa	143	159	343	379	438	507	469	471
Média	122	148	298	348	393	458	437	433
Abaixo da média	101	137	253	316	347	409	405	394
Fraca	80	126	207	284	301	360	373	356
Muito fraca	60	115	162	252	256	311	341	317
Potência média entre homens								
Excelente	161	159	333	380	409	477	415	454
Muito boa	136	142	276	321	349	403	375	395
Boa	118	133	248	293	318	366	355	366
Média	100	124	220	264	288	329	335	337
Abaixo da média	83	116	192	236	258	292	315	308
Fraca	65	107	165	207	227	255	294	279
Muito fraca	47	98	137	179	197	218	274	249
Potência máxima entre mulheres								
Excelente	201	176	214	–	–	–	–	–
Muito boa	152	159	199	–	–	–	–	–
Boa	135	141	184	–	–	–	–	–
Média	119	124	170	–	–	–	–	–
Abaixo da média	102	106	155	–	–	–	–	–
Fraca	86	89	140	–	–	–	–	–
Muito fraca	53	55	110	–	–	–	–	–
Potência média entre mulheres								
Excelente	153	158	194	–	–	–	–	–
Muito boa	130	137	165	–	–	–	–	–
Boa	118	126	151	–	–	–	–	–
Média	107	116	137	–	–	–	–	–
Abaixo da média	96	105	122	–	–	–	–	–
Fraca	84	94	108	–	–	–	–	–
Muito fraca	73	83	93	–	–	–	–	–

Adaptada, com autorização, de J. Hoffman, 2006, *Norms for fitness, performance, and health* (Champaign, IL: Human Kinetics), 56; adaptada de O. Inbar, O. Bar-Or e J.S. Skinner, 1996, *The Wingate anaerobic test* (Champaign, IL: Human Kinetics), 82, 84, 91, 92.

- *Medicine ball* de alta durabilidade: 6 kg para mulheres, 9 para homens (Clemons, Campbell e Jeansonne, 2010).
- Giz de ginástica (i. e., carbonato de magnésio).
- Fita de medição.
- Sala ou ginásio com pelo menos 8 m de espaço livre.

Procedimento

1. A fita de medição é colocada no chão com a extremidade posta sob a armação frontal do banco, para ancorá-lo.
2. A ponta da fita deve ser colocada de maneira que fique alinhada com o lado de fora da *medicine ball* enquanto repousa sobre o peito da pessoa testada (i. e., na posição inicial, antes do arremesso da bola) (Clemons, Campbell e Jeansonne, 2010; ver Fig. 9.6).
3. A fita deve ser estendida para fora do banco por pelo menos 8 m e colada ao chão.
4. Aquecimento: depois da familiarização inicial com a orientação do banco e o procedimento de arremesso, a pessoa testada faz 5 min de exercício aeróbio de intensidade moderada e, na sequência, vários exercícios dinâmicos de amplitude de movimento para os ombros e a articulação dos cotovelos (p. ex., flexões de braço modificadas ou regulares, ou *hand walkouts*). Em seguida, permite-se que ela realize várias tentativas submáximas com a *medicine ball* apropriada.

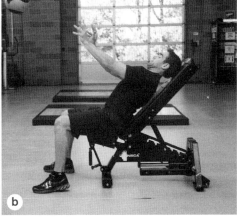

Figura 9.6 Posição inicial (a) e trajetória no arremesso (b) de *medicine ball*.
Adaptada de Clemons, J. M., B. Campbell e C. Jeansonne. 2010. Validity and reliability of a new test of upper body power. *Journal of Strength and Conditioning Research* 24 (6): 1559-1565.

5. Para o teste, a pessoa testada deve estar sentada confortavelmente no banco inclinado com os pés planos no chão e a *medicine ball* contra o peito.
6. A pessoa testada segura a *medicine ball* com ambas as mãos, uma de cada lado.
7. Sem nenhum outro movimento corporal (p. ex., flexão do tronco ou do pescoço, contramovimento do membro superior), a pessoa testada tenta propelir (i. e., "arremessar") a *medicine ball* em uma trajetória ideal de 45° por uma distância horizontal máxima.
8. Em todas as tentativas, deve-se buscar propelir a bola em linha reta para gerar dados confiáveis.
9. São permitidas de 3 a 5 tentativas, com um mínimo de 2 min de repouso entre elas.

Medidas resultantes

Todas as tentativas de teste devem ser medidas pela marca de giz mais próxima (i. e., na direção do banco) e registradas ao centímetro mais próximo.

Modificações

Esse teste foi muito usado com vários parâmetros de carga e entre populações. Além disso, muitos estudos relataram o uso de bancos verticais (i. e., sentados eretos a 90°) em vez de bancos inclinados a 45°. Para manter a qualidade do teste, os examinadores devem usar o mesmo protocolo todas as vezes em que a pessoa for testada.

AQUECIMENTO E POTENCIALIZAÇÃO PÓS-ATIVAÇÃO: UMA REFLEXÃO ESPECÍFICA PARA O TESTE DE POTÊNCIA

Ao projetar uma prescrição de exercício para a melhora no desempenho muscular, a prescrição de exercícios e variáveis independentes deve levar em conta tanto as respostas fisiológicas (i. e., resposta imediata) como a resposta adaptativa crônica ao treinamento. Do mesmo modo, na elaboração de uma bateria de testes para avaliar o desempenho de base e o aperfeiçoamento, devem ser consideradas as respostas agudas de aquecimentos, procedimentos de teste e sequências de teste, pois esses fatores podem ter uma forte influência nos resultados do teste.

Segundo o modelo de condicionamento-fadiga (Bannister, 1991; Chiu e Barnes, 2003), os estímulos presentes em uma sessão de teste ou treinamento geram respostas fisiológicas distintas que afetam o desempenho imediato, além das respostas adaptativas crônicas. Em essência, o modelo se baseia em dois princípios:

um pós-efeito de melhor desempenho e um pós-efeito de menor fadiga. Em relação a este capítulo, o primeiro princípio é específico à resposta fisiológica imediata maior gerada por estímulos (i. e., por meio de procedimentos estratégicos). Se aplicado corretamente, esse estímulo agudo pode ter uma influência direta na capacidade de produção de potência do sistema neuromuscular, em particular nos testes de potência máxima instantânea.

A maior parte da pesquisa sobre esse tópico examinou o efeito da fibra muscular estimulada eletricamente e do efeito "potencializado" consequente na contração muscular e na produção de força em modelos animais. O interessante é que muitas evidências recentes em seres humanos demonstram uma melhora imediata da produção de força após uma ação muscular voluntária a cargas relativas altas (Baudry e Duchateau, 2007). Os mecanismos dessa melhora no desempenho dependente do tempo não foram muito explicados, mas são atribuídos a uma maior taxa de ligação de ponte cruzada resultante de uma maior sensibilidade das proteínas contráteis ao cálcio (Ca^{2+}) (Baudry e Duchateau, 2007). Essa resposta aguda gera melhora no desempenho por meio de aumentos na força de contração e na TDF. De um ponto de vista prático, verificou-se que a potencialização pós-ativação (PPA) após estímulos muito intensos aumenta a TDF, a altura do pulo e o desempenho em corrida de velocidade (Chiu e Barnes, 2003; Chatzopoulos et al., 2007).

Está claro que a aplicação da PPA por métodos de aquecimento pode oferecer uma vantagem neurológica em cenários competitivos e de testes. Os protocolos de aquecimento dinâmico progressivo devem incorporar movimentos sucessivos de intensidade que varie de baixa a alta para preparar o corpo adequadamente para a produção de potência máxima.

Os efeitos da PPA não são uniformes em todos os atletas. Determinados estímulos que são adequados para um atleta podem na verdade levar à fadiga em outro. Portanto, é importante oferecer uma variedade de aquecimentos progressivos que se adaptem a pessoas de diferentes níveis de treinamento e graus de condicionamento muscular.

Aplicações profissionais

A potência se expressa em quase todas as ações musculares dinâmicas e tem uma forte relação com o movimento em um contínuo que vai de atividades básicas da vida cotidiana ao desempenho de alto nível. A medição de potência leva em conta sutilezas neuromusculares que não são consideradas no exame da capacidade de força bruta ou da velocidade de movimento. Por isso, a potência pode ser um indicador melhor de movimento coordenado, capacidade funcional crônica ou deficiência aguda. Uma compreensão abrangente dos fatores que contribuem para a produção de potência e para sua conversão em movimento explosivo servirá de base para a monitoração, o desenvolvimento e o refinamento de programas de aperfeiçoamento.

A avaliação de potência não só deve ser um elemento básico de qualquer perfil de atleta ou cliente (i. e., durante uma análise de necessidades) como também um índice de adaptação de condicionamento ou desempenho ao longo do tempo. Como a expressão de potência envolve vários fatores fisiológicos, por um lado, conduzir uma bateria de testes para verificar uma variedade de capacidades máximas em todos os intervalos (p. ex., TDF, potência instantânea máxima, potência máxima em 5 a 10 s de esforço, potência máxima e média em 15 a 30 s) proporciona um retrato preciso dos verdadeiros pontos fortes e pontos fracos de uma pessoa. Por outro lado, ao limitar a avaliação de potência a um único teste, um profissional de condicionamento reduz em muito a chance de apontar deficiências subjacentes. Essa omissão pode ocorrer porque a expressão de potência é influenciada por mais de um fator e, portanto, pode ser afetada tanto por mudanças em um único fator como em uma combinação de diversos fatores. Ao usar uma abordagem abrangente que leve em conta as demandas fundamentais de determinado esporte ou atividade (i. e., sistema de energia, biomecânica e especificidade de ação muscular), os profissionais de condicionamento podem usar teste estratégico e treinamento direcionado para tratar das deficiências dos clientes, maximizar as adaptações e melhorar seu desempenho de maneira significativa.

No entanto, como acontece com outros componentes do condicionamento muscular, os métodos de teste de potência são específicos à tarefa e variam muito de acordo com atributos biomecânicos e com o tempo dedicado à coleta de dados. Esses testes não devem ser usados de maneira intercambiável, pois os resultados nem sempre refletem os mesmos resultados e, por isso, podem não ser relevantes para determinados objetivos de treinamento ou para o desempenho específico em um esporte. Além do mais, a potência exibida em um conjunto de condições pode não necessariamente se traduzir em outras condições. Dessa forma, os profissionais de condicionamento devem isolar e avaliar os atributos "treináveis" específicos que podem impedir ou potencializar a adaptação de potência. Como resumido neste capítulo, a potência deve ser avaliada usando-se uma abordagem sistemática que incorpore diversos componentes relativos à produção de força absoluta, à TPF, à especificidade metabólica, à velocidade de movimento, à capacidade de trabalho e à potência ajustada à massa corporal.

Como a potência é reflexo da interação entre força muscular e velocidade, qualquer fator que altere um desses dois parâmetros também modifica diretamente a capacidade de produção de potência. Todavia, como o desempenho na maioria dos esportes exige certo grau de proficiência na manipulação da massa corporal (p. ex., salto, aceleração, corte), os profissionais de condicionamento também devem considerar a influência da massa corporal ao avaliarem o movimento explosivo. Levar em conta as mudanças na massa corporal ao longo do tempo também possibilita a observação precisa da flutuação de potência ajustada à massa corporal.

Sugeriu-se que a potência ajustada à massa corporal (também conhecida como razão de potência por peso) é um preditor fundamental do desempenho na maioria dos esportes. Isso é intuitivo, considerando-se que a carga manipulada na maioria das atividades é a massa do corpo; por conseguinte, o desempenho pode ser melhorado com o aumento da potência, a redução da massa corporal ou uma combinação de ambos. Embora a perda de peso em si não costume ser um objetivo na maioria dos programas de aperfeiçoamento do desempenho, em alguns casos a redução de gordura corporal pode ser aconselhável. Uma pessoa com excesso de gordura corporal que reduz a massa adiposa absoluta pode sentir uma melhora no desempenho e concretizar uma adaptação positiva para a saúde cardiometabólica a longo prazo.

O estudo de caso a seguir demonstra a contribuição da massa corporal e da potência máxima para o desempenho no salto vertical. Por mais hipotético que seja, é um exemplo realista do fato de que manipular uma ou mais variáveis pode se traduzir em melhora no desempenho de movimento explosivo. Esse exemplo também pode servir de paradigma para outros esforços explosivos e não explosivos que exigem manipulação de massa corporal.

Perfil do atleta

Sexo: masculino
Idade: 18 anos
Esporte: 1ª divisão de futebol americano
Posição: *linebacker*
Massa corporal: 106,6 kg
Altura: 1,85 m
Índice de massa corporal: 31 kg.m^{-2}
Composição corporal: porcentagem de gordura corporal: 18%; massa de gordura corporal absoluta: 19,2 kg
Força: 1 RM de agachamento (165,5 kg)
Salto vertical: 63,5 cm

Usando a equação Sayers, é possível estimar a potência máxima ($P_{máx}$) em watts desse atleta.

Potência máxima (W) = [60,7 × (altura do salto [cm]) + 45,3 × (massa corporal [kg]) − 2.055]
$P_{máx}$ = (60,7 × 63,5 cm) + (45,3 × 106,6 kg) − 2.055
$P_{máx}$ = 3.854,5 + 4.828,9 − 2.055
$P_{máx}$ = 6.628,4 watts

Reorganizando a fórmula de regressão de Pmáx, é possível colocar a altura do salto como a dependente variável. Ao se usar essa estratégia, a Pmáx e a massa corporal se tornam variáveis independentes, e as constantes permanecem as mesmas.

Altura do salto (cm) = [(2.055 + $P_{máx}$) − (45,3 × massa corporal [kg])] / 60,7

A partir dessa nova equação, é possível prever a altura do salto quando ocorre uma mudança na massa corporal. Dessa forma, se o atleta nesse estudo de caso mantivesse a capacidade de potência e perdesse 5% de gordura corporal (p. ex., ~5% de perda de gordura corporal = 5,3 kg), ele passaria a pesar 101,3 kg. Depois de colocar esse novo valor no modelo, é possível prever a mudança na altura do salto com a seguinte equação:

Δ altura do salto = {[(2.055 + 6.628,4) − (45,3 × nova massa corporal [kg])] / 60,7} − {[(2.055 + 6.628,4) − (45,3 × antiga massa corporal [kg])] / 60,7}
Δ altura do salto = {[(2.055 + 6.628,4) − (45,3 × 101,3 kg)] / 60,7} − {[(2.055 + 6.628,4) − (45,3 × 106,6 kg)] / 60,7}
Δ altura do salto = 67,5 cm − 63,5 cm
Δ altura do salto = 4 cm

Também é plausível especular como as mudanças na $P_{máx}$ podem influenciar a altura do salto, independentemente das mudanças na massa corporal. Embora a equação de regressão original tenha sido formulada a partir de uma análise de forças de reação do solo com plataforma de força durante o salto com agachamento e o salto vertical com contramovimento (Sayers, 1999), amplas evidências confirmam a utilidade do treinamento de força de alta intensidade e do treinamento de potência com alta velocidade para aumentar a $P_{máx}$ durante o salto (Cormie, McCaulley e McBride, 2007; Cormie, McGuigan e Newton, 2011b). Portanto, ao se usar essa lógica, existem diversas opções viáveis para alterar a potência e a altura do salto:

Opções viáveis de aperfeiçoamento do desempenho
Apenas aumento na força. Método: treinamento de força de alta intensidade.

Apenas aumento na velocidade. Método: treinamento pliométrico e de potência a alta velocidade.

Apenas redução na massa corporal. Método: reduções graduadas e monitoradas de perto na gordura corporal absoluta.

Aumento na força + aumento na velocidade. Método: multimodalidade combinada, treinamento periodizado tradicional ou ambos.

Aumento na força + redução na massa muscular.

Aumento na velocidade + redução na massa muscular.

Aumento na força + aumento na velocidade + redução na massa muscular.

O exemplo simples demonstra o fato de que existem muitas opções para se atingir o resultado desejado de melhorar o desempenho no SV. Como a maioria dos programas de melhora no desempenho não são elaborados para causar mudanças na massa de gordura absoluta (na verdade, esperam-se reduções relativas na massa de gordura quando ocorre hipertrofia), os profissionais de condicionamento devem considerar os parâmetros treináveis de condicionamento muscular como prioritários. É claro que outras variáveis, como a TDF e a capacidade de força reativa, também podem influenciar o desempenho do SV. Além disso, é provável que a influência desses fatores no SV não seja uniforme em diferentes populações (i. e., sexo, idade, estado de treinamento). Contudo, esse exemplo tem o objetivo de simplesmente servir de ponto de discussão para salientar a natureza multidimensional do desempenho de potência e movimento explosivo. Em suma, usar uma abordagem abrangente para avaliar esses atributos dará ampla oportunidade para otimização do desempenho.

RESUMO

- A potência muscular tem uma forte relação com o movimento em um contínuo que abarca o desempenho em todos os níveis.
- A medição de potência leva em conta as propriedades neuromusculares e de transferência de energia que costumam ser negligenciadas em outras medidas brutas de força ou velocidade.
- A potência é um excelente indicador de capacidade de movimento coordenado, de deficiência ou de ambos, e sua expressão depende de diversos atributos fisiológicos e de aspectos biomecânicos inter-relacionados.
- A avaliação da potência no ambiente profissional exige um exame sistemático e amplo das demandas da população testada.

- Embora existam vários testes para medir a produção de potência muscular, cada um deles é específico ao contexto em que é aplicado.
- Antes de todas as testagens de desempenho, deve haver uma análise detalhada de necessidades que leve em conta os fatores fisiológicos, biomecânicos e externos que entram nos testes existentes específicos, além de uma avaliação de como esses testes coincidem com as necessidades de determinado atleta.
- A massa corporal deve levar em conta a medição da razão de potência por peso.

10

Velocidade e agilidade

N. Travis Triplett, Ph.D., CSCS*D, FNSCA

A velocidade e a agilidade são componentes importantes de quase todos os desempenhos esportivos (Hoffman, 2006). Ambas envolvem mover o corpo o mais rapidamente possível, mas a agilidade tem a dimensão extra de mudança de direção. Os treinadores esportivos costumam treinar o desenvolvimento de velocidade e de agilidade dos atletas focando-se na técnica de movimento e no tempo de reação treinos (Plisk, 2008). Os testes de velocidade são simples e diretos, mas os de agilidade variam muito, existindo os que envolvem pouco movimento e só trabalho dos pés e aqueles que envolvem corrida de velocidade com múltiplas mudanças de direção, com ou sem uma reação a estímulos variados. Todavia os testes de velocidade e de agilidade são facilmente personalizáveis ao esporte ou à tarefa desejada.

Medir a velocidade e a agilidade pode ajudar o profissional de condicionamento a voltar a atenção para pontos fracos no desempenho de um esporte ou uma tarefa, o que pode ajudar a atingir os objetivos de treinamento direto (Harman e Garhammer, 2008). Por exemplo, como a velocidade, a agilidade ou ambas são componentes diretos de muitos movimentos esportivos, o teste de uma delas ou das duas pode oferecer informações sobre a eficácia de treinos ou de outras atividades na prática, além de servir como medida das capacidades de um atleta em comparação com os demais no mesmo esporte ou posição. Depois, o profissional de condicionamento pode usar as informações para alterar o programa de treinamento prescrito ou individualizar aspectos de um programa de treinamento de um atleta em particular.

VELOCIDADE

A velocidade é definida classicamente como o tempo mais curto necessário para que um objeto se mova por uma distância fixada (Harman e Garhammer, 2008). Em termos práticos, refere-se à capacidade de mover o corpo o mais rapidamente possível em uma distância predeterminada. Porém, na realidade, a questão é um pouco mais complexa, pois a velocidade não é constante em toda a distância e, portanto, pode ser dividida em fases no caso da maioria das pessoas (Plisk, 2008). A primeira fase é a de aceleração, ou é a taxa de mudança na velocidade até o ponto em que se atinge a velocidade máxima. A segunda fase é a de manutenção, em que essa velocidade máxima é mantida pelo resto da distância. Ela varia segundo a distância testada. Por exemplo, a fase de aceleração em uma corrida de velocidade de 40 m dura cerca de 10 m, ao passo que, na de 100 m, dura em torno de 30 a 40 m (Plisk, 2008).

Se a distância for grande demais (>200 m), também pode ocorrer uma fase de desaceleração, a qual, se possível, deve ser evitada (Harman e Garhammer, 2008). Como podem ocorrer aceleração e desaceleração durante a corrida máxima, os testes de velocidade geram informações sobre velocidade média na distância determinada. Considerando-se que as pessoas não conseguem manter uma velocidade máxima por um período longo, os testes de velocidade devem envolver distâncias menores de 200 m; a maioria é de, no máximo, 100 m (Harman e Garhammer, 2008). Isso garante que não ocorra grande desaceleração e que o teste não seja uma medição das capacidades aeróbia ou anaeróbia (Harman e Garhammer, 2008), que são mais bem medidas por outros métodos (ver Caps. 5, 7 e 8, respectivamente).

AGILIDADE

A agilidade costuma ser definida como a capacidade de mudar de direção rapidamente (Altug, Altug e Altug, 1987). Ela pode assumir diversas formas, desde ações simples com trabalhos dos pés ao movimento de todo o corpo em sentido oposto durante a corrida a velocidade alta. Por isso, a agilidade tem um componente de velocidade que, porém, não é o mais importante. A definição básica de agilidade é simplista demais, pois esta passou a ser considerada de um ponto de vista muito mais complexo que envolve não apenas velocidade mas também equilíbrio, coordenação e a capacidade de reagir a uma mudança no ambiente (Plisk, 2008). Alguns testes de agilidade podem envolver até certo grau de resistência muscular ou respiratória, todavia entram na categoria de testes de capacidade anaeróbia (ver Cap. 8).

A principal diferença entre os testes de velocidade e os de agilidade é que, durante um teste de agilidade, o movimento corporal é interrompido e reiniciado em outra direção. Para conseguir isso, a pessoa testada precisa desacelerar e, em seguida, acelerar na nova direção, algo que se evita em testes de velocidade. O objetivo em testes de agilidade é conseguir a desaceleração e a aceleração da maneira mais rápida e eficiente possível. Em contrapartida, em testes de velocidade, o objetivo nunca é desacelerar, mas sim atingir e manter a velocidade máxima o mais rápido possível. Contudo esses parâmetros são inter-relacionados, pois a velocidade é um componente do desempenho de agilidade.

Uma pessoa pode conseguir mudar de direção muito rápido, mas, se as fases de intervenção do teste de agilidade forem realizadas lentamente, todo o teste será comprometido. Por isso, o examinador deve entender as técnicas adequadas de aceleração e de desaceleração e ser capaz de explicá-las à pessoa testada, para que os resultados do teste não sejam limitados por causa de técnicas inadequadas de corrida.

Em geral, a aceleração apropriada até a velocidade máxima envolve aumentos no comprimento e na frequência da passada e uma redução simultânea no grau de inclinação do corpo (Plisk, 2008). A principal diferença entre acelerar em um teste de velocidade e em um de agilidade é que, em geral, a pessoa testada tem menos distância na qual acelerar no teste de agilidade, e a posição do corpo depois da aceleração e da mudança de direção prévias pode limitar a capacidade da pessoa testada de atingir o comprimento e a frequência de passada totais. Quanto à desaceleração, o grau de inclinação do corpo costuma aumentar, e todo o pé deve entrar em contato com a superfície de corrida (Plisk, 2008).

O grau de mudança de direção é influenciado pela configuração dos testes; alguns exigem uma mudança de direção abrupta (p. ex., uma virada de potência para o sentido oposto), enquanto outros permitem uma mudança menos grave (p. ex., dar a volta em um cone). Em todo caso, quanto mais abrupta for a mudança de direção, menor é a velocidade e maior a inclinação do corpo naquele momento; por isso, é essencial a desaceleração apropriada para maximizar a eficiência temporal (Plisk, 2008).

Ao fim de qualquer teste, a pessoa testada deve ser instruída a não diminuir a velocidade, mas sim a correr até a linha de chegada, a fim de minimizar a desaceleração. Outras questões técnicas incluem pedir à pessoa testada que se concentre visualmente no alvo (p. ex., cone, linha) ao realizar o teste, a menos que seja instruída quanto ao contrário, como a correr de lado com o rosto voltado para a frente.

Um componente dos testes de agilidade que pode torná-los mais específicos ao esporte é a capacidade reativa a um estímulo que dita a nova direção do movimento, em vez de permitir que a pessoa testada saiba as direções do teste antes dele. Essa técnica não é usada em todo teste de agilidade, mas sobretudo como um método avançado para aumentar a especificidade em ambientes realmente esportivos.

Os testes de agilidade que não envolvem nenhuma mudança nos estímulos são chamados de testes de habilidades fechadas (Plisk, 2008). Esses testes são realizados em um ambiente estável em que a pessoa testada sabe o percurso do teste e em que direção seguir. Em oposição, os testes de habilidades abertas são imprevisíveis; neles a direção é determinada por outra pessoa, como um treinador ou instrutor. A capacidade reativa recebe mais ênfase em testes de habilidades abertas, assim como o equilíbrio e a coordenação, pois a direção de movimento não pode ser prevista. Os testes de habilidades fechadas são mais usados, pois as condições podem ser padronizadas e existem normas. Além disso, os testes de habilidades fechadas têm maior confiabilidade em termos de teste-reteste, visto que o formato do teste pode ser o mesmo para cada pessoa todas as vezes. Por sua variabilidade, os testes de habilidades abertas são mais usados em treinos ou na avaliação rápida do desempenho do atleta em determinado dia, sem consideração às melhoras no teste ao longo de um período.

DESEMPENHO ESPORTIVO, VELOCIDADE E AGILIDADE

A maioria dos esportes, inclusive os de resistência, tem a velocidade ou a agilidade como componente. Com exceção do atletismo ou da natação, em que a mudança de direção é mínima ou nula, a velocidade e a agilidade são aspectos importantes do desempenho esportivo. O atacante de futebol americano mais bem-sucedido, por exemplo, é aquele que consegue reagir mais rapidamente à chegada da bola e sair da linha em direção ao jogador oponente com mais velocidade. Avaliar a velocidade e a agilidade em um ambiente controlado com um teste semelhante às demandas reais do esporte em questão é, portanto, muito útil para ajudar a elaborar o treinamento a fim de se melhorar o desempenho esportivo.

SELEÇÃO DO TESTE

Um dos passos mais importantes no uso de testes de desempenho ocorre antes que a pessoa testada sequer chegue à área de teste. A seleção do teste é vital, pois afeta a validade dos resultados. A primeira consideração é que o teste represente as demandas fisiológicas do esporte. Por isso, o profissional de condicionamento deve ter uma compreensão dos sistemas de energia e de outros traços fisiológicos que afetam o desempenho esportivo, como tamanho corporal. Como muitos esportes exigem uma variedade de capacidades (p. ex., velocidade, agilidade, potência, capacidade anaeróbia), costuma-se usar uma bateria de testes para tratar de cada uma dessas capacidades separadamente.

É importante considerar fatores biomecânicos, como especificidade de padrão de movimento, ao se escolher um teste; por exemplo, um teste de agilidade pode ser melhor para hóquei no gelo, ao passo que outro é melhor para tênis. O nível de treinamento também é uma consideração importante. Os testes que envolvem maior nível de habilidade ou condicionamento podem não ser apropriados para pessoas iniciantes, pois seu condicionamento e técnica inferiores podem limitar seu desempenho no teste. Do mesmo modo, o sexo ou a idade dos participantes têm um impacto na seleção dos testes; alguns são difíceis para mulheres (p. ex., teste de barra), enquanto outros podem ser inadequados para crianças na pré-puberdade.

Os parâmetros de teste podem ser modificados para mimetizar características dos esportes. Por exemplo, é possível pedir que as pessoas que realizam um teste de agilidade para futebol americano carreguem uma bola. Os testes também podem ser projetados para serem mais específicos a determinado movimento esportivo, mas o princípio básico de validade deve ser seguido para garantir que ele meça o que deve medir.

Os testes de velocidade e agilidade devem ser curtos, não durando mais do que 20 s; testes mais longos podem atingir sistemas energéticos errados, e a fadiga pode afetar os resultados. Se o percurso do teste de agilidade for muito complexo, por exemplo, as pessoas testadas não conseguirão acumular velocidade entre os turnos. Qualquer que seja o caso, se um teste for modificado em algum aspecto, as normas publicadas não serão mais aplicáveis. É preciso desenvolver novas normas testando-se diversas pessoas ao longo do tempo. A Tabela 10.1 apresenta um resumo das características de testes de velocidade e de agilidade.

Tabela 10.1 Resumo das características dos testes de velocidade e de agilidade.

Teste	Facilidade	Recursos	Confiabilidade	Característica específica
40 jardas [37 m]	Fácil	Sistema de cronometragem Pista ou quadra	0,89-0,97	Velocidade
10 jardas [9 m]	Fácil	Sistema de cronometragem Pista ou quadra	0,89	Aceleração
Corrida de velocidade de 60 jardas [54 m] com voo de 30 jardas [27 m]	Moderado	Sistema de cronometragem com vários registros Pista	ND	Aceleração Velocidade máxima Velocidade Manutenção
Pró-agilidade (5-10-5)	Fácil	Cronômetro Cones Campo ou quadra	0,91	Agilidade (para a frente)
Teste T	Moderado	Cronômetro Cones Campo ou quadra	0,93-0,98	Agilidade (para a frente, para trás, lateral)
Três cones	Difícil	Cronômetro Cones Campo ou quadra	ND	Agilidade (para a frente)
Passo lateral de Edgren	Moderado	Cronômetro Cones Marcadores de linha	ND	Agilidade dos pés
Hexágono	Moderado	Cronômetro Cones Marcadores de linha	0,86-0,95	Agilidade dos pés

ND: não disponível.

MÉTODOS DE MEDIÇÃO

Os testes de velocidade e os de agilidade de habilidades fechadas exigem pouquíssimos equipamentos. Em geral, esses testes podem ser realizados com um cronômetro, uma fita de medição e marcadores de percurso, como cones. O uso de equipamentos de cronometragem pode aumentar a precisão dos testes, mas ter a mesma pessoa registrando cada atleta pode ser tudo o que é necessário para garantir resultados confiáveis. Os testes de agilidade de habilidades abertas são mais difíceis de padronizar, pois o ambiente de teste é imprevisível. A padronização dos procedimentos, como o número de mudanças de direção por teste e a determinação da distância a ser percorrida quando se indica uma mudança de direção, aumenta a confiabilidade do teste.

A pessoa testada deve estar adequadamente aquecida antes do início de qualquer procedimento de teste. Embora não haja diretrizes definidas para o aquecimento, em geral se recomenda a realização prévia de 3 a 5 min de atividade de baixa intensidade para grandes grupos musculares, como trote ou bicicleta ergométrica para aumento da circulação para todo o corpo. Em seguida, podem-se realizar atividades de aquecimento específicas, como a execução do movimento ou do teste à metade ou a três quartos da velocidade.

Se o participante tiver limitações de amplitude de movimento na parte inferior do corpo, podem-se recomendar alguns alongamentos dinâmicos leves para que se atinja a amplitude de movimento adequada para a atividade (Bandy, Irion e Briggler, 1998; Hedrick, 2000; Mann e Jones, 1999). Como foi demonstrado que outros tipos de alongamento, em especial o alongamento estático, comprometem o desempenho em atividades de velocidade, força e potência, o foco deve permanecer no aquecimento, e o alongamento deve ser mínimo antes do desempenho (Behm, Button e Butt, 2001; Church et al., 2001; Fletcher e Jones, 2004; Nelson e Kokkonen, 2001; Power et al., 2004; Young e Behm, 2003).

Fatores que influenciam o desempenho no teste

Para que os resultados do teste sejam confiáveis, várias questões devem ser consideradas além do planejamento adequado da administração do teste (i. e., examinadores de treinamento). Fatores como condições ambientais podem afetar o desempenho no teste e devem ser observados, em particular quando os testes são administrados em ambientes externos, onde o clima (temperatura, umidade, chuva) varia. Outros fatores mais controláveis incluem a hidratação e o estado nutricional das pessoas testadas. É possível instruí-las quanto ao consumo de água e das refeições pré-teste, que podem ser replicadas em sessões repetidas de teste. A desidratação é conhecida por seu efeito negativo no desempenho, e as pessoas testadas devem fazer uma refeição pré-teste que seja bem tolerada. Por fim, elas devem estar bem descansadas depois de sessões de treinamento (pelo menos 48 h) e devem ter períodos de repouso adequados (5 a 20 min) entre os testes quando se realiza uma bateria deles.

Testes de velocidade

Para determinar a velocidade máxima da pessoa, os testes de velocidade devem ser curtos (<200 m) e não incluir mudanças de direção. Além disso, a fase de aceleração do movimento deve ser levada em conta para estabelecer uma duração de teste que permita que a pessoa testada atinja a velocidade máxima e a mantenha por vários segundos. Por isso, os testes de velocidade mais curtos são os de 30 a 40 jardas [27 a 37 m] de distância. Esse método de teste reduz a influência de fatores como fadiga ou desaceleração e resulta na determinação mais precisa da velocidade.

TESTE DE CORRIDA DE VELOCIDADE DE 40 JARDAS

O teste de velocidade mais comum é o de corrida de velocidade de 40 jardas [37 m]. É usado no NFL Combine e em muitos programas de esporte universitário nos Estados Unidos. Também é usado em aulas de métodos laboratoriais de ciência do exercício e programas acadêmicos de educação física. Ele é mais adequado para esportes que podem incluir corrida extensa, como futebol, hóquei de campo e lacrosse, além de futebol americano. É curto, rápido (<7 s) e simples de cronometrar. Esse teste também é facilmente modificável para distâncias menores ou maiores a fim de ser ainda mais específico para esportes como beisebol e basquetebol. As normas para algumas dessas distâncias são apresentadas na Tabela 10.2. Assim como em todos os testes de velocidade, o objetivo principal é percorrer a distância o mais rápido possível e, normalmente, não se realizam mais do que três tentativas para minimizar o declínio no desempenho causado pela fadiga.

Equipamento

- Pista ou campo em que se possa medir a distância.
- Fita de medição.
- Cronômetro ou portões de cronometragem.
- Cones ou fita para indicar linhas de partida e de chegada.
- Pessoal na linha de chegada ou tanto na de partida como na de chegada.

Procedimento

Depois de instruir a pessoa testada sobre o desempenho correto do teste, devem-se seguir estes passos:

1. A pessoa testada se posiciona atrás da linha de partida, voltada para a frente. Também é possível usar posturas específicas ao esporte, como a de três pontos do futebol americano (ver Fig. 10.1*a*) ou a de quatro pontos do atletismo (ver Fig. 10.1*b*).

Capítulo 10 ■ Velocidade e agilidade

Figura 10.1 Posturas de três (a) e de quatro (b) pontos para o teste de corrida de velocidade 40 jardas.

2. Deve-se fazer uma contagem regressiva para a pessoa testada, seja ela verbal ou, se forem usados portões de cronometragem, utilizam-se os bipes programados na unidade do portão. Uma alternativa é a ativação de um botão eletrônico pelo movimento da pessoa testada.
3. Devem-se permitir 2 ou 3 tentativas à pessoa testada, com repousos de 3 a 5 min entre elas para garantir a recuperação quase total.
4. Se for usado um cronômetro, deve-se iniciar a cronometragem quando do primeiro movimento da pessoa testada. Em geral, os tempos são registrados até o 0,01 s mais próximo. Cronômetros de mão podem resultar em tempos 0,24 s mais rápidos (Harman e Garhammer, 2008) do que o registrado por um portão de cronometragem. Por isso, é essencial a uniformidade do equipamento de um teste para outro e em testes repetidos na mesma pessoa.
5. Modificações na distância podem incluir a corrida de velocidade de 30 jardas [27 m] (basquetebol) e a de 60 jardas [54 m] (beisebol), que são mais específicas para esses esportes. Qualquer distância pode ser usada, mas não há normas de desempenho para todas.

Confiabilidade

A corrida de velocidade de 40 jardas é um teste altamente confiável com confiabilidades teste-reteste acima de 0,95, mas que variam de 0,89 a 0,97.

Normas

Ver Tabela 10.2.

Tabela 10.2 Normas de teste de velocidade para vários esportes (em segundos).

População	Sexo	10 jardas	30 jardas	40 jardas	60 jardas
Beisebol –NCAA DI	M				7,05 ± 0,28
Beisebol – Major League	M		3,75 ± 0,11		6,96 ± 0,16
Basquetebol NCAA DI	M		3,79 ± 0,19	4,81 ± 0,26	
Hóquei em campo	F			6,37 ± 0,27	
Futebol americano –NCAA DI	M			4,74 ± 0,3	
Linha defensiva (LD)				4,85 ± 0,2	
Linebackers (LB)				4,64 ± 0,2	
Defensive backs (DB)				4,52 ± 0,2	
Quarterbacks (QB)				4,70 ± 0,1	
Running backs (RB)				4,53 ± 0,2	
Wide receivers (WR)				4,48 ± 0,1	
Linha ofensiva (LO)				5,12 ± 0,2	
Tight ends (TE)				4,78 ± 0,2	
Futebol americano – incorporados à NFL	M			4,81 ± 0,31	
Lacrosse – NCAA DIII[4]	F			5,40 ± 0,16	
Rúgbi*	M			5,32 ± 0,26	
Rúgbi*[2]	F	2,00 ± 0,11		6,45 ± 0,36	
Futebol – NCAA DI[1]	M	1,63 ± 0,08		4,87 ± 0,16	
Futebol – NCAA DIII	M			4,73 ± 0,18	
Futebol – NCAA DIII	F			5,34 ± 0,17	
Tênis – NCAA DI[5]	M	1,79 ± 0,03			
Voleibol – NCAA DI	F			5,62 ± 0,24	
Voleibol – Júnior nacional*[3]	F	1,90 ± 0,01			
Voleibol – Júnior nacional*[3]	M	1,80 ± 0,02			

* Indica que a distância está em metros em vez de em jardas.

Abreviações: NCAA: National Collegiate Athletic Association; DI: 1ª divisão (NCAA); DII: 2ª divisão (NCAA); DIII: 3ª divisão (NCAA); M: masculino; F: feminino.

[1]Cressey et al., 2007; [2]Gabbett, 2007; [3]Gabbett e Georgieff, 2007; [4]Hoffman et al., 2009; [5]Kovacs et al., 2007.

Adaptada, com autorização, de J. Hoffman, 2006, *Norms for fitness, performance, and health* (Champaign, IL: Human Kinetics), 111, 112.

CORRIDA DE VELOCIDADE DE 10 JARDAS

O teste de corrida de velocidade de 10 jardas [9 m] é usado para determinar uma capacidade de aceleração de uma pessoa, porque a fase de aceleração na corrida de velocidade de 40 jardas dura cerca de 10 jardas. Embora esse teste seja menos usado, ele pode fornecer informações sobre a capacidade de um atleta de acelerar rapidamente, pois é possível perder muito tempo nessa fase. Esse teste é bom para qualquer esporte que exija muitas corridas curtas de velocidade, como futebol americano, bobsled, patinação de velocidade no gelo, ginástica, basquetebol, rúgbi, beisebol e tênis, pois ele mimetiza de maneira muito próxima uma partida da linha ou uma corrida de velocidade até a bola. O objetivo principal aqui também é percorrer a distância o mais rapidamente possível. Podem ser realizadas de 4 ou 5 tentativas com repousos de 2 a 3 min entre elas, pois a fadiga é um fator menos importante do que na corrida de velocidade de 40 jardas [37 m].

Equipamento

- Pista ou campo onde se possa medir a distância.
- Fita de medição.
- Cronômetro ou portões de cronometragem.
- Cones ou fita para indicar linhas de partida e de chegada.
- Pessoal na linha de chegada ou tanto na de partida como na de chegada.

Procedimento

Depois de instruir a pessoa testada sobre o desempenho correto do teste, devem-se seguir estes passos:

1. A pessoa testada se posiciona atrás da linha de partida, voltada para a frente. Também é possível usar posturas específicas ao esporte, como a de três pontos do futebol americano ou a de quatro pontos do atletismo.
2. Deve-se fazer uma contagem regressiva para a pessoa testada, seja ela verbal ou, se forem usados portões de cronometragem, utilizam-se os bipes programados na unidade do portão.
3. Devem-se permitir 2 ou 3 tentativas à pessoa testada, com repousos de 3 a 5 min entre elas para garantir a recuperação quase total.

4. Se for usado um cronômetro, deve-se iniciar a cronometragem quando do primeiro movimento da pessoa testada. Em geral, os tempos são registrados até o 0,01 s mais próximo. Cronômetros de mão podem resultar em tempos mais rápidos do que os registrados por um portão de cronometragem. Por isso, é essencial a uniformidade do equipamento de um teste para outro e em testes repetidos na mesma pessoa.

Confiabilidade

A confiabilidade teste-reteste do teste de 10 jardas é de 0,89.

Normas

Ver Tabela 10.2.

TESTE DE CORRIDA DE VELOCIDADE DE 60 JARDAS COM VOO DE 30 JARDAS

O "voo" se refere ao fato de que a medição de 30 jardas [27 m] é feita entre a 10ª e a 40ª jardas de distância, depois que a pessoa acelerou e está em movimento (i. e., não em uma posição em pé, tampouco nas posturas de três ou quatro pontos). Esse teste de corrida de velocidade mais longo é usado para determinar a capacidade de uma pessoa de acelerar e manter a velocidade máxima, assim como sua velocidade máxima sem levar em conta a fase de aceleração. Assim, ele pode fornecer uma grande variedade de dados sobre como a pessoa atinge e mantém velocidade. Esse teste é mais adequado para atletas em esportes que exigem corridas longas, como beisebol, futebol, hóquei em campo e lacrosse. O principal objetivo é percorrer a distância o mais rapidamente possível, e, em geral, são realizadas no máximo três tentativas para minimizar o declínio no desempenho causado pela fadiga, pois ela é um fator mais importante do que na corrida de velocidade de 40 jardas [37 m].

Equipamento

- Pista ou campo onde se possa medir a distância.
- Fita de medição.
- Cronômetro ou portões de cronometragem.
- Cones ou fita para indicar linhas de partida e de chegada, bem como as linhas intermediárias.

Procedimento

Depois de instruir a pessoa testada sobre o desempenho correto do teste, devem-se seguir estes passos:

1. A pessoa testada se posiciona atrás da linha de partida, voltada para a frente. Também é possível usar posturas específicas ao esporte, como a de três pontos do futebol americano ou a de quatro pontos do atletismo.
2. Deve-se fazer uma contagem regressiva para a pessoa testada, seja ela verbal ou, se forem usados portões de cronometragem, utilizam-se os bipes programados na unidade do portão.
3. Devem-se permitir 2 ou 3 tentativas à pessoa testada, com repousos de 3 a 5 min entre elas para garantir a recuperação quase total.
4. Devem ficar pessoas na linha de chegada ou tanto na linha de partida como na de chegada, bem como nas intermediárias. Por exemplo: na linha de partida, no cronômetro ou portão em 10 jardas [9 m], no cronômetro ou portão em 40 jardas [37 m] e no cronômetro ou portão em 60 jardas [54 m] (chegada). Elas devem registrar os tempos de:
   — 0 a 10 jardas [0 a 9 m] = aceleração;
   — 0 a 40 jardas [0 a 37 m] = tempo de 40 jardas (velocidade máxima);
   — 10 a 40 jardas [9 a 37 m] = voo de 30 jardas;
   — 0 a 60 jardas [0 a 54 m] = tempo de 60 jardas (manutenção da velocidade).
5. Se for usado um cronômetro, deve-se iniciar a cronometragem quando do primeiro movimento da pessoa testada. Em geral, os tempos são registrados até o 0,01 s mais próximo. Cronômetros de mão podem resultar em tempos mais rápidos do que os registrados por um portão de cronometragem. Por isso, é essencial a uniformidade do equipamento de um teste para outro e em testes repetidos na mesma pessoa.

Normas

Ver Tabela 10.2.

Testes de agilidade

Determinar a agilidade de uma pessoa pode ser complexo, pois ela envolve aceleração, velocidade, desaceleração, equilíbrio e coordenação. Os testes de agilidade devem ser muito curtos (<40 jardas ou 37 m) e envolver muitas mudanças de direção. Os resultados de testes de agilidade podem ser fortemente afetados pela capacidade da pessoa de acelerar e desacelerar; por isso, é necessário treinar a técnica de aceleração e de desaceleração adequada para obtenção dos resultados de teste mais precisos.

TESTE 5-10-5 OU PRÓ-AGILIDADE

Um teste de agilidade comum é o 5-10-5, ou teste pró-agilidade, também conhecido como *shuttle run* de 20 jardas [18 m]. Ele é usado na NFL Combine, bem como em muitos programas de esporte universitário nos Estados Unidos. Também é usado em aulas de métodos laboratoriais em programas acadêmicos de ciência do exercício e de educação física. Esse teste é mais adequado para atletas em esportes que exigem corridas de velocidade curtas e mudança de direção, como basquetebol, beisebol, softbol, futebol e voleibol, além de futebol americano. Assim como nos testes de velocidade, o principal objetivo é percorrer a distância (o que, nesse caso, inclui mudar de direção) o mais rápido possível. Normalmente, são realizadas no máximo 3 tentativas para minimizar o declínio no desempenho causado pela fadiga.

Equipamento

- Pista ou campo onde se possa medir a distância.
- Fita de medição.
- Cronômetro ou portões de cronometragem.
- Cones ou fita para indicar a disposição do percurso (ver Fig. 10.2).

Procedimento

Depois de instruir a pessoa testada sobre o desempenho correto do teste, devem-se seguir estes passos:

1. A pessoa testada se posiciona atrás da linha de partida, que é a linha média. Costuma-se adotar uma postura ereta, e a pessoa deve se voltar para a frente.
2. Deve-se fazer uma contagem regressiva para a pessoa testada, seja ela verbal ou, se forem usados portões de cronometragem, utilizam-se os bipes programados na unidade do portão.
3. A pessoa testada começa o teste voltando-se para a esquerda e correndo 5 jardas [4,5 m]; em seguida, ela se volta para a direita e corre 10 jardas, antes de se voltar para a esquerda e correr mais 5. Ela volta, assim, à linha de partida. Os pés devem fazer contato com as linhas que marcam a distância.

4. Devem-se permitir 2 ou 3 tentativas à pessoa testada, com repousos de 3 a 5 min entre elas para garantir a recuperação quase total.
5. Deve haver pessoas na linha de partida/chegada. O teste começa e termina na mesma linha.
6. Se for usado um cronômetro, deve-se iniciar a cronometragem quando do primeiro movimento da pessoa testada. Em geral, os tempos são registrados até o 0,01 s mais próximo. Cronômetros de mão podem resultar em tempos mais rápidos do que os registrados por um portão de cronometragem. Por isso, é essencial a uniformidade do equipamento de um teste para outro e em testes repetidos na mesma pessoa.
7. Modificações no teste podem incluir realizá-lo segurando uma bola de futebol, ou começá-lo a partir de uma posição de 3 ou 4 apoios. Porém, as especificações listadas não se aplicarão, e novas especificações deverão ser geradas.

Confiabilidade

A confiabilidade teste-reteste do teste pró-agilidade é de 0,91.

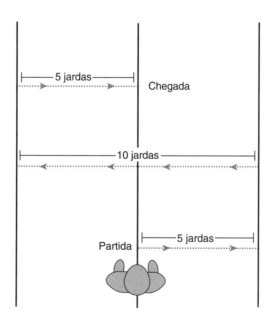

Figura 10.2 Teste 5-10-5 ou pró-agilidade.
Reproduzida, com autorização, de M. P. Reiman e R. C. Manske, 2009, *Functional testing in human performance* (Champaign, IL: Human Kinetics), 193.

Normas

Ver Tabela 10.3.

Tabela 10.3 Normas de teste de agilidade para vários esportes (em segundos).

População	Sexo	Pró-agilidade	Teste T	Três cones	Edgren[#]	Hexágono
Beisebol – NAIA	M		10,11 ± 0,64			
Basquetebol – NCAA DI	M		8,95 ± 0,53			
Atletas universitários competidores[3]	F					5,5
Atletas universitários competidores[3]	M					5,0
Futebol americano – NCAA DI	M	4,53 ± 0,22				
Linha ofensiva e linha defensiva		4,35 ± 0,11				
Wide receiver e *defensive back*		4,35 ± 0,12				
Running back, tight end e *linebacker*		4,6 ± 0,2				
Futebol americano – incorporados ao NFL	M			7,23 ± 0,41		
Hóquei no gelo[2]	M				29,0 ± 2,4	12,6 ± 1,1
Lacrosse –NCAA DIII[4]	F	4,92 ± 0,22	10,5 ± 0,6			
Futebol – jovens U16 de elite	M		11,7 ± 0,1			
Futebol – NCAA DIII	F	4,88 ± 0,18				
Futebol – NCAA DIII	M	4,43 ± 0,17				
Voleibol – NCAA DI	F		11,16 ± 0,38			
Voleibol – NCAA DIII	F	4,75 ± 0,19				
Voleibol – Júnior nacional[1]	F		10,33 ± 0,13			
Voleibol – Júnior nacional[1]	M		9,90 ± 0,17			

[#] Indica que a distância é o número de linhas cruzadas e não um valor de tempo.

Abreviações: NCAA: National Collegiate Athletic Association; DI: 1ª divisão (NCAA); DII: 2ª divisão (NCAA); DIII: 3ª divisão (NCAA); U16 = grupo etário abaixo de 16 anos; M: masculino; F: feminino.

[1]Gabbett e Georgieff, 2007; [2]Farlinger, Kruisselbrink e Fowles, 2007; [3]Harman e Garhammer, 2008; [4]Hoffman et al., 2009.

Adaptada, com autorização, de J. Hoffman, 2006, *Norms for fitness, performance, and health* (Champaign, IL: Human Kinetics), 114-115.

TESTE T

Um teste comum de agilidade é o teste T. Ele é usado em muitos programas de esporte universitário nos Estados Unidos. Também é usado em aulas de métodos laboratoriais em programas acadêmicos de ciência do exercício e de educação física. Esse teste é mais adequado para atletas em esportes que exigem corridas de velocidade para a frente, movimento lateral e para trás, como futebol americano, futebol, basquetebol, beisebol, softbol e voleibol. Assim como nos testes de velocidade, o principal objetivo é percorrer a distância e mudar de direção o mais rápido possível. Normalmente se realizam no máximo 3 tentativas para minimizar o declínio no desempenho causado pela fadiga.

Equipamento

- Pista ou campo onde se possa medir a distância.
- Fita de medição.
- Cronômetro ou portões de cronometragem.
- Cones ou fita para indicar a disposição do percurso (ver Fig. 10.3).

Procedimento

Depois de instruir a pessoa testada sobre o desempenho correto do teste, devem-se seguir estes passos:

1. A pessoa testada se posiciona atrás da linha de partida, na base do T (cone A). Costuma-se adotar uma postura ereta, e a pessoa testada deve se voltar para a frente.
2. Deve-se fazer uma contagem regressiva para a pessoa testada, seja ela verbal ou, se forem usados portões de cronometragem, utilizam-se os bipes programados na unidade do portão.
3. A pessoa testada começa o teste correndo 10 jardas [9 m] em linha reta e toca a base do cone B com a mão direita. Em seguida, corre de lado para a esquerda 5 jardas e toca a base do cone C com a mão esquerda. Na sequência, corre 10 jardas [9 m] de lado para a direita, até o cone mais longe (D), e toca a base do cone com a mão direita. Por fim, corre de lado até o cone médio (B), toca-o com a mão esquerda e corre de costas até o ponto inicial (cone A). Ao longo de todo o teste, a pessoa testada fica voltada para a frente e nunca cruza os pés

enquanto corre de lado. Além disso, o cone médio não é tocado durante a corrida de lado entre os cones mais distantes (C e D).
4. O teste também pode ser realizado ao contrário, indo-se primeiro para a direita em vez de para a esquerda, trocando-se também a mão que toca o cone. Outras modificações do teste podem incluir colocar uma bola de tênis sobre os cones C e D e pedir que a pessoa testada use um *forehand* ou um *backhand* (conforme conveniência, se a pessoa testada estiver usando a mão direita ou a esquerda) em cada cone.
5. Devem-se permitir 2 ou 3 tentativas à pessoa testada, com repousos de 3 a 5 min entre elas para garantir a recuperação quase total.
6. Deve haver pessoas na linha de partida/chegada. O teste começa e termina na mesma linha.
7. Se for usado um cronômetro, deve-se iniciar a cronometragem no primeiro movimento da pessoa testada. Em geral, os tempos são registrados até o 0,01 s mais próximo. Cronômetros de mão podem resultar em tempos mais rápidos do que o registrado por um portão de cronometragem. Por isso, é essencial a uniformidade do equipamento de um teste para o outro e em testes repetidos na mesma pessoa.

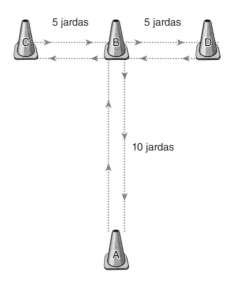

Figura 10.3 Teste T.
Reproduzida, com autorização, de M. P. Reiman, 2009, *Functional testing in human performance* (Champaign, IL: Human Kinetics), 192.

Confiabilidade

A confiabilidade teste-reteste do teste T varia de 0,93 a 0,98.

Normas

Ver Tabela 10.3.

TESTE DE TRÊS CONES

Outro teste de agilidade é o de três cones. Ele é usado no NFL Combine, bem como em muitos programas de esporte universitário nos Estados Unidos, mas só existem normas para o futebol americano, pois o teste foi desenvolvido para esse esporte. Assim como em outros testes de agilidade, o principal objetivo é percorrer a distância o mais rápido possível e mudar de direção sem perder muito tempo. Normalmente se realizam no máximo 3 tentativas para minimizar o declínio no desempenho causado pela fadiga.

Equipamento

- Pista ou campo onde se possa medir a distância.
- Fita de medição.
- Cronômetro ou portões de cronometragem.
- Cones ou fita para indicar a disposição do percurso (ver Fig. 10.4).

Procedimento

Depois de instruir a pessoa testada sobre o desempenho correto do teste, devem-se seguir estes passos:

1. A pessoa testada se posiciona atrás da linha de partida (cone A). Costuma-se adotar uma postura ereta, e a pessoa testada deve se voltar para a frente.
2. Deve-se fazer uma contagem regressiva para a pessoa testada, seja ela verbal ou, se forem usados portões de cronometragem, utilizam-se os bipes programados na unidade do portão.
3. A pessoa testada começa o teste correndo 5 jardas [4,5 m] até o cone B (1) e toca o cone; em seguida, ela dá a volta e corre até o cone A (2), tocando o cone. Sem parar, ela deve dar a volta e correr até o cone B (3), mas, dessa vez, ela dá a volta no cone B e segue para o C (4), circulando-o e voltando ao redor do cone

B (5) por fora até voltar ao cone A (6), o ponto de partida. As únicas vezes em que os cones são tocados são na primeira parte do teste, como descrito.
4. Modificações do teste podem incluir realizá-lo segurando-se uma bola de futebol americano ou começar o teste em uma postura de três ou quatro apoios. No entanto, as normas listadas não serão aplicáveis, e será necessária a criação de novas normas.
5. Devem-se permitir 2 ou 3 tentativas à pessoa testada, com repousos de 3 a 5 min entre elas para garantir a recuperação quase total.
6. Deve haver pessoas na linha de partida/chegada. O teste começa e termina na mesma linha.
7. Se for usado um cronômetro, deve-se iniciar a cronometragem quando do primeiro movimento da pessoa testada. Em geral, os tempos são registrados até o 0,01 s mais próximo. Cronômetros de mão podem resultar em tempos mais rápidos do que os registrados por um portão de cronometragem. Por isso, é essencial a uniformidade do equipamento de um teste para outro e em testes repetidos na mesma pessoa.

Normas

Ver Tabela 10.3.

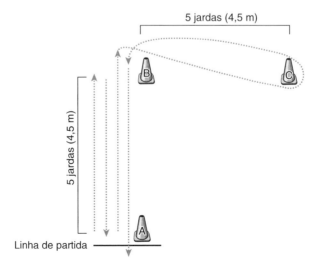

Figura 10.4 Teste de três cones.
Reproduzida, com autorização, de M. P. Reiman, 2009, *Functional testing in human performance* (Champaign, IL: Human Kinetics), 196.

TESTE DE PASSO LATERAL DE EDGREN

O teste de passo lateral de Edgren é um teste de agilidade que mede o trabalho dos pés. Ele não é muito usado, mas existem normas para jogadores de hóquei no gelo. O principal objetivo é percorrer a distância e mudar de direção o mais rápido possível. Normalmente se realizam no máximo 3 tentativas para minimizar o declínio no desempenho causado pela fadiga.

Equipamento

- Pista, campo ou quadra onde se possa medir a distância.
- Fita de medição.
- Cronômetro.
- Cones ou fita para indicar a disposição do percurso (ver Fig. 10.5).

Procedimento

Depois de instruir a pessoa testada sobre o desempenho correto do teste, devem-se seguir estes passos:

1. A pessoa testada se posiciona atrás da linha de partida, que é a linha média. Costuma-se adotar uma postura ereta, e a pessoa testada deve se voltar para a frente.
2. Deve-se fazer uma contagem regressiva para a pessoa testada, que deve iniciar o teste dando passos de lado para a direita até cruzar a linha mais distante com o pé direito. Em seguida, ela dá passos laterais para a esquerda até cruzar a li-

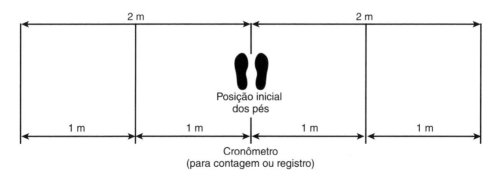

Figura 10.5 Teste de passo lateral de Edgren.
Reproduzida, com autorização, de M. P. Reiman, 2009, *Functional testing in human performance* (Champaign, IL: Human Kinetics), 196.

nha mais distante à esquerda com o pé esquerdo. Deve-se contar o número de linhas cruzadas enquanto a pessoa repete o procedimento por 10 s.
3. A pessoa testada não pode cruzar os pés; caso o faça, será descontado 1 ponto.
4. Devem-se permitir 2 ou 3 tentativas à pessoa testada, com repousos de 3 a 5 min entre elas para garantir a recuperação quase total.
5. Deve haver pessoas na linha de partida.
6. Começar a cronometragem quando do primeiro movimento da pessoa testada. Em geral, os tempos são registrados até o 0,01 s mais próximo.

Normas

Ver Tabela 10.3.

TESTE DO HEXÁGONO

Outro teste de agilidade que mede o trabalho dos pés é o teste do hexágono. Ele pode ser usado em esportes em que são comuns o deslocamento dos pés em todas as direções e movimentos de drible, como basquetebol, futebol, rúgbi e futebol americano; existem normas para jogadores de hóquei no gelo. O principal objetivo é percorrer a distância e mudar de direção o mais rápido possível sem perder o equilíbrio. Normalmente se realizam no máximo três tentativas para minimizar o declínio no desempenho causado pela fadiga.

Equipamento

Esse teste é mais bem realizado em ambientes internos.

- Quadra onde se possa medir a distância.
- Fita de medição.
- Cronômetro.
- Cones ou fita para indicar a disposição do percurso (ver Fig. 10.6).
- Pessoas para cronometrar e observar a precisão da realização do teste.

Procedimento

Depois de instruir a pessoa testada sobre o desempenho correto do teste, devem-se seguir estes passos:

1. A pessoa testada fica no meio do hexágono em postura ereta e voltada para a frente.

2. Deve-se fazer uma contagem regressiva para a pessoa testada, que deve iniciar o teste saltando com as duas pernas do centro do hexágono até um dos lados dele e, em seguida, de volta para o centro. Isso é realizado em sentido horário até que se cruzem todos os lados do hexágono e todo ele tenha sido atravessado um total de três vezes.
3. A pessoa testada deve ficar voltada para a mesma direção durante todo o teste, e ela não deve cair em uma linha ou perder o equilíbrio e dar um passo extra, tampouco deixar de cruzar uma linha. Se isso acontecer, o teste é interrompido e reiniciado.
4. Começar a cronometragem ao primeiro movimento da pessoa testada e pará-la quando a pessoa retornar ao centro do hexágono pela última vez.

Confiabilidade

A confiabilidade teste-reteste do teste do hexágono varia de 0,86 a 0,95.

Normas

Ver Tabela 10.3.

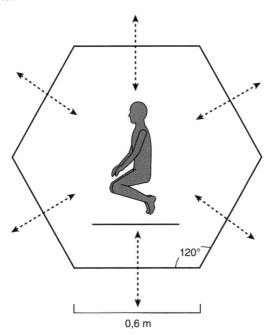

Figura 10.6 Teste do hexágono.
Reproduzida, com autorização, de M. P. Reiman, 2009, *Functional testing in human performance* (Champaign, IL: Human Kinetics), 194.

Aplicações profissionais

O principal objetivo da realização de qualquer teste é a obtenção de informações sobre o ponto em que a pessoa está em comparação com os padrões de desempenho no campo ou no esporte. As informações podem ser utilizadas para diversos fins, que incluem a definição de um valor de base para um atleta novo, a medição do progresso resultante do treinamento direcionado para melhorar uma caraterística particular do desempenho e a determinação de mudanças no decorrer de uma temporada competitiva ou de uma fase de treinamento. Posteriormente, os resultados do teste devem ser usados para projetar a fase seguinte do treinamento.

A seleção do teste é essencial para esse processo, pois nem todos os testes para uma característica específica, como velocidade ou agilidade, são os mais adequados para características específicas de desempenho de um esporte ou atividade. Por exemplo, embora a corrida de velocidade de 40 jardas seja o teste de velocidade mais comum, para um esporte como o rúgbi, em que as corridas são muito curtas antes da falta, o teste de corrida de velocidade de 10 jardas pode ser mais apropriado, por um lado. Por outro, um teste de corrida de velocidade mais longo, como o de 60 jardas, pode convir melhor para jogadores de beisebol, especialmente os defensores externos, ou mesmo para simular a corrida de duas bases.

Testes de agilidade podem ser ainda mais específicos ao esporte ou atividade. O teste pró-agilidade pode ser adequado para o tênis, por exemplo, pois simula de perto o jogo de base. O teste T também pode ser bom para o tênis, uma vez que consiste em movimentos para a frente, para o lado e para trás, como os que ocorrem ao se avançar para jogar na rede, ao mover-se para o lado na quadra e ao se retornar à base para retomada de uma rebatida. De toda forma, o teste de três cones é mais adequado para o futebol americano, pois se assemelha muito ao jogo em que o jogador corre para a frente, mas, em seguida, dá a volta e corre no sentido oposto ou vira à esquerda ou à direita atrás de quem carrega a bola.

A maioria dos esportes depende de diversas variáveis de desempenho, de modo que velocidade e agilidade quase nunca são mutuamente excludentes, exceto no atletismo, que inclui corridas puramente baseadas em velocidade (e resistência). Por isso, podem ser selecionados vários testes para gerar o melhor perfil geral de um atleta ou de um indivíduo. Se forem necessários múltiplos testes, a ordem de teste passa a ser de extrema importância para garantir o melhor desempenho e minimizar os efeitos da fadiga.

Como os testes de velocidade e de agilidade têm demandas de sistema energético muito parecidas, não existem recomendações específicas para a ordem de teste. A principal preocupação deve ser oferecer repouso adequado entre os testes e garantir que a pessoa testada esteja aquecida. Isso pode representar uma demora de 10 a 15 min entre os testes, dependendo de quantas tentativas forem necessárias. Como os testes de velocidade e de agilidade são bem curtos, é fácil oferecer repouso adequado entre as tentativas repetidas (em geral, 2 a 5 min).

O ambiente de teste também é muito importante na geração dos melhores resultados de desempenho. A segurança é uma das principais preocupações, e os resultados que se ajustam às normas publicadas são os de testes realizados em superfícies pouco variáveis, como pistas e quadras. De toda forma, os resultados mais específicos a esportes são obtidos nas condições de desempenho do atleta no treinamento e na competição. Embora a realização de testes de velocidade em uma pista seja desejável pela facilidade de marcação da distância e porque a superfície é mais uniforme, também seria aceitável realizar uma corrida de 40 jardas em um campo de futebol com jogadores de futebol, desde que eles pudessem ser testados para gerar novas normas. Todavia, se o teste for usado sobretudo para o estabelecimento de metas, ele deve ser realizado na superfície menos variável, deixando a mimetização das condições competitivas para as práticas do esporte.

Por fim, depois da obtenção dos resultados do teste, estes devem ser interpretados de maneira correta. Não é muito útil comparar valores de atleta a normas publicadas se o teste for realizado em condições muito diferentes das utilizadas para definir as normas. Outros fatores, como experiência de treinamento, podem influenciar o desempenho do teste, pois a familiaridade com o teste pode melhorar o desempenho. O período do ano de treinamento em que o teste é realizado também pode afetar muito os resultados do teste. Por exemplo, os resultados de um teste de agilidade feito com um grupo de atletas de basquetebol depois do fim da temporada ou da fase de manutenção do treinamento não seriam tão bons quanto os de um teste realizado depois do condicionamento pré-temporada.

É necessário entender o esporte ou a atividade de uma perspectiva fisiológica e mecânica para a seleção do teste apropriado; além disso, realizar os testes em um ambiente seguro e controlado levará a resultados mais claros. Posteriormente, as informações podem ser usadas para elaborar melhores programas de treinamento e de exercício.

RESUMO

- Testes de velocidade e de agilidade são usados em inúmeros ambientes, desde o laboratório de pesquisa de ciência do exercício à sala de aula de educação física ou de ciência do exercício, a academias de força e de condicionamento e clubes de condicionamento.

- Os testes de velocidade e de agilidade são simples de administrar, não exigem equipamentos caros e podem fornecer informações valiosas sobre os pontos fortes e os fracos dos clientes, ou o progresso com um programa de treinamento ou uma fase do programa.
- A seleção do teste deve se basear nas capacidades e nas limitações do cliente e nos objetivos do treinamento e/ou no esporte do cliente.
- Além disso, esses testes se prestam facilmente a modificações que possibilitam um alto grau de flexibilidade na administração e na aplicação das informações obtidas pelo teste.

11
Mobilidade

Sean P. Flanagan, Ph.D., ATC, CSCS

A mobilidade, ou a facilidade de movimento, é um requisito fundamental do movimento humano. É necessária uma quantidade mínima de mobilidade para realizar qualquer tarefa, seja ela uma atividade da vida cotidiana ou um esporte. A mobilidade é determinada pelo impulso composto existente em todas as articulações envolvidas no movimento, conhecido como cadeia cinemática.* Mobilidades grandes (hipermobilidade) ou pequenas demais (hipomobilidade) podem ter consequências negativas para o desempenho e aumentar o potencial de lesão. Por isso, uma avaliação abrangente do movimento articular deve fazer parte de todas as avaliações do treinamento pessoal de um cliente ou atleta.

---

* A maioria das pessoas entende que o corpo age como uma cadeia de segmentos rígidos ligados uns aos outros e que atuam em conjunto. Na engenharia, esse sistema é conhecido como cadeia cinemática, pois descreve os movimentos desses segmentos sem considerar as forças que os causam. Na ciência do exercício, o termo *cadeia cinética* costuma ser usado de maneira intercambiável com *cadeia cinemática*, muito embora o termo *cadeia cinética* não exista em engenharia. *Cinético* refere-se às forças que causam movimento. Embora haja utilidade no exame de como as forças são transferidas através de toda a cadeia, ao se discutir mobilidade, deve-se usar o termo mais correto, *cadeia cinemática*.

Este capítulo examina alguns dos conceitos fundamentais relativos à mobilidade, aos efeitos da hipermobilidade e da hipomobilidade no desempenho e ao potencial de lesão. Por fim, os métodos usados para medi-la e a forma como interpretar os resultados são examinados.

Antes de começar a discussão, precisamos distinguir entre mobilidade e flexibilidade, e abordar a controvérsia atual e os conceitos errôneos sobre o alongamento estático. Mobilidade é a quantidade de movimento disponível em uma articulação (ou série de articulações) e a facilidade com que esta(s) pode(m) se mover pela amplitude de movimento (ADM). Flexibilidade refere-se à extensibilidade das estruturas periarticulares (i. e., músculo, tendão e fáscia) e é apenas um dos fatores que podem limitar a ADM e impedir a mobilidade. Cada vez mais pesquisas (Haff et al., 2006) sugerem que o alongamento estático pode não melhorar o desempenho tampouco reduzir lesões. Vários estudos também mostraram que o alongamento estático pode, na verdade, diminuir a força máxima, a taxa de desenvolvimento de força e a potência (Stone et al., 2006) durante até uma hora depois do alongamento.

Embora os achados pareçam sugerir que não seja necessário melhorar a flexibilidade (ou a mobilidade), dois pontos importantes precisam ser tratados. Em primeiro lugar, os efeitos agudos do alongamento precisam ser separados de seus efeitos crônicos (Stone et al., 2006). Só porque há indícios de que os efeitos agudos do alongamento não oferecem nenhuma vantagem em termos de redução de lesão e podem ter efeitos prejudiciais ao desempenho, isso não significa que o alongamento estático não possa ter efeitos benéficos com o tempo. Em segundo lugar, é possível que a maioria das conclusões sobre os efeitos crônicos do alongamento na lesão e no desempenho baseie-se em premissas falsas (i. e., quanto mais, melhor). Se uma receita de bolo pede duas xícaras de açúcar, colocar apenas uma pode diminuir a qualidade do bolo, mas colocar quatro não vai tornar o bolo melhor.

Toda atividade exige uma quantidade determinada de mobilidade para o desempenho ideal. Se a pessoa que realiza essa atividade não tiver uma quantidade adequada de mobilidade, o resultado pode ser menor desempenho e maior potencial de lesão. Aparentemente, até os defensores mais veementes do treinamento de flexibilidade admitem esse ponto (Haff et al., 2006). Por isso, os profissionais de condicionamento devem compreender a mobilidade, determinar as demandas de mobilidades de um esporte ou tarefa e avaliar a mobilidade do atleta para garantir o desempenho adequado para esse esporte ou tarefa.

CONCEITOS FUNDAMENTAIS DE MOBILIDADE

O movimento articular individual tem duas partes: a osteocinemática e a artrocinemática (Levangie e Norkin, 2001). A rotação dos dois ossos em um plano em torno de um eixo comum é chamada de osteocinemática, ao passo que a artrocinemática refere-se ao movimento relativo (deslizamento, giro e rolamento) que ocorre entre superfícies articulares (ver Fig. 11.1). A osteocinemática é um dos principais componentes do movimento articular e é o foco deste capítulo.

A ADM é a quantidade de rotação disponível em uma articulação, ou uma medida da osteocinemática. Uma articulação tem ADM em todos os planos de movimento em que essa articulação pode rotacionar, conhecidos como graus de liberdade (GDLs). Se uma articulação tem rotação disponível no plano sagital, ela terá apenas um GDL; uma articulação que permite movimento triplanar tem três

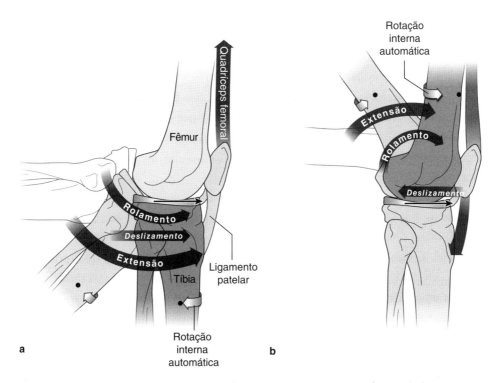

Figura 11.1 Movimento artrocinemático (rolamento e deslizamento) associado com o movimento cinemático de extensão do joelho quando a tíbia se move sobre o fêmur (a) e quando este se move sobre a tíbia (b).

Reproduzida de *Kinesiology of Musculoskeletal System: Foundations for Rehabilitation*, 2ª ed., D. A. Neumann, pg. 530, copyright 2010, com autorização da Elsevier.

GDLs. Em cada GDL, existe movimento em dois sentidos (p. ex., flexão e extensão no plano sagital). O GDL de toda a cadeia cinemática é a soma dos GDLs em cada articulação na cadeia.

O número de GDLs e a quantidade de ADM em cada GDL de cada articulação são determinados por diversos fatores, os quais incluem:

- forma das superfícies articulares;
- movimento artrocinemático;
- extensibilidade das estruturas periarticulares;
- número de articulações envolvidas no movimento.

A forma das superfícies articulares dita em grande parte o número de GDLs (Levangie e Norkin, 2001), e as estruturas cartilagíneas e ligamentares guiam o movimento nesse GDL. Por exemplo, as suturas do crânio são articulações quase sem movimento, ao passo que as sinoviais dos membros permitem uma quantidade relativamente grande de movimento. Além disso, as articulações sinoviais do tipo gínglimo e trocoideas (p. ex., cotovelo e antebraço, respectivamente) têm apenas um GDL, enquanto as enartroses do ombro e do quadril têm três. A maioria dos tipos de articulações sinoviais tem dois GDLs. Entender a forma articular é importante para saber quais movimentos testar e quais são considerados anormais, para que o examinador entenda o tipo de articulação testada. Os movimentos existentes nas articulações dos membros e da coluna são apresentados nas Tabelas 11.1 e 11.2, respectivamente.

Como mencionado, o movimento artrocinemático é o movimento pequeno e acessório que ocorre nas superfícies articulares, como deslizamento e giro (Levangie e Norkin, 2001). Ele influencia a quantidade de movimento osteocinemático disponível. Quando um osso roda em relação a outro (fixo), uma quantidade de movimento de deslizamento é necessária para manter a congruência entre as superfícies articulares; uma restrição na quantidade de deslizamento limitará a quantidade de rotação. Por exemplo, estender o punho exige que o carpal proximal deslize em direção da palma. Uma restrição do deslizamento na direção palmar limitará a quantidade de extensão do punho.

O movimento artrocinemático é determinado pelas próprias estruturas articulares, ou seja, pela forma das superfícies articulares, bem como das estruturas cartilagíneas e ligamentares. O movimento artrocinemático excessivo é chamado de frouxidão articular, ao passo que uma quantidade de movimento anormalmente baixa é uma restrição articular. A avaliação do movimento cinemático está além do escopo deste capítulo; pessoas com suspeitas de movimento artrocinemático anormal devem ser encaminhadas ao profissional de saúde apropriado para mais avaliações e tratamento, se necessário.

A extensibilidade das estruturas periarticulares (p. ex., músculo, tendão, fáscia) limita a quantidade de movimento em um GDL. Na ausência de patologia articular (uma suposição assumida no restante deste capítulo, a menos quando indicado), a ADM costuma ser considerada uma medida da extensibilidade dessas estruturas periarticulares. Essa extensibilidade é específica às articulações. É ponto pacífico que a flexibilidade não é uma característica geral de uma pessoa (Berryman Reese e Bandy, 2002), mas sim específica a cada articulação. Por isso, não existe um teste que possa determinar a flexibilidade de uma pessoa.

É importante entender que as articulações do corpo raramente agem de maneira isolada. Em vez disso, elas atuam como parte de uma cadeia cinemática. Quando a extremidade distal de um membro está livre para se mover (i. e., cadeia cinemática aberta), a extensibilidade do músculo afeta a ADM de todas as articulações que ele cruza no sentido oposto à sua classificação anatômica de ação.

Um músculo uniarticular cruza uma articulação e afeta a ADM dela (p. ex., o glúteo máximo cruza a articulação do quadril e afeta sua ADM de flexão). Os músculos multiarticulares cruzam duas ou mais articulações (sendo, respectivamente, biarticulares ou poliarticulares). Um músculo biarticular afeta as duas articulações que cruza (os posteriores da coxa cruzam o quadril e o joelho, afetando a ADM de flexão do quadril e de extensão do joelho). Os músculos poliarticulares (como a cabeça longa do bíceps braquial) afetam todas as articulações que cruzam. Quando a ação de um músculo cria rotações articulares em diversos planos, sua extensibilidade afeta a ADM de todas as rotações no sentido oposto ao de sua ação anatômica. Por exemplo, o glúteo máximo estende e gira externamente a articulação do quadril. Portanto, sua extensibilidade afeta a flexão e a rotação interna do quadril.

Quando a extremidade distal de um segmento está fixada ou constrangida para se mover de determinada forma (i. e., cadeia cinemática fechada), a extensibilidade do músculo afeta a ADM de todas as articulações no membro, quer ele as cruze quer não. Por exemplo, se o pé estiver plano e o tronco estiver na vertical (como em um agachamento unilateral na parede), o grau de flexão do joelho é determinado pelo grau de flexão do tornozelo e do quadril (Zatsiorsky, 1998). Uma limitação na ADM de quadril, joelho ou tornozelo pode afetar o grau de movi-

Guia para avaliações do condicionamento físico

Tabela 11.1 Características e posicionamentos do goniômetros das articulações dos membros.

Articulação	Plano de movimento	Movimento	Eixo de rotação	Braço parado	Braço em movimento	End-feel	Amplitude normal (°)
Interfalângica do hálux	Sagital	Flexão	Linha média da articulação IF	Linha média da falange proximal	Linha média da falange distal	Mole	90
		Extensão				Firme	0
Falange metatarsofalângica	Sagital	Flexão	Linha média da articulação MTF	Linha média do metatarsal	Linha média da falange proximal	Firme	20
		Extensão					80
	Transverso	Abdução	Linha média da articulação MTF	Linha média do metatarsal	Linha média da falange proximal	Firme	20
		Adução					0
Subtalar	Frontal	Inversão	Sobre o tendão do calcâneo na linha com o maléolo	Linha média do membro inferior	Linha média do calcâneo	Firme	35
		Eversão				Dura	20
Tornozelo	Sagital	Flexão plantar	Maléolo lateral	Linha média da fíbula	Paralelo à linha média do quinto metatarsal	Firme	50
		Flexão dorsal				Firme	20
Joelho	Sagital	Flexão	Epicôndilo lateral	Linha média do fêmur	Linha média da fíbula	Mole	145
		Extensão				Firme	0
	Transverso	Rotação interna	Calcâneo médio	Ao longo do eixo do segundo metatarsal no início	Ao longo do eixo do segundo metatarsal no fim	Firme	20
		Rotação externa				Firme	30
Quadril	Sagital	Flexão	Trocarte maior	Linha média do tronco	Linha média do fêmur	Mole	120
		Extensão				Firme	20
	Frontal	Abdução	EIAS ipsilateral	EIAS contralateral	Linha média do fêmur	Firme	45
		Adução				Firme	30
	Transverso	Rotação interna	Ponto médio da patela	Perpendicular ao chão	Linha média da tíbia	Firme	40
		Rotação externa				Firme	40

(continua)

Tabela 11.1 Características e posicionamentos do goniômetros das articulações dos membros. (Continuação)

Articulação	Plano de movimento	Movimento	Eixo de rotação	Braço parado	Braço em movimento	End-feel	Amplitude normal (°)
Ombro	Sagital	Flexão	Processo do acrômio	Linha média do tórax	Linha média do úmero	Firme	165
		Extensão				Firme	160
	Frontal	Abdução	Processo do acrômio	Paralelo ao esterno	Linha média do úmero	Firme	165
		Adução				Firme	0
	Transverso	Rotação interna	Processo do olécrano	Perpendicular ao chão	Borda ulnar do antebraço	Firme	70
		Rotação externa				Firme	90
		Abdução horizontal	Processo do olécrano	Perpendicular ao tronco	Eixo longo do úmero	Firme	45
		Adução horizontal				Mole	135
Cotovelo	Sagital	Flexão	Epicôndilo lateral	Linha média do úmero	Linha média do rádio	Mole	140
		Extensão				Dura	0
Antebraço	Transverso	Pronação	Cabeça do terceiro metacarpal	Perpendicular ao chão	Paralelo ao lápis segurado na mão	Firme	80
		Supinação				Firme	80
Punho	Sagital	Flexão	Triqueto	Linha média da ulna	Linha média do quinto metacarpal	Firme	80
		Extensão				Firme	70
	Frontal	Desvio radial	Capitato	Linha média do antebraço	Linha média do terceiro metacarpal	Dura	20
		Desvio ulnar				Firme	30
Metacarpofalângica	Sagital	Flexão	Linha média da articulação MCF	Linha média do metacarpal	Linha média da falange proximal	Dura	90
		Extensão				Firme	20
	Transverso	Abdução	Linha média da articulação MCF	Linha média do metacarpal	Linha média da falange proximal	Mole	25
		Adução				Firme	0
Interfalângica do dedo	Sagital	Flexão	Linha média da articulação IF	Linha média da falange proximal	Linha média da falange distal	Firme	100
		Extensão				Firme	10

Dados de Berryman Reese e Bandy, 2002; Kendall et al., 1993; Norkin e White, 1995; Shultz et al., 2005; Starkey e Ryan, 2002.

Tabela 11.2 Características e medições da coluna.

Articulação	Plano de movimento	Movimento	End-feet	Método do inclinômetro				Método da fita de medição		
				Ponto de referência superior	Ponto de referência inferior	Amplitude normal (°)	Ponto de referência superior	Ponto de referência inferior	Fita de medição (cm)
Coluna toracolombar	Sagital	Flexão	Firme	Processo espinhoso C7	Processo espinhoso S2	60	Processo espinhoso C7	Processo espinhoso S2	6-7
		Extensão	Dura	15 cm acima de S2	Processo espinhoso S2	30			
	Frontal	Inclinação lateral	Firme	15 cm acima de S2	Processo espinhoso S2	30			
	Transverso	Rotação	Firme	Processo espinhoso T12	Processo espinhoso T1	6			
Coluna cervical	Sagital	Flexão	Firme	Vértice do crânio[1]	Processo espinhoso T1	50	Queixo	Manúbrio do esterno	1-4
		Extensão	Dura			60	Queixo	Manúbrio do esterno	20
	Frontal	Inclinação lateral	Firme	Vértice do crânio[1]	Processo espinhoso T1	45	Processo mastoide	Processo acromial	15
	Transverso	Rotação	Firme	N/A[2]	Base da testa	80	Queixo	Processo acromial	10

[1] No meio do caminho entre o dorso do nariz e a base do occipício.
[2] Realizado em decúbito dorsal.

Dados de Berryman Reese e Bandy, 2002; Kendall et al., 1993; Norkin e White, 1995; Shultz et al., 2005; Starkey e Ryan, 2002.

mento nas outras duas articulações em razão dessa junção de rotações articulares. Da mesma forma, movimentos bilaterais (como no agachamento) envolvem dois membros que se movem paralelamente. Para manter a simetria bilateral, o movimento articular é somado não apenas entre as articulações do mesmo membro, mas também entre as articulações do membro oposto.

DESEMPENHO ESPORTIVO E MOBILIDADE

Relacionar o desempenho ou o potencial de lesão a qualquer variável é difícil, pois, por sua própria natureza, o movimento humano é multifatorial (envolve mobilidade, força, potência, resistência e controle neuromuscular). Além disso, o resultado (desempenho, lesão) envolve interações complexas entre o realizador, a tarefa e o ambiente. Embora o resultado ideal em uma tarefa exija um padrão de movimento específico realizado de maneira típica (Bobbert e Van Ingen Schenau, 1988), existe uma gama de desvios aceitáveis que o realizador deve ter mobilidade suficiente para ser capaz de explorar quando necessário. Com base em uma preponderância das evidências, parece razoável concluir que todas as tarefas exigem uma ADM ideal do realizador para manter a postura correta, gerar ou absorver energia pelos músculos e posicionar corretamente o efetor final (mão, pé) no espaço.

Em vez de ser limitada por um ângulo em particular, a mobilidade aceitável para determinada tarefa provavelmente abarca diversos graus em ambos os sentidos. Aumentar ou reduzir a mobilidade nessa amplitude não afeta o desempenho ou o potencial de lesão (Thacker et al., 2004). No entanto, a hipermobilidade e a hipomobilidade podem ter implicações negativas no desempenho e causar lesão musculoesquelética se não forem corrigidas. A hipermobilidade pode causar instabilidade em uma articulação se esse movimento não puder ser controlado (a estabilidade é discutida no Cap. 12). A hipomobilidade pode ter as consequências negativas discutidas na sequência.

Postura

Quando se mantém a postura ideal, as forças de reação intersegmental e as inerciais fluem através dos segmentos estruturalmente mais capazes de lidar com elas. Para que o alinhamento seja ideal, a tensão em todos os músculos que cruzam as articulações deve estar equilibrada. A maior tensão nos músculos de um lado de uma articulação e a frouxidão correspondente do lado oposto podem tirar os segmentos corporais do alinhamento e exigir que outras estruturas (como os ligamentos) sustentem uma parte maior das tensões. Verificou-se, por exemplo, que pessoas com maior curvatura da lombar (hiperlordose) têm mais tensão nos ligamentos da coluna lombar, a qual foi reduzida com exercícios de estabilidade postural que incluíram alongamento (Scannell e McGill, 2003).

Além disso, como a postura é a posição na qual todo movimento começa e termina, uma postura defeituosa pode predispor a pessoa a lesões resultantes da maior tensão nos tecidos que estiverem mal preparados para lidar com ela. Por exemplo, a pronação da subtalar e a rotação interna do quadril fazem parte dos movimentos normais de absorção de energia que ocorrem na queda. As pessoas que começam uma queda com mais pronação da subtalar e/ou mais rotação interna do quadril têm mais chances de terminar a queda com mais pronação da subtalar ou mais rotação interna do quadril (para realizar a mesma quantidade de movimento). Contudo, essa ADM excessiva pode gerar maior tensão no ligamento cruzado anterior e, consequentemente, rompê-lo (Sigward, Ota e Powers, 2008).

Geração e absorção de energia

A geração e a absorção de energia exigem que as articulações envolvidas produzam uma força por determinada ADM. Se o movimento necessário dessa articulação nesse plano for inadequado, o movimento pode ocorrer em uma articulação diferente ou na mesma articulação em um plano diferente para compensar essa deficiência. Se um músculo puder produzir força enquanto age de maneira concêntrica sobre uma ADM maior, ele pode gerar mais energia, melhorando o desempenho. Por exemplo, a ADM da rotação externa do ombro em lançadores de beisebol é o dobro da considerada normal (Werner et al., 2008). No entanto, essa quantidade de movimento é necessária em razão da alta correlação entre rotação externa do ombro e velocidade da bola no lançamento (Whiteley, 2007). Uma rotação externa maior significa geração de força em uma ADM de rotação interna maior, o que aumenta a quantidade de energia transferida para a bola.

Do mesmo modo, se um músculo pode produzir força enquanto atua de maneira excêntrica por uma ADM maior, ele pode absorver mais energia. Os músculos têm uma capacidade maior de absorção de energia do que todas as outras estruturas do corpo (p. ex., osso, cartilagem, ligamentos). Portanto, não é nenhuma surpresa que uma ADM menor de rotação interna do ombro em lançadores de beisebol os predispõe a rompimentos do lábio glenoide (Burkhart, Morgan e Kibler, 2003). Isso se deve ao fato de que a atuação excêntrica dos rotadores externos (redondo menor, infraespinal) para diminuir a velocidade do membro superior pode absorver menos energia depois que a bola é lançada.

Esses efeitos não são limitados às articulações que um músculo cruza. Como já explicado, a flexão do quadril, a do joelho e a do tornozelo ficam interligadas durante atividades com sustentação de peso (Zatsiorsky, 1998), de modo que uma limitação na ADM de qualquer uma dessas articulações pode causar redução da ADM das outras articulações da cadeia. Uma flexão plantar limitada do tornozelo pode reduzir a progressão para a frente da tíbia, limitando, assim, a quantidade de energia que pode ser absorvida pelos flexores. Na tentativa de absorver a energia mais acima na cadeia, pode ocorrer maior movimento no plano frontal (Sigward, Ota e Powers, 2008), fazendo com que o joelho caia em posição de valgo (ver Fig. 11.2). Infelizmente, essa posição aumenta a energia absorvida pelos ligamentos do joelho (Markolf et al., 1995). Do mesmo modo, o salto apropriado exige que seja transferida energia da coxa proximal para o pé distal (Bobbert e Van Ingen Schenau, 1988). Limitar a ADM no plano sagital reduziria a energia gerada pelos músculos dos membros inferiores e, por consequência, a altura do salto, e o "vazamento" de energia no plano frontal, além de aumentar o risco de lesão, não seria útil para aumentar a altura do salto.

Figura 11.2 Posição de queda em valgo.

Posição do efetor final

Atividades cotidianas e esportivas muitas vezes exigem que a mão ou o pé seja posicionada(o) em alguma parte no espaço. As restrições na mobilidade do quadril podem causar lesões na lombar. Uma flexão do quadril reduzida como resultado de tensão nos posteriores da coxa pode fazer com que a pessoa compense esse déficit com maior flexão da coluna em atividades como o levantamento de terra. Todavia, a flexão da coluna reduz a capacidade do eretor da espinha de produzir uma força posterior de cisalhamento a 60% (McGill, Hughson e Parks, 2000) e limita a capacidade da musculatura do quadril de puxar ou empurrar uma carga (Lett e McGill, 2006). Da mesma forma, uma ADM reduzida na articulação do ombro exige movimento compensatório na coluna toracolombar (Fayad et al., 2008) em tarefas de alcance, que podem vir a tirar a coluna da posição em que ela seria mais capaz de transferir forças.

TESTE DE MOBILIDADE

A mobilidade costuma ser avaliada determinando-se a ADM de cada GDL envolvido em um movimento. A ADM pode ser testada ativa ou passivamente, de maneira isolada ou integrada ao resto da cadeia cinemática, possibilitando quatro permutações. Cada permutação tem um valor único de ADM. Como a utilidade de um valor está na comparação dele com algo mais, os profissionais de condicionamento devem decidir previamente como querem avaliar a ADM, para que possam fazer comparações apropriadas.

A ADM costuma ser classificada como ativa (ADMA) ou passiva (ADMP). Em geral, pensa-se em ADMA quando a pessoa move sua própria articulação, ao passo que, durante a ADMP, um avaliador (como um *personal trainer*, um treinador de força ou um instrutor esportivo) move a articulação por ela. No entanto, essas definições não são inteiramente corretas. A definição mais precisa de ADMA está ligada a quando os músculos responsáveis por mover uma articulação realizam o movimento. Em contrapartida, a ADMP ocorre quando uma força que não seja desses músculos move a articulação. Por exemplo, a contração ativa dos posteriores da coxa para flexionar o joelho é um exemplo de ADMA. Se um avaliador flexiona o joelho ou se a própria pessoa flexiona seu joelho usando os braços, trata-se de uma ADMP. Embora o toque dos dedos dos pés a partir de uma posição em pé costume ser considerada uma ADMA, seria possível argumentar que se trata de uma ADMP, pois a força da gravidade está envolvida na flexão dos quadris e da coluna. Em geral, uma articulação tem mais ADMP do que ADMA, em razão da capacidade da força externa de aplicar pressão excessiva na ADM final (Shultz, Houglum e Perrin, 2005), mas isso nem sempre é verdade (Berryman Reese e Bandy, 2002).

A ADMA e a ADMP são usadas para avaliar o movimento de uma articulação. A ADMA fornece informações sobre o movimento disponível na articulação e a capacidade do músculo de produzir esse movimento. No entanto, como ela exige que os músculos gerem torque suficiente para produzir movimento, não é possível diferenciar entre limitações de ADM em razão de fraqueza ou dor no músculo, a ausência de flexibilidade ou de outra patologia articular. É por isso que a American Medical Association recomenda os testes da ADMA e da ADMP (Berryman Reese e Bandy, 2002) para aqueles com suspeita de deficiência física.

Com uma pessoa saudável e assintomática, costuma bastar o teste da ADMA ou da ADMP, e não ambas. Corkery et al. (2007) argumentaram que a ADMA elimina a parcialidade do examinador e padroniza as medições, pois se pede que a pessoa testada mova a articulação até a tolerância. Pode parecer razoável testar apenas a ADMA em pessoas saudáveis e assintomáticas, mas é isso uma questão de preferência pessoal do profissional de condicionamento. Seja como for, o examinador só precisa ser coerente em relação a qual será utilizada e fazer anotações de acordo com ela.

Depois de determinar se testará a ADMA ou a ADMP, o profissional de condicionamento precisa decidir se testará os músculos de maneira isolada ou como parte da cadeia cinemática e como será o teste. Na Tabela 11.4, é apresentada uma comparação de vários testes de mobilidade. O teste da mobilidade da cadeia cinemática pode ser feita com a simples observação da tarefa (p. ex., marcha, arremesso) ou com a administração de triagens de movimento multiarticular elaboradas para o fim específico de examinar a mobilidade da cadeia (Cook, 2001). Filmar a atividade com uma câmera digital de alta velocidade possibilita sua visualização em câmera lenta, a qual pode alertar o examinador para um movimento aberrante que pode ter passado a olho nu. Analisar as imagens digitais com um *software* disponível no mercado permite ao examinador quantificar o movimento em cada articulação com um alto grau de precisão, o que torna esse teste altamente confiável e válido (Kadaba et al., 1989).

As triagens de movimento, desenvolvidas por Cook (2001), incluem uma bateria de testes que avaliam a mobilidade da cadeia cinemática: agachamento com profundidade, *hurdle step*, *in-line lunge*, mobilidade do ombro, levantamento ativo da perna reta e estabilidade rotacional do tronco. Até o momento, não foram publicadas validade ou confiabilidade dessas triagens em jornais revistos por pares, mas seu uso pode ser promissor na prevenção de lesão (Kiesel, Plisky e Voight, 2007). É seguro afirmar que haverá mais pesquisas.

Testes isolados incluem testes de uma articulação e de comprimento muscular. No caso dos testes de uma articulação, todos os músculos que cruzam várias articulações são colocados em posições encurtadas em todas as articulações que cruzam, menos na que é testada. Por exemplo, ao se testar a flexão da articulação do quadril, o joelho também é flexionado para que os posteriores da coxa, que são multiarticulares, sejam encurtados através do joelho enquanto são alongados no quadril. Esse teste pode ser usado para avaliar a flexibilidade dos extensores de quadril, que são uniarticulares (Kendall, McCreary e Provance, 1993).

Os testes de comprimento muscular são usados para avaliar a flexibilidade dos músculos multiarticulares, alongando-os em todas as articulações que eles cruzam (Kendall et al., 1993). Por exemplo, para testar a flexibilidade dos posteriores da coxa, o quadril é flexionado e o joelho estendido, alongando-se o músculo nas duas articulações. Os músculos uniarticulares normalmente possuem flexibilidade suficiente para permitir que uma articulação se mova por toda a sua ADM, ao passo que os multiarticulares não, a menos que estejam encurtados nas outras articulações que cruzam (Kendall et al., 1993).

O cruzamento entre o teste isolado e integrado é o teste composto, em que o movimento é medido em duas ou mais articulações, mas em um padrão não funcional (Berryman Reese e Bandy, 2002). O exemplo mais conhecido de teste composto é o de sentar-se e alcançar, que mede o movimento composto de flexão lombar e do quadril. Outros testes compostos incluem o de levantamento do ombro, o de pontas dos dedos no chão e o teste de Apley (Berryman Reese e Bandy, 2002). O problema desses testes é que eles não revelam as contribuições que cada articulação dá para o movimento. No teste de sentar-se e alcançar, os extensores hipermóveis do quadril podem compensar os extensores hipomóveis do tronco e vice-versa. Isso limita a utilidade desses testes.

Uma avaliação total da mobilidade em uma população saudável e assintomática é um processo de dois passos (ver Fig. 11.3). O primeiro envolve a análise de movimento articular como parte de uma atividade de cadeia cinemática integrada, normalmente realizada de maneira ativa. Graças ao número de testes que precisariam ser realizados para testar todas as articulações do corpo, essas triagens podem economizar tempo alertando o examinador para a presença de um padrão de movimento anômalo que precise de mais atenção. Se for observado um padrão

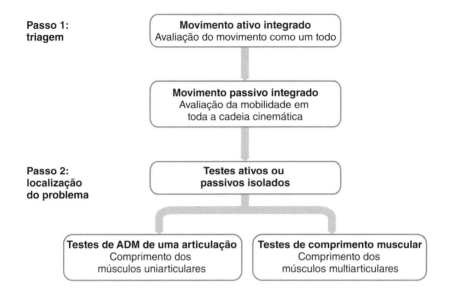

Figura 11.3 Avaliação de mobilidade. O processo começa com o exame do movimento como um todo, para ver se existe um problema, e continua com o exame do movimento em uma posição sem gravidade ou passivo, para determinar se é, de fato, um problema de mobilidade. Se for o caso, realiza-se o teste de articulação isolada para determinar que articulação(ões) é(são) o problema na cadeia cinemática.

anômalo, o examinador pode fazer com que a pessoa simule o padrão em uma posição sem gravidade ou movê-la passivamente. Isso elimina a necessidade de força, potência ou controle neuromuscular, permitindo ao examinador determinar se o problema é, de fato, de mobilidade.

Para determinar o local exato do problema (se existir), o passo seguinte envolve o exame isolado de cada articulação na cadeia cinemática. O teste isolado exige testes de uma única articulação e de comprimento muscular. Ela deve ser realizada em todas as articulações "problemáticas", que são suscetíveis a hipermobilidade ou a hipomobilidade, em razão do histórico pregresso ou das tarefas realizadas regularmente. Por exemplo, um corredor de obstáculos com histórico de luxação nos posteriores da coxa deve ter a flexibilidade desses músculos avaliada regularmente. Um lançador de beisebol, mesmo que sem lesão, deve ter a ADM de rotação interna da articulação do ombro avaliada regularmente como parte de um programa de prevenção de lesões.

TESTES DE AMPLITUDE DE MOVIMENTO

Existem muitos padrões de movimento funcional para que todos sejam incluídos em um capítulo desta proporção. Os profissionais de condicionamento precisam conhecer a biomecânica das atividades para as quais eles treinam seus clientes ou atletas, a fim de entenderem o que é normal ou anormal nessa atividade e fazerem a triagem de padrões de movimento anormais de acordo com isso. Embora as triagens de movimento (Cook, 2001) possam ser promissoras, não existem evidências científicas suficientes para fazer recomendações sobre seu uso até o momento. A condução de testes compostos para avaliar a flexibilidade não é recomendada. Por isso, o restante deste capítulo concentra-se nos testes de ADM isolada de flexibilidade muscular.

Ao medir a ADM, o examinador deve ter uma compreensão da qualidade, da quantidade e da *end-feel* do GDL. Cada um desses fatores oferece uma informação específica e deve ser considerado parte da avaliação total.

A qualidade da ADM é a sensação do movimento para o examinador e para a pessoa testada, portanto, deve ser avaliada de forma subjetiva. O movimento normal deve ser total e fluido. Um movimento irregular, hesitante, espasmódico ou doloroso é sinal de problema nesse movimento (Houglum, 2005).

A quantidade de ADM é simplesmente quanto movimento está disponível em uma articulação. Ela pode ser medida de maneira subjetiva ou objetiva. Contudo vários autores determinaram que as medidas objetivas são mais precisas e confiáveis do que as subjetivas (Brosseau et al., 2001; Croxford, Jones e Barker, 1998; Youdas, Bogard e Suman, 1993). Em um teste qualitativo, o avaliador examina a rotação e determina, de maneira subjetiva, se a ADM está dentro dos limites normais, hipermóvel ou hipomóvel. Em um teste quantitativo, ele mede o ângulo articular real na ADM final com um goniômetro, um inclinômetro ou uma fita métrica (descritos na seção a seguir). Nas Tabelas 11.1 e 11. 2, são apresentadas as amplitudes normais de movimento de cada articulação dos membros e da coluna, respectivamente.

A *end-feel* é o que limita a ADM. Ela é medida de forma subjetiva. *End-feels* normais podem ser moles, firmes ou duras (Norkin e White, 1995). Ocorre uma *end-feel* mole quando dois ventres musculares entram em contato (p. ex., quando os músculos do antebraço e do braço entram em contato e limitam o movimento extra na flexão do cotovelo). Ocorre uma *end-feel* firme quando a resistência de tecidos moles evita mais movimento, como quando os posteriores da coxa ou a cápsula articular impedem movimento extra na extensão do joelho. Ocorre uma *end-feel* dura quando dois ossos entram em contato, como durante a extensão do cotovelo, quando o processo do olécrano entra em contato com a fossa do olécrano. Nas Tabelas 11.1 e 11.2, são apresentadas as *end-feels* normais das articulações.

Anormalidades na qualidade ou na *end-feel* da ADM costumam ser graves e não entram na prática de um profissional de condicionamento. Se forem observados esses problemas, a pessoa deve ser encaminhada para o profissional de saúde apropriado. Alterar a quantidade de movimento faz parte do trabalho da maioria dos profissionais de condicionamento; por isso, é importante que eles saibam como realizar os testes e interpretar os resultados de maneira adequada. A Tabela 11.4 apresenta uma comparação de avaliações de mobilidade.

TESTES DE UMA ARTICULAÇÃO

A ADM de uma articulação pode ser medida de forma qualitativa inspecionando-se visualmente a articulação em questão quando ela chega a sua ADM final ou quantificando-a com o uso de instrumentos especializados, como goniômetros, inclinômetros e fitas métricas (ver Fig. 11.4). Em todo caso, a articulação testada é movida por toda a sua ADM enquanto todas as outras articulações são estabilizadas. O examinador deve garantir que todos os músculos multiarticulares sejam estabilizados em sua posição relaxada (ou encurtada). São registradas as duas ADMs de cada GDL.

Equipamento

Goniômetros, inclinômetros ou fitas métricas.

Procedimento

O goniômetro tem dois braços com um círculo marcado de 360° no centro. O braço com o círculo é o braço fixo, que deve ser posicionado ao longo de uma linha de referência no segmento mais pesado (proximal).

O eixo de rotação do goniômetro é posicionado de modo a coincidir com o eixo de rotação da articulação. O outro braço se move e deve ser posicionado ao longo de uma linha de referência no segmento mais leve (normalmente proximal).

Durante a ADMA ou a ADMP, move-se a articulação até o fim de sua ADM e mede-se o ângulo no goniômetro.

As localizações do braço proximal, do braço distal e do eixo de rotação nos membros são listadas na Tabela 11.1.

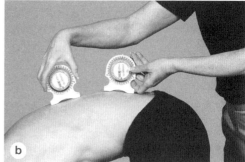

Figura 11.4 Aparatos de medição comuns: (a) goniômetros de vários tamanhos, (b) inclinômetro e (c) fita métrica.

Figura 11.4a reproduzida, com autorização, de P. A. Houglum, 2011, Therapeutic exercise for musculoskeletal injuries, 3ª ed. (Champaign, IL: Human Kinetics), 136, 137.
Figura 11.4b reproduzida, com autorização, de V. Heyward, 2010, Advanced fitness assessment and exercise prescription, 6ª ed. (Champaign, IL: Human Kinetics), 272.
Figura 11.4c reproduzida, com autorização, de P. A. Houglum, 2011, Therapeutic exercise for musculoskeletal injuries, 3ª ed. (Champaign, IL: Human Kinetics), 137.

Outras considerações

É difícil usar o goniômetro em algumas articulações, como a coluna. Nesses casos, pode-se usar uma fita métrica ou um inclinômetro. Assim, mede-se a distância absoluta (fita métrica) ou o ângulo do segmento (inclinômetro), em vez do ângulo articular relativo, entre o segmento que se move e um ponto de referência fixo. A fita métrica é usada para determinar a distância entre duas vértebras e, embora seja adequada para todos os movimentos na coluna cervical, costuma ser usada para medir apenas a flexão da coluna na toracolombar. O inclinômetro usa a diferença entre a posição inicial e a final de um segmento em relação à gravidade, como um nível de carpinteiro (Berryman Reese e Bandy, 2002). A ADM é determinada subtraindo-se a leitura no ponto de referência inferior da leitura no ponto de referência superior. A coluna toracolombar e a coluna cervical costumam ser medidas como segmentos distintos cujos valores representativos são apresentados na Tabela 11.2.

TESTES DE COMPRIMENTO MUSCULAR

Os testes de comprimento muscular são usados para medir a flexibilidade de músculos multiarticulares.

Procedimento

Embora os procedimentos dos testes de comprimento muscular sejam os mesmos dos testes de uma articulação, o posicionamento das articulações é diferente. Nos testes de uma articulação, cada músculo multiarticular é estabilizado em sua posição relaxada (ou encurtada) e alongado apenas na articulação que está sendo medida. Nos testes de comprimento muscular, o processo se repete com o músculo em sua posição alongada tanto em sua articulação proximal como em sua articulação distal. No caso dos músculos poliarticulares, o músculo fica em sua posição alongada em todas as articulações que ele cruza. Na Tabela 11.3, é apresentado o posicionamento das articulações nos testes de uma articulação e nos testes de comprimento muscular.

Normas

Kendall, McCreary e Provance (1993) sugeriram que a norma para os testes de comprimento muscular é que o comprimento seja de cerca de 80% da amplitude total de movimento das duas articulações. A seguir, apresenta-se um exemplo do comprimento dos músculos posteriores da coxa. A articulação do quadril tem uma ADM aproximada de 135° (10° de extensão a 125° de flexão), e a articulação do joelho tem uma ADM aproximada de 140° (0° de extensão a 140° de flexão). A ADM combinada das duas articulações é a soma de 135 com 140, ou seja, 275°. Com o quadril flexionado a 80°, a ADM do joelho deve permanecer em 140° (ou 80% de 275°). Se o quadril for flexionado a 90°, a ADM do joelho deve ser de 130° (de 10° a 130° de flexão).

Atualmente não existem dados normativos ou de confiabilidade dos testes de comprimento muscular dos membros superiores. Esses testes podem ser mais adequados para profissionais de saúde; os leitores interessados devem consultar outras obras (Berryman Reese e Bandy, 2002; Kendall, McCreary e Provance, 1993).

INTERPRETAÇÃO DE RESULTADOS

Depois de conduzida a medição da ADM, é preciso interpretar os resultados. A interpretação normalmente envolve a comparação dos valores obtidos com os dados

Tabela 11.3 Posicionamento dos testes de uma articulação e de comprimento muscular dos membros inferiores.

Movimento articular	Teste de uma articulação		Teste de comprimento muscular			
	Posição ou movimento da articulação proximal	Posição ou movimento da articulação distal	Posição ou movimento da articulação proximal	Posição ou movimento da articulação distal	Músculo testado	ADM da articulação distal (°)
Flexão dorsal do tornozelo	Joelho flexionado	Flexão dorsal	Joelho estendido	Flexão dorsal	Gastrocnêmio	4
Flexão do joelho	Quadril flexionado	Joelho flexionado	Quadril estendido	Joelho flexionado	Reto femoral	53
Extensão do joelho	Quadril estendido	Joelho estendido	Quadril flexionado	Joelho estendido	Posteriores da coxa	28
Flexão do quadril	Quadril flexionado	Joelho flexionado	Ver teste do reto femoral acima			
Extensão do quadril	Quadril estendido	Joelho estendido	Ver teste dos posteriores da coxa acima			

Dados de Berryman Reese e Bandy, 2002; Kendall et al., 1993; Corkery et al., 2007.

normativos ou com os valores mínimos necessários para realizar uma atividade. Os valores também podem ser comparados bilateralmente ou ao longo do tempo.

Os valores obtidos durante o teste podem ser comparados aos dados normativos, como os apresentados nas Tabelas 11.1 a 11.3. No entanto, essas comparações devem ser feitas com cuidado, pois não existe um padrão universal de ADM. Por exemplo, embora 90° de rotação externa do ombro sejam considerados normais, lançadores de beisebol podem dispor (e precisar) do dobro dessa amplitude (Werner et al., 2008).

Os valores também podem ser comparados aos que costumam ser considerados necessários para determinada tarefa. Por exemplo, a amplitude normal de flexão dorsal é de 20°, porém são necessários 10° para a marcha de caminhada e 15° para a marcha de corrida normal, apesar de uma pesquisa (Weir e Chockalingam, 2007) haver demonstrado que as demandas reais da marcha de caminhada variam muito, de 12 a 22°. É preciso compreender a biomecânica e a variabilidade das diversas tarefas para entender suas demandas de ADM.

Comparações bilaterais (i. e., comparação entre os lados direito e esquerdo) da mesma pessoa são outra forma de interpretar os resultados. Não existe um consenso absoluto sobre o grau de diferença entre os dois considerado aceitável. No entanto, alguns autores sugerem que eles devem variar de 10% (Burkhart, Morgan e Kibler, 2003) a 15% (Knapik et al., 1991) entre si. Esse parece um padrão razoável para a maioria das pessoas.

Por fim, os valores de uma articulação podem ser comparados com os valores da mesma articulação medidos previamente. Comparar o mesmo teste na mesma pessoa ao longo do tempo é uma excelente forma de quantificar as mudanças causadas pelo exercício, pelo envelhecimento ou por lesões. Em razão dos efeitos da temperatura (Robertson, Ward e Jung, 2005) e da atividade (Wenos e Konin, 2004) na flexibilidade, os examinadores precisam tomar providências para que as condições pré-teste sejam parecidas, a fim de que as comparações sejam válidas. Quando as condições pré-teste são padronizadas, essas comparações são uma das melhores formas de determinar a eficácia de um programa de intervenção.

A mobilidade deve ser avaliada para identificar os déficits de ADM; é provável que atletas sem déficits vejam poucas vantagens no aumento de sua mobilidade (Haff et al., 2006). Uma ADM reduzida deve ser considerada um déficit nas seguintes condições:

- A ADM reduzida altera a mecânica de um movimento (seja ele específico ao esporte ou fundamental).
- A ADM articular não está dentro dos limites normais do esporte do atleta. Pode ser vantajoso para os atletas com ADM abaixo do aceitável levar sua ADM para dentro dos limites, mesmo que, aparentemente, ela não afete sua mecânica.
- A ADM reduzida resulta de uma lesão e não é restaurada aos níveis pré-lesão.
- A ADM reduzida cria assimetria bilateral. Com exceção de casos raros, a ADM deve ser comparável bilateralmente (as diferenças entre um lado e outro devem ser de no máximo 10%).

Os déficits são corrigidos com exercícios de alongamento que aumentem a ADM de uma articulação. Os músculos biarticulares precisam ser alongados nas duas extremidades. Podem ser usadas técnicas como alongamento estático e facilitação neuromuscular proprioceptiva (FNP). Os alongamentos devem ser mantidos por cerca de 30 s, com 10 s de repouso entre eles. Devem-se realizar 4 a 5 repetições, e o alongamento deve ser feito 2 ou 3 vezes ao dia.

Os atletas sem déficits devem ser testados apenas periodicamente (talvez uma vez por ano). Os atletas com déficits identificados devem ser testados com mais regularidade. Depois que o déficit tiver sido corrigido, devem-se realizar testes ocasionais para garantir que a mobilidade se mantenha em níveis adequados.

COMPARAÇÃO ENTRE MÉTODOS DE MEDIÇÃO DE MOBILIDADE

A Tabela 11.4 resume e compara os testes discutidos neste capítulo.

Tabela 11.4 Comparações entre avaliações de mobilidade.

Tipo de teste	Validade	Confiabilidade	Equipamento	Tempo	Principais vantagens	Principais desvantagens
Análise biomecânica 3-D	Alta	Alta	Sistema de análise de movimento 3-D	Alto	Coleta confiável e precisa de dados 3-D enquanto o atleta realiza a atividade	Custo; treinamento do avaliador; tempo de processamento; não prescritivo
Triagem de movimento	Desconhecida	Desconhecida	Camcorder; cavilha; 2 6; ou nada	Moderadamente baixo	O atleta realiza atividades do mundo real; são avaliadas várias articulações ao mesmo tempo	Validade e confiabilidade indeterminadas; ausência de normas; potencial de não haver triagem universal para todos os atletas; não prescritivo
Testes compostos	Baixa	Moderada a alta	Caixa de teste de sentar-se e alcançar	Moderadamente baixo	Fácil de realizar e baixo custo	Não distingue que articulação limita a ADM
ADM e comprimento muscular	Alta	Moderada a alta	Goniômetro; fita de medição; ou nada	Moderadamente alto	Barato; equipamento e treinamento mínimos	A mobilidade não é avaliada durante a atividade; leva tempo para avaliar cada articulação individual

Aplicações profissionais

O primeiro passo para avaliar a mobilidade de um atleta é conduzir uma análise de necessidades do esporte do atleta, determinando-se as articulações envolvidas e a amplitude e as direções dos movimentos necessários para esse esporte. Essas informações relativas a muitos esportes populares estão disponíveis em livros e em periódicos de biomecânica. Por exemplo, lançadores de beisebol precisam de cerca de 170° de rotação externa, ao passo que *quarterbacks* de futebol americano precisam de aproximadamente 160° de rotação externa para um arremesso (Fleisig et al., 1996). A corrida exige 20° de extensão do quadril, 70° de flexão do quadril, 110° de flexão do joelho, 30° de flexão dorsal e 20° de flexão plantar (Novacheck, 1998), mas as posições do quadril e do joelho imediatamente antes do contato deixam o bíceps femoral em 100% de seu comprimento em repouso (Thelen et al., 2006). É preciso encontrar dados semelhantes referentes a outros esportes de interesse.

O passo seguinte é determinar se o atleta realiza os movimentos do esporte corretamente. Se possível, isso deve ser realizado observando-se o atleta realizar o esporte. O padrão ouro é uma análise biomecânica tridimensional, que é cara e gasta tempo (isso a torna pouco prática em muitas situações). A observação a olho nu é o método menos preferido, visto que as pessoas não são capazes de detectar pequenas mudanças, só podem ver o desempenho uma única vez e são prejudicadas pela velocidade de movimento, o que gera pouca confiabilidade e validade (Knudson e Morrison, 1997). Uma alternativa pode ser gravar o movimento com um camcorder de alta velocidade e assistir à gravação diversas vezes a velocidades lentas. O objetivo é comparar as amplitudes de movimento que o atleta usa com os dados normativos ou algum desempenho exemplar para determinar se é muito pouco (ou excessivo) o movimento que ocorre nas várias articulações.

Mesmo o processo de observar desempenhos gravados pode gastar tempo demais para muitos atletas. A triagem de um padrão de movimento mais fundamental (como agachamento ou *lunge*) pode fornecer algumas informações, mas a transferência desses movimentos para tarefas de nível mais elevado (como corrida e drible) não foi comprovada. Tipos diferentes de atividades esportivas podem exigir padrões de movimento fundamentais distintos. Por exemplo, um lançador de beisebol pode não precisar das mesmas qualidades de movimento de um lutador.

A avaliação inicial fornece uma análise da qualidade do movimento. Ela alerta o profissional de condicionamento sobre um problema, porém não revela a causa desse problema. Uma triagem de movimento não deve ser prescritiva, em razão dos muitos fatores que podem estar envolvidos. Um bom passo seguinte seria identificar a causa do problema avaliando-se cada causa possível individualmente. Esse processo começa pela mobilidade de cada articulação na cadeia.

Considere um caso em que um atleta exibe queda em valgo ao saltar de uma caixa (ver Fig. 11.2). Esse padrão de movimento é considerado imperfeito; ele pode resultar de falta de mobilidade, força, potência, resistência ou controle neuromuscular de alguma das articulações do membro inferior. O atleta realiza um agachamento em uma posição sem gravidade (como em um Total Gym ou uma máquina de *sled*), que revela sinais de queda em valgo. Isso sugere a necessidade de uma avaliação da mobilidade das articulações na cadeia, procurando-se especificamente algum dos seguintes fatores:

restrição da rotação externa do quadril (Sigward, Ota e Powers, 2008; Wilson, Ireland e Davis, 2006), limitação da flexão plantar do tornozelo (Sigward, Ota e Powers, 2008) ou restrição da supinação e da articulação subtalar (Loudon, Jenkis e Loudon, 1996). A determinação do problema só pode ser obtida depois do exame individual da mobilidade de cada articulação com o uso dos testes de ADM descritos neste capítulo e a comparação dos resultados com as normas da Tabela 11.1. Se a ADM parecer se encontrar dentro dos limites normais, o problema estará em alguma outra articulação ou em outra qualidade motora (força, potência, resistência, controle neuromuscular), o que exigirá outros testes.

Áreas possível ou previamente problemáticas também devem ser examinadas na condução do teste de ADM. Lesões no ombro são sempre um problema potencial para lançadores, e um déficit na rotação interna da articulação do ombro pode ser um fator contribuinte. Todo atleta deve ser examinado em busca de déficit na rotação interna usando-se medidas absolutas (ADM <25°) ou relativas (diferenças bilaterais >25°) (Burkhart, Morgan e Kibler, 2003). Uma lesão prévia altera as propriedades dos posteriores da coxa, sujeitando-os a maiores tensões e tornando-os suscetíveis a lesões futuras (Silder, Reeder e Thelen, 2010). Atletas com lesões prévias conhecidas nos posteriores da coxa devem ser avaliados com um teste de comprimento muscular dos posteriores da coxa, cujos resultados devem ser comparados com os dados normativos (Tab. 11.1) e com os posteriores da coxa não afetada.

O teste de mobilidade deve ter o objetivo de identificar déficits. Um déficit deve ser considerado como uma redução na ADM que altera a mecânica do movimento (seja uma habilidade específica do esporte ou um padrão de movimento fundamental), não se encaixa nos limites normais exigidos para o esporte ou atividade específicos, cria uma assimetria bilateral, ou todos os anteriores. Portanto, deve-se haver uma intervenção para esses déficits usando-se técnicas de alongamento, como alongamento estático ou PNF (facilitação neuromuscular proprioceptiva). Cada alongamento deve ser mantido por cerca de 30 s e repetido quatro ou cinco vezes com 10 s de repouso entre eles. Exercícios de alongamento podem ser realizados duas ou três vezes ao dia, mas, dadas as reduções no desempenho neuromuscular (Stone et al., 2006), não devem ser realizados antes de atividades com demandas de alta força ou potência. É provável que atletas sem deficiências de ADM identificadas vejam pouca ou nenhuma vantagem em um programa de alongamento e devem focar seus esforços nas outras habilidades motoras discutidas neste livro.

RESUMO

- A mobilidade é um componente fundamental do movimento humano efetivo e eficiente.
- Uma avaliação completa da mobilidade exige o exame da quantidade, da qualidade e da *end-feel* de todas as articulações da cadeia cinemática de um padrão de movimento anômalo, bem como das áreas suscetíveis a lesão da pessoa ou da atividade.
- Os valores obtidos em um teste de mobilidade devem ser comparados com as normas definidas, os valores da mesma articulação do lado oposto do corpo, os valores da mesma articulação medidos previamente, ou todos eles.
- Embora o movimento humano seja complexo e multifatorial, a mobilidade abaixo do ideal em determinada tarefa pode prejudicar o desempenho e aumentar o potencial de lesão.

12
Equilíbrio e estabilidade

Sean P. Flanagan, Ph.D., ATC, CSCS

Ao pensar sobre equilíbrio, muitas imagens vêm à mente; um surfista, um ginasta, um patinador artístico são alguns dos exemplos mais óbvios de atletas que precisam de equilíbrio. No entanto, quase todos os atletas e, sem dúvida, todos os atletas que ficam em pé, precisam de equilíbrio.

Muitas pessoas igualam equilíbrio a estabilidade, o que não é correto. A estabilidade é a capacidade de voltar a uma posição ou um movimento desejado após um transtorno. Sempre que os atletas entram em contato com oponentes, objetos ou mesmo variações inesperadas no terreno, eles se expõem a transtornos. Por isso, a estabilidade é um conceito importante no esporte.

O exame de qualquer qualidade ou atributo motor exige que, primeiro, ele seja definido de forma clara e que, em seguida, seja elaborado um teste que elimine todas as outras variáveis, menos a que é testada. Medir uma qualidade tão fundamental quanto a força ou o $\dot{V}O_{2máx}$ é, por um lado, (relativamente) simples. Por outro, muitas qualidades motoras fundamentalmente diferentes podem ter sido examinadas quando se diz que uma pessoa tem bom equilíbrio ou é estável. Pela própria natureza, essas qualidades envolvem múltiplas articulações e diversos sistemas (esquelético, muscular e nervoso), o que torna a avaliação um problema difícil. O objetivo deste capítulo é apresentar um contexto teórico sobre os conceitos de equilíbrio e estabilidade, discutir seus efeitos no desempenho e na lesão, categorizar os diversos tipos de teste e descrever em detalhes três testes de campo.

O objetivo do treinamento é melhorar as capacidades que aperfeiçoam o desempenho (como mobilidade, força, potência, resistência ou controle neuromuscular). Para tanto, é preciso antes identificá-las com uma bateria abrangente de testes. Os outros capítulos tratam de qualidades fundamentais como mobilidade e força. O desempenho não é simplesmente a soma de todas essas qualidades; é também uma função a respeito de como elas interagem para criar movimentos planejados ou reativos. Os testes de equilíbrio e estabilidade é uma forma de avaliar essas interações durante eventos reativos.

MECÂNICA CORPORAL

Muitas pessoas têm conceitos errados sobre equilíbrio e estabilidade. Somado a essa confusão está o fato de que alguns termos com sentidos mecânicos muito distintos são usados de maneira intercambiável no vocabulário popular. A seguir, apresenta-se uma visão geral de alguns dos princípios biomecânicos e da teoria do controle para definir uma terminologia comum e uma estrutura para as medidas de equilíbrio e afins que serão usadas ao longo deste capítulo.

Centro de gravidade

Para simplificar a descrição de qualquer corpo rígido (p. ex., coxa, antebraço), parte-se do princípio de que toda a sua massa se concentra em um ponto imaginário conhecido como centro de massa. A massa do corpo se distribui igualmente em torno desse ponto em todas as direções. Na direção (vertical) da gravidade, esse ponto é conhecido como centro de gravidade (CG). Em qualquer corpo rígido, a localização do centro de massa e, portanto, do CG, é fixa.

Em um corpo multissegmentado, como o corpo humano, o CG é a soma ponderada do CG de cada segmento. Ao contrário do corpo rígido, a localização do CG em um corpo multissegmentado muda de acordo com a configuração dos segmentos. Em um homem adulto em pé na posição anatômica, o CG se localiza anteriormente à segunda vértebra sacral (Whiting e Rugg, 2006), mas levantar o braço direito acima da cabeça eleva o CG para a direita. Para complicar ainda mais a questão, a localização do CG pode ser fora do corpo em algumas configurações. Determinar a localização do CG no espaço em qualquer momento específico não é uma tarefa fácil, porém tudo indica que, na maioria dos casos, o sistema nervoso central realiza essa tarefa sem dificuldade.

Força de reação do solo

Dois corpos em contato um com o outro produzem forças de reação iguais e opostas. Se você não estiver se movendo, seu peso produzirá uma força contra o solo, que, por sua vez, produzirá uma força igual e oposta contra você (a força de reação do solo ou FRS). Essas forças se distribuem pelas áreas de contato.

Centro de pressão e base de sustentação

Outro princípio simplificador na análise do movimento é que todas as forças se concentram em um único ponto, conhecido como centro de pressão (CP). O CP não é um ponto estático, mas, por ser uma representação da FRS, deve ficar dentro da área delimitada por todas as áreas de contato. Essa área é conhecida como base de sustentação (BS). Por exemplo, se apenas um pé estiver em contato com o solo, a BS estará na área de contato do pé. Se os dois pés estiverem em contato com o solo, a BS incluirá as áreas de contato de ambos os pés mais a área entre eles (Whiting e Rugg, 2006). Separar os pés (de modo anteroposterior, lateral ou ambos) ou acrescentar outro ponto de contato aumenta o tamanho da BS. Se o peso corporal e a FRS tiverem magnitudes iguais e o CP estiver localizado diretamente abaixo do CG, não há força ou momento relativo atuando no corpo. O corpo permanece parado e está em equilíbrio estático.

Por ser um sistema biológico, o corpo humano não permanece perfeitamente imóvel por muito tempo, se é que o faz. Na verdade, a localização do CG no espaço desvia-se sem parar de uma localização central, e o corpo se corrige automaticamente em função dele, realocando o CP para aproximar o CG do ponto central. Ainda que em fluxo constante, a localização do CG (e, portanto, do CP) fica nesse ponto central quando se permanece parado, e ele é integrado ao longo do tempo.

Equilíbrio

Equilíbrio é a capacidade de manter o CG sobre a BS sem dar um passo. Dar um passo cria uma perda de equilíbrio (Horak e Nashner, 1986). O interessante é que acelerar o centro de massa (CM) durante a marcha envolve uma projeção do CG para fora da BS; é por isso que a caminhada e a corrida também são denominadas quedas controladas.

O movimento do CG (e, portanto, do CP) dentro da BS é chamado de *balanço*. São usadas duas medidas para quantificar o balanço (ver Fig. 12.1). A primeira é o ângulo entre a linha que passa verticalmente pelo centro da BS e a linha que passa do CG ao centro da BS (Nashner, 1997b). A segunda é o percurso do CP de sua localização central (Lafond et al., 2004), normalmente medido com uma placa de força. Embora ambos meçam basicamente a mesma coisa, o percurso do CP é mais preciso por causa das dificuldades de apontamento da localização do CG em um corpo multissegmentado em movimento.

Constância

Constância refere-se à quantidade de balanço que ocorre ao se manter uma postura estática. São usadas várias medidas para quantificar a constância, incluindo-se o erro quadrático médio (RMS, do inglês *root mean square*) do CP, da variação do CP, da posição média do CP, da média da mediana da frequência de potência (MFP), da área de balanço, da velocidade média do CP e do comprimento do trajeto do CP (Lafond et al., 2004). Em geral, quanto mais a pessoa se move, maior distância ela percorre ou, quanto mais rápido ela move seu CP mantendo uma postura estática, menos constante ela está (ver Fig. 12.1).

Em uma situação de movimento lento, se o CG se move além da BS, o CP não consegue criar um contramovimento, e a pessoa sente a necessidade de dar um passo (i. e., perde o equilíbrio). Se o CG permanece dentro dos limites da BS, a atividade muscular pode mover o CP e retornar o CG para a localização mais central. No entanto, isso exige certa quantidade de força e tempo de reação suficientes. O mais distante que uma pessoa consegue mover o CG e o CP mantendo o pé parado é o limite de balanço, também usado para quantificar o equilíbrio (ver Fig. 12.1).

Em uma posição estática, o limite de balanço sempre estará dentro dos confins da BS (Nashner, 1997b). Isso não é necessariamente verdade no caso de um corpo em movimento. Se o centro de massa estiver se movendo com velocidade suficiente, o momento pode exigir que a pessoa dê um passo, mesmo que o CG esteja centrado sobre a BS, ou o momento pode retornar o CG a uma posição central ainda que ele fique fora da BS (Pai et al., 2000).

Estabilidade

Os termos *constância*, a capacidade de manter uma postura estática específica (Mackey e Robinovitch, 2005) e *equilíbrio*, a capacidade de manter o CG sobre a

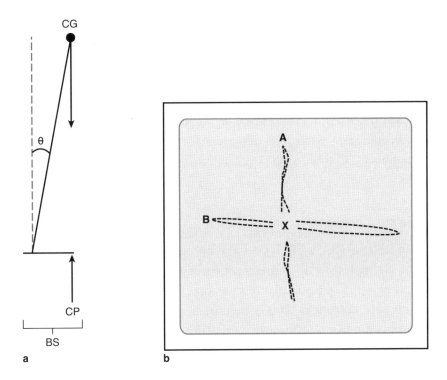

Figura 12.1 Centro de pressão e equilíbrio. A relação entre o centro de gravidade (CG), o centro de pressão (CP), a base de sustentação (BS) e o ângulo de balanço (q) é representada do lado esquerdo(a). Observe que o CP não pode ficar fora da BS. Quando o CP não está diretamente abaixo do CG, passa a haver um movimento no tornozelo, e o corpo balança. O lado direito(a) mostra a BS (área branca), o limite de balanço (área cinza), a localização do CP (marcada com um X) e os trajetos anteroposterior (A) e medial-lateral (B) do CP. Observe que o limite de balanço não pode exceder a BS e que os trajetos do CP não excedem esse limite.

base de sustentação, costumam ser usados de maneira intercambiável com o termo *estabilidade*. Entretanto, isso nem sempre é correto. A estabilidade é a capacidade de manter a posição desejada (estabilidade estática) ou o movimento (estabilidade dinâmica) apesar de transtornos cinemáticos (movimento), cinéticos (força) ou de controle (Reeves, Narendra e Cholewicki, 2007). A constância é a capacidade de "permanecer parado", enquanto a estabilidade é a capacidade de retornar a um movimento ou a uma posição após um transtorno. Essa diferença é sutil, mas importante. O equilíbrio pode ser usado em ambos os casos: a capacidade de manter o CG sobre a BS na ausência de transtornos (constância) ou na presença delas (estabilidade estática). Como essas qualidades são fundamentalmente distintas, é importante especificar qual delas está sendo testada.

Implícito na definição de *equilíbrio* está a ideia de que os pés permanecem parados. Como mencionado, andar e correr envolvem a projeção do centro de massa para fora da BS. Se os pés estiverem em movimento, o centro de massa segue determinada trajetória, e a capacidade de manter essa trajetória deve ser denominada *estabilidade dinâmica*. Seria uma designação errônea usar o termo *equilíbrio dinâmico*, pois manter o CG sobre a BS pode, na verdade, prejudicar a capacidade de realizar a tarefa.

Teoria do controle

Controlar o CG, a FRS e o CP é necessário para completar qualquer tarefa. Mesmo o simples ato de permanecer parado em pé envolve a interação de vários sistemas complexos (muscular, esquelético e nervoso) com o ambiente. Reeves, Narendra e Cholewicki (2007) sugeriram que a compreensão dessas interações aumentaria muito pela aplicação da teoria de controle de uma perspectiva de engenharia de sistemas, cujo esquema é apresentado na Figura 12.2.

Para começar, o sistema precisa de alguma referência, que é o *output* desejado. Se o objetivo da tarefa for o equilíbrio estático (i. e., permanecer parado), a referência é a postura desejada. Se o objetivo envolver movimento, a referência é a trajetória do efetor final (mão, pé ou centro de massa do corpo). O controlador (i. e., o sistema nervoso central) fornece *inputs* (i. e., ativações musculares)

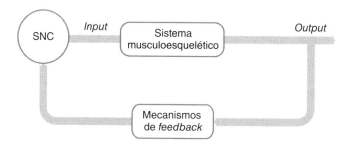

Figura 12.2 Esquema da teoria do controle. O sistema nervoso central envia *inputs* ao sistema musculoesquelético, produzindo um *output* desejado (posição ou trajetória). O *feedback*, por meio de propriedades intrínsecas do sistema musculoesquelético e dos proprioceptores, é usado para comparar o *output* com a referência. Outros *inputs* para o sistema musculoesquelético pelo SNC baseiam-se nesse *feedback*.

para a planta (i. e., o sistema musculoesquelético), que produz determinado *output*. O controlador mede o *output* em comparação com a referência pelo *feedback* (as propriedades intrínsecas do sistema musculoesquelético e a propriocepção). A propriocepção, ou *feedback* sensorial, é fornecida pela integração dos receptores visuais, vestibulares, musculares e tendíneos (fusos e órgãos tendíneos de Golgi); dos mecanorreceptores e dos receptores cutâneos. O sistema nervoso usa esse *feedback* para produzir uma nova série de *inputs* para o sistema musculoesquelético.

Se o sistema conseguir manter uma posição ou trajetória de referência, ou voltar a uma posição ou trajetória de referência após um transtorno, diz-se que o sistema está estável. A partir dessa definição de estabilidade, deve estar claro que a estabilidade é uma qualidade binária: o sistema está ou não está estável. Não existem graus variáveis de estabilidade (Reeves, Narendra e Cholewicki, 2007). Se um sistema estiver instável, ficará bastante óbvio. O que talvez seja mais interessante é o desempenho e a robustez do sistema. O desempenho refere-se à rapidez com que o sistema consegue voltar à posição ou trajetória desejada após um transtorno, ao passo que a robustez refere-se à proporção do transtorno que o sistema consegue suportar.

A Figura 12.2 mostra três possíveis fontes de "erro" no sistema, lugares que podem gerar desempenho fraco ou falta de robustez. Primeiro, o sistema nervoso central (SNC) pode fornecer *inputs* com defeito para o sistema musculoesquelético. Segundo, os *inputs* necessários para a realização da tarefa podem estar além da capacidade do sistema musculoesquelético. Em outras palavras, o corpo pode não ter a mobilidade, a força, a potência ou a resistência necessárias para atingir o resultado. Terceiro, propriocepções defeituosas e/ou propriedades intrínsecas alteradas do sistema musculoesquelético podem fornecer informações incorretas ou atrasadas ao SNC. É difícil apontar qual dessas áreas é responsável pelo erro.

Testes de mobilidade, força, potência e resistência são descritos em detalhes em outros capítulos deste livro e devem ser incluídos em todas as avaliações. Como as deficiências nessas áreas impedem o equilíbrio e a estabilidade, elas devem ser identificadas e corrigidas. Testes de propriocepção exigem treinamento e equipamento especializados e se limitam a testes de reposição e de detecção de movimento. Os testes de reposição exigem que a pessoa testada volte a uma posição de referência sem a ajuda da visão, ao passo que os de detecção de movimento determinam a velocidade a que a pessoa testada consegue detectar mudanças passivas na posição.

Sabe-se que ocorrem déficits proprioceptivos com lesão e que eles podem ser melhorados no processo de reabilitação, mas não existem evidências a favor da capacidade de melhorar a propriocepção em pessoas saudáveis e assintomáticas (Ashton-Miller et al., 2001). Na maioria dos casos, os profissionais de condicionamento não praticam nem precisam de testes proprioceptivos. Por processo de eliminação, deve-se supor que qualquer redução no desempenho que não se deva à planta (sistema musculoesquelético) ou ao *feedback* (propriocepção) seja culpa do controlador (sistema nervoso central, SNC).

O treinamento de equilíbrio pode melhorar o desempenho do sistema musculoesquelético, da propriocepção e do SNC, ainda que em graus variados. Melhoras na planta ocorrem apenas em pessoas mais descondicionadas. Por exemplo, o treinamento de equilíbrio oferece cargas excêntricas à musculatura, mas em níveis relativamente baixos. Ele só causa melhoras na força se estiver acima do estímulo mínimo de sobrecarga. É improvável que a propriocepção seja um fator em pessoas saudáveis e assintomáticas, mas pode ser um fator em alguém que esteja se reabilitando de alguma lesão. Portanto, é mais provável que melhoras no equilíbrio de atletas se devam a mudanças no SNC.

Essa discussão inclui outra camada de complexidade. Como o corpo humano é multissegmentado, cada articulação afeta a localização do CG. Além disso, o movimento de qualquer articulação afeta todas as outras na cadeia (Zajac e Gordon, 1989). No entanto, há indícios de que determinadas articulações representam um papel mais importante no controle postural do que outras. No plano sagital, pequenos transtornos na direção anteroposterior costumam ser corrigidos pelo tornozelo, ao passo que os transtornos maiores habitualmente são corrigidos pelo quadril (Horak e Nashner, 1986). Correções ainda maiores podem exigir o uso dos membros superiores (Hof, 2007) ou um passo (Horak e Nashner, 1986). No plano frontal, a localização do CG é controlada pelos invertores e evertores da articulação subtalar, pelos abdutores e adutores do quadril e pelos flexores do tronco (MacKinnon e Winter, 1993). Isso significa que o SNC deve fornecer *outputs* para várias articulações e integrar o *feedback* de todas elas simultaneamente.

Assim como os testes de equilíbrio não medem um sistema isolado (*input, output, feedback*), eles também não podem ser usados para medir uma articulação isolada. Se um atleta tem equilíbrio fraco, pode ser necessário o teste isolado de cada articulação na cadeia para se determinar a localização exata do déficit e se fornecerem os exercícios corretivos apropriados.

Tendo-se em mente essas informações básicas, é possível descrever e classificar vários testes de acordo com as qualidades que eles medem.

TESTES DE EQUILÍBRIO E ESTABILIDADE

O equilíbrio e a estabilidade são qualidades binárias: ou as pessoas têm equilíbrio (ou estabilidade) em determinada situação ou não têm. Ou elas mantêm seu CG sobre sua BS ou não; não existe um índice de equilíbrio. Ou as pessoas são estáveis ou não o são; ou elas retornam ao movimento ou posição desejado(a) ou não. Não existe índice de estabilidade (Reeves, Narendra e Cholewicki, 2007). Na verdade, ao conduzir testes de equilíbrio, estamos medindo a robustez ou o desempenho do sistema (pessoa). A robustez reflete a tolerância a mudanças nos parâmetros (Reeves, Narendra e Cholewicki, 2007). Os testes que medem o comprimento do trajeto ou a constância em diversas condições estão medindo, portanto, a robustez. Os testes que medem a velocidade e a precisão com que a pessoa consegue retornar a uma referência após um transtorno medem o desempenho. Portanto o que é chamado de teste de equilíbrio pode estar medindo uma das seis qualidades a seguir:

- constância;
- limite de balanço;
- desempenho durante um teste estático;
- robustez durante um teste estático;
- desempenho durante um teste dinâmico;
- robustez durante um teste dinâmico.

Infelizmente, o que dificulta a interpretação da literatura é que todas as medidas costumam ser chamadas de equilíbrio. Em razão da grande variedade de formas como as pessoas usam os termos *equilíbrio* e *estabilidade*, é importante entender o que os autores querem dizer com eles. As seções a seguir classificam os testes com base nos resultados medidos. Quando possível, são incluídas medidas de confiabilidade. Como não existem padrões ouro, não se dispõe de dados de validade. A utilidade dos testes está em sua capacidade de permitir que o examinador discrimine desempenhos ou potenciais de lesão.

Testes de constância postural

Em um teste de constância postural, a pessoa testada assume uma posição específica e o examinador mede a quantidade de balanço de maneira subjetiva (visual) ou objetiva (com a ajuda de equipamentos sofisticados). Os testes de constância postural podem ser realizados em uma grande variedade de condições de bases de sustentação (os dois pés paralelos, um pé atrás do outro, um pé só), superfície (firme, mole) ou propriocetividade (de olhos abertos, fechados, prejudicada), que medem a robustez do sistema. A seguir, são apresentados alguns testes comuns de constância postural:

- *Teste de Romberg.* Esse teste tem muitas variações e é bastante usado em testes de sobriedade em campo. Em uma de suas versões, pede-se que a pessoa testada feche os olhos, incline a cabeça para trás, abduza ambos os braços a 90° e levante um pé do chão (Starkey e Ryan, 2002). A constância é avaliada subjetivamente pelo examinador. Não se conhecem dados publicados sobre os valores normativos, de validade ou de confiabilidade desse teste.
- *Sistema de pontuação de erros de equilíbrio (SPEE).* Nesse teste, a pessoa testada tem três posições de pé (as duas pernas paralelas, uma perna atrás da outra, uma única perna) e duas condições de superfície (firme, mole). Ao longo do teste, as mãos ficam nos quadris e os olhos, fechados. Cada posição é mantida por 20 s. São somados pontos toda vez em que a pessoa sai da posição. Como no golfe, quanto menor a pontuação, melhor. O teste tem alta confiabilidade (CCI = 0,78 a 0,96) (Riemann, Guskiewicz e Shields, 1999).
- *Testes em plataforma instável.* Foram desenvolvidos vários tipos de teste em que a pessoa fica em pé sobre uma plataforma instável, como uma plataforma oscilante ou de equilíbrio; a capacidade de se equilibrar em uma posição central na plataforma é quantificada de acordo com o tempo em que as bordas da plataforma se mantêm em contato com o chão (Behm et al., 2005) ou com o número de vezes em que as bordas entram em contato com o chão. Relatou-se que a confiabilidade desses testes é alta (r = 0,80 a 0,89; Behm et al., 2005).
- *Testes computadorizados.* A constância pode ser medida usando-se uma placa de força integrada a um computador. Esses sistemas podem variar entre uma placa de força acoplada ao chão, um sistema construído especificamente para avaliar a constância ou um sistema que pode ser mais bem descrito como plataforma de equilíbrio computadorizada. O NeuroCom Balance Master System inclui uma plataforma fixa com interface a um computador. Várias medidas de constância podem ser determinadas rapidamente utilizando-se esse sistema (Blackburn et al., 2000). Um exemplo da plataforma de equilíbrio computadorizada é o Sistema de equilíbrio Biotex (Biodex Stability System). A quantidade de movimento permitida pela plataforma pode ser aumentada para dificultar o equilíbrio. Um algoritmo de computador determina, na sequência, os desvios-padrão na posição (nível) horizontal (Arnold e Schmitz, 1998). A confiabilidade dessas medidas é de baixa a moderada (r = 0,42 a 0,82) (Schmitz e Arnold, 1998).

Testes de alcance

Os testes de alcance examinam a distância a que uma pessoa pode estender o CG sobre a BS, com o objetivo de quantificar os limites de balanço. Esses testes medem a robustez do sistema. A seguir, são apresentados alguns testes comuns de alcance:

- *Teste de alcance funcional.* Como o nome indica, um teste de alcance funcional mede a distância a que a pessoa testada consegue estender o braço mantendo uma BS em pé (Duncan et al., 1990). Ela ergue um dos braços ao longo de uma régua nivelada fixada na parede à altura do processo acrômio. Ela fecha o punho, e registra-se a localização do terceiro metacarpal na régua. Na sequência, a pessoa testada se inclina para a frente o máximo possível sem dar nenhum passo, e registra-se a posição do terceiro metacarpal mais uma vez. O alcance funcional é a distância entre as duas posições. Embora a confiabilidade desse teste seja excelente (CCI = 0,92; Duncan et al., 1990), sua utilidade na população jovem e saudável parece limitada.
- *Teste de equilíbrio de percurso em estrela (TEPE).* O TEPE é análogo ao teste de alcance funcional, mas o alcance é feito com uma perna mantendo-se a sustentação somente com a outra perna. Além disso, em vez de se estender apenas para a frente, a pessoa testada estende-se em oito sentidos: anterior, posterior, medial, lateral, anterolateral, anteromedial, posterolateral e posteromedial (Hertel, Miller e Denegar, 2000). Esse teste tem excelente confiabilidade intratestador e intertestador (CCI = 0,67 a 0,96 e 0,81 a 0,93, respectivamente), desde que tanto os examinadores quanto as pessoas testadas o tenham realizado adequadamente (Hertel, Miller e Denegar, 2000; Kinzey e Armstrong, 1998). De forma semelhante aos testes de estabilidade postural, os testes que medem a resposta a transtornos de diversas magnitudes ou sentidos medem a robustez, ao passo que aqueles que medem o tempo para voltar ao movimento de referência medem o desempenho. O equipamento e o treinamento extensos necessários para conduzir esses testes limitam sua aplicabilidade em um ambiente de campo.

Testes de estabilidade postural

Com um teste de estabilidade postural, a pessoa testada assume uma posição, um transtorno é aplicado e a reação a esse transtorno é medida. O transtorno pode ser automotivado (como quando se cai de um salto), fornecido por uma força mecânica externa ao corpo (Duncan et al., 1990) ou envolver *feedback* sensorial alterado (Nashner, 1997a). Testes que medem a reação a transtornos de várias magnitudes e de vários sentidos medem a robustez, ao passo que os que medem o tempo para voltar à postura de referência medem o desempenho.

- *Testes de queda.* Em testes de queda, a pessoa testada salta ou pula de uma altura predeterminada. Com o teste modificado de Bass, as pessoas testadas pulam de uma marca para outra ao longo de um percurso em zigue-zague (Johnson e Nelson, 1986). Em cada marca, a pessoa testada deve permanecer em pé no local da queda por 5 s. Assim como no SPEE, são somados pontos durante a queda (não conseguir parar, tocar o chão com algo que não seja a planta do pé de apoio e não conseguir percorrer a marca completamente) ou por não se manter a posição por 5 s (tocar o chão com algo que não seja a planta do pé de apoio ou mover o pé de apoio). Quando se ajustam as distâncias entre as marcas à altura da pessoa testada e à realização do teste usando-se apenas uma perna, a confiabilidade é moderada (CCI = 0,70 a 0,74; Riemann, Caggiano e Lephart, 1999) a alta (CCI = 0,87; Eechaute, Vaes e Duquet, 2009). São usados vários protocolos para avaliar a estabilidade postural de uma pessoa que cai em uma placa de força. Eles incluem alturas, distâncias e direções variadas. São medidos a quantidade total de balanço (medido pelo trajeto do CP) e/ou o tempo necessário para que a FRS volte ao peso corporal (Ross e Guskiewicz, 2003).
- *Testes de transtorno mecânico.* Os testes de transtorno mecânico costumam se apresentar em duas formas: ou a pessoa é girada e liberada (Mackey e Robinovitch, 2005) ou uma plataforma se move e balança sob os pés da pessoa testada (Pai et al., 2000; Broglio et al., 2009). Esta última também é denominada teste de controle motor (Nashner, 1997a). São medidos a magnitude da reação em relação ao transtorno e o tempo para voltar à posição de referência. O equipamento e o treinamento extensos necessários para esses testes limitam sua aplicabilidade em um teste em campo.
- *Testes de transtorno sensorial.* Os transtornos sensoriais podem ser tão simples quanto a remoção de *input* visual pedindo-se às pessoas testadas que fechem os olhos ou a alteração do *feedback* proprioceptivo. Um teste muito encontrado na literatura é chamado teste de organização sensorial. Ele envolve o balanço da superfície de sustentação e/ou do ambiente visual da pessoa testada (Nashner, 1997a). O equipamento e o treinamento extensos necessários para esses testes limitam sua aplicabilidade em um teste em campo.

Teste de estabilidade dinâmica

Nos testes de estabilidade dinâmica, a pessoa testada realiza um movimento específico, em geral caminhada. Aplica-se um transtorno mecânico, e a reação a esse transtorno é medida (Mackey e Robinovitch, 2005; Shimada et al., 2003). Assim como os testes de estabilidade postural, os que medem a reação a transtornos de várias magnitudes ou direções medem a robustez, enquanto os que medem o tempo para voltar à posição de referência medem o desempenho. O equipamento e o treinamento extensos necessários para esses testes limitam sua aplicabilidade em um teste em campo.

Testes compostos

Os testes compostos envolvem o exame simultâneo de múltiplas capacidades, das quais o equilíbrio ou a estabilidade são um componente importante. Os testes de distância de salto com uma perna só, em suas várias formas, são exemplos de testes compostos. A posturografia dinâmica computadorizada não é um teste composto em si, mas combina um teste de controle motor e um de organização sensorial. Ao examinar as informações fornecidas por cada teste, os examinadores podem determinar as contribuições dos componentes biomecânicos, sensoriais e de coordenação motora do equilíbrio (Nashner, 1997a).

As correlações entre testes de equilíbrio e de estabilidade são fracas; pesquisadores relataram correlações baixas ou insignificantes entre pontuações de testes de constância, estabilidade estática, estabilidade dinâmica e testes compostos (Blackburn et al., 2000; Broglio et al., 2009; Hamilton et al., 2008; Mackey e Robinovitch, 2005; Shimada et al., 2003). Isso sugere que cada teste mede uma qualidade diferente, podendo, portanto, ser preciso administrar múltiplos testes de equilíbrio.

DESEMPENHO ESPORTIVO, EQUILÍBRIO E ESTABILIDADE

Em razão do caráter multifatorial do equilíbrio, é difícil estabelecer uma relação clara entre ele e o desempenho ou o potencial de lesão (Tab. 12.1). Medidas de equilíbrio baixas podem resultar de uma falha no processamento central, déficits do sistema musculoesquelético, *feedback* proprioceptivo incorreto ou atrasado, ou uma interação entre esses fatores. Além disso, testes, medições e estruturas de estudo diferentes podem confundir a determinação da relação entre equilíbrio e desempenho.

Tabela 12.1 Comparação entre avaliações de equilíbrio e de estabilidade.

Tipo de teste	Exemplos	Confiabilidade	Equipamento	Principais vantagens	Principais desvantagens
Constância	Teste de Romberg	Desconhecida	Nenhum	Fácil de realizar	Não discrimina populações esportivas
	Teste de sistema de pontuação de erro de equilíbrio	Alta	Pad Airex	Fácil de realizar	Aplicabilidade a atividades esportivas
	Testes de plataforma instável	Desconhecida	Plataforma	Transtornos maiores	Sem testes ou normas padronizados
	Testes computadorizados	Alta	Placa de força; computador	Leitura precisa do transtorno e da reação	Custo, equipamento e tempo
Alcance	Teste de alcance funcional	Alta	Régua	Fácil de realizar	Não discrimina populações esportivas
	Teste de equilíbrio de percurso em estrela	Alta	Fita esportiva para marcar os sentidos	Desempenho do teste ligado a lesões	Desempenho do teste ligado ao desempenho esportivo
Estabilidade postural	Teste de Bass modificado	Moderada	Fita esportiva para marcar o percurso	Desempenho do teste ligado a lesões	Desempenho do teste ligado ao desempenho esportivo
	Teste de transtorno mecânico	Alta	Placa de força; plataforma móvel	Leitura precisa do transtorno e da reação	Custo, equipamento e tempo
	Testes de transtorno sensorial	Alta	Equipamento de alteração sensorial	Leitura precisa do transtorno e da reação	Custo, equipamento e tempo

Considerar as questões a seguir pode ajudar a esclarecer os efeitos da constância, do equilíbrio e da estabilidade no desempenho e no potencial de lesão:

- Qual a relação entre desempenho ou robustez de equilíbrio e desempenho esportivo ou lesão?
- O treinamento de equilíbrio gera melhor desempenho esportivo e menos lesões?

Pouquíssimos estudos examinaram a relação entre desempenho ou robustez de equilíbrio e desempenho esportivo. Usando um teste de plataforma instável, Behm et al. (2005) encontraram uma correlação positiva entre velocidade de patinação e constância em jogadores de hóquei com menos de 19 anos ($r^2 = 0{,}42$), mas não naqueles com mais de 19 anos ($r^2 = 0{,}08$). Não ocorreu nenhuma correlação significativa entre constância postural e precisão de lançamento, mas houve uma pequena correlação positiva entre o balanço em postura unilateral com os olhos fechados e a velocidade de lançamento ($r^2 = 0{,}27$) (Marsh et al., 2004). Por fim, a constância em uma perna só não teve relação com a produção de força unilateral em agachamentos unilaterais (McCurdy e Langford, 2006).

Alguns outros estudos examinaram o efeito do treinamento de equilíbrio no desempenho esportivo. Um relatou melhoras nas medidas de constância e nos limites de balanço após quatro semanas de treinamento de equilíbrio (Yaggie e Campbell, 2006). Embora essas mudanças tenham se convertido em melhoras na capacidade de *shuttle run*, elas não geraram melhoras no salto vertical (Yaggie e Campbell, 2006). Do mesmo modo, dez semanas de treinamento de equilíbrio melhoraram o desempenho no teste T, assim como os tempos de corrida de velocidade de 10 e 40 jardas, mas não melhoraram o desempenho no salto vertical (Cressey et al., 2007). Além disso, tais melhoras foram menores do que as obtidas em um treinamento de força (Cressey et al., 2007).

Com a escassez de informações sobre o desempenho e a robustez de equilíbrio, bem como sobre o desempenho esportivo, fica difícil tirar qualquer conclusão definitiva. Poderia parecer lógico concluir que o equilíbrio é específico à tarefa e que atividades com maiores demandas de equilíbrio exigem maior capacidade de equilíbrio. Todavia, a constância postural (medida pelo sistema de pontuação de erros de equilíbrio, ou SPEE) e os limites de balanço postural (medidos pelo teste de equilíbrio em percurso em estrela, ou TEPE) não foram diferentes entre jogadores de futebol e ginastas (Bressel et al., 2007), o que colocou essa hipótese em dúvida.

O equilíbrio exige propriocepção, processamento do SNC e força excêntrica adequados. Tudo indica que os níveis de força necessários para manter o equilíbrio são baixos. A capacidade proprioceptiva não parece ter relação com o desempenho (Drouin et al., 2003), e estudos não demonstraram que ela possa ser melhorada em adultos saudáveis (Ashton-Miller et al., 2001). O processo de eliminação pode levar à conclusão de que, se o equilíbrio afeta o desempenho em adultos saudáveis, é provável que ele faça o mesmo no nível do SNC. Entretanto essa hipótese precisa de mais pesquisas.

Ao contrário do desempenho esportivo, foram conduzidas mais pesquisas que examinaram o efeito do desempenho ou da robustez de equilíbrio na lesão, embora a maior parte desses estudos se concentre nos membros inferiores. Pessoas com baixo desempenho ou menos robustez de equilíbrio são mais propensas a lesões? Pessoas com lesões têm menos desempenho ou robustez de equilíbrio? Qual é o efeito do treinamento de equilíbrio na frequência de lesões?

Estudos prospectivos em que foram feitas medições de equilíbrio na pré-temporada que foram relacionadas a lesões ao longo da temporada são as evidências de padrão ouro. Em um estudo prospectivo de 235 jogadoras de basquetebol do ensino médio norte-americano, Plisky et al. (2006) verificaram que meninas com uma distância de alcance composta de menos de 94,0% de seu comprimento de membro no TEPE tinham 6,5 mais chances de sofrer lesão em um membro inferior. Do mesmo modo, medidas de constância previram lesões no tornozelo em jogadores de futebol australiano (Hrysomallis, McLaughlin e Goodman, 2007), embora essas mesmas medidas não tenham previsto lesões de joelho. Mesmo rompimentos de membrana no ombro foram associados a medidas baixas de constância pré-temporada da perna não dominante de lançadores (Burkhart, Morgan e Kibler, 2000), porém esses achados são equivocados (Evans, Hertel e Sebastianelli, 2004).

Além disso, vários estudos mostraram que pessoas que sofreram lesões no joelho (Herrington et al., 2009) ou no tornozelo (Docherty et al., 2006; Evans, Hertel e Sebastianelli, 2004; Hertel e Olmsted-Kramer, 2007; Olmsted et al., 2002; Ross et al., 2009; Ross e Guskiewicz, 2004) têm menor desempenho e robustez de equilíbrio do que controles saudáveis e que as medidas de desempenho podem ser mais discriminadoras do que as de robustez (Ross et al., 2009). Apesar de ser difícil determinar se medidas de equilíbrio baixas são uma causa ou uma consequência da lesão, está claro que o desempenho e a robustez de equilíbrio são prejudicados após uma lesão no membro inferior. Além disso, as medidas são melhoradas com a reabilitação (Lee e Lin, 2008; McKeon et al., 2008). Esses resultados não são surpreendentes, visto que, ao contrário de controles saudáveis, pessoas com lesão têm força e propriocepção reduzidas e programação central alterada.

Diversos estudos examinaram o efeito do treinamento de equilíbrio na frequência de lesões. Em uma revisão sistemática de ensaios controlados randomizados, Aaltonen et al. (2007) relataram que a evidência da capacidade do treinamento de equilíbrio de, por si só, evitar lesões era incerta. Isso não é nenhuma surpresa se considerarmos os vários protocolos e medidas de equilíbrio utilizados nas pesquisas. No entanto, quando o treinamento de equilíbrio era apenas um componente de um programa de intervenção, fortes evidências sugeriram que as lesões foram reduzidas. Em conjunto, esses resultados sugerem que o equilíbrio deve ser um componente de um programa abrangente de teste.

MEDIÇÃO DE EQUILÍBRIO E ESTABILIDADE

Os profissionais de condicionamento devem primeiro definir o objetivo do teste, escolher uma categoria que atinja o objetivo e selecionar um teste com base no nível de precisão necessário e nos recursos disponíveis. Três testes – o sistema de pontuação de erros de equilíbrio (SPEE), o teste de equilíbrio de percurso em estrela (TEPE) e o teste de Bass modificado – foram escolhidos para serem discutidos aqui em detalhes, porque representam categorias diferentes (constância postural, alcance e estabilidade postural) e exigem mínimo equipamento especializado. Além disso, o SPEE e o TEPE têm excelente confiabilidade e um bom conjunto de literatura de apoio. Os leitores interessados devem consultar a literatura original citada na seção de referências bibliográficas para conferir os procedimentos detalhados para a condução de outros testes. A Tabela 12.1 compara as avaliações de equilíbrio e de estabilidade.

SISTEMA DE PONTUAÇÃO DE ERROS DE EQUILÍBRIO (SPEE)

Equipamento

Uma superfície de espuma. Trata-se de um pedaço de espuma de densidade média (com 45 cm^2 × 13 cm de espessura, 60 kg/m^3 de densidade, 80 a 90 de deformação por carga).

Procedimento

As seis posições do teste de sistema de pontuação de equilíbrio são representadas na Figura 12.3. Três posturas (sustentação nas duas pernas, sustentação em uma perna e com um pé atrás do outro) são mantidas durante 20 s em duas superfícies (piso firme e pedaço de espuma) por seis permutações (Riemann, Guskiewicz e Shields, 1999). Na postura com um pé atrás do outro, o pé dominante fica na frente do não dominante. Na de uma perna só, a pessoa se equilibra sobre o pé não dominante. Durante o teste, os olhos são fechados, e as mãos, mantidas nos quadris (cristas ilíacas).

Pede-se às pessoas testadas que se mantenham o mais constantes possível e, se perderem o equilíbrio, elas devem tentar recuperar a posição inicial o mais rápido possível. As pessoas testadas recebem um ponto a cada um dos seguintes erros: tirar as mãos das cristas ilíacas; abrir os olhos; dar um passo, tropeçar ou cair; permanecer fora da posição de teste por 5 s; mover o quadril a mais de 30° de flexão ou abdução ou erguer o antepé ou o calcanhar (Riemann, Guskiewicz e Shields,

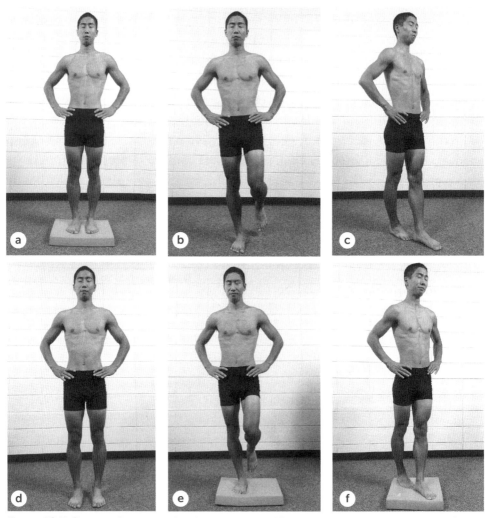

Figura 12.3 Sistema de pontuação de erros de equilíbrio. Acima, condições de superfície firme. Abaixo, condições de superfície mole. À esquerda, postura paralela. No centro, postura unilateral. À direita, postura com um pé atrás do outro.

1999). Uma tentativa é considerada incompleta se a pessoa não conseguir manter a posição sem erro por pelo menos 5 s. O número máximo de erros por condição é 10. Uma condição incompleta recebe o número máximo de pontos (10). Os números de erros em todas as seis condições são somados em uma única pontuação.

TESTE DE EQUILÍBRIO DE PERCURSO EM ESTRELA (TEPE)

Equipamento

Fita esportiva ou adesiva.

Procedimento

O TEPE requer que o chão seja marcado com um padrão em estrela em oito sentidos, a 45° um do outro: anterior, posterior, medial, lateral, posterolateral, posteromedial, anterolateral e anteromedial (ver Fig. 12.4). Um pé é colocado no centro do desenho de estrela. A pessoa testada é instruída a se estender o máximo possível, de maneira sequencial (no sentido horário ou anti-horário) em todos os oito sentidos.

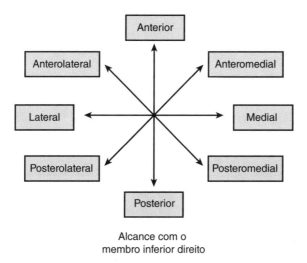

Alcance com o
membro inferior direito

Figura 12.4 Sentidos do teste de equilíbrio de percurso em estrela (TEPE) com o membro inferior esquerdo de sustentação e o direito de alcance. Observe que os sentidos seriam espelhados com o membro inferior direito de sustentação e o esquerdo de alcance.
Reproduzida, com autorização, de M. P. Reiman, 2009, *Functional testing in performance* (Champaign, IL: Human Kinetics), 109.

Os sentidos não são chamados pelos mesmos nomes na literatura. Por exemplo, o sentido de equilibrar-se no membro inferior esquerdo e estender-se para a direita com o membro inferior direito alguns autores chamam de medial (Gribble e Hertel, 2003; Hertel et al., 2006), enquanto outros o chamam de lateral (Bressel et al., 2007). Este teste adota a convenção de que, quando se está se equilibrando sobre o membro inferior esquerdo, estender-se para a direita com esse membro será no sentido medial, ao passo que estender-se para a esquerda (e para trás da perna de apoio) será no sentido lateral (ver Fig. 12.4).

A pessoa testada dá uma batidinha no chão e, em seguida, retorna o membro inferior para o centro da estrela. Mede-se a distância do centro da estrela ao ponto da batidinha. A tentativa é anulada e precisa ser repetida se a pessoa cometer um dos seguintes erros: fazer um toque violento, pousar o pé no chão, perder o equilíbrio ou não conseguir voltar à posição inicial sob controle (Gribble, 2003). O sentido inicial e o membro inferior de sustentação são escolhidos ao acaso. São realizadas três tentativas, e faz-se a média delas.

Por causa da grande correlação entre o TEPE e o comprimento do membro inferior ($0,02 \leq r^2 \leq 0,23$) na maioria dos sentidos, os valores de percurso devem ser normalizados para o comprimento do membro inferior, sendo medidos da EIAS ao maléolo medial (Gribble e Hertel, 2003). Além disso, Hertel et al. (2006) sugeriram que o teste nos oito sentidos é redundante e que testar apenas no sentido posteromedial é suficiente na maioria das situações. Para reduzir o efeito do aprendizado, Kinzey e Armstrong (1998) sugeriram que as pessoas testadas façam pelo menos seis tentativas de prática antes do teste, embora outros autores tenham sugerido reduzir o número de tentativas de prática para quatro (Robinson e Gribble, 2008).

TESTE DE BASS MODIFICADO

Equipamento

Fita esportiva ou adesiva.

Procedimento

Este teste de saltos múltiplos exige a disposição de quadrados de 2,5 cm feitos com fita métrica em um percurso, como mostrado na Figura 12.5 (Riemann, Caggiano e Lephart, 1999). Pede-se à pessoa testada que salte de um quadrado para outro na sequência numerada usando apenas um membro inferior. As mãos

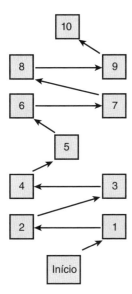

Figura 12.5 Percurso de um teste modificado de Bass.
Reproduzida, com autorização, de M. P. Reiman, 2009, *Functional testing in performance* (Champaign, IL: Human Kinetics), 115.

devem permanecer nos quadris. Ao cair, a pessoa deve ficar voltada para a frente, sem mover o membro inferior de sustentação, durante 5 s, antes de pular para o quadrado seguinte.

Existem dois tipos de erro: erro de queda e erro de equilíbrio. Ocorre um erro de queda se o pé da pessoa testada não ficar dentro da fita, se o pé não estiver voltado para a frente, se a pessoa testada tropeçar na queda ou se ela tirar as mãos dos quadris. Ocorre um erro de equilíbrio se a pessoa testada tirar as mãos dos quadris ou se o membro inferior não testado tocar o chão, o membro inferior oposto ou se mover em flexão, extensão ou abdução excessiva. As pessoas testadas podem olhar para o quadrado seguinte antes de pular para ele.

O examinador deve contar em voz alta os 5 s em que a pessoa testada deve manter a posição antes de pular para o quadrado seguinte. Ao fim do teste, são dados 10 pontos para cada período de 5 s em que houve erro de queda e 3 para cada período em que houve erro de equilíbrio. A soma dos dois é a pontuação total. Devem-se oferecer pelo menos duas sessões de prática antes dos testes com pontuação.

INTERPRETAÇÃO DOS RESULTADOS

Ao se interpretarem os resultados de testes de equilíbrio ou de estabilidade, os valores podem ser comparados aos dados normativos, ao outro membro inferior (se realizado com apenas um) ou com a própria pessoa ao longo do tempo. São apresentados dados normativos para o SPEE, o TEPE e o Bass modificado nas Tabelas 12.2 a 12.4, respectivamente. No momento, não existem dados que sugiram uma pontuação mínima nesses testes ou, no caso do TEPE e do Bass modificado,

Tabela 12.2 Dados normativos para o teste de sistema de pontuação de erros de equilíbrio.

Idade	n	M	Mediana	SD	>90º	76-90º	25-75º	10-24º	2-9º	<2º
20-39	104	10,97	10	5,05	0-3	4-6	7-14	15-17	18-22	23+
40-49	172	11,88	11	5,40	0-5	6-7	8-15	16-19	20-25	26+
50-54	96	12,73	11	6,07	0-6	7-8	9-15	16-20	21-31	32+
55-59	89	14,85	13	7,32	0-7	8-9	10-17	18-24	25-33	34+
60-64	80	17,20	16	7,83	0-7	8-11	12-21	22-28	29-35	36+
65-69	48	20,38	18	7,78	0-11	12-14	15-23	24-31	32-39	40+

Faixas de classificação percentil da distribuição natural de pontuações

Nota: as pontuações do SPEE não costumam ser distribuídas. Por isso, são apresentadas as classificações percentis correspondentes à distribuição natural das pontuações. Por exemplo, para a faixa etária de 20 a 39 anos, uma pontuação de 2 entra nos primeiros 10%, e uma pontuação de 19 entra nos últimos 10% das 104 pessoas testadas.

Reproduzida, com autorização, de G. L. Iverson, M. L. Kaarto e M. S. Koehle, 2008, "Normative data for the balance error scoring system: Implications for brain injury evaluation," *Brain Injury*, 22:147-152.

Tabela 12.3 Dados normativos para o teste de equilíbrio em percurso de estrela.

Estudo	Lanning		Gribble	
População	Atletas universitários		Treinados recreativamente	
Gênero	Homens	Mulheres	Homens	Mulheres
Anterior			79,2 ± 7,0	76,9 ± 6,2
Posterior			93,9 ± 10,5	85,3 ± 12,9
Medial			97,7 ± 9,5	90,7 ± 10,7
Lateral			80,0 ± 17,5	79,8 ± 13,7
Anterolateral			73,8 ± 7,7	74,7 ± 7,0
Anteromedial	103 ± 3	102 ± 6	85,2 ± 7,5	83,1 ± 7,3
Posterolateral			90,4 ± 13,5	85,5 ± 13,2
Posteromedial	112 ± 4	111 ± 5	95,6 ± 8,3	89,1 ± 11,5

Dados de Lanning et al., 2006 e Gribble e Hertel, 2003, expressos como porcentagem do comprimento do membro inferior.

Tabela 12.4 Dados normativos para o teste de Bass modificado.

Erro	Média (desvio-padrão)
Erro de equilíbrio	7,3 (5,9)
Erro de queda	43,7 (23,3)

Dados de Riemann et al., 1999.

uma diferença bilateral que cause preocupação. Essas são áreas de pesquisas futuras. As pontuações de equilíbrio costumam ser melhores de manhã do que à tarde ou à noite (Gribble, Tucker e White, 2007), o que sugere que, ao se compararem testes múltiplos ao longo do tempo, deve-se padronizar a hora do dia.

Aplicações profissionais

Como muitas outras capacidades, o equilíbrio é necessário para o movimento intencional. A incapacidade de permanecer equilibrado pode prejudicar a produção de força e limitar o desempenho. Sem dúvida, esportes diferentes exigem diferentes perfis de equilíbrio e de estabilidade. Esportes que exigem movimentos sobre um único membro inferior (como a ginástica e o futebol) exigem melhor desempenho e robustez do que os que são realizados predominantemente com os dois membros inferiores (como o basquetebol) (Hrysomallis, 2011), em razão da menor base de sustentação. Diferentemente do equilíbrio, a estabilidade é a capacidade de retornar a uma posição ou a um movimento desejado depois de um transtorno. Esportes realizados em superfícies instáveis (como o esqui e o surfe) ou que envolvem contato contra um oponente (futebol americano, luta) têm maiores demandas de desempenho e de robustez do que esportes realizados em uma superfície firme sem nenhum contato.

Existe uma relação mais forte (e talvez mais importante) entre várias medidas de equilíbrio ou de estabilidade e lesão do que a relação entre equilíbrio ou estabilidade e desempenho. Atividades esportivas exigem a geração, a absorção e a transferência de energia entre os segmentos na cadeia cinética. Isso exige alinhamento adequado das articulações (Zajac, Neptune e Kautz, 2002). É óbvio que, se o atleta não consegue manter ou retornar à posição desejada, a energia será absorvida por tecidos que podem não estar preparados para lidar com ela. Fica fácil entender, assim, como se desenvolvem lesões como torções laterais do tornozelo. O velho provérbio "é melhor prevenir do que remediar" é muito apropriado quando se trata de equilíbrio ou de estabilidade.

Todos os atletas devem participar de uma triagem de equilíbrio e de estabilidade. Como cada categoria de teste avalia uma capacidade específica, deve-se usar um teste de cada categoria quando possível. Em vez de tentar maximizar as características de equilíbrio e de estabilidade naqueles com capacidades médias, os profissionais de condicionamento devem direcionar seus esforços para aqueles com desempenhos considerados baixos e recomendar trabalhos de reparação com base nas deficiências deles.

O SPEE é um teste de constância postural. Pessoas com baixa constância postural, especialmente aquelas cujos esportes exigem tempo apoiado em uma perna só, ou em uma superfície instável, como uma plataforma de equilíbrio ou um Dyna Disc.

Esses exercícios podem ser incorporados como parte do aquecimento. Níveis baixos de instabilidade devem ser suficientes para o treinamento; os atletas não precisam ser treinados como artistas de circo.

O TEPE é um teste de balanço postural ou de robustez. Um sistema robusto consegue suportar um transtorno maior. Atletas deficientes nessa área podem tolerar apenas transtornos pequenos. Deve-se prestar atenção não apenas a desempenhos fracos, mas também aos atletas com grandes diferenças bilaterais no desempenho. Treinos que transtornem atletas enquanto eles tentam manter uma posição sobre uma perna só podem resultar em melhoras. Treinos com batidinhas, em que os atletas são empurrados em vários sentidos, são uma categoria. Outra é pedir ao atleta que pegue uma *medicine ball* parado em uma perna só. Aumentar o peso da bola ou a distância do centro do corpo aumenta o grau do transtorno e, em tese, melhora a robustez.

O teste de Bass modificado é um teste de estabilidade postural. Ele requer que o atleta pule sobre um pé só em múltiplas direções. Os atletas com mau desempenho nesses tipos de testes devem ser regredidos em seu treinamento pliométrico e trabalhar a queda "firme" depois da fase excêntrica, antes de progredir novamente para a transição rápida da fase excêntrica para a concêntrica do exercício. Antes de progredir para essa transição, os atletas devem conseguir manter a queda "firme" (parar em uma posição estável depois da fase excêntrica). Atletas com maus desempenhos no teste modificado de Bass não conseguirão fazer isso, pelo menos não com um pé só pulando em vários sentidos diferentes. Insistir nessa exigência e pedir que os atletas realizem exercícios pliométricos em uma perna só em vários sentidos pode ajudar a corrigir essa deficiência.

A essência do treinamento de equilíbrio e de estabilidade é expor os atletas a uma grande variedade de tarefas com diferentes objetivos e transtornos. Muitos atletas já possuem as capacidades necessárias para minimizar o risco de lesão e se dar bem em seus esportes. Assim como em muitas capacidades, nem sempre mais é melhor; se uma receita pede duas xícaras de açúcar, acrescentar quatro não deixará o bolo melhor. No entanto, acrescentar apenas uma sem dúvida afetará o bolo. Os atletas precisam de uma quantidade mínima de equilíbrio e de estabilidade, e os testes e o treinamento apropriados garantirão que eles a tenham. Qualquer grau menor do que o necessário tende a levar a maus resultados.

RESUMO

- O equilíbrio é a capacidade de manter o centro de gravidade do corpo sobre a base de sustentação.
- A estabilidade é a capacidade de retornar a uma posição ou trajetória desejada após um transtorno.
- O equilíbrio e a estabilidade são qualidades motoras diferentes e exigem tipos distintos de testes.
- O SPEE, TEPE e o teste modificado de Bass medem a constância postural, os limites de balanço e a estabilidade postural, respectivamente. Todos os três devem ser incluídos como parte de um programa de teste abrangente.
- Embora nem sempre mais seja melhor em termos de treinamento de equilíbrio e de estabilidade, pessoas com maus desempenhos nesses testes devem realizar programas para melhorar suas capacidades.

Bibliografía

Capítulo 1

Cohen, J. 1988. *Statistical Power Analysis for the Behavioral Sciences,* 2nd ed. Hillsdale, NJ: L. Erlbaum Associates.

Jaric, S., D. Mirkov, and G. Markovic. 2005. Normalizing physical performance tests for body size: A proposal for standardization. *Journal of Strength and Conditioning Research* 19 (2): 467-474.

Morrow, J.R., A.W. Jackson, J.G. Disch, and D.P. Mood. 2000. *Measurement and Evaluation in Human Performance.* Champaign, IL: Human Kinetics.

National Strength and Conditioning Association. 2000. *Essentials of Strength Training and Conditioning,* 2nd ed. Edited by T.R. Baechle and R.W. Earle. Champaign, IL: Human Kinetics.

Nevill, A., R. Ramsbottom, and C. Williams. 1992. Scaling physiological measurements for individuals of different body size. *European Journal of Applied Physiology* 65: 110-117.

Peterson, M.D., B.A. Alvar, and M.R. Rhea. 2006. The contribution of maximal force production to explosive movement among young collegiate athletes. *Journal of Strength and Conditioning Research* 20: 867-873.

Rhea, M.R. 2004. Determining the magnitude of treatment effects in strength training research through the use of the effect size. *Journal of Strength and Conditioning Research* 18: 918-920.

Capítulo 2

American College of Sports Medicine. 2007. *ACSM's Health-Related Physical Fitness Assessment Manual,* 2nd ed. Philadelphia: Lippincott Williams & Wilkins.

American College of Sports Medicine. 2008. *ACSM's Guidelines for Exercise Testing and Prescription,* 8th ed. Philadelphia: Lippincott Williams & Wilkins.

Ballard, T.P., L. Fafara, and M.D. Vukovich. Comparison of Bod Pod and DXA in female collegiate athletes. *Medicine & Science in Sports & Exercise* 36: 731-735.

Broeder, C.E., K.A. Burrhus, L.S. Svanevik, J. Volpe, and J.H. Wilmore. 1997. Assessing body composition before and after resistance or endurance training. *Medicine & Science in Sports & Exercise* 29: 705-712.

Brozek J., F. Grande, J. Anderson, et al. 1963. Densitometric analysis of body composition: Revision of some quantitative assumptions. *Annals of the New York Academy of Sciences* 110: 113-140.

Clasey, J.L., J.A. Kanaley, J. Wideman, et al. 1999. Validity of methods of body composition assessment in young and older men and women. *Journal of Applied Physiology* 86: 1728-1738.

Collins, M.A., M.L. Millard-Stafford, P.B. Sparling, et al. 1999. Evaluation of the BOD POD for assessing body fat in collegiate football players. *Medicine & Science in Sports & Exercise* 31: 1350-1356.

Despres, J.P., and I. Lemieux. 2006. Abdominal obesity and metabolic syndrome. *Nature* 444: 881-887.

Dixon, C.B., R.W. Deitrick, J.R. Pierce, P.T. Cutrufello, and L.L. Drapeau. 2005. Evaluation of the BOD POD and leg-to-leg bioelectrical impedance analysis for estimating percent body fat in National Collegiate Athletic Association Division III collegiate wrestlers. *Journal of Strength and Conditioning Research* 19: 85-91.

Durnin, J.V.G.A., and J. Womersley. 1974. Body fat assessed from total body density and its estimation from skinfold thickness: Measurements on 481 men and women aged from 16 to 72 years. *British Journal of Nutrition* 32: 77-97.

Fornetti, W.C., J.M. Pivarnik, J.M. Foley, and J.J. Fiechtner. 1999. Reliability and validity of body composition measures in female athletes. *Journal of Applied Physiology* 87: 1114-1122.

Graves, J.E., J.A. Kanaley, L. Garzarella, and M.L. Pollock. 2006. Anthropometry and body composition assessment. In *Physiological Assessment of Human Fitness*, 2nd ed. Edited by P.J. Maud and C. Foster, 185-225. Champaign, IL: Human Kinetics.

Harman E., and J. Garhammer. 2008. Administration, scoring, and interpretation of selected tests. In *Essentials of Strength Training and Conditioning*, 3rd ed. Edited by T.R. Baechle and R.W. Earle, 249-292. Champaign, IL: Human Kinetics.

Heyward, V.H., and L.M. Stolarczyk. 1996. *Applied Body Composition Assessment*. Champaign, IL: Human Kinetics.

Higgins, P.B., D.A. Fields, G.R. Hunter, and B.A. Gower. 2001. Effect of scalp and facial hair on air displacement plethysmography estimates of percentage of body fat. *Obesity Research* 9: 326-330.

Housh, T.J., G.O. Johnson, D.J. Housh, et al. 2004. Accuracy of near-infrared interactance instruments and population-specific equations for estimating body composition in young wrestlers. *Journal of Strength and Conditioning Research* 18: 556-560.

Housh, T.J., J.R. Stout, G.O. Johnson, D.J. Housh, and J.M. Eckerson. 1996. Validity of near-infrared interactance instruments for estimating percent body fat in youth wrestlers. *Pediatric Exercise Science* 8: 69-76.

Jackson, A.S., and M.L. Pollock. 1978. Generalized equations for predicting body density of men. *British Journal of Nutrition* 40: 497-504.

Jackson, A.S., and M.L. Pollock. 1985. Practical assessment of body composition. *Physician and Sportsmedicine* 13: 76-90.

Jackson, A.S., M.L. Pollock, and A. Ward. 1980. Generalized equations for predicting body density of women. *Medicine & Science in Sports & Exercise* 12: 175-181.

Kaiser, G.E., J.W. Womack, J.S. Green, B. Pollard, G.S. Miller, and S.F. Crouse. 2008. Morphological profiles for first-year National Collegiate Athletic Association Division I football players. *Journal of Strength and Conditioning Research* 22: 243-249.

Kohrt, W.M. 1998. Preliminary evidence that DEXA provides an accurate assessment of body composition. *Journal of Applied Physiology* 84: 372-377.

Kraemer, W.J., J.C. Torine, R. Silvestre, et al. 2005. Body size and composition of National Football League players. *Journal of Strength and Conditioning Research* 19: 485-489.

Liuke, M., S. Solovieva, A. Lamminen, K. Luoma, P. Leino-Arjas, R. Luukkonen, and H. Riihimaki. 2005. Disc degeneration of the lumbar spine in relation to overweight. *International Journal of Obesity* 29: 903-908.

Mathews, E.M., and D.R. Wagner. 2008. Prevalence of overweight and obesity in collegiate American football players, by position. *Journal of American College Health* 57: 33-38.

McArdle, W.D., F.I. Katch, and V.L. Katch. 2007. *Exercise Physiology: Energy, Nutrition, and Human Performance,* 6th ed. Philadelphia: Lippincott Williams & Wilkins, pp. 773-809, Appendix I.

Norcross, J., and Van Loan, M.D. 2004. Validation of fan beam dual energy x ray absorptiometry for body composition assessment in adults aged 18-45 years. *British Journal of Sports Medicine* 38: 472-476.

Pollock, M.L., D.H. Schmidt, and A.S. Jackson. 1980. Measurement of cardiorespiratory fitness and body composition in the clinical setting. *Comprehensive Therapy* 6: 12-27.

Siri, W.E. 1956. The gross composition of the body. *Advances in Biological and Medical Physiology* 4: 239-280.

Sloan, A.W., and J.B. Weir. 1970. Nomograms for prediction of body density and total body fat from skinfold measurements. *Journal of Applied Physiology* 28: 221-222.

Tataranni, P.A., D.J. Pettitt, and E. Ravussin. 1996. Dual energy X-ray absorptiometry: Inter-machine variability. *International Journal of Obesity and Related Metabolic Disorders* 20: 1048-1050.

Vescovi, J.D., L. Hildebrandt, W. Miller, R. Hammer, and A. Spiller. 2002. Evaluation of the BOD POD for estimating percent fat in female college athletes. *Journal of Strength and Conditioning Research* 16: 599-605.

Wearing, S.C., E.M. Hennig, N.M. Byrne, J.R. Steele, and A.P. Hills. 2006. Musculoskeletal disorders associated with obesity: A biomechanical perspective. *Obesity Review* 7: 239-250.

Capítulo 3

Adams, G., and W. Beam. 2008. *Exercise physiology laboratory manual,* 5th ed. Boston: McGraw Hill.

Boudet, G., and A. Chaumoux. 2001. Ability of new heart rate monitors to measure normal and abnormal heart rate. *The Journal of Sports Medicine and Physical Fitness* 41 (4) (12): 546-553.

Canzanello, V.J., P.L. Jensen, and G.L. Schwartz. 2001. Are aneroid sphygmomanometers accurate in hospital and clinic settings? *Archives of Internal Medicine* 161 (5) (03/12): 729-731.

Chobanian, A.V., G.L. Bakris, H.R. Black, W.C. Cushman, L.A. Green, J.L Izzo Jr., D.W. Jones, B.J. Materson, S. Oparil, J.T. Wright Jr., E.J. Roccella, and the National High Blood Pressure Education Program Coordinating Committee. 2003. Seventh report of the Joint National Committee on Prevention, Detection, Evaluation, and Treatment of High Blood Pressure. *Journal of the American Heart Association* 42: 1206-1252.

Clement, D.L., M.L. De Buyzere, D.A. De Bacquer, P.W. de Leeuw, D.A. Duprez, R.H. Fagard, P.J. Gheeraert, et al. 2003. Prognostic value of ambulatory blood-pressure recordings in patients with treated hypertension. *The New England Journal of Medicine* 348 (24) (06/12): 2407-2415.

Ehrman, J., P. Gordon, P. Visich, and S. Keteyian. 2009. *Clinical Exercise Physiology,* 2nd ed. Champaign, IL: Human Kinetics.

Franklin, B.A., ed. 2000. *ACSM's Guidelines for Exercise Testing and Prescription.* Philadelphia: Lippincott Williams & Wilkins.

Goldberg, A., and E. Goldberg. 1994. *Clinical Electrocardiography: A Simplified Approach,* 5th ed. Baltimore: Mosby.

Guyton, A. 1991. *Textbook of Medical Physiology,* 8th ed. Philadelphia: W.B. Saunders.

Kapit, W., R. Macey, and E. Meisami. 1987. *The Physiology Coloring Book.* New York: HarperCollins.

Karvonen, J., and T. Vuorimaa. 1988. Heart rate and exercise intensity during sports activities. Practical application. *Sports Medicine* (Auckland, NZ) 5 (5) (05): 303-311.

MacDougall, J.D., R.S. McKelvie, D.E. Moroz, D.G. Sale, N. McCartney, and F. Buick. 1992. Factors affecting blood pressure during heavy weight lifting and static contractions. *Journal of Applied Physiology* (Bethesda, MD: 1985) 73 (4) (10): 1590-1597.

MacDougall, J.D., D. Tuxen, D.G. Sale, J.R. Moroz, and J.R. Sutton. 1985. Arterial blood pressure response to heavy resistance exercise. *Journal of Applied Physiology* (Bethesda, MD: 1985) 58 (3) (03): 785-790.

Mancia, G., G. De Backer, A. Dominiczak, R. Cifkova, et al. 2007. 2007 guidelines for the management of arterial hypertension: The Task Force for the Management of Arterial Hypertension of the European Society of Hypertension (ESH) and of the European Society of Cardiology (ESC). *European Heart Journal* 28 (12): 1462-1536.

Marieb, E., and K. Hoehn. 2010. *Human Anatomy and Physiology*, 8th ed. New York: Benjamin Cummings.

O'Brien, E., G. Beevers, and G.Y. Lip. 2001. ABC of hypertension: Blood pressure measurement. Part IV-automated sphygmomanometry: Self blood pressure measurement. *British Medical Journal* (Clinical Research Ed.) 322 (7295) (05/12): 1167-1170.

Perloff, D., C. Grim, J. Flack, E.D. Frohlich, M. Hill, M. McDonald, and B.Z. Morgenstern. 1993. Human blood pressure determination by sphygmomanometry. *Circulation* 88 (5) (11): 2460-2470.

Pickering, T.G. 2002. Principles and techniques of blood pressure measurement. *Cardiology Clinics* 20 (2) (05): 207-223.

Pickering, T.G., J.E. Hall, L.J. Appel, B.E. Falkner, J. Graves, M.N. Hill, D.W. Jones, T. Kurtz, S.G. Sheps, and E.J. Roccella. 2005a. Recommendations for blood pressure measurement in humans and experimental animals: Part 1: Blood pressure measurement in humans: A statement for professionals from the subcommittee of professional and public education of the American Heart Association Council on High Blood Pressure Research. *Circulation* 111 (5) (02/08): 697-716.

Pickering, T.G., J.E. Hall, L.J. Appel, B.E. Falkner, J. Graves, M.N. Hill, D.W. Jones, T. Kurtz, S.G. Sheps, and E.J. Roccella. 2005b. Recommendations for blood pressure measurement in humans and experimental animals: Part 1: Blood pressure measurement in humans: A statement for professionals from the subcommittee of professional and public education of the American Heart Association Council on High Blood Pressure Research. *Hypertension* 45 (1) (01/20): 142-161.

Pickering, T.G., J.E. Hall, L.J. Appel, B.E. Falkner, J. Graves, M.N. Hill, D.W. Jones, T. Kurtz, S.G. Sheps, and E.J. Roccella. 2005c. Recommendations for blood pressure measurement in humans: An AHA scientific statement from the Council on High Blood Pressure Research Professional and Public Education Subcommittee. *Journal of Clinical Hypertension* (Greenwich, CT) 7 (2) (02): 102-109.

Powers, S., and E. Howley. 2007. *Exercise Physiology: Theory Application to Fitness and Performance*, 6th ed. Boston: McGraw-Hill.

Robergs, R., and S. Roberts. 1987. *Exercise Physiology: Exercise Performance and Clinical Applications*. New York: Mosby.

Sale, D.G., D.E. Moroz, R.S. McKelvie, J.D. MacDougall, and N. McCartney. 1994. Effect of training on the blood pressure response to weight lifting. *Canadian Journal of Applied Physiology (Revue Canadienne De Physiologie Appliquée)* 19 (1) (03): 60-74.

Sjøgaard, G., and B. Saltin. 1982. Extra- and intracellular water spaces in muscles of man at rest and with dynamic exercise. *American Journal of Physiology* 243 (3) (09): R271-R280.

Smith, J., and J. Kampine. 1984. *Circulatory Physiology: The Essentials*, 2nd ed. Philadelphia: Williams & Wilkins.

Tanaka, H., C.A. DeSouza, and D.R. Seals. 1998. Absence of age-related increase in central arterial stiffness in physically active women. *Arteriosclerosis, Thrombosis, and Vascular Biology* 18 (1) (01): 127-132.

Thompson, P.D., B.A. Franklin, G.J. Balady, S.N. Blair, D. Corrado, N. Estes, N.A. Mark III, J.E. Fulton, et al. 2007. Exercise and acute cardiovascular events placing the risks into perspective: A scientific statement from the American Heart Association Council on Nutrition, Physical Activity, and Metabolism and the Council on Clinical Cardiology. *Circulation* 115 (17) (05/01): 2358-2368.

Venes, D., ed. 2009. *Taber's Cyclopedic Medical Dictionary*, 21st ed. Philadelphia: F.A. Davis.

Whitworth, J.A., N. Kaplan, S. Mendis, and N. Poulter. 2003. World Health Organization (WHO)/International Society of Hypertension (ISH) statement on management of hypertension. *Journal of Hypertension* 21 (11): 1983-1992.

Wilmore, J., D. Costill, and L. Kenney. 2008. *Physiology of Sport and Exercise*, 4th ed. Champaign, IL: Human Kinetics.

Capítulo 4

American College of Sports Medicine. 1997. Collection of questionnaires for health-related research. *Medicine & Science in Sports & Exercise* 29: S1-S208.

American College of Sports Medicine. 2010. *ACSM's Guidelines for Exercise Testing and Prescription*, 8th ed. Baltimore: Lippincott Williams & Wilkins.

Bray, G.A. 1983. The energetics of obesity. *Medicine & Science in Sports & Exercise* 15: 32-40.

Brown, S.P., W.C. Miller, and J. Eason. 2006. *Exercise Physiology: Basis of Human Movement in Health and Disease*. Baltimore: Lippincott Williams & Wilkins.

Byrne, H.K., and J.H. Wilmore. 2001. The relationship of mode and intensity of training on resting metabolic rate in women. *International Journal of Sport Nutrition and Exercise Metabolism* 11: 1-14.

Children's Physical Activity Research Group. 2011. Previous Day Physical Activity Recall (PDPAR). Accessed February 1. www.sph.sc.edu/USC_CPARG/tool_detail.asp?id=1.

Craig, C.L., A.L. Marshall, M. Sjostrom, A.E. Bauman, M.L. Booth, B. Ainsworth, M. Pratt, U. Ekelund, A. Yngve, J. Sallis, and P. Oja. 2002. International Physical Activity Questionnaire: 12-country reliability and validity. *Medicine & Science in Sports & Exercise* 35: 1381-1395.

Cunningham, J.J. 1982. Body composition and resting metabolic rate: The myth of feminine metabolism. *American Journal of Clinical Nutrition* 36: 721-726.

Forman, J.N., W.C. Miller, L.M. Szymanski, and B. Fernhall. 1998. Differences in resting metabolic rates of inactive obese African-American and Caucasian women. *International Journal of Obesity* 22: 215-221.

Fricker, J., R. Rozen, J.C. Melchior, and M. Apfelbaum. 1991. Energy-metabolism adaptation in obese adults on a very-low-calorie diet. *American Journal of Clinical Nutrition* 53: 826-830.

Gaesser, G., and G.A. Brooks. 1984. Metabolic basis of excess postexercise oxygen consumption: A review. *Medicine & Science in Sports & Exercise* 16: 29-43.

Geliebter, A., M.M. Maher, L. Gerace, G. Bernard, S.B. Heymsfield, and S.A. Hashim. 1997. Effects of strength or aerobic training on body composition, resting metabolic rate, and peak oxygen consumption in obese dieting subjects. *American Journal of Clinical Nutrition* 66: 557-563.

Glass, J.N., W.C. Miller, L.M. Szymanski, B. Fernhall, and J.L. Durstine. 2002. Physiological responses to weight-loss intervention in inactive obese African-American and Caucasian women. *Journal of Sports Medicine and Physical Fitness* 42: 56-64.

Harris, J.A., and F.G. Benedict. 1919. *A Biometric Study of Basal Metabolism in Man.* Publication No. 279. Washington, DC: Carnegie Institute of Washington.

Harris, T.J., C.G. Owen, C.R. Victor, R. Adams, U. Ekelund, and D.G. Cook. 2009. A comparison of questionnaire, accelerometer, and pedometer: Measures in older people. *Medicine & Science in Sports & Exercise* 41: 1392-1402.

Heil, D.P. 2006. Predicting activity energy expenditure using the Actical activity monitor. *Research Quarterly for Exercise & Sport* 77: 64-80.

Hunter, G.R., N.M. Byrne, B. Sirikul, J.R. Fernandez, P.A. Zuckerman, B.E. Darnell, and B.A. Gower. 2008. Resistance training conserves fat-free mass and resting energy expenditure following weight loss. *Obesity* 16: 1045-1051.

IPAQ. International Physical Activity Questionnaire. 2011. Accessed February 1. www.ipaq.ki.se.

Kleiber, M. 1932. Body size and metabolism. *Hilgardia* 6: 315-353.

Livingston, E.H., and I. Kohlstadt. 2005. Simplified resting metabolic rate-predicting formulas for normal-sized and obese individuals. *Obesity Research* 13: 1255-1262.

McArdle, F.D., F.I. Katch, and V.L. Katch. 2001. *Exercise Physiology: Energy, Nutrition, and Human Performance*, 5th ed. Baltimore: Lippincott Williams & Wilkins.

Mifflin, M.D., S.T. Joer, L.A. Hill, B.J. Scott, S.A. Daugherty, and Y.O. Koh. 1990. A new predictive equation for resting energy expenditure in healthy individuals. *American Journal of Clinical Nutrition* 51: 241-247.

Miller, W.C. 2006. Energy balance. In *Scientific Evidence for Musculoskeletal, Bariatric, and Sports Nutrition*, edited by I. Kohlstadt, 193-209. Boca Raton, FL: CRC Press.

Respironics. 2008. *Actical Physical Activity Monitoring System.* Bend, OR: Respironics.

Sharp, T.A., M.L. Bell, G.K. Grunwald, K.H. Schmitz, S. Sidney, C.E. Lewis, K. Tolan, and J.O. Hill. 2002. Differences in resting metabolic rate between White and African-American young adults. *Obesity Research* 10: 726-732.

Stiegler, P., and A. Cunliff. 2006. The role of diet and exercise for the maintenance of fat-free mass and resting metabolic rate during weight loss. *Sports Medicine* 36: 239-262.

Van Pelt, R.E., P.P. Jones, K.P. Davy, C.A. Desouza, H. Tanaka, B.M. Davy, and D.R. Seals. 1997. Regular exercise and the age-related decline in resting metabolic rate in women. *Journal of Clinical Endocrinology & Metabolism* 10: 3208-3212.

Weston, A.T., R. Petosa, and R.R. Pate. 1997. Validation of an instrument for measurement of physical activity in youth. *Medicine & Science in Sports & Exercise* 29: 138-143.

Wilmore, J.H., P.R. Stanforth, L.A. Hudspeth, J. Gagnon, E.W. Daw, A.S. Leon, D.C. Rao, J.S. Skinner, and C. Bouchard. 1998. Alterations in resting metabolic rate as a consequence of 20 wk of endurance training: The HERITAGE Family Study. *American Journal of Clinical Nutrition* 68: 66-71.

Capítulo 5

American College of Sports Medicine. 2000. *ACSM's Guidelines for Exercise Testing and Prescription*, 6th ed. Philadelphia: Lippincott Williams & Wilkins.

American College of Sports Medicine. 2006. *ACSM's Guidelines for Exercise Testing and Prescription*, 7th ed. Philadelphia: Lippincott Williams & Wilkins.

American College of Sports Medicine. 2010. *ACSM's Guidelines for Exercise Testing and Prescription*, 8th ed. Philadelphia: Lippincott Williams & Wilkins.

Andersen, L.B. 1995. A maximal cycle exercise protocol to predict maximal oxygen uptake. *Scandinavian Journal of Medicine and Science in Sports* 5: 143-146.

Åstrand, I. 1960. Aerobic work capacity in men and women with special reference to age. *ACTA Physiologica Scandinavica* 49: 51.

Åstrand, P.O., and K. Rodahl. 1986. *Textbook of Work Physiology.* New York: McGraw-Hill.

Åstrand, P.O., and I. Ryhming. 1954. A nomogram for calculation of aerobic capacity (physical fitness) from pulse rate during submaximal work. *Journal of Applied Physiology* 7: 218-221.

Baechle, T.R., and R.W. Earle. 2008. *Essentials of Strength Training and Conditioning*, 3rd ed. Champaign, IL: Human Kinetics.

Balke, B., and R.W. Ware. 1959. An experimental study of physical fitness of Air Force personnel. *United Stated Armed Forces Medical Journal* 10: 675-688.

Baumgartner, T.A., and A.S. Jackson. 1991. *Measurement for Evaluation in Physical Education and Exercise Science*, 4th ed. Dubuque, IA: Wm. C. Brown.

Berthon, P., M. Dabonneville, N. Fellmann, M. Bedu, and A. Chamoux. 1997a. Maximal aerobic velocity measured by the 5-min running field test on two different fitness level groups. *Archives of Physiology and Biochemistry* 105: 633-639.

Berthon, P., N. Fellmann, M. Bedu, B. Beaune, M. Dabonneville, J. Coudert, and A. Chamoux. 1997b. A 5-min running field test as a measurement of maximal aerobic velocity. *European Journal of Applied Physiology* 75: 233-238.

Bosquet, L., L. Léger, and P. Legros. 2002. Methods to determine aerobic endurance. *Sports Medicine* 32: 675-700.

Bruce, R.A., F. Kusumi, and D. Hosmer. 1973. Maximal oxygen intake and nomographic assessment of functional aerobic impairment in cardiovascular disease. *American Heart Journal* 85: 546-562.

Buchfuhrer, M.J., J.E. Hansen, T.E. Robinson, et al. 1983. Optimizing the exercise protocol for cardiopulmonary assessment. *Journal of Applied Physiology* 55: 1558-1564.

Buono, M.J., T.L. Borin, N.T. Sjoholm, and J.A. Hodgdon. 1996. Validity and reliability of a timed 5 km cycle ergometer ride to predict maximum oxygen uptake. *Physiological Measurement* 17: 313-317.

Buono, M.J., J.J. Roby, F.G. Micale, J.F. Sallis, and W.E. Shepard. 1991. Validity and reliability of predicting maximum oxygen uptake via field tests in children and adolescents. *Pediatric Exercise Science* 3: 250-255.

Castro-Pinero, J., J. Mora, J.L. Gonzalez-Montesinos, M. Sjostrom, and J.R. Ruiz. 2009. Criterion-related validity of the one-mile run/walk test in children aged 8-17 years. *Journal of Sports Sciences* 27: 405-413.

Cink, C.E., and T.R. Thomas. 1981. Validity of the Astrand-Ryhming nomogram for predicting maximal oxygen intake. *British Journal of Sports Medicine* 15: 182-185.

Conley, D.S., K.J. Cureton, D.R. Denger, and P.G. Weyand. 1991. Validation of the 12-min swim as a field test of peak aerobic power in young men. *Medicine & Science in Sports & Exercise* 23: 766-773.

Conley, D.S., K.J. Cureton, B.T. Hinson, E.J. Higbie, and P.G. Weyand. 1992. Validation of the 12-minute swim as a field test of peak aerobic power in young women. *Research Quarterly for Exercise and Sport* 63: 153-161.

Cooper, K.H. 1968. A means of assessing maximal oxygen intake. *Journal of the American Medical Association* 203: 201-204.

Cooper, K.H. 1982. *The Aerobics Program for Total Well-Being*. Toronto: Bantam Books.

Cureton, K.J., M.A. Sloniger, J.P. O'Bannon, D.M. Black, and W.P. McCormack. 1995. A generalized equation for prediction of $\dot{V}O_2$peak from 1-mile run/walk performance. *Medicine & Science in Sports & Exercise* 27: 445-451.

Dabney, U., and M. Butler. 2006. The predictive ability of the YMCA test and Bruce test for triathletes with different training backgrounds. *Emporia State Research Studies* 43: 38-44.

Dabonneville, M., P. Berthon, P. Vaslin, and N. Fellmann. 2003. The 5 min running field test: Test and retest reliability on trained men and women. *European Journal of Applied Physiology* 88: 353-360.

Disch, J.R., R. Frankiewicz, and A. Jackson. 1975. Construct validation of distance run tests. *Research Quarterly* 2: 169-176.

Dolgener, F.A., L.D. Hensley, J.J. Marsh, and J.K. Fjelstul. 1994. Validation of the Rockport fitness walking test in college males and females. *Research Quarterly for Exercise and Sport* 65: 152-158.

Donnelly, J.E., D.J. Jacobsen, J.M. Jakicic, J. Whatley, S. Gunderson, W.J. Gillespie, G.L. Blackburn, and Z.V. Tran. 1992. Estimation of peak oxygen consumption from a submaximal half mile walk in obese females. *International Journal of Obesity* 16: 585-589.

Ebbeling, C.B., A. Ward, E.M. Puleo, J. Widrick, and J.M. Rippe. 1991. Development of a single-stage submaximal treadmill walking test. *Medicine & Science in Sports & Exercise* 23: 966-973.

Fernhall, B., K. Pittetti, N. Stubbs, and L. Stadler Jr. 1996. Validity and reliability of the ½ mile run-walk as an indicator of aerobic fitness with mental retardation. *Pediatric Exercise Science* 8: 130-142.

Foster, C., A.S. Jackson, M.L. Pollock, M.M. Taylor, J. Hare, S.M. Sennett, J.L. Rod, M. Sarwar, and D.H. Schmidt. 1984. Generalized equations for predicting functional capacity from treadmill performance. *American Heart Journal* 107: 1229-1234.

Gellish, R.L., B.R. Goslin, R.E. Olson, A. McDonald, G.D. Russi, and V.K. Moudgil. 2007. Longitudinal modeling of the relationship between age and maximal heart rate. *Medicine & Science in Sports & Exercise* 39: 822-829.

George, J.D. 1996. Alternative approach to maximal exercise testing and $\dot{V}O_2$max prediction in college students. *Research Quarterly for Exercise and Sport* 67: 452-457.

George, J.D., G.W. Fellingham, and A.G. Fisher. 1998. A modified version of the Rockport fitness walking test for college men and women. *Research Quarterly for Exercise and Sport* 69: 205-209.

George, J.D., S.L. Paul, A. Hyde, D.I. Bradshaw, P.R. Vehrs, R.L. Hager, and F.G. Yanowitz. 2009. Prediction of maximum oxygen uptake using both exercise and non-exercise data. *Measurement in Physical Education and Exercise Science* 13: 1-12.

George, J.D., W.J. Stone, and L.N. Burkett. 1997. Non-exercise $\dot{V}O_2$max estimation for physically active college students. *Medicine & Science in Sports & Exercise* 29: 415-423.

George, J.D., P.R. Vehrs, P.E. Allsen, G.W. Fellingham, and A.G. Fisher. 1993a. $\dot{V}O_2$max estimation from a submaximal 1-mile track jog for fit college-age individuals. *Medicine & Science in Sports & Exercise* 25: 401-406.

George, J.D., P.R. Vehrs, P.E. Allsen, G.W. Fellingham, and A.G. Fisher. 1993b. Development of a submaximal treadmill jogging test for fit college-aged individuals. *Medicine & Science in Sports & Exercise* 25: 643-647.

Golding, L.A., C.R. Myers, and W.E. Sinning. 1989. *Y 's Way to Physical Fitness*, 3rd ed. Champaign, IL: Human Kinetics.

Greenhalgh, H.A., J.D. George, and R.L. Hager. 2001. Cross-validation of a quarter-mile walk test using two $\dot{V}O_2$max regression models. *Measurement in Physical Education and Exercise Science* 5: 139-151.

Hambrecht, R., G.C. Schuler, T. Muth, et al. 1992. Greater diagnostic sensitivity of treadmill versus cycle ergometry exercise testing of asymptomatic men with coronary artery disease. *American Journal of Cardiology* 70: 141-146.

Huse, D., P. Patterson, and J. Nichols. 2000. The validity and reliability of the 12-minute swim test in male swimmers ages 13-17. *Measurement in Physical Education and Exercise Science* 4: 45-55.

Jung, A.P., D.C. Nieman, and M.W. Kernodle. 2001. Prediction of maximal aerobic power in adolescents from cycle ergometry. *Pediatric Exercise Science* 13: 167-172.

Kline, G.M., J.P. Porcari, R. Hintermeister, P.S. Freedson, A. Ward, R.F. McCarron, J. Ross, and J.M. Rippe. 1987. Estimation of $\dot{V}O_2$max from a one-mile track walk, gender, age, and body weight. *Medicine & Science in Sports & Exercise* 19: 253-259.

Kovaleski, J.E., W.E. Davis, R.J. Heitman, P.M. Norrell, and S.F. Pugh. 2005. Concurrent validity of two submaximal bicycle exercise tests in predicting maximal oxygen consumption (Abstract). *Research Quarterly for Exercise and Sport* 76: A29.

Larsen, G.E., J.D. George, J.L. Alexander, G.W. Fellingham, S.G. Aldana, and A.C. Parcell. 2002. Prediction of maximum oxygen consumption from walking, jogging, or running. *Research Quarterly for Exercise and Sport* 73: 66-72.

Londeree, B.R. 1997. Effect of training on lactate/ventilatory thresholds: A meta-analysis. *Medicine & Science in Sports & Exercise* 29: 837-843.

MacNaughton, L., R. Croft, J. Pennicott, and T. Long. 1990. The 5 and 15 minute runs as predictors of aerobic capacity in high school students. *Journal of Sports Medicine and Physical Fitness* 30: 24-28.

Maeder, M., T. Wolber, R. Atefy, M. Gadza, P. Ammann, J. Myers, and H. Rickli. 2005. Impact of the exercise mode on exercise capacity. *Chest* 128: 2804-2811.

Massicotte, D.R., R. Gauthier, and P. Markon. 1985. Prediction of $\dot{V}O_2$max from the running performance in children aged 10-17 years. *Journal of Sports Medicine* 25: 10-17.

Mayhew, J.L., and P.B. Gifford. 1975. Prediction of maximal oxygen uptake in preadolescent boys from anthropometric parameters. *Research Quarterly* 46: 302-311.

McSwegin, P.J., S.A. Plowman, G.M. Wolff, and G.L. Guttenberg. 1998. The validity of a one-mile walk test for high school age individuals. *Measurement in Physical Education and Exercise Science* 2: 47-63.

Mello, R.P., M.M. Murphy, and J.A. Vogel. 1988. Relationship between a two mile run for time and maximal oxygen uptake. *Journal of Applied Sport Science Research* 2: 9-12.

Murray, T.D., J.L. Walker, A.S. Jackson, J.R. Morrow, J.A. Eldridge, and D.L. Rainey. 1993. Validation of a 20-minute steady-state jog as an estimate of peak oxygen uptake in adolescents. *Research Quarterly for Exercise and Sport* 64: 75-82.

Myers, J., N. Buchanan, D. Walsh, et al. 1991. Comparison of the ramp versus standard exercise protocols. *Journal of the American College of Cardiology* 17: 1334-1342.

Oja, P., R. Laukkanen, M. Pasanen, T. Tyry, and I. Vuori. 1991. A 2-km walking test for assessing the cardiorespiratory fitness of healthy adults. *International Journal of Sports Medicine* 12: 356-362.

Pettersen, S.A., P.M. Fredrikson, and F. Ingjer. 2001. The correlation between peak O_2 uptake ($\dot{V}O_2$peak) and running performance in children and adolescents; aspects of different units. *Scandinavian Journal of Medicine and Science in Sports* 11: 223-228.

Plowman, S.A., and N.Y.S. Liu. 1999. Norm-referenced and criterion-referenced validity of the one-mile run and PACER in college age individuals. *Measurement in Physical Education and Exercise Science* 3: 63-84.

Pollock, M.L., R.L. Bohannon, K.H. Cooper, J.J. Ayres, A. Ward, S.R. White, and A.C. Linnerud. 1976. A comparative analysis of four protocols for maximal treadmill stress testing. *American Heart Journal* 92: 39-46.

Pollock, M.L., C. Foster, D. Schmidt, C. Hellman, A.C. Linnerud, and A. Ward. 1982. Comparative analysis of physiologic responses to three different maximal graded exercise test protocols in healthy women. *American Heart Journal* 103: 363-373.

Sharkey, B.J. 1988. Specificity of testing. In *Advances in Sports Medicine and Fitness*, edited by W.A. Grana. Chicago: Year Book Medical Publishers.

Siconolfi, S.F., E.M. Cullinane, R.A. Carleton, and P.D. Thompson. 1982. Assessing $\dot{V}O_2$max in epidemiologic studies: Modification of the Astrand-Rhyming test. *Medicine & Science in Sports & Exercise* 4: 335-338.

Spackman, M.B., J.D. George, T.R. Pennington, and G.W. Fellingham. 2001. Maximal graded exercise test protocol preferences of relatively fit college students. *Measurement in Physical Education & Exercise Science* 5: 1-12.

Storer, T.W., J.A. Davis, and V.J. Caiozzo. 1990. Accurate prediction of $\dot{V}O_2$max in cycle ergometry. *Medicine & Science in Sports & Exercise* 22: 704-712.

Tokmakidis, S.P., L. Léger, D. Mercier, F. Peronnet, and G. Thibault. 1987. New approaches to predict $\dot{V}O_2$max and endurance from running performance. *Journal of Sports Medicine* 27: 401-409.

Vehrs, P.R., J.D. George, G.W. Fellingham, S.A. Plowman, and K. Dustman-Allen. 2007. Submaximal treadmill exercise test to predict $\dot{V}O_2$max in fit adults. *Measurement in Physical Education and Exercise Science* 11: 61-72.

Weltman, A., R. Seip, A.J. Bogardus, D. Snead, E. Dowling, S. Levine, J. Weltman, and A. Rogol. 1990. Prediction of lactate threshold (LT) and fixed blood lactate concentrations (FBLC) from 3200-m running performance in women. *International Journal of Sports Medicine* 11: 373-378.

Weltman, A., D. Snead, R. Seip, R. Schurrer, S. Levine, R. Rutt, T. Reilly, J. Weltman, and A. Rogol. 1987. Prediction of lactate threshold and fixed blood lactate concentrations from 3200-m running performance in male runners. *International Journal of Sports Medicine* 8: 401-406.

Wicks, J.R., J.R. Sutton, N.B. Oldridge, et al. 1978. Comparison of the electrocardiographic changes induced by maximum exercise testing with treadmill and cycle ergometer. *Circulation* 57: 1066-1069.

Wyndham, C.H., N.B. Strydom, C.H. VanGraan, A.J. VanRensburg, G.G. Rogers, J.S. Greyson, and W.H. VanDerWalt. 1971. Estimating the maximum aerobic capacity for exercise. *South African Medical Journal* 45: 53-57.

Capítulo 6

Beneke, R. 2003. Methodological aspects of maximal lactate steady state-implications for performance testing. *European Journal of Applied Physiology* 89: 95-99.

Bentley, D., L. McNaughton, D. Thompson, V. Vleck, and A. Batterham. 2001. Peak power output, the lactate threshold, and time trial performance in cyclists. *Medicine & Science in Sports & Exercise* 33: 2077-2081.

Bishop, D., D. Jenkins, and L. Mackinnon. 1998. The relationship between plasma lactate parameters, Wpeak and 1-h cycling performance in women. *Medicine & Science in Sports & Exercise* 30: 1270-1275.

Bouchard, C., R. Lesage, G. Lortie, J.A. Simoneau, P. Hamel, M.R. Boulay, L. Pérusse, G. Thériault, and C. Leblanc. 1986. Aerobic performance in brothers, dizygotic and monozygotic twins. *Medicine & Science in Sports & Exercise* 18: 639-646.

Cheng, B., H. Kuipers, A.C. Snyder, H.A. Keizer, A. Jeukendrup, and M. Hesselink. 1992. A new approach for the determination of ventilatory and lactate thresholds. *International Journal of Sports Medicine* 13: 518-522.

Davis, J.A., R. Rozenek, D.M. DeCicco, M.T. Carizzi, and P.H. Pham. 2007. Comparison of three methods for detection of the lactate threshold. *Clinical Physiological and Functional Imaging* 27: 381-384.

El-Sayed, M.S., K.P. George, and K. Dyson. 1993. The influence of blood sampling site on lactate concentration during submaximal exercise at 4 mmol·l^{-1} lactate level. *European Journal of Applied Physiology* 67: 518-522.

Foxdal, P., B. Sjödin, A. Sjödin, and B. Östman. 1994. The validity and accuracy of blood lactate measurements for prediction of maximal endurance running capacity. *International Journal of Sports Medicine* 15: 89-95.

Henriksson, J., and J.S. Reitman. 1976. Quantitative measures of enzyme activities in type I and type II muscle fibres of man after training. *Acta Physiologica Scandinavica* 97: 394-397.

Henritze, J., A. Weltman, R.L. Schurrer, and K. Barlow. 1985. Effects of training at and above the lactate threshold on the lactate threshold and maximal oxygen uptake. *European Journal of Applied Physiology* 54: 84-88.

Holloszy, J.O., and E.F. Coyle. 1984. Adaptations of skeletal muscle to endurance exercise and their metabolic consequences. *Journal of Applied Physiology* 56: 831-838.

Joyner, M.J., and E.F. Coyle. 2008. Endurance exercise performance: The physiology of champions. *Journal of Physiology* 586 (1): 35-44.

Kenefick, R.W., C.O. Mattern, N.V. Mahood, and T.J. Quinn. 2002. Physiological variables at lactate threshold under-represent cycling time-trial intensity. *Journal of Sports Medicine and Physical Fitness* 42: 396-402.

Morris, D.M., J.T. Kearney, and E.R. Burke. 2000. The effects of breathing supplemental oxygen during altitude training on cycling performance. *Journal of Science and Medicine in Sport* 3: 165-175.

Morris, D.M., and R.S. Shafer. 2010. Comparison of power output during time trialing and power outputs eliciting metabolic variables in cycling ergometry. *International Journal of Sport Nutrition and Exercise Metabolism* 20: 115-121.

Nicholson, R.M., and G.G. Sleivert. 2001. Indices of lactate threshold and their relationship with 10-km running velocity. *Medicine & Science in Sports & Exercise* 33: 339-342.

Robergs, R.A., F. Ghiasvand, and D. Parker. 2004. Biochemistry of exercise induced acidosis. *American Journal of Physiology* 287: R502-R516.

Schmidt, W., N. Maassen, F. Trost, and D. Böning. 1988. Training induced effects on blood volume, erythrocyte turnover and haemoglobin oxygen binding properties. *European Journal of Applied Physiology and Occupational Physiology* 57: 490-498.

Tanaka, K. 1990. Lactate-related factors as a critical determinant of endurance. *Annals of Physiological Anthropology* 9: 191-202.

Thoden, J.S. 1991. Testing aerobic power. In *Physiological Testing of the High-Performance Athlete*, edited by H.A. Wenger, J.D. MacDougall, and H.J. Green. Champaign, IL: Human Kinetics.

Urhausen, A., B. Coen, B. Weiler, and W. Kinderman. 1993. Individual anaerobic threshold and maximum lactate steady state. *International Journal of Sports Medicine* 14: 134-139.

Weltman, A., R.L. Seip, D. Snead, J.Y. Weltman, E.M. Hasvitz, W.S. Evans, J.D. Veldhuis, and A.D. Rogul. 1992. Exercise training at and above the lactate threshold in previously untrained women. *International Journal of Sports Medicine* 13: 257-263.

Zhou, S., and S.B. Weston. 1997. Reliability of using the *D*-max method to define physiological responses to incremental exercise testing. *Physiological Measures* 18: 145-154.

Zoladz, J., A.C. Rademaker, and A.J. Sargeant. 1995. Non-linear relationship between O_2 uptake and power output at high intensities of exercise in humans. *Journal of Physiology* 488: 211-217.

Capítulo 7

Aagaard, P., and J.L. Andersen. 1998. Correlation between contractile strength and myosin heavy chain isoform composition in human skeletal muscle. *Medicine & Science in Sports & Exercise* 30: 1217-1222.

Abernethy, P.J., and J. Jürimäe. 1996. Cross-sectional and longitudinal uses of isoinertial, isometric, and isokinetic dynamometry. *Medicine & Science in Sports & Exercise* 28: 1180-1187.

Abernethy, P., G. Wilson, and P. Logan. 1995. Strength and power assessment: Issues, controversies and challenges. *Sports Medicine* 19: 401-417.

Adams, K.J., A.M. Swank, K.L. Barnard, J.M. Bering, and P.G. Stevene-Adams. 2000. Safety of maximal power, strength, and endurance testing in older African American women. *Journal of Strength and Conditioning Research* 14: 254-260.

Ahtiainen, J.P., A. Parkarinen, M. Alen, W.J. Kraemer, and K. Häkkinen. 2005. Short vs. long rest period between the sets in hypertrophic resistance training: Influence on muscle strength, size, and hormonal adaptations in trained men. *Journal of Strength and Conditioning Research* 19: 572-582.

Allen, D.G., G.D. Lamb, and H. Westerblad. 2008. Skeletal muscle fatigue: Cellular mechanisms. *Physiology Reviews* 88: 287-332.

Amiridis, I.G., A. Martin, B. Morlon, L. Martin, G. Cometti, M. Pousson, and J. van Hoecke. 1996. Co-activation and tension-regulating phenomena during isokinetic knee extension in sedentary and highly skilled humans. *European Journal of Applied Physiology* 73: 149-156.

Augustsson, J., A. Esko, R. Thomeé, and U. Svantesson. 1998. Weight training of the thigh muscles using closed vs. open kinetic chain exercises: A comparison of performance enhancement. *Journal of Sports Physical Therapy* 27: 3-8.

Baechle, T.R., R.W. Earle, and D. Wathen. 2008. Resistance training. In *Essentials of Strength Training and Conditioning*, edited by T.R. Baechle and R.W. Earle, 381-412. Champaign, IL: Human Kinetics.

Baker, D. 2001. Comparison of upper-body strength and power between professional and college-aged rugby league players. *Journal of Strength and Conditioning Research* 15: 30-35.

Baker, D.G., and R.U. Newton. 2006. Discriminative analysis of various upper body tests in professional rugby league players. *International Journal of Sports Physiology and Performance* 1: 347-360.

Baker, D., G. Wilson, and R. Carlyon. 1994. Generality versus specificity: A comparison of dynamic and isometric measures of strength and speed-strength. *European Journal of Applied Physiology* 68: 350-355.

Baldwin, K.M., and F. Haddad. 2001. Effects of different activity and inactivity paradigms on myosin heavy chain gene expression in striated muscle. *Journal of Applied Physiology* 90: 345-357.

Baltzopoulos, V. 2008. Isokinetic dynamometry. In *Biomechanical Evaluation of Movement in Sport and Exercise*, edited by C.J. Payton and R.M. Bartlett, 103-128. London: Routledge.

Bartlett, L.R., M.D. Storey, and B.D. Simons. 1989. Measurement of upper extremity torque production and its relationship to throwing speed in the competitive athlete. *American Journal of Sports Medicine* 17: 89-91.

Bartlett, R. 2007. *Introduction to Sports Biomechanics. Analysing Human Movement Patterns.* London: Routledge.

Bazett-Jones, D.M., J.B. Winchester, and J.M. McBride. 2005. Effect of potentiation and stretching on maximal force, rate of force development, and range of motion. *Journal of Strength and Conditioning Research* 19: 421-426.

Behm, D.G., D.C. Button, and J.C. Butt. 2001. Factors affecting force loss with prolonged stretching. *Canadian Journal of Applied Physiology* 26: 262-272.

Bergh, U., and B. Ekblom. 1979. Influence of muscle temperature on maximal muscle strength and power output in human skeletal muscle. *Acta Physiologica Scandinavica* 107: 33-37.

Bishop, D. 2003a. Warm up I. Potential mechanisms and the effects of passive warm-up on exercise performance. *Sports Medicine* 33: 439-454.

Bishop, D. 2003b. Warm up II. Performance changes following active warm-up and how to structure the warm-up. *Sports Medicine* 33: 483-498.

Blazevich, A.J., N. Gill, and R.U. Newton. 2002. Reliability and validity of two isometric squat tests. *Journal of Strength and Conditioning Research* 16: 298-304.

Blazevich, A.J., and D.G. Jenkins. 2002. Effect of the movement speed of resistance training exercises on sprint and strength performance in concurrently training elite junior sprinters. *Journal of Sports Sciences* 20: 981-990.

Bompa, T.O., and G.G. Haff. 2009. *Periodization: Theory and Methodology of Training.* Champaign, IL: Human Kinetics.

Bottinelli, R., and C. Reggiani. 2000. Human skeletal muscle fibers: Molecular and functional diversity. *Progress in Biophysics and Molecular Biology* 73: 195-262.

Braith, R.W., J.E. Graves, S.H. Leggett, and M.L. Pollock. 1993. Effect of training on the relationship between maximal and submaximal strength. *Medicine & Science in Sports & Exercise* 25: 132-138.

Brock Symons, T., A.A. Vandervoort, C.L. Rice, T.J. Overend, and G.D. Marsh. 2004. Reliability of isokinetic and isometric knee-extensor force in older women. *Journal of Aging and Physical Activity* 12: 525-537.

Brown, D.A., S.A. Kautz, and C.A. Dairaghi. 1996. Muscle activity patterns altered during pedaling at different body orientations. *Journal of Biomechanics* 29: 1349-1356.

Carbuhn, A.F., J.M. Womack, J.S. Green, K. Morgan, G.S. Miller, and S.F. Crouse. 2008. Performance and blood pressure characteristics of first-year National Collegiate Athletic Association Division I football players. *Journal of Strength and Conditioning Research* 22: 1347-1354.

Carroll, T.J., P.J. Abernethy, P.A. Logan, M. Barber, and M.T. McEniery. 1998. Resistance training frequency: strength and myosin heavy chain responses to two and three bouts per week. *European Journal of Applied Physiology* 78: 270-275.

Carter, A.B., T.W. Kaminski, A.T. Douex, C.A. Knight, and J.G. Richards. 2007. Effects of high volume upper extremity plyometric training on throwing velocity and functional strength ratios of the shoulder rotators in collegiate baseball players. *Journal of Strength and Conditioning Research* 21: 208-215.

Chaouachi, A., M. Brughelli, K. Chamari, G.T. Levin, N.B. Abdelkrim, L. Laurencelle, and C. Castagna. 2009. Lower limb maximal dynamic strength and agility determinants in elite basketball players. *Journal of Strength and Conditioning Research* 23: 1570-1577.

Chapman, A. 2008. *Biomechanical Analysis of Fundamental Human Movements*. Champaign, IL: Human Kinetics.

Cheng, A.J., and C.L. Rice. 2005. Fatigue and recovery of power and isometric torque following isotonic knee extensions. *Journal of Applied Physiology* 99: 1446-1452.

Christ, C.B., R.A. Boileau, M.H. Slaughter, R.J. Stillman, and J.A. Cameron. 1993. The effect of test protocol instructions on the measurement of muscle function in adult women. *Journal of Orthopaedic and Sports Physical Therapy* 18: 502-510.

Chu, Y., G.S. Fleisig, K.J. Simpson, and J.R. Andrews. 2009. Biomechanical comparison between elite female and male baseball pitchers. *Journal of Applied Biomechanics* 25: 22-31.

Cometti, G., N.A. Maffiuletti, M. Pousson, J.C. Chatard, and N. Maffulli. 2001. Isokinetic strength and anaerobic power of elite, subelite and amateur French soccer players. *International Journal of Sports Medicine* 22: 45-51.

Cotterman, M.L., L.A. Darby, and W.A. Skelly. 2005. Comparison of muscle force production using the Smith machine and free weights for bench press and squat exercises. *Journal of Strength and Conditioning Research* 19: 169-176.

Dapena, J., and C.S. Chung. 1988. Vertical and radial motions of the body during the take-off phase of high jumping. *Medicine & Science in Sports & Exercise* 20: 290-302.

de Ruiter, C.J., D.A. Jones, A.J. Sargeant, and A. de Haan. 1999. Temperature effect on the rates of isometric force development and relaxation in the fresh and fatigued adductor pollicis muscle. *Experimental Physiology* 84: 1137-1150.

Deighan, M.A., M.B.A. De Ste Croix, and N. Armstrong. 2003. Reliability of isokinetic concentric and eccentric knee and elbow extension and flexion in 9/10 year old boys. *Isokinetics and Exercise Science* 11: 109-115.

Dorchester, F.E. 1944. *Muscle Action and Health*. Vancouver, BC: Mitchell.

Dowson, M.N., M.E. Neville, H.K.A. Lakomy, A.M. Neville, and R.J. Hazeldine. 1998. Modeling the relationship between isokinetic muscle strength and sprint running performance. *Journal of Sports Sciences* 16: 257-265.

Drury, D.G., K.J. Stuempfle, C.W. Mason, and J.C. Girman. 2006. The effects of isokinetic contraction velocity on concentric and eccentric strength of the biceps brachii. *Journal of Strength and Conditioning Research* 20: 390-395.

Duchateau, J., J.G. Semmler, and R.M. Enoka. 2006. Training adaptations in the behavior of human motor units. *Journal of Applied Physiology* 101: 1766-1775.

Dudley, G.A., R.T. Harris, M.R. Duvoisin, B.M. Hather, and P. Buchanan. 1990. Effect of voluntary vs. artificial activation on the relationship of muscle torque to speed. *Journal of Applied Physiology* 69: 2215-2221.

Earle, R.W., and T.R. Baechle. 2008. Resistance training and spotting techniques. In *Essentials of Strength Training and Conditioning*, edited by T.R. Baechle and R.W. Earle, 325-376. Champaign, IL: Human Kinetics.

Faigenbaum, A.D., L.A. Milliken, and W.L. Wescott. 2003. Maximal strength testing in healthy children. *Journal of Strength and Conditioning Research* 17: 162-166.

Falvo, M.J., B.K. Schilling, R.J. Bloomer, W.A. Smith, and A.C. Creasey. 2007. Efficacy of prior eccentric exercise in attenuating impaired exercise performance after muscle injury in resistance trained men. *Journal of Strength and Conditioning Research* 21: 1053-1060.

Faulkner, J.A. 2003. Terminology for contractions of muscles during shortening, while isometric, and during lengthening. *Journal of Applied Physiology* 95: 455-459.

Finni, T., S. Ikegawa, and P.V. Komi. 2001. Concentric force enhancement during human movement. *Acta Physiologica Scandinavica* 173: 369-377.

Flanagan, E.P., L. Galvin, and A.J. Harrison. 2008. Force production and reactive strength capabilities after anterior cruciate ligament reconstruction. *Journal of Athletic Training* 43: 249-257.

Foldvari, M., M. Clark, L.C. Laviolette, M.A. Bernstein, D. Kaliton, C. Castaneda, C.T. Pu, J.M. Hausdorff, R.A. Fielding, and M.A. Fiatarone Singh. 2000. Association of muscle power with functional status in community-dwelling elderly women. *Journal of Gerontology. Series A, Biological and Medical Sciences* 22: M192-M199.

Forte, R., and A. Macaluso. 2008. Relationship between performance-based and laboratory tests for lower-limb strength and power assessment in healthy older women. *Journal of Sports Sciences* 26: 1431-1436.

Forthomme, B., J.M. Crielaard, L. Forthomme, and J.L. Croisier. 2007. Field performance of javelin throwers: Relationship with isokinetic findings. *Isokinetics and Exercise Science* 15: 195-202.

Frohm, A., K. Halvorsen, and A. Thorstensson. 2005. A new device for controlled eccentric overloading in training and rehabilitation. *European Journal of Applied Physiology* 94: 168-174.

Fry, A.C., and W.J. Kraemer. 1991. Physical performance characteristics of American collegiate football players. *Journal of Applied Sport Science Research* 5: 126-138.

Green, H.J. 1992. Myofibrillar composition and mechanical function in mammalian skeletal muscle. *Sport Science Review* 1: 43-64.

Guette, M., J. Gondin, and A. Martin. 2005. Time-of-day effect on the torque and neuromuscular properties of the dominant and non-dominant quadriceps femoris. *Chronobiology International* 22: 541-558.

Haff, G.G., M. Stone, H.S. O'Bryant, E. Harman, C. Dinan, R. Johnson, and K-H. Han. 1997. Force-time characteristics of dynamic and isometric muscle actions. *Journal of Strength and Conditioning Research* 11: 269-272.

Häkkinen, K., M. Kallinen, V. Linnamo, U-M. Pastinen, R.U. Newton, and W.J. Kraemer. 1996. Neuromuscular adaptations during bilateral versus unilateral strength training in middle-aged and elderly men and women. *Acta Physiologica Scandinavica* 158: 77-88.

Häkkinen, K., and P.V. Komi. 1983. Electromyographic changes during strength training and detraining. *Medicine & Science in Sports & Exercise* 15: 455-460.

Harman, E. 2008. Principles of test selection and administration. In *Essentials of Strength Training and Conditioning*, edited by T.R. Baechle and R.W. Earle, 237-247. Champaign, IL: Human Kinetics.

Harry, J.D., A.W. Ward, N.C. Heglund, D.L. Morgan, and T.A. McMahon. 1990. Cross-bridge cycling theories cannot explain high-speed lengthening behavior in frog muscle. *Biophysics Journal* 57: 201-208.

Heinonen, A., H. Sievanen, J. Viitasalo, M. Pasanen, P. Oja, and I. Vuori. 1994. Reproducibility of computer measurement of maximal isometric strength and electromyography in sedentary middle-aged women. *European Journal of Applied Physiology* 68: 310-314.

Henwood, T.R., S. Riek, and D.R. Taafe. 2008. Strength versus power-specific resistance training in community-dwelling older adults. *Journal of Gerontology. Series A, Biological and Medical Sciences* 63: 83-91.

Hodgson, M., D. Docherty, and D. Robbins. 2005. Post-activation potentiation: Underlying physiology and implications for motor performance. *Sports Medicine* 35: 585-595.

Hoeger, W.W.K., D.R. Hopkins, S.L. Barette, and D.F. Hale. 1990. Relationship between repetitions and selected percentages of one-repetition maximum: A comparison between untrained and trained males and females. *Journal of Applied Sport Science Research* 4: 47-54.

Hoffman, J. 2006. *Norms for Fitness, Performance, and Health.* Champaign, IL: Human Kinetics.

Hoffman, J.R., G. Tenenbaum, C.M. Maresh, and W.J. Kraemer. 1996. Relationship between athletic performance tests and playing time in elite college basketball players. *Journal of Strength and Conditioning Research* 10: 67-71.

Hollander, D.B., R.R. Kraemer, M.W. Kilpatrick, Z.G. Ramadan, G.V. Reeves, M. Francois, E.P. Herbert, and J.L. Tryniecki. 2007. Maximal eccentric and concentric strength discrepancies between young men and women for dynamic resistance exercise. *Journal of Strength and Conditioning Research* 21: 34-40.

Hopkins, W.G. 2000. Measures of reliability in sports medicine and science. *Sports Medicine* 30: 1-15.

Humphries, B., T. Triplett-McBride, R.U. Newton, S. Marshall, R. Bronks, J. McBride, K. Häkkinen, and W.J. Kraemer. 1999. The relationship between dynamic, isokinetic and isometric strength and bone mineral density in a population of 45 to 65 year old women. *Journal of Science and Medicine in Sport* 2: 364-374.

Ichinose, Y., H. Kanehisa, M. Ito, Y. Kawakami, and T. Fukunaga. 1998. Relationship between muscle fiber pennation and force generation capabilities in Olympic athletes. *International Journal of Sports Medicine* 19: 541-546.

Ichinose, Y., Y. Kawakami, M. Ito, H. Kanehisa, and T. Fukunaga. 2000. In vivo estimation of contraction velocity of human vastus lateralis muscle during "isokinetic" action. *Journal of Applied Physiology* 88: 851-856.

Iki, M., Y. Saito, E. Kajita, H. Nishino, and Y. Kusaka. 2006. Trunk muscle strength is a strong predictor of bone loss in post-menopausal women. *Clinical Orthopedic Related Research* 443: 66-72.

Izquierdo, M., J. Ibañez, E. Gorostiaga, M. Garrues, A. Zúñiga, A. Antón, J.L. Larrión, and K. Häkkinen. 1999. Maximal strength and power characteristics in isometric and dynamic actions of the upper and lower extremities in middle-aged and older men. *Acta Physiologica Scandinavica* 167: 57-68.

Jaric, S., D. Mirkov, and G. Markovic. 2005. Normalizing physical performance tests for body size: A proposal for standardization. *Journal of Strength and Conditioning Research* 19: 467-474.

Jeffreys, I. 2008. Warm-up and stretching. In *Essentials of Strength Training and Conditioning*, edited by T.R. Baechle and R.W. Earle, 295-324. Champaign, IL: Human Kinetics.

Johnson, M.D., and J.G. Buckley. 2001. Muscle power patterns in the mid-acceleration phase of sprinting. *Journal of Sports Sciences* 19: 263-272.

Kawakami, Y., T. Abe, and T. Fukunaga. 1993. Muscle-fiber pennation angles are greater in hypertrophied than in normal muscle. *Journal of Applied Physiology* 74: 2740-2744.

Kawakami, Y., Y. Ichinose, K. Kubo, M. Ito, M. Imai, and T. Fukunaga. 2000. Architecture of contracting human muscles and its functional significance. *Journal of Applied Biomechanics* 16: 88-98.

Kawamori, N., S.J. Rossi, B.D. Justice, E.E. Haff, E.E. Pistilli, H.S. O'Bryant, M.H. Stone, and G.G. Haff. 2006. Peak force and rate of force development during isometric and dynamic mid-thigh clean pulls performed at various intensities. *Journal of Strength and Conditioning Research* 20: 483-491.

Bibliografia

Kemmler, W.K., D. Lauber, A. Wassermann, and J.L. Mayhew. 2006. Predicting maximal strength in trained postmenopausal women. *Journal of Strength and Conditioning Research* 20: 838-842.

Kivi, D.M.R., B.K.V. Maraj, and P. Gervais. 2002. A kinematic analysis of high-speed treadmill sprinting over a range of velocities. *Medicine & Science in Sports & Exercise* 34: 662-666.

Knutzen, K.M., L.R. Brilla, and D. Caine. 1999. Validity of 1RM prediction equations for older adults. *Journal of Strength and Conditioning Research* 13: 242-246.

Kokkonen, J., A.G. Nelson, and A. Cornwell. 1998. Acute muscle stretching inhibits maximal strength performance. *Research Quarterly for Exercise and Sport* 69: 411-415.

Komi, P.V. 1984. Physiological and biomechanical correlates of muscle function: Effects of muscle structure and stretch-shortening cycle on force and speed. *Exercise and Sport Sciences Reviews* 12: 81-121.

Komi, P.V. 2003. Stretch-shortening cycle. In *Strength and Power in Sport*, edited by P.V. Komi. Oxford, UK: Blackwell Science Ltd.

Kraemer, W.J., P.A. Piorkowski, J.A. Bush, A.L. Gomez, C.C. Loebel, J.S. Volek, R.U. Newton, S.A. Mazzetti, S.W. Etzweiler, M. Putukian, and W.J. Sebastianelli. 2000. The effects of NCAA division I intercollegiate competitive tennis match play on the recovery of physical performance in women. *Journal of Strength and Conditioning Research* 14: 265-272.

Kravitz, L., C. Akalan, K. Nowicki, and S.J. Kinzey. 2003. Prediction of 1 repetition maximum in high-school power lifters. *Journal of Strength and Conditioning Research* 17: 167-172.

Kuitunen, S., P.V. Komi, and H. Kyrolainen. 2002. Knee and ankle joint stiffness in sprint running. *Medicine & Science in Sports & Exercise* 34: 166-173.

LaStayo, P.C., J.M. Woolf, M.D. Lewek, L. Snyder-Mackler, T. Reich, and S.L. Lindstedt. 2003. Eccentric muscle contractions: Their contribution to injury, prevention, rehabilitation, and sport. *Journal of Orthopaedic and Sports Physical Therapy* 33: 557-571.

Latin, R.W., K. Berg, and T. Baechle. 1994. Physical and performance characteristics of NCAA Division I male basketball players. *Journal of Strength and Conditioning Research* 8: 214-218.

Leiber, L. 2002. *Skeletal Muscle Structure, Function, and Plasticity. The Physiological Basis of Rehabilitation*. Baltimore: Lippincott Williams & Wilkins.

LeSuer, D.A., J.H. McCormick, J.L. Mayhew, R.L. Wasserstein, and M.D. Arnold. 1997. The accuracy of prediction equations for estimating 1RM performance in the bench press, squat, and deadlift. *Journal of Strength and Conditioning Research* 11: 211-213.

Luhtanen, P., and P.V. Komi. 1979. Mechanical power and segmental contribution to force impulses in long jump take-off. *European Journal of Applied Physiology* 41: 267-274.

MacIntosh, B.R., P.F. Gardiner, and A.J. McComas. 2006. *Skeletal Muscle: Form and Function*. Champaign, IL: Human Kinetics.

Maffiuletti, N.A., M. Bizzini, K. Desbrosses, N. Babault, and M. Munzinger. 2007. Reliability of knee extension and flexion measurements using the Con-Trex isokinetic dynamometer. *Clinical Physiology and Functional Imaging* 27: 346-353.

Marques, M.C., R. van den Tillaar, J.D. Vescovi, and J.J. González-Badillo. 2007. Relationship between throwing velocity, muscle power, and bar velocity during bench press in elite handball players. *International Journal of Sports Physiology and Performance* 2: 414-422.

Marsh, A.P., M.E. Miller, W.J. Rejeski, S.L. Hutton, and S.B. Kritchevsky. 2009. Lower extremity muscle function after strength or power training in older adults. *Journal of Aging and Physical Activity* 17: 416-443.

Mayhew, J.L., J.A. Jacques, J.S. Ware, P.P. Chapman, M.G. Bemben, T.E. Ward, and J.P. Slovak. 2004. Anthropometric dimensions do not enhance one repetition maximum prediction from the NFL-225 test in college football players. *Journal of Strength and Conditioning Research* 18: 572-578.

McBride, J.M., T. Triplett-McBride, A. Davie, and R.U. Newton. 2002. The effect of heavy- vs. light-load jump squats on the development of strength, power, and speed. *Journal of Strength and Conditioning Research* 16: 75-82.

McComas, A.J. 1996. *Skeletal Muscle: Form and Function.* Champaign, IL: Human Kinetics.

McCurdy, K., G.A. Langford, A.L. Cline, M. Doscher, and R. Hoff. 2004. The reliability of 1- and 3RM tests of unilateral strength in trained and untrained men and women. *Journal of Sports Science and Medicine* 3: 190-196.

Meckel, Y., H. Atterbom, A. Grodjinovsky, D. Ben-Sira, and A. Rostein. 1995. Physiological characteristics of female 100 metre sprinters of different performance levels. *Journal of Sports Medicine and Physical Fitness* 35: 169-175.

Meller, R., C. Krettek, T. Gösling, K. Wähling, M. Jagodzinski, and J. Zeichen. 2007. Recurrent shoulder instability among athletes: Changes in quality of life, sports activity, and muscle function following open repair. *Knee Surgery, Sports Traumatology, Arthroscopy* 15: 295-304.

Miller, L.E., L.M. Pierson, M.E. Pierson, G.M. Kiebzak, W.K. Ramp, W.G. Herbert, and J.W. Cook. 2009. Age influences anthropometric and fitness-related predictors of bone mineral in men. *The Aging Male* 12: 47-53.

Moir, G., R. Sanders, C. Button, and M. Glaister. 2005. The influence of familiarization on the reliability of force variables measured during unloaded and loaded vertical jumps. *Journal of Strength and Conditioning Research* 19: 140-145.

Moir, G., R. Sanders, C. Button, and M. Glaister. 2007. The effect of periodised resistance training on accelerative sprint performance. *Sports Biomechanics* 6: 285-300.

Morgan, D. 1990. New insights into the behavior of muscle during active lengthening. *Biophysics Journal* 57: 209-221.

Moritz, C.T., B.K. Barry, M.A. Pascoe, and R.M. Enoka. 2005. Discharge rate variability influences the variation in force fluctuations across the working range of a hand muscle. *Journal of Neurophysiology* 94: 2449-2459.

Moss, B.M., P.E. Refsnes, A. Abildgaard, K. Nicolaysen, and J. Jensen. 1997. Effects of maximal effort training with different loads on dynamic strength, cross-sectional area, load-power and load-velocity relationships. *European Journal of Applied Physiology* 75: 193-199.

Müller, S., H. Baur, T. König, A. Hirschmüller, and F. Mayer. 2007. Reproducibility of single- and multi-joint strength measures in healthy and injured athletes. *Isokinetics and Exercise Science* 15: 295-302.

Murphy, A.J., and G.J. Wilson. 1996. Poor correlations between isometric tests and dynamic performance: Relationship to muscle activation. *European Journal of Applied Physiology* 73: 353-357.

Murphy, A.J., and G.J. Wilson. 1997. The ability of tests of muscular function to reflect training induced changes in performance. *Journal of Sports Sciences* 15: 191-200.

Murphy, A.J., G.J. Wilson, and J.F. Pryor. 1994. Use of iso-inertial force mass relationship in the prediction of dynamic human performance. *European Journal of Applied Physiology* 69: 250-257.

Murphy, A.J., G.J. Wilson, J.F. Pryor, and R.U. Newton. 1995. Isometric assessment of muscular function: The effect of joint angle. *Journal of Applied Biomechanics* 11: 205-215.

Murray, J., and P.V. Karpovich. 1956. *Weight Training in Athletics*. Englewood Cliffs, NJ: Prentice Hall.

Nesser, T.W., R.W. Latin, K. Berg, and E. Prentice. 1996. Physiological determinants of 40-meter sprint performance in young male athletes. *Journal of Strength and Conditioning Research* 10: 263-267.

Newton, R.U., K. Häkkinen, A. Häkkinen, M. McCormick, J. Volek, and W.J. Kraemer. 2002. Mixed-methods resistance training increases power and strength of young and older men. *Medicine & Science in Sports & Exercise* 34: 1367-1375.

Nicol, C., J. Avela, and P.V. Komi. 2006. The stretch-shortening cycle. A model to study naturally occurring neuromuscular fatigue. *Sports Medicine* 36: 977-999.

Nicolas, A., A. Gauthier, N. Bessot, S. Moussay, D. Davenne. 2005. Time-of-day effects on myoelectric and mechanical properties of muscle during maximal and prolonged isokinetic exercises. *Chronobiology International* 22: 997-1011.

Ojanen, T., T. Rauhala, and K. Häkkinen. 2007. Strength and power profiles of the lower and upper extremities in master throwers at different ages. *Journal of Strength and Conditioning Research* 21: 216-222.

Oya, T., S. Riek, and A.G. Cresswell. 2009. Recruitment and rate coding organization for soleus motor units across entire range of voluntary isometric plantar flexions. *Journal of Physiology* 587: 4737-4748.

Paschall, H.B. 1954. *Development of Strength*. London: Vigour Press.

Paillard, T., F. Noé, P. Passelergue, and P. Dupui. 2005. Electrical stimulation superimposed onto voluntary muscular contraction. *Sports Medicine* 35: 951-966.

Perry, M.C., S.F. Carville, I.C. Smith, O.M. Rutherford, and D.J. Newham. 2007. Strength, power output and symmetry of leg muscles: Effect of age and history of falling. *European Journal of Applied Physiology* 100: 553-561.

Person, R.S. 1974. Rhythmic activity of a group of human motoneurones during voluntary contractions of a muscle. *Electroencephalography and Clinical Neurophysiology* 36: 585-595.

Peterson, M.D., B.A. Alvar, and M.R. Rhea. 2006. The contributions of maximal force production to explosive movement among young collegiate athletes. *Journal of Strength and Conditioning Research* 20: 867-873.

Phillips, W.T., A.M. Batterham, J.E. Valenzuela, and L.N. Burkett. 2004. Reliability of maximal strength testing in older adults. *Archives of Physical Medicine and Rehabilitation* 85: 329-334.

Pienaar, A.E., M.J. Spamer, and H.S. Steyn. 1998. Identifying and developing rugby talent among 10-year-old boys: A practical model. *Journal of Sports Sciences* 16: 691-699.

Ploutz-Snyder, L.L., and E.L. Giamis. 2001. Orientation and familiarization to 1RM strength testing in old and young women. *Journal of Strength and Conditioning Research* 15: 519-523.

Rassier, D.E. 2000. The effects of length on fatigue and twitch potentiation in human skeletal muscle. *Clinical Physiology* 20: 474-482.

Rassier, D.E., B.R. MacIntosh, and W. Herzog. 1999. Length dependence of active force production in skeletal muscle. *Journal of Applied Physiology* 86: 1445-1457.

Reeves, N.D., and M.V. Narici. 2003. Behavior of human muscle fascicles during shortening and lengthening contractions in vivo. *Journal of Applied Physiology* 95: 1090-1096.

Reilly, T., J. Bangsbo, and A. Franks. 2000. Anthropometric and physiological predisposition for elite soccer. *Journal of Sports Sciences* 18: 669-683.

Requena, B., J.J. González-Badillo, E.S.S. de Villareal, J. Ereline, I. García, H. Gapeyeva, and M. Pääsuke. 2009. Functional performance, maximal strength, and power characteristics in isometric and dynamic actions of lower extremities in soccer players. *Journal of Strength and Conditioning Research* 23: 1391-1401.

Reynolds, J.M., T.J. Gordon, and R.A. Robergs. 2006. Prediction of one repetition maximum strength from multiple repetition maximum testing and anthropometry. *Journal of Strength and Conditioning Research* 20: 584-592.

Robbins, D. 2005. Postactivation potentiation and its practical applicability: A brief review. *Journal of Strength and Conditioning Research* 19: 453-458.

Rubini, E.C., A.L.L. Costa, and S.C. Gomes. 2007. The effects of stretching on strength performance. *Sports Medicine* 37: 213-224.

Rutherford, O.M., and D.A. Jones. 1986. The role of learning and coordination in strength training. *European Journal of Applied Physiology* 55: 100-105.

Rydwik, E., C. Karlsson, K. Frändin, and G. Akner. 2007. Muscle strength testing with one repetition maximum in the arm/shoulder for people aged 75+—test-retest reliability. *Clinical Rehabilitation* 21: 258-265.

Sampon, C.A. 1895. *Strength: A Treatise on the Development and Use of Muscle*. London: Edward Arnold.

Sanborn, K., R. Boros, J. Hruby, B. Schilling, H.S. O'Bryant, R.L. Johnson, T. Hoke, M.E. Stone, and M.H. Stone. 2000. Short-term performance effects of weight training with multiple sets not to failure vs a single set to failure in women. *Journal of Strength and Conditioning Research* 14: 328-331.

Schmidtbleicher, D. 1992. Training for power events. In *Strength and Power in Sport*, edited by P.V. Komi. Oxford, UK: Blackwell Science Ltd.

Shellock, F.G., and W.E. Prentice. 1985. Warming-up and stretching for improved physical performance and prevention of sports-related injuries. *Sports Medicine* 2: 267-278.

Shimano, T., W.J. Kraemer, B.A. Spiering, J.S. Volek, D.L. Hatfield, R. Silvestre, J.L. Vingren, M.S. Fragala, C.M. Maresh, S.J. Fleck, R.U. Newton, L.P.B. Spreuwenberg, and K. Häkkinen. 2006. Relationship between the number of repetitions and selected percentages of one repetition maximum in free weight exercises in trained and untrained men. *Journal of Strength and Conditioning Research* 20: 819-823.

Siff, M.C. 2000. *Supertraining*. Denver: Supertraining Institute.

Smith, K., K. Winegard, A.L. Hicks, and N. McCartney. 2003. Two years of resistance training in older men and women: The effects of three years of detraining on the retention of dynamic strength. *Canadian Journal of Applied Physiology* 28: 462-474.

Stewart, R.D., T.A. Duhamel, S. Rich, A.R. Tupling, and H.J. Green. 2008. Effects of consecutive days of exercise and recovery on muscle mechanical function. *Medicine & Science in Sports & Exercise* 40: 316-325.

Stienen, G.J.M., J.L. Kiers, R. Bottinelli, and C. Reggiani. 1996. Myofibrillar ATPase activity in skinned human skeletal muscle fibres: Fibre type and temperature dependence. *Journal of Physiology* 493: 299-307.

Stone, M.H., K. Sanborn, H.S. O'Bryant, M. Hartman, M.E. Stone, C. Proulx, B. Ward, and J. Hruby. 2003. Maximum strength-power-performance relationships in collegiate throwers. *Journal of Strength and Conditioning Research* 17: 739-745.

Stone, M.H., W.A. Sands, J. Carlock, S. Callan, D. Dickie, K. Daigle, J. Cotton, S.L. Smith, and M. Hartman. 2004. The importance of isometric maximum strength and peak rate-of-force development in sprint cycling. *Journal of Strength and Conditioning Research* 18: 878-884.

Stone, M.H., M. Stone, and W.A. Sands. 2007. *Principles and Practice of Resistance Training*. Champaign, IL: Human Kinetics.

Tan, B. 1999. Manipulating resistance training program variables to optimize maximum strength in men: A review. *Journal of Strength and Conditioning Research* 13: 289-304.

Ter Haar Romney, B.M., J.J. van der Gon, and C.C.A.M. Gielen. 1982. Changes in recruitment order of motor units in the human biceps muscle. *Experimental Neurology* 78: 360-368.

Ter Haar Romney, B.M., J.J. van der Gon, and C.C.A.M. Gielen. 1984. Relation between location of a motor unit in the human biceps brachii and its critical firing levels for different tasks. *Experimental Neurology* 85: 631-650.

Tidow, G. 1990. Aspects of strength training in athletics. *New Studies in Athletics* 1: 93-110.

Vandervoort, A.A., and T.B. Symons. 1997. Functional and metabolic consequences of sarcopenia. *Canadian Journal of Applied Physiology* 26: 90-101.

Wilson, G. 2000. Limitations of the use of isometric testing in athletic assessment. In *Physiological Tests for Elite Athletes*, edited by C.J. Gore, 151-154. Champaign, IL: Human Kinetics.

Wilson, G.J., A.J. Murphy, and A. Giorgi. 1996. Weight and plyometric training: Effects on eccentric and concentric force production. *Canadian Journal of Applied Physiology* 21: 301-315.

Wrigley, T., and G. Strauss. 2000. Strength assessment by isokinetic dynamometry. In *Physiological Tests for Elite Athletes*, edited by C.J. Gore, 155-199. Champaign, IL: Human Kinetics.

Wyszomierski, S.A., A.J. Chambers, and R. Cham. 2009. Knee strength capabilities and slip severity. *Journal of Applied Biomechanics* 25: 140-148.

Young, W.B., and D.G. Behm. 2002. Should static stretching be used during a warm-up for strength and power activities? *Strength and Conditioning Journal* 24: 33-37.

Young, W.B., and G.E. Bilby. 1993. The effect of voluntary effort to influence speed of contraction on strength, muscular power, and hypertrophy development. *Journal of Strength and Conditioning Research* 7: 172-178.

Zajac, F.E., and M.E. Gordon. 1989. Determining muscle's force and action in multi-articular movement. *Exercise and Sport Science Reviews* 17: 187-230.

Zatsiorsky, V.M. 1995. *Science and Practice of Strength Training*. Champaign, IL: Human Kinetics.

Capítulo 8

Abernethy, P., G. Wilson, and P. Logan. 1995. Strength and power assessment: Issues, controversies and challenges. *Sports Medicine* 19: 401-417.

Adams, K.J., A.M. Swank, K.L. Barnard, J.M. Bering, and P.G. Stevene-Adams. 2000. Safety of maximal power, strength, and endurance testing in older African American women. *Journal of Strength and Conditioning Research* 14: 254-260.

Allen, D.G., G.D. Lamb, and H. Westerblad. 2008. Skeletal muscle fatigue: Cellular mechanisms. *Physiology Reviews* 88: 287-332.

Baker, D. 2009. Ability and validity of three different methods of assessing upper-body strength endurance to distinguish playing rank in professional rugby league players. *Journal of Strength and Conditioning Research* 23: 1578-1582.

Baker, D.G., and R.U. Newton. 2006. Discriminative analysis of various upper body tests in professional rugby league players. *International Journal of Sports Physiology and Performance* 1: 347-360.

Baumgartner, T.A., A.S. Jackson, M.T. Mahar, and D.A. Rowe. 2007. *Measurement and Evaluation in Physical Education and Exercise Science*. New York: McGraw-Hill.

Baumgartner, T.A., S. Oh, H. Chung, and D. Hales. 2002. Objectivity, reliability, and validity for a revised push-up test protocol. *Measurement in Physical Education and Exercise Science* 6: 225-242.

Boland, E., D. Boland, T. Carroll, and W.R. Barfield. 2009. Comparison of the Power Plate and free weight exercises on upper body muscular endurance in college age subjects. *International Journal of Exercise Science* 2: 215-222.

Chapman, P.P., J.R. Whitehead, and R.H. Binkert. 1998. The 225-lb reps-to-fatigue test as a submaximal estimate of 1-RM bench press performance in college football players. *Journal of Strength and Conditioning Research* 12: 258-261.

Clemons, J.M., C.A. Duncan, O.E. Blanchard, W.H. Gatch, D.B. Hollander, and J.L. Doucet. 2004. Relationships between the flexed-arm hang and selected measures of muscular fitness. *Journal of Strength and Conditioning Research* 18: 630-636.

Earle, R.W., and T.R. Baechle. 2008. Resistance training and spotting techniques. In *Essentials of Strength Training and Conditioning*, edited by T.R. Baechle and R.W. Earle, 325-376. Champaign, IL: Human Kinetics.

Eisenmann, J.C., and R.M. Malina. 2003. Age- and sex-associated variation in neuromuscular capacities of adolescent distance runners. *Journal of Sports Sciences* 21: 551-557.

Engelman, M.E., and J.R. Morrow. 1991. Reliability and skinfold correlates for traditional and modified pull-ups in children greade 3–5. *Research Quarterly for Exercise and Sports* 62: 88-91.

Foldvari, M., M. Clark, L.C. Laviolette, M.A. Bernstein, D. Kaliton, C. Castaneda, C.T. Pu, J.M. Hausdorff, R.A. Fielding, and M.A. Fiatarone Singh. 2000. Association of muscle power with functional status in community-dwelling elderly women. *Journal of Gerontology. Series A, Biological and Medical Sciences* 22: M192-M199.

Grant, S., T. Hasler, C. Davies, T.C. Aitchison, J. Wilson, and A. Whittaker. 2001. A comparison of the anthropometric, strength, endurance and flexibility characteristics of female elite and recreational climbers and non-climbers. *Journal of Sports Sciences* 19: 499-505.

Grant, S., V. Hynes, A. Whittaker, and T. Aitchison. 1996. Anthropometric, strength, endurance and flexibility characteristics of elite and recreational climbers. *Journal of Sports Sciences* 14: 301-309.

Halet, K.A., J.L. Mayhew, C. Murphy, and J. Fanthorpe. 2009. Relationship of 1 repetition maximum lat-pull to pull-up and lat-pull repetitions in elite collegiate women swimmers. *Journal of Strength and Conditioning Research* 23: 1496-1502.

Harman, E. 2008. Principles of test selection and administration. In *Essentials of Strength Training and Conditioning*, edited by T.R. Baechle and R.W. Earle, 237-247. Champaign, IL: Human Kinetics.

Henwood, T.R., S. Riek, and D.R. Taafe. 2008. Strength versus power-specific resistance training in community-dwelling older adults. *Journal of Gerontology. Series A, Biological and Medical Sciences* 63: 83-91.

Hoffman, J. 2006. *Norms for Fitness, Performance, and Health*. Champaign, IL: Human Kinetics.

Hoffman, J.R., W.J. Kraemer, A.C. Fry, M. Deschenes, and M. Kemp. 1990. The effects of self-selection for frequency of training in a winter conditioning program for football. *Journal of Applied Sport Science Research* 4: 76-82.

Kraemer, W.J., K. Adams, E. Cafarelli, G.A. Dudley, C. Dooly, et al. 2002. American College of Sports Medicine position stand: Progression models in resistance training for healthy adults. *Medicine & Science in Sports & Exercise* 34: 364-380.

LaChance, P.F., and T. Hortobagyi. 1994. Influence of cadence on muscular performance during push-up and pull-up exercise. *Journal of Strength and Conditioning Research* 8: 76-79.

Maffiuletti, N.A., M. Bizzini, K. Desbrosses, N. Babault, and M. Munzinger. 2007. Reliability of knee extension and flexion measurements using the Con-Trex isokinetic dynamometer. *Clinical Physiology and Functional Imaging* 27: 346-353.

Mayhew, J.L., J.A. Jacques, J.S. Ware, P.P. Chapman, M.G. Bemben, T.E. Ward, and J.P. Slovak. 2004. Anthropometric dimensions do not enhance one repetition maximum prediction from the NFL-225 test in college football players. *Journal of Strength and Conditioning Research* 18: 572-578.

Mazzetti, S.A., W.J. Kraemer, J.S. Volek, N.D. Duncan, N.A. Ratamess, R.U. Newton, K. Häkkinen, and S.J. Fleck. 2000. The influence of direct supervision of resistance training on strength performance. *Medicine & Science in Sports & Exercise* 32: 1175-1184.

Meir, R., R. Newton, E. Curtis, M. Fardell, and B. Butler. 2001. Physical fitness qualities of professional rugby league football players: Determination of positional differences. *Journal of Strength and Conditioning Research* 15: 450-458.

Murphy, A.J., and G.J. Wilson. 1997. The ability of tests of muscular function to reflect training induced changes in performance. *Journal of Sports Sciences* 15: 191-200.

Rana, S.R., G.S. Chleboun, R.M. Gilders, F.C. Hagerman, J.R. Herman, R.S. Hikida, M.R. Kushnick, R.S. Staron, and K. Toma. 2008. Comparison of early phase adaptations for traditional strength and endurance, and low velocity resistance training programs in college-aged women. *Journal of Strength and Conditioning Research* 22: 119-127.

Rassier, D.E., B.R. MacIntosh, and W. Herzog. 1999. Length dependence of active force production in skeletal muscle. *Journal of Applied Physiology* 86: 1445-1457.

Reynolds, J.M., T.J. Gordon, and R.A. Robergs. 2006. Prediction of one repetition maximum strength from multiple repetition maximum testing and anthropometry. *Journal of Strength and Conditioning Research* 20: 584-592.

Rivera, M.A., A.M. Rivera-Brown, and W.R. Frontera. 1998. Health related physical fitness characteristics of elite Puerto Rican athletes. *Journal of Strength and Conditioning Research* 12: 199-203.

Saint Romain, B., and M.T. Mahar. 2001. Norm-referenced and criterion-referenced reliability of the push-up and modified pull-up. *Measurement in Physical Education and Exercise Science* 5: 67-80.

Sherman, T., and J.P. Barfield. 2006. Equivalence reliability among the FITNESSGRAM® upper-body tests of muscular strength and endurance. *Measurement in Physical Education and Exercise Science* 10: 241-254.

Siegel, J.A., D.N. Camaione, and T.G. Manfredi. 1989. The effects of upper body resistance training on prepubescent children. *Pediatric Exercise Science* 1: 145-154.

Siff, M.C. 2000. *Supertraining.* Denver: Supertraining Institute.

Stone, M.H., M. Stone, and W.A. Sands. 2007. *Principles and Practice of Resistance Training.* Champaign, IL: Human Kinetics.

Stone, M.H., M. Stone, W.A. Sands, K.C. Pierce, R.U. Newton, G.G. Haff, and J. Carlock. 2006. Maximum strength and strength training—A relationship to endurance? *Strength and Conditioning Journal* 28: 44-53.

Vescovi, J.D., T.M. Murray, and J.L. Van Heest. 2007. Positional performance profiling of elite ice hockey players. *International Journal of Sports Physiology and Performance* 1: 84-94.

Williford, H.N., W.J. Duey, M.S. Olson, R. Howard, and N. Wang. 1999. Relationship between fire fighting suppression tasks and physical fitness. *Ergonomics* 42: 1179-1186.

Woods, J.A., R.R. Pate, and M.L. Burgess. 1992. Correlates to performance on field tests of muscular strength. *Pediatric Exercise Science* 4: 302-311.

Zatsiorsky, V.M. 1995. *Science and Practice of Strength Training.* Champaign, IL: Human Kinetics.

Capítulo 9

Aagaard, P., E.B. Simonsen, J.L. Andersen, P. Magnusson, and P. Dyhre-Poulsen. 2002. Increased rate of force development and neural drive of human skeletal muscle following resistance training. *Journal of Applied Physiology* 93: 1318-1326.

Alexander, R.M. 2000. Storage and release of elastic energy in the locomotor system and the stretch-shortening cycle. In *Biomechanics and Biology of Movement*, edited by B.M. Nigg, B.R. MacIntosh, and J. Mester. Champaign, IL: Human Kinetics.

Atha, J. 1981. Strengthening muscle. *Exercise and Sport Science Reviews* 9: 1-73.

Ayalon, A., O. Inbar, and O. Bar-Or. 1974. Relationship among measurements of explosive strength and aerobic power. In *International Series on Sport Sciences, Vol I*, edited by R.C. Nelson, and C.A. Morehouse. New York: MacMillan.

Baker, D., S. Nance, and M. Moore. 2001. The load that maximizes the average mechanical power output during jump squats in power trained athletes. *Journal of Strength and Conditioning Research* 15: 92-97.

Bannister, E.W. 1991. Modeling elite athletic performance. In *Physiological Testing of the High Performance Athlete*, edited by J.D. MacDougall, H.A. Wenger, and H.J. Green. Champaign, IL: Human Kinetics.

Bar-Or, O. 1987. The Wingate Anaerobic Test: An update on methodology. Validity and reliability. *Sports Medicine* 4: 381-394.

Bar-Or, O. 1992. An abbreviated Wingate Anaerobic Test for women and men of advanced age. *Medicine & Science in Sports & Exercise* 24: S22.

Bartlett, R. 2007. *Introduction to Sports Biomechanics: Analysing Human Movement Patterns*, 2nd ed. London: Routledge.

Baudry, S., and J. Duchateau. 2007. Postactivation potentiation in a human muscle: Effect on the rate of torque development of tetanic and voluntary isometric contractions. *Journal of Applied Physiology* 102: 1394-1401.

Bean, J.F., D.K. Kiely, S. Herman, S.G. Leveille, K. Mizer, W.R. Frontera, and R.A. Fielding. 2002. The relationship between leg power and physical performance in mobility-limited older people. *Journal of the American Geriatric Society* 50: 461-467.

Bobbert, M.F., K.G. Gerritsen, M.C. Litjens, and A.J. Van Soest. 1996. Why is countermovement jump height greater than squat jump height? *Medicine & Science in Sports & Exercise* 28: 1402-1412.

Carlock, J.M., S.L. Smith, M.J. Hartman, R.T. Morris, D.A. Ciroslan, K.C. Pierce, R.U. Newton, E.A. Harman, W.A. Sands, and M.H. Stone. 2004. The relationship between vertical jump power estimates and weightlifting ability: A field-test approach. *Journal of Strength and Conditioning Research* 18: 534-539.

Chatzopoulos, D.E., C.J. Michailidis, A.K. Giannakos, K.C. Alexiou, D.A. Patikas, C.B. Antonopoulos, and C.M. Kotzamanidis. 2007. Postactivation potentiation effects after heavy resistance exercise. *Journal of Strength and Conditioning Research* 21 (4): 1278-1281.

Chelly, S.M., and C. Denis. 2001. Leg power and hopping stiffness: Relationship with sprint running performance. *Medicine & Science in Sports & Exercise* 33 (2): 326-333.

Chiu, L.Z.F., and J.L. Barnes. 2003. The fitness fatigue model revisited: Implications for planning short- and long-term training. *Strength and Conditioning Journal* 25 (6): 42-51.

Chmielewski, T.L., G.D. Myer, D. Kauffman, and S.M. Tillman. 2006. Plyometric exercise in the rehabilitation of athletes: Physiological responses and clinical application. *Journal of Orthopaedic & Sports Physical Therapy* 36 (5): 308-319.

Chu, D.A. 1996. *Explosive Power and Strength*. Champaign, IL: Human Kinetics.

Clemons, J., and M. Harrison. 2008. Validity and reliability of a new stair sprinting test of explosive power. *Journal of Strength and Conditioning Research* 22 (5): 1578-1583.

Clemons, J.M., B. Campbell, and C. Jeansonne. 2010. Validity and reliability of a new test of upper body power. *Journal of Strength and Conditioning Research* 24 (6): 1559-1565.

Cormie, P., and S.P. Flanagan. 2008. Does an optimal load exist for power training? Point-counterpoint. *Strength and Conditioning Journal* 30 (2): 67-69.

Cormie, P., G.O. McCaulley, and J.M. McBride. 2007. Power versus strength-power jump squat training: Influence on the load-power relationship. *Medicine & Science in Sports & Exercise* 39 (6): 996-1003.

Cormie, P., G.O. McCaulley, T.N. Triplett, and J.M. McBride. 2007. Optimal loading for maximal power output during lower-body resistance exercises. *Medicine & Science in Sports & Exercise* 39 (2): 340-349.

Cormie, P., McGuigan, M.R., and R.U. Newton. 2011a. Developing maximal neuromuscular power. Part 1 – Biological basis of maximal power production. *Sports Medicine* 41 (1): 17-38.

Cormie, P., McGuigan, M.R., and R.U. Newton. 2011b. Developing maximal neuromuscular power. Part 2 – Training considerations for improving maximal power production. *Sports Medicine* 41 (2): 125-146.

Cronin, J., and G. Sleivert. 2005. Challenges in understanding the influence of maximal power training on improving athletic performance. *Sports Medicine* 35 (3): 213-234.

Earles, D.R., J.O. Judge, and O.T. Gunnarsson. 1997. Power as a predictor of functional ability in community dwelling older persons. *Medicine & Science in Sports & Exercise* 29: S11.

Evans, W.J. 2000. Exercise strategies should be designed to increase muscle power. *Journal of Gerontology: Medical Science* 55A: M309-M310.

Faulkner, J.A., D.R. Claflin, and K.K. McCully. 1986. Power output of fast and slow fibers from human skeletal muscles. In *Human Power Output*, edited by N.L. Jones, N. McCartney, and A.J. McComas. Champaign, IL: Human Kinetics.

Flanagan, E.P., W.P. Ebben, and R.L. Jensen. 2008. Reliability of the reactive strength index and time to stabilization during depth jumps. *Journal of Strength and Conditioning Research* 22 (5): 1677-1682.

Flanagan, E.P., and A.J. Harrison. 2007. Muscle dynamics differences between legs, in healthy adults. *Journal of Strength and Conditioning Research* 21: 67-72.

Fox, E., R. Bowers, and M. Foss. 1993. *The Physiological Basis for Exercise and Sport*. Madison, WI: Brown & Benchmark.

Friedman, J.E., P.D. Neufer, and L.G. Dohm. 1991. Regulation of glycogen synthesis following exercise. *Sports Medicine* 11 (4): 232-243.

Garhammer, J. 1993. A review of power output studies of Olympic and power lifting: Methodology, performance prediction, and evaluation tests. *Journal of Strength and Conditioning Research* 7 (2): 76-89.

Gibala, M., J. Little, M. van Essen, G. Wilkin, K. Burgomaster, A. Safdar, S. Raha, and M. Tarnopolsky. 2006. Short-term sprint interval versus traditional endurance training: Similar initial adaptations in human skeletal muscle and exercise performance. *Journal of Physiology* 575 (Pt. 3): 901-911.

Gollnick, P.D., and A.W. Bayly. 1986. Biochemical training adaptations and maximal power. In *Human Muscle Power*, edited by N.L. Jones, N. McCartney, and A.J. McComas. Champaign, IL: Human Kinetics.

Ham, D.J., W.L. Knez, and W.B. Young. 2007. A deterministic model of the vertical jump: Implications for training. *Journal of Strength and Conditioning Research* 21 (3): 967-972.

Harman, E., and J. Garhammer. 2008. Administration, scoring, and interpretation of selected tests. In *NSCA's Essentials of Strength Training and Conditioning*, 3rd ed., edited by T.R. Baechle and R.W. Earle. Champaign, IL: Human Kinetics.

Harman, E.A., M.T. Rosenstein, P.N. Frykman, R.M. Rosenstein, and W.J. Kraemer. 1991. Estimation of human power output from vertical jump. *Journal of Applied Sport Science Research* 5 (3): 116-120.

Harris, R.C., R.H.T. Edwards, E. Hultman, L.O. Nordesjo, B. Nylind, and K. Sahlin. 1976. The time course of phosphorylcreatine resynthesis during recovery of the quadriceps muscle in man. *Pflugers Archives* 367: 137-142.

Hill, A.V. 1938. The heat of shortening and the dynamic constants of muscle. *Proceedings of the Royal Society of London* 126: 136.

Hill, A.V. 1964. The effect of load on the heat of shortening of muscle. *Proceedings of the Royal Society of London* 159: 297.

Hoffman, J. 2006. *Norms for Fitness, Performance and Health*. Champaign, IL: Human Kinetics.

Inbar, O., O. Bar-Or, and J.S. Skinner. 1996. *The Wingate Anaerobic Test*. Champaign, IL: Human Kinetics.

Josephson, R.K. 1993. Contraction dynamics and power output of skeletal muscle. *Annual Review of Physiology* 55: 527-546.

Kalamen, J.L. 1968. Measurement of maximum muscular power in man. PhD diss., The Ohio State University, Columbus, OH.

Kaneko, M., T. Fuchimoto, H. Toji, and K. Suei. 1983. Training effect of different loads on the force-velocity relationship and mechanical power output in human muscle. *Scandinavian Journal of Medicine & Science in Sports* 5: 50-55.

Krogh, A., and J. Lindhard. 1913. The regulation of respiration and circulation during the initial stages of muscular work. *Journal of Physiology* 47: 112-136.

Lunn, W.R., J.A. Finn, and R.S. Axtell. 2009. Effects of sprint interval training and body weight reduction on power to weight ratio in experienced cyclists. *Journal of Strength and Conditioning Research* 23 (4): 1217-1224.

Margaria, R., P. Aghemo, and E. Rovelli. 1966. Measurement of muscular power (anaerobic) in man. *Journal of Applied Physiology* 21: 1662-1664.

Maud, P.J., and B.B. Shultz. 1989. Norms for the Wingate Anaerobic Test with comparison to another similar test. *Research Quarterly for Exercise & Sport* 60 (2): 144-151.

McArdle, W.D., F.I. Katch, and V.L. Katch. 2007. *Exercise Physiology: Energy, Nutrition, and Human Performance*, 6th ed. Philadelphia: Lippincott Williams & Wilkins.

McGuigan, M.R., T.L.A. Doyle, M. Newton, D.J. Edwards, S. Nimphius, and R.U. Newton. 2006. Eccentric utilization ratio: Effect of sport and phase of training. *Journal of Strength and Conditioning Research* 20 (4): 992-995.

Nindl, B.C., M.T. Mahar, E.A. Harman, and J.F. Patton. 1995. Lower and upper body anaerobic performance in male and female adolescent athletes. *Medicine & Science in Sports & Exercise* 27: 235-241.

Nordlund, M.M., A. Thorstensson, and A.G. Cresswell. 2004. Central and peripheral contributions to fatigue in relation to level of activation during repeated maximal voluntary isometric plantar flexions. *Journal of Applied Physiology* 96: 218-225.

Patterson, D.D., and D.H. Peterson. 2004. Vertical jump and leg power norms for young adults. *Measurement in Physical Education and Exercise Science* 8: 33-41.

Poussen, M., J. Van Hoeke, and F. Goubel. 1990. Changes in elastic characteristics of human muscle induced by eccentric exercise. *Journal of Biomechanics* 23: 343-348.

Puthoff, M.L., and D.H. Nielsen. 2007. Relationships among impairments in lower-extremity strength and power, functional limitations, and disability in older adults. *Physical Therapy* 87 (10): 1334-1347.

Racinais, S., D. Bishop, R. Denis, G. Lattier, A. Mendez-Villaneuva, and S. Perrey. 2007. Muscle deoxygenation and neural drive to the muscle during repeated sprint cycling. *Medicine & Science in Sports & Exercise* 39: 268-274.

Sayers, S.P., D.V. Harackiewicz, E.A. Harman, P.N. Frykman, and M.T. Rosenstein. 1999. Cross-validation of three jump power equations. *Medicine & Science in Sports & Exercise* 31: 572-577.

Stone, M.H., D. Collins, S. Plisk, G. Haff, and M.E. Stone. 2000. Training principles: Evaluation of modes and methods of resistance training. *Strength and Conditioning Journal* 22 (3): 65-76.

Suetta, C., P. Aagaard, S.P. Magnusson, L.L. Andersen, S. Sipila, A. Rosted, A.K. Jakobsen, B. Duus, and M. Kjaer. 2007. Muscle size, neuromuscular activation, and rapid force characteristics in elderly men and women: Effects of unilateral long-term disuse due to hip-osteoarthritis. *Journal of Applied Physiology* 102: 942-948.

Suetta, C., P. Aagaard, A. Rosted, A.K. Jakobsen, B. Duus, M. Kjaer, and S.P. Magnusson. 2004. Training-induced changes in muscle CSA, muscle strength, EMG, and rate of force development in elderly subjects after long-term unilateral disuse. *Journal of Applied Physiology* 97: 1954-1961.

Suzuki, T., J.F. Bean, and R.A. Fielding. 2001. Muscle power of the ankle flexors predicts functional performance in community-dwelling older women. *Journal of the American Geriatrics Society* 49: 1161-1167.

Thorstensson, A., J. Karlsson, H.T. Viitasalo, P. Luhtanen, and P.V. Komi. 1976. Effect of strength training on EMG of human skeletal muscle. *Acta Physiologica Scandinavica* 98: 232-236.

Walshe, A.D., G.J. Wilson, and A.J. Murphy. 1996. The validity and reliability of a test of lower body musculotendinous stiffness. *European Journal of Applied Physiology* 73: 332-339.

Wilson, G.J., A.J. Murphy, and J.F. Pryor. 1994. Musculotendinous stiffness: Its relationship to eccentric, isometric, and concentric performance. *Journal of Applied Physiology* 76 (6): 2714-2719.

Wu, J.Z., and W. Herzog. 1999. Modeling concentric contraction of muscle using an improved cross-bridge model. *Journal of Biomechanics* 32: 837-848.

Yucesoy, C.A., J.M. Koopman, P.A. Huijing, and H.J. Grootenboer. 2002. Three-dimensional finite element modeling of skeletal muscle using a two-domain approach: Linked fiber-matrix mesh model. *Journal of Biomechanics* 35 (9): 1253-1262.

Zupan, M.F., A.W. Arata, L.H. Dawson, A.L. Wile, T.L. Payn, and M.E. Hannon. 2009. Wingate Anaerobic Test peak power and anaerobic capacity classifications for men and women intercollegiate athletes. *Journal of Strength and Conditioning Research* 23 (9): 2598-2604.

Capítulo 10

Altug, Z., T. Altug, and A. Altug. 1987. A test selection guide for assessing and evaluating athletes. *National Strength and Conditioning Association Journal* 9 (3): 62-66.

Bandy, W.D., J.M. Irion, and M. Briggler. 1998. The effect of static stretch and dynamic range of motion training on the flexibility of the hamstring muscles. *Journal of Orthopedic and Sports Physical Therapy* 4: 295-300.

Behm, D.G., D.C. Button, and J.C. Butt. 2001. Factors affecting force loss with prolonged stretching. *Canadian Journal of Applied Physiology* 26 (3): 261-272.

Church, J.B., M.S. Wiggins, F.M. Moode, and R. Crist. 2001. Effect of warm-up and flexibility treatments on vertical jump performance. *Journal of Strength and Conditioning Research* 15 (3): 332-336.

Cressey, E.M., C.A. West, D.P. Tiberio, W.J. Kraemer, and C.M. Maresh. 2007. The effects of ten weeks of lower-body unstable surface training on markers of athletic performance. *Journal of Strength and Conditioning Research* 21 (2): 561-567.

Farlinger, C.M., L.D. Kruisselbrink, and J.R. Fowles. 2007. Relationships to skating performance in competitive hockey players. *Journal of Strength and Conditioning Research* 21 (3): 915-922.

Fletcher, I.M., and B. Jones. 2004. The effect of different warm-up stretch protocols on 20 meter sprint performance in trained rugby union players. *Journal of Strength and Conditioning Research* 18 (4): 885-888.

Gabbett, T.J. 2007. Physiological and anthropometric characteristics of elite women rugby league players. *Journal of Strength and Conditioning Research* 21 (3): 875-881.

Gabbett, T., and B. Georgieff. 2007. Physiological and anthropometric characteristics of Australian junior national, state, and novice volleyball players. *Journal of Strength and Conditioning Research* 21 (3): 902-908.

Harman, E., and J. Garhammer. 2008. Administration, scoring, and interpretation of selected tests. In *Essentials of Strength Training and Conditioning*, 3rd ed., edited by T.R. Baechle, and R.W. Earle, 250-292. Champaign, IL: Human Kinetics.

Hedrick, A. 2000. Dynamic flexibility training. *Strength and Conditioning Journal* 22 (5): 33-38.

Hoffman, J. 2006. *Norms for Fitness, Performance, and Health*. Champaign, IL: Human Kinetics.

Hoffman, J.R., N.A. Ratamess, K.L. Neese, R.E. Ross, J. Kang, J.F. Nagrelli, and A.D. Faigenbaum. 2009. Physical performance characteristics in NCAA Division III champion female lacrosse athletes. *Journal of Strength and Conditioning Research* 23 (5): 1524-1539.

Kovacs, M.S., R. Pritchett, P.J. Wickwire, J.M. Green, P. Bishop. 2007. Physical performance changes after unsupervised training during the autumn/spring semester break in competitive tennis players. *British Journal of Sports Medicine* 41 (11): 705-710.

Mann, D.P., and M.T. Jones. 1999. Guidelines to the implementation of a dynamic stretching program. *Strength and Conditioning Journal* 21 (6): 53-55.

Nelson, A.G., and J. Kokkonen. 2001. Acute muscle stretching inhibits maximal strength performance. *Research Quarterly for Exercise and Sport* 72 (4): 415-419.

Plisk, S. 2008. Speed, agility, and speed-endurance development. In *Essentials of Strength Training and Conditioning*, 3rd ed., edited by T.R. Baechle, and R.W. Earle, 458-485. Champaign, IL: Human Kinetics.

Power, K., D. Behm, F. Cahill, M. Carroll, and W. Young. 2004. An acute bout of static stretching: Effects on force and jumping performance. *Medicine & Science in Sports & Exercise* 36 (8): 1389-1396.

Young, W.B., and D.G. Behm. 2003. Effects of running, static stretching, and practice jumps on explosive force production and jumping performance. *Journal of Sports Medicine and Physical Fitness* 43 (1): 21-27.

Capítulo 11

Berryman Reese, N., and W.D. Bandy. 2002. *Joint Range of Motion and Muscle Length Testing*. Philadelphia: W.B. Saunders.

Bobbert, M.F., and G.J. van Ingen Schenau. 1988. Coordination in vertical jumping. *Journal of Biomechanics* 21: 249-262.

Bibliografia

Brosseau, L., S. Balmer, M. Tousignant, J.P. O'Sullivan, C. Goudreault, M. Goudreault, and S. Gringras. 2001. Intra- and intertester reliability and criterion validity of the parallelogram and universal goniometers for measuring maximum active knee flexion and extension of patients with knee restrictions. *Archives of Physical Medicine and Rehabilitation* 82: 396-402.

Burkhart, S.S., C.D. Morgan, and W.B. Kibler. 2003. The disabled throwing shoulder: Spectrum of pathology part 1: Pathoanatomy and biomechanics. *Arthroscopy: The Journal of Arthroscopic and Related Surgery* 19: 404-420.

Cook, G. 2001. Baseline sports-fitness testing. In *High Performance Sports Conditioning: Modern Training for Ultimate Athletic Development*, edited by B. Foran, 19-48. Champaign, IL: Human Kinetics.

Corkery, M., H. Briscoe, N. Ciccone, G. Foglia, P. Johnson, S. Kinsman, L. Legere, B. Lum, and P.K. Canavan. 2007. Establishing normal values for lower extremity muscle length in college-age students. *Physical Therapy in Sport* 8: 66-74.

Croxford, P., K. Jones, and K. Barker. 1998. Inter-tester comparison between visual estimation and goniometric measurement of ankle dorsiflexion. *Physiotherapy Theory and Practice* 14: 107-113.

Fayad, F., S. Hanneton, M.M. Lefevre-Colau, S. Poiraudeau, M. Revel, and A. Roby-Brami. 2008. The trunk as a part of the kinematic chain for arm elevation in healthy subjects and in patients with frozen shoulder. *Brain Research* 1191: 107-115.

Fleisig, G.S., S.W. Barrentine, R.F. Escamilla, and J.R. Andrews. 1996. Biomechanics of overhand throwing with implications for injuries. *Sports Medicine* 21: 421-437.

Haff, G.G., J.T. Cramer, T.W. Beck, A.D. Egan, S.D. Davis, J. McBride, and D. Wathen. 2006. Roundtable discussion: Flexibility training. *Strength and Conditioning Journal* 28: 64-85.

Houglum, P.A. 2005. *Therapeutic Exercise for Musculoskeletal Injuries*. Champaign, IL: Human Kinetics.

Kadaba, M.P., H.K. Ramakrishnan, M.E. Wooten, J. Gainey, G. Gorton, and G.V.B. Cochran. 1989. Repeatability of kinematic, kinetic, and electromyographic data in normal adult gait. *Journal of Orthopaedic Research* 7: 849-860.

Kendall, F.P., E.K. McCreary, and P.G. Provance. 1993. *Muscles: Testing and Function*. Philadelphia: Lippincott Williams & Wilkins.

Kiesel, K., P.J. Plisky, and M.L. Voight. 2007. Can serious injury in professional football be predicted by a preseason functional movement screen? *North American Journal of Sports Physical Therapy* 2: 147-158.

Knapik, J.J., C.L. Bauman, B.H. Jones, J.M. Harris, and L. Vaughan. 1991. Preseason strength and flexibility imbalances associated with athletic injuries in female collegiate athletes. *American Journal of Sports Medicine* 19: 76-81.

Knudson, D.V., and C.S. Morrison. 1997. *Qualitative Analysis of Human Movement*. Champaign, IL: Human Kinetics.

Lett, K.K., and S.M. McGill. 2006. Pushing and pulling: Personal mechanics influence spine loads. *Ergonomics* 49: 895-908.

Levangie, P.K., and C.C. Norkin. 2001. *Joint Structure and Function: A Comprehensive Analysis*. Philadelphia: F.A. Davis.

Loudon, J.K., W. Jenkins, and K.L. Loudon. 1996. The relationship between static posture and ACL injury in female athletes. *Journal of Orthopaedic & Sports Physical Therapy* 24: 91-97.

Markolf, K.L., D.I. Burchfield, M.M. Shapiro, M.E. Shepard, G.A.M. Finerman, and J.L. Slauterbeck. 1995. Combined knee loading states that generate high anterior cruciate ligament forces. *Journal of Orthopaedic Research* 13: 930-935.

McGill, S.M., R.L. Hughson, and K. Parks. 2000. Changes in lumbar lordosis modify the role of the extensor muscles. *Clinical Biomechanics* 15: 777-780.

Norkin, C.C., and D.J. White. 1995. *Measurement of Joint Motion: A Guide to Goniometry.* Philadelphia: F.A. Davis.

Novacheck, T.F. 1998. The biomechanics of running. *Gait & Posture* 7: 77-95.

Robertson, V.J., A.R. Ward, and P. Jung. 2005. The effect of heat on tissue extensibility: A comparison of deep and superficial heating. *Archives of Physical Medicine and Rehabilitation* 86: 819-825.

Scannell, J.P., and S.M. McGill. 2003. Lumbar posture: Should it, and can it, be modified? A study of passive tissue stiffness and lumbar position during activities of daily living. *Physical Therapy* 83: 907-917.

Shultz, S.J., P.A. Houglum, and D.H. Perrin. 2005. *Examination of Musculoskeletal Injuries.* Champaign, IL: Human Kinetics.

Sigward, S.M., S. Ota, and C.M. Powers. 2008. Predictors of frontal plane knee excursion during a drop land in young female soccer players. *Journal of Orthopaedic & Sports Physical Therapy* 38: 661-667.

Silder, A., S.B. Reeder, and D.G. Thelen. 2010. The influence of prior hamstring injury on lengthening muscle tissue mechanics. *Journal of Biomechanics* 43: 2254-2260.

Starkey, C., and J. Ryan. 2002. *Evaluation of Orthopedic and Athletic Injuries.* Philadelphia: F.A. Davis.

Stone, M., M.W. Ramsey, A.M. Kinser, H.S. O'Bryant, C. Ayers, and W. Sands. 2006. Stretching: Acute and chronic? The potential consequences. *Strength and Conditioning Journal* 28: 66-74.

Thacker, S.B., J. Gilchrist, D.F. Stroup, and C.D. Kimsey. 2004. The impact of stretching on sports injury risk: A systematic review of the literature. *Medicine & Science in Sports & Exercise* 36: 371-378.

Thelen, D.G., E.S. Chumanov, M.A. Sherry, and B.C. Heiderscheit. 2006. Neuromusculoskeletal models provide insights into the mechanisms and rehabilitation of hamstring strains. *Exercise and Sport Sciences Reviews* 34: 135-141.

Weir, J., and N. Chockalingam. 2007. Ankle joint dorsiflexion: Assessment of true values necessary for normal gait. *International Journal of Therapy and Rehabilitation* 14: 76-82.

Wenos, D.L., and J.G. Konin. 2004. Controlled warm-up intensity enhances hip range of motion. *Journal of Strength and Conditioning Research* 18: 529-533.

Werner, S.L., M. Suri, J.A. Guido, K. Meister, and D.G. Jones. 2008. Relationships between ball velocity and throwing mechanics in collegiate baseball pitchers. *Journal of Shoulder and Elbow Surgery* 17: 905-908.

Whiteley, R. 2007. Baseball throwing mechanics as they relate to pathology and performance: A review. *Journal of Sports Science and Medicine* 6: 1-20.

Willson, J.D., M.L. Ireland, and I. Davis. 2006. Core strength and lower extremity alignment during single leg squats. *Medicine & Science in Sports & Exercise* 38: 945-952.

Youdas, J.W., C.L. Bogard, and V.J. Suman. 1993. Reliability of goniometric measurements and visual estimates of ankle joint active range of motion obtained in a clinical setting. *Archives of Physical Medicine and Rehabilitation* 74: 1113-1118.

Zatsiorsky, V.M. 1998. *Kinematics of Human Motion.* Champaign, IL: Human Kinetics.

Capítulo 12

Aaltonen, S., H. Karjalainen, A. Heinonen, J. Parkkari, and U.M. Kujala. 2007. Prevention of sports injuries: Systematic review of randomized controlled trials. *Archives of Internal Medicine* 167: 1585-1592.

Arnold, B.L., and R.J. Schmitz. 1998. Examination of balance measures produced by the biodex stability system. *Journal of Athletic Training* 33: 323-327.

Ashton-Miller, J.A., E.M. Wojtys, L.J. Huston, and D. Fry-Welch. 2001. Can proprioception really be improved by exercises? *Knee Surgery Sports Traumatology Arthroscopy* 9: 128-136.

Behm, D.G., M.J. Wahl, D.C. Button, K.E. Power, and K.G. Anderson. 2005. Relationship between hockey skating speed and selected performance measures. *Journal of Strength and Conditioning Research* 19: 326-331.

Blackburn, T., K.M. Guskiewicz, M.A. Petschauer, and W.E. Prentice. 2000. Balance and joint stability: The relative contributions of proprioception and muscular strength. *Journal of Sport Rehabilitation* 9: 315-328.

Bressel, E., J.C. Yonker, J. Kras, and E.M. Heath. 2007. Comparison of static and dynamic balance in female collegiate soccer, basketball, and gymnastics athletes. *Journal of Athletic Training* 42: 42-46.

Broglio, S.P., J.J. Sosnoff, K.S. Rosengren, and K. McShane. 2009. A comparison of balance performance: Computerized dynamic posturography and a random motion platform. *Archives of Physical Medicine and Rehabilitation* 90: 145-150.

Burkhart, S.S., C.D. Morgan, and W.B. Kibler. 2000. Shoulder injuries in overhead athletes: The "dead arm" revisited. *Clinics in Sports Medicine* 19: 125-158.

Cressey, E.M., C.A. West, D.P. Tiberio, W.J. Kraemer, and C.M. Maresh. 2007. The effects of ten weeks of lower-body unstable surface training on markers of athletic performance. *Journal of Strength and Conditioning Research* 21: 561-567.

Docherty, C.L., T.C.V. McLeod, and S.J. Shultz. 2006. Postural control deficits in participants with functional ankle instability as measured by the balance error scoring system. *Clinical Journal of Sport Medicine* 16: 203-208.

Drouin, J.M., P.A. Houglum, D.H. Perrin, and B.M. Gansneder. 2003. Weight-bearing and non-weight-bearing knee-joint reposition sense and functional performance. *Journal of Sport Rehabilitation* 12: 54-66.

Duncan, P.W., D.K. Weiner, J. Chandler, and S. Studenski. 1990. Functional reach: A new clinical measure of balance. *Journals of Gerontology* 45: M192-M197.

Eechaute, C., P. Vaes, and W. Duquet. 2009. The dynamic postural control is impaired in patients with chronic ankle instability: Reliability and validity of the multiple hop test. *Clinical Journal of Sport Medicine* 19: 107-114.

Evans, T., J. Hertel, and W. Sebastianelli. 2004. Bilateral deficits in postural control following lateral ankle sprain. *Foot & Ankle International* 25: 833-839.

Gribble, P. 2003. The star excursion balance test as a measurement tool. *Athletic Therapy Today* 8: 46-47.

Gribble, P.A., and J. Hertel. 2003. Considerations for normalizing measures of the star excursion balance test. *Measurement in Physical Education and Exercise Science* 7: 89-100.

Gribble, P.A., W.S. Tucker, and P.A. White. 2007. Time-of-day influences on static and dynamic postural control. *Journal of Athletic Training* 42: 35-41.

Hamilton, R.T., S.J. Shultz, R.J. Schmitz, and D.H. Perrin. 2008. Triple-hop distance as a valid predictor of lower limb strength and power. *Journal of Athletic Training* 43: 144-151.

Herrington, L., J. Hatcher, A. Hatcher, and M. McNicholas. 2009. A comparison of Star Excursion Balance Test reach distances between ACL deficient patients and asymptomatic controls. *Knee* 16: 149-152.

Hertel, J., R.A. Braham, S.A. Hale, and L.C. Olmsted-Kramer. 2006. Simplifying the star excursion balance test: Analyses of subjects with and without chronic ankle instability. *Journal of Orthopaedic & Sports Physical Therapy* 36: 131-137.

Hertel, J., S.J. Miller, and C.R. Denegar. 2000. Intratester and intertester reliability during the Star Excursion Balance Tests. *Journal of Sport Rehabilitation* 9: 104-116.

Hertel, J., and L.C. Olmsted-Kramer. 2007. Deficits in time-to-boundary measures of postural control with chronic ankle instability. *Gait & Posture* 25: 33-39.

Hof, A.L. 2007. The equations of motion for a standing human reveal three mechanisms for balance. *Journal of Biomechanics* 40: 451-457.

Horak, F.B., and L.M. Nashner. 1986. Central programming of postural movements: Adaptation to altered support-surface configurations. *Journal of Neurophysiology* 55: 1369-1381.

Hrysomallis, C. 2011. Balance ability and athletic performance. *Sports Medicine* 41: 221-232.

Hrysomallis, C., P. McLaughlin, and C. Goodman. 2007. Balance and injury in elite Australian footballers. *International Journal of Sports Medicine* 28: 844-847.

Iverson, G. L., M. L. Kaarto, and M. S. Koehle. 2008. Normative data for the balance error scoring system: Implications for brain injury evaluations. *Brain Injury* 22:147-152.

Johnson, B.L., and J.K. Nelson. 1986. *Practical Measurements for Evaluation in Physical Education*. New York: MacMillan.

Kinzey, S.J., and C.W. Armstrong. 1998. The reliability of the star-excursion test in assessing dynamic balance. *Journal of Orthopaedic & Sports Physical Therapy* 27: 356-360.

Lafond, D., H. Corriveau, R. Hebert, and F. Prince. 2004. Intrasession reliability of center of pressure measures of postural steadiness in healthy elderly people. *Archives of Physical Medicine and Rehabilitation* 85: 896-901.

Lanning, C.L., T.L. Uhl, C.L. Ingram, C.G. Mattacola, T. English, and S. Newsom. 2006. Baseline values of trunk endurance and hip strength in collegiate athletes. *Journal of Athletic Training* 41:427-434.

Lee, A.J.Y., and W.H. Lin. 2008. Twelve-week biomechanical ankle platform system training on postural stability and ankle proprioception in subjects with unilateral functional ankle instability. *Clinical Biomechanics* 23: 1065-1072.

Mackey, D.C., and S.N. Robinovitch. 2005. Postural steadiness during quiet stance does not associate with ability to recover balance in older women. *Clinical Biomechanics* 20: 776-783.

MacKinnon, C.D., and D.A. Winter. 1993. Control of whole-body balance in the frontal plane during human walking. *Journal of Biomechanics* 26: 633-644.

Marsh, D.W., L.A. Richard, L.A. Williams, and K.J. Lynch. 2004. The relationship between balance and pitching error in college baseball pitchers. *Journal of Strength and Conditioning Research* 18: 441-446.

McCurdy, K., and G. Langford. 2006. The relationship between maximum unilateral squat strength and balance in young adult men and women. *Journal of Sports Science and Medicine* 5: 282-288.

McKeon, P.O., C.D. Ingersoll, D.C. Kerrigan, E. Saliba, B.C. Bennett, and J. Hertel. 2008. Balance training improves function and postural control in those with chronic ankle instability. *Medicine & Science in Sports & Exercise* 40: 1810-1819.

Nashner, L.M. 1997a. Computerized dynamic posturography. In *Handbook of Balance Function Testing*, edited by G.P. Jacobson, C.W. Newman, and J.M. Kartush, 280-307. San Diego: Singular Publishing Group.

Nashner, L.M. 1997b. Practical biomechanics and physiology of balance. In *Handbook of Balance Function Testing,* edited by G.P. Jacobson, C.W. Newman, and J.M. Kartush, 261-279. San Diego: Singular Publishing Group.

Olmsted, L.C., C.R. Carcia, J. Hertel, and S.J. Shultz. 2002. Efficacy of the star excursion balance tests in detecting reach deficits in subjects with chronic ankle instability. *Journal of Athletic Training* 37: 501-506.

Pai, Y.C., B.E. Maki, K. Iqbal, W.E. McIlroy, and S.D. Perry. 2000. Thresholds for step initiation induced by support-surface translation: A dynamic center-of-mass model provides much better prediction than a static model. *Journal of Biomechanics* 33: 387-392.

Plisky, P.J., M.J. Rauh, T.W. Kaminski, and F.B. Underwood. 2006. Star excursion balance test as a predictor of lower extremity injury in high school basketball players. *Journal of Orthopaedic & Sports Physical Therapy* 36: 911-919.

Reeves, N.P., K.S. Narendra, and J. Cholewicki. 2007. Spine stability: The six blind men and the elephant. *Clinical Biomechanics* 22: 266-274.

Riemann, B.L., N.A. Caggiano, and S.M. Lephart. 1999. Examination of a clinical method of assessing postural control during a functional performance task. *Journal of Sport Rehabilitation* 8: 171-183.

Riemann, B.L., K.M. Guskiewicz, and E.W. Shields. 1999. Relationship between clinical and forceplate measures of postural stability. *Journal of Sport Rehabilitation* 8: 71-82.

Robinson, R.H., and P.A. Gribble. 2008. Support for a reduction in the number of trials needed for the Star Excursion Balance Test. *Archives of Physical Medicine and Rehabilitation* 89: 364-370.

Ross, S.E., and K.M. Guskiewicz. 2003. Time to stabilization: A method for analyzing dynamic postural stability. *Athletic Therapy Today* 8: 37-39.

Ross, S.E., and K.M. Guskiewicz. 2004. Examination of static and dynamic postural stability in individuals with functionally stable and unstable ankles. *Clinical Journal of Sport Medicine* 14: 332-338.

Ross, S.E., K.M. Guskiewicz, M.T. Gross, and B. Yu. 2009. Balance measures for discriminating between functionally unstable and stable ankles. *Medicine & Science in Sports & Exercise* 41: 399-407.

Schmitz, R., and B. Arnold. 1998. Intertester and intratester reliability of a dynamic balance protocol using the Biodex stability system. *Journal of Sport Rehabilitation* 7: 95-101.

Shimada, H., S. Obuchi, N. Kamide, Y. Shiba, M. Okamoto, and S. Kakurai. 2003. Relationship with dynamic balance function during standing and walking. *American Journal of Physical Medicine & Rehabilitation* 82: 511-516.

Starkey, C., and J. Ryan. 2002. *Evaluation of Orthopedic and Athletic Injuries.* Philadelphia: F.A. Davis.

Whiting, W.C., and S. Rugg. 2006. *Dynatomy: Dynamic Human Anatomy.* Champaign, IL: Human Kinetics.

Yaggie, J.A., and B.M. Campbell. 2006. Effects of balance training on selected skills. *Journal of Strength and Conditioning Research* 20: 422-428.

Zajac, F.E., and M.E. Gordon. 1989. Determining muscles force and action in multi-articular movement. *Exercise and Sport Sciences Reviews* 17: 187-230.

Zajac, F.E., R.R. Neptune, and S.A. Kautz. 2002. Biomechanics and muscle coordination of human walking—Part I: Introduction to concepts, power transfer, dynamics and simulations. *Gait & Posture* 16: 215-232.

Índice remissivo

Nota: O *f* e o *t* em itálico depois dos números das páginas referem-se, respectivamente, a figuras e tabelas.

A
absorciometria radiológica de dupla energia (DXA)
  descrição 39-40
  equipamento 39-40
  limitação 41-42
  procedimento 40-41
  vantagens 40-41
acelerômetros
  calorimetria indireta 96-97
  descrição 91
  sinal de aceleração bruta 96-97
  uso 96-97
  vantagens em relação a pedômetros 91
acidose 106-107
adrenalina (ADR) 70
altura, peso corporal e índice de massa corporal, medição 23-24. *Ver também* composição corporal
  absorciometria radiológica de dupla energia 39-42
  análise de impedância bioelétrica (BIA) 31-33, 44*t*-45*t*
  descrição 23-24
  hidrodensitometria 34-36, 44*t*-45*t*
  índice de massa corporal 23-24
  interactância quase infravermelha (NIR) 43

  medição de dobra cutânea 26-30
  medições de circunferência 30-34, 44*t*-45*t*
  pletismografia por deslocamento de ar (PDA) 38-40
  relação cintura-quadril (RCQ) 25-26, 26*t*
  técnicas, uniformidade 48-49
  tomografia computadorizada (TC) e imagem de ressonância magnética (IRM) 41-43
análise de impedância bioelétrica (BIA)
  classificações de porcentual de gordura corporal 38-39, 44*t*-45*t*
  descrição 36-38
  equipamento e procedimento 37-38
  equipamentos de BIA, precisão dos 37-39
área de seção transversa (AST) 253-254
artrocinemática 320-321
avaliação de dados e análise estatística.
  Ver também testes, dados e análise, e conclusões
  análise descritiva 5-7
  análise estatística 9-11
  diferença em medidas de desempenho, determinação de magnitude 10-11
  diferenças entre variáveis de desempenho 9-12, 11*t*

estatística aplicada 4-5
probabilidade e magnitude 4-6
profissionais de condicionamento e avaliação de informações, 3-5
relações entre variáveis de desempenho 7-9, 8*f*, 8*t*, 9*t*
técnicas e circunstâncias do teste 9
tendência central, medidas 6-7
variabilidade em pontuações, avaliação 7
avaliações e diários de atividade
  descrição 91-93
  precisão 92-93
  Previous Day Physical Activity Recall (PDPAR) 92-94
  Questionário Internacional de Atividade Física (IPAQ) 92-93

B
barorreceptores 69

C
cadeia cinemática 319-320
cálcio (CA^{2+}) 287
cálculos de equação de regressão. *Ver também* potência aeróbia
  cálculos de potência aeróbia 142-143
  frequência cardíaca 131*t*-132*t*, 142-143
  interpretações de potência aeróbia 141*t*, 142-143
  parênteses, expoentes, multiplicação e divisão, e adição e subtração (PEMDAS) 141
  prescrição de exercício 143-144
  processo de quatro passos 141-144
calorimetria indireta
  calorimetria respiratória indireta 86
  descrição 85-86
  equação bioquímica do metabolismo de alimento 85-86
  espirometria de circuito fechado e espirometria de circuito aberto 86-88
  taxa de troca respiratória (RER) 87
  taxa metabólica 86-87
ciclo de alongamento-encurtamento (CAE) 277-278
ciclo dos TCA 151
ciclos cardíacos (FC) 69
composição corporal. *Ver também* altura, peso corporal, e índice de massa corporal, medição
  análise de composição corporal 18-19
  antropometria e composição corporal, descrição 17-18
  avaliação de obesidade com tabelas de altura e peso 19
  como componente de saúde do condicionamento 17-19
  desempenho esportivo 18-22
  gordura corporal essencial e não essencial 43-45
  medição, frequência 48-49
  medição de gordura corporal 22
  medição e quantificação do porcentual de gordura corporal, importância 21
  padrões de gordura corporal 43-45, 45*t*-46*t*
  programa de medição 48-49
  questões que profissionais de saúde e condicionamento enfrentam 46-49
  sessões de calibração 48-49
  sobrepeso 18-19
  técnicas, comparação 44-45, 44*t*-45*t*
  técnicas, uniformidade 48
  testes de composição corporal 21-22
  testes de composição corporal e antropométricos 17-18
  usos para testes de composição corporal 17-18

Índice remissivo

consumo de oxigênio ($\dot{V}O_2$) 85-86
consumo excessivo de oxigênio pós--exercício (EPOC) 83-84
contração isométrica voluntária máxima (CIVM) 255-256

D
dados de condicionamento, normalização
   capacidade de força muscular 11-12
   escalonamento alométrico 12-14
   outras formas de normalizar força 11-13
   validade de dados dos testes, fatores que podem confundir 11-12
dados de limiar de lactato, uso. *Ver também* limiar de lactato
   concentrações de lactato sanguíneo, aumentos 166
   descrição 165
   efeito do treinamento no limiar do lactato 166-168, 167*f*
   intensidade do exercício, conhecer 165-166
   limiar de lactato como preditor do desempenho no exercício de resistência 166
   prescrição de intensidades de treinamento adequadas 166
débito cardíaco ($\dot{Q}$) 69
   geração e absorção 328-330, 329*f*-330*f*
   posição do efetor final 329-330
   postura 327-328
desempenho esportivo e composição corporal
   aumento na gordura corporal e na massa corporal magra 19-21
   aumento na massa corporal, vantagens 19-21
   componentes de condicionamento e 18-20
   força e atletas de potência 19-21
   níveis-padrão de composição corporal, manutenção 19-20
desempenho esportivo e mobilidade
   descrição 327
desempenho esportivo, equilíbrio e estabilidade
   desempenho de equilíbrio e desempenho esportivo, estudos 358-360
   efeito do treinamento de equilíbrio na ocorrência de lesões, estudos 360-362
   efeito do treinamento de equilíbrio no desempenho esportivo, estudos 359-360
   estudos prospectivos 360-361
   lesões de joelho ou tornozelo e desempenho de equilíbrio, estudos 360-362
   relação com desempenho ou potencial de lesão, estabelecimento 357-359
dinamômetro Con-Trex 215
dióxido de carbono (CO_2) 87-88
doença cardiovascular (DCV) 18-19

E
efeito térmico do alimento (ETE) 78-79
eletrocardiografia (ECG)
   eletrocardiograma 61, 62*f*
   faixas de ECG e cálculo de frequência cardíaca 61-62, 62*f*
   forma de onda de ECG 60-61, 62*f*
end-feel 324*t*-326*t*, 334-335
equilíbrio e estabilidade
   descrição 345-346, 366-367
   desempenho esportivo 356-362
   lesão 366-367
   mecânica corporal 346
   resultados, interpretação 365-366, 365*t*-367*t*

teoria do controle 350-353, 350*f*
testes 345-346
treinamento 368
triagem 368
equilíbrio e estabilidade, medição
    avaliações de equilíbrio e estabilidade, comparação 358*t*-359*t*, 361-362
    descrição 361-362
    erro de queda e erro de equilíbrio 365
    sistema de pontuação de erros de equilíbrio (SPEE) 360*f*-361*f*, 361-363, 368
    teste de Bass modificado 361-362, 365-367, 365*f*-366*f*, 368
    teste de equilíbrio de percurso em estrela (TEPE) 361-366, 363*f*
equipamentos aneroides 72
equivalente metabólico (MET) 99
erro quadrático médio (RMS) 347-348
escala de percepção de esforço (EPE) 125-126
esfigmomanômetros 72-73
estabilidade dinâmica 350
estado estável da FC (EEFC) 53-55
estimação do gasto energético em 24 horas e na atividade física
    acelerômetros e monitores de frequência cardíaca 91
    avaliações e diários de atividade 91-94
    descrição 90
    monitores de atividade 90-91
    pedômetros 90-91

F
facilidade de movimento. *Ver* mobilidade
finalização do teste de limiar de lactato e análises de dados
    análises de regressão 160-162, 160*f*, 161*f*
    critérios de 0,5 e 1,0 mmol.L^{-1} 154*f*, 158-161, 158*f*
    descrição 154*f*, 157-159, 157*f*
    método D-máx 161-163, 163*f*
força isométrica máxima (FIM) 205-206
força muscular. *Ver também* testes de campo de força muscular; teste de força isocinética; testes laboratoriais de força muscular máxima; produção de força muscular, fatores que afetam a; força muscular, medição
    administração uniforme dos testes 220-221
    definição 172-174, 182-183
    desempenho esportivo e 183-184
    equações de previsão para idosos 203-204
    equações de previsão para jovens 201-204
    métodos de medição de força muscular, comparação 217*t*-218*t*, 219
    pontuações de teste e medidas de desempenho 220-221
    previsão de valores de 1 RM a partir de múltiplas repetições 201-204
    quando administrar o teste e tempo de melhoras 220-221
    seleção de teste não específico 220-221
    testes, importância e usos 171-172
    utilidade de cada teste e tempo disponível 218-220
força muscular, medição
    aquecimento, considerações 186-188
    especificidade de força muscular 184-187
    magnitude de força (máxima e média) 184-185
    movimentos balísticos e não balísticos 186-187
    organização e ordem dos testes 188-189
    padrões de movimento 184-185

Índice remissivo

parâmetros de aceleração e velocidade 186-187
taxa de desenvolvimento de força (máxima e média) 184-185
força reativa 261-263
frequência cardíaca (FC) e pressão arterial (PA). *Ver também* pressão arterial (PA); medição de frequência cardíaca
controle da frequência cardíaca 52-53, 53*f*
desempenho esportivo e frequência cardíaca (FC) 55-58, 58*f*
frequência cardíaca como ferramenta de treinamento 74-75
frequência cardíaca em repouso como medida de condicionamento 74-75
intensidade do exercício e frequência cardíaca 52-56
monitores de frequência cardíaca 51-52
monitores de frequência cardíaca e nova tecnologia 75-76
normas de pressão arterial e flutuações na pressão 51-52
frequência cardíaca em repouso ($FC_{repouso}$) 52-53
frequência cardíaca máxima prevista pela idade (FCMPI) 55

G
gasto energético, componentes
efeito térmico do alimento (ETA) 78
energia de atividade física 83-84
gasto energético em 24 horas 83-84
taxa metabólica basal (TMB) 78-82
gasto energético, medições
água duplamente marcada 88
calorimetria direta 85-86
calorimetria indireta 86-88
glicólise rápida 77

gradientes de pressão (GP) e pressão arterial (PA)
ciclo cardíaco 66-67
descrição 65-67
mecanismo que apoiam a circulação venosa 66-68
pressão arterial no sistema vascular 66-67, 66*f*
Previous Day Physical Activity Recall (PDPAR) 92-94, 98-100

H
hidrodensitometria
densidade de tecido magro, variações 33-35
descrição 33-34
equipamento e procedimento 34-36, 44*t*-45*t*
limitações 34-35
peso corporal seco e peso corporal na água 34-35
variáveis de desempenho 34-35
hipermobilidade 319-320
hipertensão
classificação 64-65, 64*t*
prevalência 64-65
sintomas e diagnóstico 64-66
hipomobilidade 319-320
histórico contrátil
fadiga 178-179
potencialização pós-ativação 179
hormônio antidiurético (ADH) (vasopressina) 70

I
imagem de ressonância magnética (IRM) e tomografia computadorizada (TC)
descrição 41-42
vantagens 41-43

409

intensidade do exercício e frequência
    cardíaca (FC)
  cálculo da intensidade de treinamento
      com o método de frequência
      cardíaca de reserva 55-56
  descrição 52-54
  estado estável da FC (EEFC) 54
  frequência cardíaca de reserva (FC$_{reserva}$)
      54-56
  frequência cardíaca máxima (FCM) 54-55
  frequência cardíaca máxima prevista pela
      idade (FCMPI) 55
intensidade relativa 70-71
interactância por infravermelho próximo
    (NIR) 43

L

limiar de lactato. *Ver também* dados de
    limiar de lactato, uso; teste de limiar
    de lactato, realização
  corredor de distância de competição,
      protocolo de passos para melhoras
      168-170
  desempenho esportivo e 153
  lactato, descrição 147-148
  máximo estado estável de lactato
      (MEEL) 162-165
  teste de limiar de lactato 147-148
  vias de energia e metabolismo de lactato
      148-153, 150*f*, 154*f*

M

manobra de Valsava (MV) 70-71
máximo estado estável de lactato (MEEL)
  descrição 162-163
  determinação 163-164
  origem do conceito 162-164
  proponentes 163-164

teste de MEEL, valores de lactato a
    partir de seus estágios consecutivos
    163-165, 164*f*
mecânica corporal do equilíbrio e da
    estabilidade
  centro de gravidade (CG) 346-347
  centro de pressão (CP) e base de
      sustentação (BS) 347
  constância 347-349, 348*f*-349*f*
  equilíbrio 347-348, 348*f*-349*f*, 350
  estabilidade 348-350
  força de reação do solo (FRS) 347
medição da frequência cardíaca. *Ver
    também* frequência cardíaca (FC) e
    pressão arterial (PA)
  auscultação 60-61
  descrição 57-58
  eletrocardiografia (ECG) 60-62, 62*f*
  monitores de frequência cardíaca 63-64
  palpação 58-60, 59*f*
medição da pressão arterial
  esfigmomanômetro 72
  primeiros métodos de medição 72-73
  procedimento 73-75, 74*t*
  sons de Korotkoff 72-74, 74*t*
medição de circunferência. *Ver* medições
    de circunferência
medição de dobra cutânea
  análise de regressão 26-27
  classificações de porcentual de gordura
      corporal 30, 44*t*-45*t*
  descrição 26-27
  equação de previsão adequada, seleção
      30
  equações de previsão 26-27
  equações de Siri e Brozek 30
  equações específicas à população 30, 32*t*
  equipamento e procedimento 28-29,
      29*f*

estimação do porcentual de gordura corporal a partir de estimativas da densidade corporal 30, 31*t*

técnicas de avaliação de composição corporal, vantagens e desvantagens 30, 45*t*-46*t*

medições de circunferência

classificações de porcentual de gordura corporal 33-34, 44*t*-45*t*

descrição 30

equações de estimativa de percentual de gordura corporal pela circunferência 33-34

equipamento e procedimento 31-34

medidas isométricas de força muscular máxima

achados contrários 206-207

descrição 205-206

força isométrica máxima em agachamentos bilaterais 207-208

força isométrica máxima em arraste até o meio da coxa 208-210

força isométrica máxima em um supino plano 209-211

procedimentos gerais para tese isométrico 206-207

testes de força muscular isométrica, problemas 205-207

medidores de PA automáticos 72

metabolismo aeróbico e anaeróbico 77-78

métodos de teste de exercício máximo. *Ver também* potência aeróbia

esforço máximo, confirmação 121-122

interpretação de resultados do teste de esforço máximo 109*t*-113*t*, 121-122

problemas da frequência cardíaca máxima prevista pela idade 121-122

testes laboratoriais com exercício máximo 93, 109*t*-113*t*, 122-123

testes laboratoriais máximos com bicicleta ergométrica 124-127

testes máximos em campo 126-131

métodos de teste de exercício submáximo. *Ver também* potência aeróbia

descrição 114*t*-121*t*, 130-131

diretrizes gerais para testes submáximos em campo 114*t*-121*t*, 140, 141, 141*t*

testes laboratoriais submáximos em bicicleta ergométrica 135-140

testes laboratoriais submáximos em esteira 130-131, 133-136

testes submáximos em campo 140-141

milímetros de mercúrio (mmHG) 72

mobilidade (facilidade de movimento). *Ver também* mobilidade, conceitos fundamentais

alongamento estático 319-321

avaliação de mobilidade do atleta, passos 340-341

avaliação inicial 324*t*-325*t*, 329*f*-330*f*, 341

descrição 319-320

desempenho esportivo e mobilidade 327-330

flexibilidade e mobilidade 319-321

interpretação de resultados 324*t*-326*t*, 337-339, 337*t*-338*t*

métodos de medição de mobilidade, comparação 338-339, 340*t*

teste de ADM 324*t*-325*t*, 341

teste de mobilidade 329-334, 342-343

testes de amplitude de movimento 333-338

triagem de padrão de movimento fundamental 341

mobilidade, conceitos fundamentais. *Ver também* mobilidade (facilidade de movimento)

411

amplitude de movimento (ADM) e grau de liberdade (GDL) 320-321, 321-322
cadeia cinemática e articulações do corpo 323, 326
extensibilidade de estruturas periarticulares 323, 325-326
movimento articular individual, partes 320-321
movimento artrocinemático e osteocinemático 321-323, 321*f*-322*f*, 325
músculo monoarticular (unicarticular) 323, 326
músculos biarticulares e poliarticulares 323, 326-327
número de GDL e quantidade de ADM em cada GDL, fatores 320-323, 324*t*-326*t*
osteocinemática e artrocinemáticos 320-322

monitores de atividade
acelerômetros 91
descrição 90
monitores de frequência cardíaca 91
pedômetros 90-91

N
nodo sinoatrial (SA) 52-53
noradrenalina (N-ADR) 70

O
osteocinemática 320-321

P
parênteses, expoentes, multiplicação e divisão, adição e subtração (PEMDAS) 141
pedômetros
descrição 90-91, 95-97
precisão 95-97
taxa metabólica usada 95-96
plataformas extensoras 204
plataformas piezoelétricas 204-205
pletismografia por deslocamento de ar (PDA)
BOD POD 38-39
descrição 38-39
equipamento e procedimento 39-40
geradores de erro no teste de PDA 39
posturografia dinâmica computadorizada 357
potência. *Ver também* produção e expressão de potência, mecanismos; testes de potência
aquecimento e potencialização pós-ativação (PPA) 286-288
avaliação de potência 287-288
capacidade de produção de potência 251-252
desempenho esportivo e 262-264
operacionalização de potência 252-253
potência ajustada à massa corporal 288-289
princípio de especificidade e produção de potência 251-252
tipos e fatores 258-263
potência aeróbia. *Ver também* métodos de teste de exercício máximo; cálculos de equação de regressão; métodos de teste de exercício submáximo
descrição 105
desenvolvimento de potência aeróbia 105
processo de recuperação 106
progressão adequada de adaptações musculares 107
recuperação do sistema anaeróbio 106

Índice remissivo

seleção de testes de potência aeróbia para esportes anaeróbios 106-107
SMARTS (especificidade, modo, aplicação, pesquisa e estado de treinamento) 144-146, 144*t*-145*t*
testes de exercício máximo e submáximo 107-108, 109*t*-113*t*, 114*t*-121*t*
testes de medição 106
testes máximos e submáximos 109*t*-121*t*, 143-144
variáveis de equação de regressão 108, 109*t*-121*t*
potência aeróbia máxima 259-260
potência anaeróbia (potência máxima)
  atividade anaeróbia 258-260
  capacidade anaeróbia máxima, avaliação 259-260
  intensidade relativa, sistema energético e capacidade de produção de potência respectiva em vários períodos de atividade 259-260, 259*t*
potencialização pós-ativação (PPA) 286-287
pressão arterial (PA). *Ver também* pressão arterial (PA); frequência cardíaca (FC)
  descrição 63-64
  exercício e regulação da pressão arterial 68-70
  fisiologia do controle e da avaliação de PA 63-65
  gradientes de pressão (GP) e pressão arterial (PA) 65-68, 66*f*
  hipertensão 64-67, 64*t*
  hipotensão 66-67
  mecanismo renina-angiotensina-aldosterona 70-71
  pressão arterial média (PAM), cálculo 68
  pressão arterial sistólica (PAS) e pressão arterial diastólica (PAD) 67-68, 73
pulso 67-68
  regulação da pressão arterial 68-69
  regulação da pressão arterial aguda 68-70
princípio de Arquimedes de determinação da densidade corporal 34
produção de força muscular, fatores que afetam a. *Ver também* força muscular
  ângulo de penação 177
  área de seção transversa (AST) 177
  arquitetura muscular 177
  cadeia pesada de miosina (MHC) 178-179
  ciclo de alongamento-encurtamento (CAE) 177
  condições estáticas e dinâmicas 173-174
  contração isocinética 173-175
  definição de força muscular 182-183
  histórico contrátil 178-180
  influências neuronais na força muscular 179-181
  medição de força excêntrica 175-177
  relação força-comprimento 174-175, 174*f*
  relação força-velocidade 174-176, 176*f*
  tipo de contração 173-177, 174*f*, 176*f*
  tipo de fibra muscular 178-179
  torque articular 180-183, 180*f*-183*f*
produção e expressão de potência, mecanismos. *Ver também* potência
  deslocamento angular e velocidade angular 256-257
  fatores fisiológicos intrínsecos e potência muscular 253-254
  força muscular 255-256
  força muscular e potência 255-257
  métodos específicos à tarefa para testar a potência 257

modelos de ponte cruzada e modelos estruturais com base anatômica 254-255
potência muscular máxima 254-256, 256f
princípio de especificidade 253-255
relação força-velocidade 254-255, 256f
tamanho corporal, diferenças 253-254
velocidade e força para movimentos coordenados 254-255

Q
Questionário Internacional de Atividade Física (IPAQ) 92-93, 97-100
quilocalorias (kcal) 85-86

R
resistência muscular. *Ver também* testes de campo de resistência muscular
  aquecimentos e testes de musculatura da parte superior do corpo 244-247
  cargas submáximas e fadiga volitiva 246-247
  definição 223-225
  escolha de postura (ângulo articular) 225-226
  especificidade de testes 226-227
  expressão de força muscular, fatores que influenciam 223-225
  força muscular 223-224
  força muscular máxima e resistência muscular 224-225
  informações úteis e utilidade de testes 246-247
  limite de repetição e cadência 246-248
  métodos de medição, comparação 245t, 244, 246
  métodos de testes 224-225
  seleção de cargas submáximas, métodos 224-226
  teste isocinético de laboratório 243-244, 246
  testes, descrição 226-227
  testes de laboratório 242-246
  validade de testes relativos, considerações 225-226
  validade proposta e cargas absolutas em testes 247-248
resistência periférica total (RPT) 69

S
Sistema de Estabilidade Biodex (Biodex Stability System) 354
sistema de pontuação de erros de equilíbrio (SPEE) 353-354, 362f, 361-363, 368
sistema nervoso central (SNC) 351

T
taxa de desenvolvimento de força (TDF) 252, 260-262, 262f
taxa de desenvolvimento de torque (TDT) 260-261
taxa de potência mediana (TPM) 347-348
taxa de troca respiratória (RER) 87
taxa máxima de produção de força (TMPF) 261-262
taxa metabólica. *Ver também* teste metabólico
  descrição 78-79
  desempenho esportivo e taxa metabólica 84-85
  estimação do gasto energético em 24 horas e da atividade física 90-94
  gasto energético, componentes 78-84
  incapacidade de John de perder peso (estudo de caso 1) 89t, 90t, 101-113
  medição do gasto energético 85-88

metabolismo 77-78
métodos de medição da taxa metabólica, comparação 98-101, 100t
piora no desempenho de Jill na ginástica (estudo de caso 2) 89t, 102-104
predição do gasto energético 88-90, 89t, 90t
taxa de gasto energético (metabolismo) 77-78
termos para descrever 77-78
vantagens de conhecer 77-79
taxa metabólica basal (TMB)
  declínio na TMB causado pela idade e exercício aeróbio 81-82
  descrição 78-79
  dieta restritiva e TMB 80-82
  diferenças individuais em composição corporal 78-80
  diferenças na TMB entre raças 81-82
  exercício e TMB, estudos 79-81
  produtos, programas, suplementos e bebidas esportivas sem comprovação científica 79-80
  variação 79-80
teoria do controle
  déficits proprioceptivos 351
  desempenho 351
  esquema da teoria de controle 350-351, 350f
  estabilidade, definição 351
  possíveis fontes de "erro" no sistema 350f, 351
  testes de equilíbrio (testes de propriocepção) 352-353
  treinamento de equilíbrio 351-353
teste de alcance funcional 355
teste de força isocinética. *Ver também* força muscular
  dinamômetros isocinéticos 210-211
  força muscular máxima de flexores e extensores do joelho 214-217, 217t
  isocinético, definição 210-211
  medidas isocinéticas de força muscular, validade 211-213
  movimento articular e velocidade de encurtamento das fibras musculares em contração 210-211
  procedimentos gerais 213-215
teste de limiar de lactato, realização. *Ver também* limiar de lactato
  administração do teste 155-158, 156f
  amostras de sangue 156-158
  comparação entre protocolos em rampa e em passos 155-157, 156f
  considerações pré-teste 154-156
  descrição 153
  finalização do teste e análise de dados 157-163
  modos de exercício para teste 153-155
teste de mobilidade
  ADM, classificação 329-331
  ADM ativa (ADMA) 330-331
  ADM passiva (ADMP) 330-331
  avaliação de mobilidade 329-330, 332, 333-334f
  avaliações musculares, comparações 330-331, 340t
  teste composto 332
  testes isolados e testes de comprimento muscular 332-334
  triagens de movimento 330-332
teste de Romberg 353-354
teste metabólico. *Ver também* taxa metabólica
  acelerômetros 96-97
  equações de previsão metabólica 94-96
  monitores de frequência cardíaca 96-98, 97f

pedômetros 95-97
Previous Day Physical Activity Recall (PDPAR) 98-100
Questionário Internacional de Atividade Física (IPAQ) 98-100
teste da taxa metabólica basal (TMB) 93-95, 95f
testes, análise de dados e conclusões. *Ver também* avaliação de dados e análise estatística
  acompanhamento de dados ao longo do tempo 13-14
  análise de dados 1
  dados de condicionamento, normalização 11-14
  desempenho esportivo e testes 2
  importância 1
  prática baseada em evidências 14-15
  testes de triagem 2-4
  testes e medições, compreensão 14-15
testes da parte superior do corpo
  arremesso de medicine ball 284-287, 285f
  descrição 281
  Teste Anaeróbio de Wingate para a Parte Superior do Corpo 282-284, 283t
testes de agilidade. *Ver também* velocidade e agilidade, medição
  descrição 305
  teste 5-10-5 ou pró-agilidade, 306-308, 307f, 309t
  teste de passo lateral de Edgren 309t, 313, 313f
  teste de três cones 309t, 310-312, 312f
  teste do hexágono 309t, 314-315, 315f-316f
  teste T 307-311, 309t, 310f
testes de alcance
  descrição 354-355
  teste de alcance funcional 354-355
  teste de equilíbrio de percurso em estrela (TEPE) 354-356
testes de amplitude de movimento
  anormalidades na qualidade ou na *end-feel* da ADM 334-335, 340t
  end-feel 324t-326t, 334-335
  medição da ADM 333-334
  qualidade e quantidade de ADM 324t-326t, 334-335
  testes de comprimento muscular 336-338, 337t-338t
  testes de uma única articulação 324t-325t, 334-337, 335f-336f
testes de campo de força muscular. *Ver também* força muscular
  1 RM de agachamento bilateral por trás 190-192, 191f, 192t
  1 RM de agachamento unilateral por trás 192-194, 193f
  1 RM de *leg press* em máquina 194-196, 195f, 196t
  1 RM de *leg press* em máquina excêntrica 196-197
  1 RM de supino plano (máquina) 200-201
  1 RM de supino plano (pesos livres) 197-200, 198f
  carga máxima 188-190
  comparação entre testes de 3 RM e 1 RM 189-190
  descrição 188-189
  isoinerciais 188-189
  método alométrico 188
testes de campo de resistência muscular. *Ver também* resistência muscular
  abdominais parciais 236-239, 238f, 239t-240t
  flexed-arm hang 241-243, 241f, 243t
  flexões de braço até a exaustão 231-235, 232f, 233t, 234t

Índice remissivo

leg press ou agachamentos até a exaustão (carga como porcentagem de 1 RM) 239-242
puxadas até a exaustão 234f-236f, 237t
supino plano até a exaustão (carga absoluta) 228
supino plano até a exaustão (carga como porcentagem de 1 RM) 227-228
supino plano até a exaustão (carga como porcentagem de massa corporal) 227
supino plano até a exaustão com uma carga absoluta de 60 kg 229-231, 229f, 230t
testes de campo, descrição 226-227
testes de constância postural
  descrição 353-354
  NeuroCom Balance Master System e Biodex Stability System 354-355
  sistema de pontuação de erros de equilíbrio (SPEE) 353-354
  teste de Romberg 353-354
  testes computadorizados 354-355
  testes em plataforma instável 354-355
testes de equilíbrio e estabilidade
  descrição 352-354
  robustez 352-354
  teste de equilíbrio, quantidades medidas 353-354
  teste de estabilidade dinâmica 356-357
  testes compostos 356-357
  testes de alcance 354-356
  testes de constância postural 353-355
  testes de estabilidade postural 355-357
testes de estabilidade postural
  descrição 355-356
  testes de perturbação mecânica 355-356
  testes de perturbação sensorial 356-357
  testes de queda 355-356
testes de plataforma instável 354-355

testes de potência. *Ver também* potência
  descrição 265-266
  testes da parte inferior do corpo 265-281
  testes da parte superior do corpo 281-287
testes de potência da parte inferior do corpo
  índice de força reativa (IFR) 277-279
  salto em distância sem impulso 279-281, 281t
  teste anaeróbio de Wingate (WAnt) 265-269, 267t-268t, 268t
  teste de Margaria-Kalamen 269-272, 270f, 271t, 272f
  teste de salto vertical (SV) 271-278, 273f, 275t, 276t
testes de triagem
  avaliação do risco à saúde 2
  componentes fisiológicos, determinação 2
  medições uniformes 3-4
  praticabilidade do teste em ambientes profissionais 3-4
  teste de condicionamento atual 2-4
  validade dos testes 3-4
testes de velocidade. *Ver também* velocidade e agilidade, medição
  descrição 299-300
  teste de corrida de velocidade de 10 jardas 301, 302t, 303-304
  teste de corrida de velocidade de 40 jardas 300-301, 301f, 302t
  teste de corrida de velocidade de 60 jardas com voo de 30 jardas 302t, 304
testes laboratoriais de força muscular máxima. *Ver também* força muscular
  descrição 204-205
  força excêntrica máxima durante agachamento bilateral por trás 205

417

força excêntrica máxima durante um
    supino plano 205-206
GRF máxima, precisão das medidas
    204-205
medidas dinâmicas da força muscular
    máxima 204-206
medidas isométricas de força muscular
    máxima 205-211
plataforma de força, uso 204-205
testes laboratoriais máximos em bicicleta
    ergométrica
    diretrizes gerais 109t-113t, 124-126,
        141t
    protocolo de Andersen (homens) 126
    protocolo de Andersen (mulheres) 126
    protocolo de Storer-Davis 125-126
    protocolos de bicicleta ergométrica 124-
        125
    teste de 5 km em bicicleta 126-127
    usos 124-125
testes laboratoriais máximos em esteira
    diretrizes gerais 109t-113t, 122-124,
        141t
    esteira e bicicleta ergométrica 121-123
    protocolo de Balke (homens) 124
    protocolo de Balke (mulheres) 124
    protocolo de Bruce 123-124
    protocolos de Bruce e Balke-Ware em
        esteira 109t-113t, 122-123
    versões modificadas do protocolo de
        Bruce 122-123
testes laboratoriais submáximos em
    bicicleta ergométrica alternativos
    para trabalhar com pessoas não
    treinadas 136
    cadência do pedal e posição dos
        membros inferiores durante a
        pedalada para baixo segundo o
        protocolo 135-136

diretrizes gerais para testes submáximos
    de bicicleta ergométrica 98t-121t,
    138-139, 141t
revisão da pesquisa sobre os testes
    submáximos de Åstrand e da
    YMCA em bicicleta 135-137, 137f
teste submáximo da YMCA em bicicleta
    112, 114t-121t, 131t-132t, 141t
teste submáximo de bicicleta da YMCA
    com múltiplos estágios 136-139
teste submáximo de bicicleta de Åstrand
    (homens) 138t, 139
teste submáximo de bicicleta de Åstrand
    (mulheres treinadas) 140
testes laboratoriais submáximos em esteiras
    protocolo do teste submáximo de
        caminhada em esteira 133-134
    protocolo do teste submáximo de trote
        em esteira (homens) 134
    protocolo do teste submáximo de trote
        em esteira (mulheres) 134
    protocolo submáximo de caminhada/
        trote/corrida 135-136
    protocolos submáximos em esteira
        de múltiplo estágios 114t-121t,
        131t-132t, 134-136
    protocolos submáximos em esteira de
        um único estágio 133-134
testes máximos em campo
    descrição 126-127
    diretrizes gerais 109t-113t, 129-131, 141t
    frequência cardíaca máxima (FCM) 54-
        55
    testes máximos cronometrados em
        campo 126-130
    testes máximos de distância em campo
        109t-113t, 129-130
tipos e fatores de potência
    descrição 258-259

força reativa 261-263
potência anaeróbia 258-261, 259*t*
potência instantânea máxima 260-261
taxa de desenvolvimento de força (TDF) 260-262, 262*f*
tomografia computadorizada (TC) e imagem de ressonância magnética (IRM)
  descrição 41-42
  vantagens 41-43
trifosfato de adenosina (ATP) 253-254

V

vasopressina. *Ver* hormônio antidiurético (ADH)
velocidade e agilidade. *Ver também* velocidade e agilidade, medição
  agilidade 294-296
  ambiente de teste 316-317
  descrição 293-294
  desempenho esportivo e 296-297
  medição 293-294
  múltiplos testes e ordem de teste 316-317
  realização de testes, objetivos 315-316
  resultados do teste e intepretação apropriada 316-317
  seleção do teste 296-298, 298*t*, 315-316, 316-317
teste pró-agilidade 316-317
velocidade 293-295
velocidade e agilidade, medição. *Ver também* testes de agilidade; velocidade e agilidade; testes de velocidade
  aquecimento e alongamento 298-300
  desempenho no teste, fatores que influenciam o 299-300
  testes de agilidade de cadeia aberta e fechada 298
vias energéticas e metabolismo de lactato
  aspectos do NADH glicolítico e da produção de H^+ para a produção de exercício 150-151
  ativação da glicólise e produção e acúmulo de lactato 148-149
  formação de ATP glicolítico 149
  formação de piruvato 149
  glicólise, NAD e NADH + H^+ 151-152
  glicólise e a importância da ATP para o metabolismo de exercício 148-149
  limiar de lactato 153, 154*f*
  NADH H^+ 148-150, 150*f*
  processo de glicólise 147-150, 150*f*
$\dot{V}O_{2máx}$ (volume máximo de oxigênio) 105
volume residual no pulmão (VR) 36
volume sistólico (VS) 69-70